中国农村公共产品治理理论与模式研究

The Governance of Rural Public Goods in China: Theories and Models

路征 张义方 邓翔 著

清华大学出版社
北京

版权所有，侵权必究。举报：010-62782989，beiqinquan@tup.tsinghua.edu.cn。

图书在版编目（CIP）数据

中国农村公共产品治理理论与模式研究/路征,张义方,邓翔著.—北京：清华大学出版社,2023.9
ISBN 978-7-302-64629-7

Ⅰ.①中… Ⅱ.①路…②张…③邓… Ⅲ.①农村-公共物品-供给制-研究-中国 Ⅳ.①F299.241

中国国家版本馆 CIP 数据核字（2023）第 177558 号

责任编辑：朱玉霞
封面设计：傅瑞学
责任校对：宋玉莲
责任印制：杨　艳

出版发行：清华大学出版社
　　　　网　　址：http://www.tup.com.cn，http://www.wqbook.com
　　　　地　　址：北京清华大学学研大厦 A 座　　邮　编：100084
　　　　社 总 机：010-83470000　　邮　购：010-62786544
　　　　投稿与读者服务：010-62776969，c-service@tup.tsinghua.edu.cn
　　　　质量反馈：010-62772015，zhiliang@tup.tsinghua.edu.cn
印 装 者：大厂回族自治县彩虹印刷有限公司
经　　销：全国新华书店
开　　本：165mm×238mm　　印张：19.75　　插页：1　　字　数：329 千字
版　　次：2023 年 9 月第 1 版　　　　　　　　印　次：2023 年 9 月第 1 次印刷
定　　价：129.00 元

产品编号：083123-01

国家社科基金后期资助项目
出 版 说 明

　　后期资助项目是国家社科基金设立的一类重要项目,旨在鼓励广大社科研究者潜心治学,支持基础研究多出优秀成果。它是经过严格评审,从接近完成的科研成果中遴选立项的。为扩大后期资助项目的影响,更好地推动学术发展,促进成果转化,全国哲学社会科学工作办公室按照"统一设计、统一标识、统一版式、形成系列"的总体要求,组织出版国家社科基金后期资助项目成果。

全国哲学社会科学工作办公室

前　言

　　长期以来,中国农村公共产品的供给和管理一直备受学界关注,尤其是在农村税费改革完成并开始推进公共服务均等化之后,农村公共产品供给和管理面临着新的问题和困境。国内关于农村公共产品治理的研究成果很多,然而就目前进展来看,在农村公共产品概念和范围界定、治理模式理论探讨以及各类治理模式的有效性和适应范围等关键方面的研究仍存在不足。一是对农村公共产品的界定不够清晰。绝大多数研究引入经典的公共产品概念和分类来进行分析,没有充分考虑农村和农业发展的特性,使得分类或不够精细或遗漏关键内容,导致提出的农村公共产品治理体系存在不足。二是对公共产品治理模式的理论研究不足。现有研究对社群治理模式虽然进行了广泛探讨,但在理论基础上,仍主要以经典的公共选择理论或从政治学、社会学等视角探讨的第三部门为基础。三是对经典治理模式和治理结构的有效性和适应范围考察不足。绝大多数研究侧重引用经典理论的结论,并基于此构建治理体系或提出政策措施,但却忽略了各种经典治理模式的前提假设,使得提出的方案无法与具体情况、具体类型的农村公共产品精准匹配。本书通过深入研究,对农村公共产品治理理论进行补充完善,同时结合对中国农村公共产品治理存在的问题和困境考察,提出一个既具有理论基础,又具有现实基础的农村公共产品治理模式。

　　本书除导论(第一章)部分外,主体内容分为四大部分共八章。

　　第一部分:农村公共产品治理理论研究。基于公共产品的经典定义,在引进农业多功能性的基础上,对农村公共产品的概念和类别进行了重新界定,并全面梳理了农村公共产品治理的相关理论和模式,包括福利经济学、新制度经济学、公共选择理论等经典理论关于公共产品治理的论述,以及对应的市场治理、政府治理、社群治理3种经典治理模式,并对各种观点进行了比较分析(第二章);由于国内外学者对市场治理和政府治理两种传统治理结构的研究已十分全面,但对社群治理模式的理论研究主要以公共选择理论为理论基础,对近年来一些社群治理方面的新理论、新实践的分析较为欠缺。因此,本书引入发展经济学领域的社群经济理念,通过对社群经济的概念及其内涵、类型以及实践成效的深入研究,进一步充实和完善中国农村公共产品治理的理论体系,为在实践中通过社群经济机制来供给和管理农村公共产品提供更加坚实的理论基础(第三章)。

第二部分:中国农村公共产品治理的历史与现状考察。本部分首先对中国农村公共产品治理的制度演进以及现阶段的治理效率和存在的问题进行了分析。研究认为,当前中国农村公共产品治理体现出治理模式单一(3种经典治理模式并存,但彼此缺乏协作)、供需矛盾突出(包括总量失衡和结构失衡)、民主决策机制缺位(仍然以自上而下的决策机制为主,现行"一事一议"制度运行不畅)和制度保障不足(农村公共产品治理制度和规则缺失)等四大问题(第四章);进一步地,专门研究了农村税费改革对农村公共产品治理带来的影响。研究认为,农村税费改革后,中国农村公共产品治理主要面临着财力减弱导致基础组织供给能力下降、村民个人理性导致集体行动能力减弱和制度缺陷导致农村公共产品供给结构失衡三大困境(第五章)。

第三部分:国内外农村公共产品治理的实践经验研究。本部分首先全面总结和分析了国内外农村公共产品治理的先进经验,包括欧盟、美国、日本、韩国等发达国家和印度、泰国等发展中国家的治理经验,以及国内"三个集中"、常德镇村同治、成都的分类供给等经验探索和创新。研究发现,无论是发达国家还是发展中国家,都十分重视通过制度和法制建设来进行农村公共产品治理,尤其善于利用社群组织和其他社会力量来提高农村公共产品供给和管理的效率。国内部分地区的创新实践,也为农村公共产品治理积累了宝贵经验,但这些探索性实践,仍然没有形成制度化、常规化的治理结构(第六章)。其次,为考察现实中农村公共产品治理制度创新产生的效果和改进空间,研究以成都市村级公共产品分类供给体系的核心制度支撑——村民议事会制度为例,通过对成都市4个典型村落的实地调查,收集了丰富的个案资料和微观数据,并运用统计学、计量经济学等分析方法,对新制度的实施效果和存在的关键问题进行了深入分析,为构建新的农村公共产品治理体系提供了微观基础(第七章)。

第四部分:中国农村公共产品治理模式的构建。基于前面的研究,本部分首先对新时期政府、市场两种典型治理模式的有效性条件和适应范围进行了深入研究。其次,结合第三章对第三部门组织类型和组织视角下社群经济类型的讨论,基于CBO(社群组织)和NGO(非政府组织)提供服务的特点,将第三部门组织进行公共产品治理的模式明确为社群治理模式和

NGO治理模式,并分析了其有效性和适应范围。研究指出,市场、政府、社群、NGO 4种治理模式有效发挥作用的关键条件分别是高水平的排他性技术、需求偏好同质性高、高质量的社会资本和具备综合供给能力。但无论是哪种治理模式,都无法单独解决中国现阶段农村公共产品治理面临的问题和困境(第八章)。最后,提出通过在各种组织之间构建协同关系来完善农村公共产品治理体系,即农村公共产品协同治理。农村公共产品协同治理,是指通过在政府、市场、社群组织、非政府组织4种治理主体之间,建立起双边或多边的协同关系,在一个制度化的框架下供给和管理农村公共产品的模式。研究认为,协同治理为农村公共产品治理提供了一个合理的结构和方案,能更有效地解决中国农村公共产品治理面临的主要问题和困境。研究还通过分析协同治理的基本形式、分类情况下主导治理主体的选择标准,给出了现阶段中国农村公共产品的分类治理结构,以及相应的保障机制(第九章)。

本书的主要贡献在于,通过分析国内外理论与实践形成的新成果、新经验,对农村公共产品的类型进行了更全面的划分和解释,深入讨论了社群经济并将其作为社群治理模式的一个重要理论基础,提炼出新的农村公共产品治理模式并对各类模式的有效性和适应范围进行了研究。因此,本书在一定程度上补充和完善了中国农村公共产品治理的理论体系。最后,提出了一个中国农村公共产品的分类治理结构。具体体现在以下5个方面:

第一,通过引入农业多功能性,对农村公共产品的范围和类型进行了更细化的界定。尤其是将农村景观、自然生景、区域品牌、投资营商环境等农村非商品性产出或服务纳入到各大类并进行了阐释,有助于更好地理解农村公共产品的范围、类型和特征。

第二,通过较全面地分析社群经济理论,一定程度上完善了经典社群治理模式的理论基础。社群经济是通过社群成员之间的自愿合作和共同努力来进行资源优化配置,从而实现提高社群整体福利之目的的资源配置机制和经济发展模式,其内涵比合作经济更为广泛和深刻。本书较全面地讨论了社群经济的概念和内涵,并从组织和产业两个视角讨论了社群经济的类型。研究认为,社群经济作为一种资源配置机制,对我国农村发展有重要指导意义,也体现出很强的公共产品治理功能,它将传统的社群治理模式强调非正式规则拓展到强调正式规则,从而提升了公共产品社群治理模式的规范性和有效性。此外,基于组织视角对社群经济的类型划分,最终将农村社群经济发展组织(CEDO)归类为社群组织(CBO)和非政府组织(NGO)两大类,进而讨论了社群经济机制的农村公共产品治理功能,为后续农村公共产品治理体系构建提供了基础。

第三,对公共产品治理模式进行了重新分类,并重新定义了社群治理模式和NGO治理模式。基于CBO和NGO提供服务的特点(前者为组织内成员服务,后者为组织外人员服务),将第三部门组织进行公共产品治理的模式明确为社群治理模式(CBO治理模式)和非政府组织治理模式(NGO治理模式)。最后,将公共产品治理主体明确为市场、政府、社群组织和非政府组织4类,一定程度上实现了对治理模式的更清晰划分。

第四,分析了各类治理模式的有效性条件和适应范围。尤其是,利用数理模型论证了高质量的社会资本是社群治理模式能否发挥作用的关键条件,既具有丰富的政策含义,又为社群治理模式提供了一定的理论支撑。指出市场、政府、社群、NGO 4种治理模式有效发挥作用的关键条件分别是高水平的排他性技术、需求偏好同质性高、高质量的社会资本和具备综合供给能力。

第五,提出了基于多元主体协同的中国农村公共产品治理结构以及相关的保障机制。该模式强调市场、政府、CBO、NGO 4类治理模式之间的互动和协调,通过构建正式的、稳定的和制度化的规则,能有效解决中国农村公共产品治理面临的问题和困境。

值得指出的是,本书在公共产品治理理论和模式上的一些研究结论,不仅适用于农村公共产品的供给与管理问题,也适用于城市区域,只是本书所探讨的社群经济,在农村和偏远地区有更广阔的作用空间。从国外实践来看,社群经济发展模式也主要用于解决农村和偏远地区落后社群的发展问题。

当然,尽管作出了巨大努力,本书仍存在一些不足,尤其是考虑到课题的研究重点,难以对社群经济理论进行更全面、深入地探讨。事实上,社群经济理论的演进需要从集体主义、合作社运动、公共选择理论等层面进行考察和梳理;在社群经济的应用分析上,本书的案例主要来自于国外,对国内的一些社群经济项目仍处调研和分析之中;同时,针对中国农村公共产品供给和管理在微观层面表现出的问题,本书的考察还不够全面和充分。下一步研究中,将首先从理论和实践上全面研究社群经济理论,然后研究其在农村经济社会发展、农村公共产品治理、农村扶贫脱贫等领域的应用。此外,限于研究水平和研究条件,书中的错误和不当之处在所难免,诚望同行专家和读者批评、指正。

全书总体结构安排由课题负责人路征与张义方、邓翔共同研究确定。

本书各章撰写主要分工如下：第一章，张义方、路征；第二章，路征、张义方；第三章，路征、邓翔；第四章，路征、张义方；第五章，张义方、路征；第六章，张义方、路征；第七章，路征；第八章，路征、张义方；第九章，路征、张义方、邓翔。最后由路征负责修改、总纂和定稿。此外，四川大学经济学院博士研究生朱海华、万春林，硕士研究生赵佳敏，本科生鲜永一、龚大东、钟桥群、李睿、余子楠，四川大学历史文化学院本科生苏成城，四川大学文学与新闻学院本科生陈静等参与了问卷设计、实地调研、文献整理、数据收集与分析、调研报告撰写等工作，四川省社会科学院廖祖君研究员对社群经济理论部分提供了重要建议。

  本书是国家社会科学基金后期资助项目"我国农村公共产品治理理论与模式研究"（批准号：15FJY015）的最终成果。在项目评审过程中，匿名评审专家提出了很多宝贵建议，对本书的修改完善大有裨益。作者在此对全国哲学社会科学规划办公室及匿名评审专家深表感谢。此外，还要感谢加拿大蒙特爱立森大学农村和小镇项目（Rural and Small Town Programme, Mount Allison University）主任 David Bruce 先生，当我们索要文献时，David Bruce 先生很快回复并提供了文献扫描件。

路 征

2022 年 11 月于川大

目　次

第一章　导论 …………………………………………………… 1

　　第一节　研究背景和意义 …………………………………… 1

　　第二节　国内外研究总体进展概述 ………………………… 3

　　　　一、国外研究总体进展 …………………………………… 3

　　　　二、国内研究总体进展 …………………………………… 5

　　第三节　研究思路与方法 …………………………………… 7

第二章　农村公共产品治理：基本理论与模式 ……………… 8

　　第一节　农村公共产品治理相关概念辨析 ………………… 8

　　　　一、外部性与农业多功能性 ……………………………… 8

　　　　二、农村公共产品的概念 ……………………………… 11

　　　　三、农村公共产品的分类 ……………………………… 14

　　　　四、治理与农村公共产品治理 ………………………… 19

　　第二节　农村公共产品治理理论溯源 ……………………… 21

　　　　一、福利经济学的相关论述 …………………………… 21

　　　　二、新制度经济学的相关论述 ………………………… 26

　　　　三、公共选择理论的相关论述 ………………………… 30

　　　　四、各种理论观点的比较分析 ………………………… 40

　　第三节　经典的农村公共产品治理模式 …………………… 44

　　　　一、市场治理模式 ……………………………………… 45

　　　　二、政府治理模式 ……………………………………… 46

　　　　三、社群治理模式 ……………………………………… 48

　　　　四、3种经典模式的比较 ………………………………… 50

第三章　社群经济理论与农村公共产品治理 ……………… 53

　　第一节　社群经济的起源与内涵 …………………………… 53

一、合作经济 ·· 53
　　　二、社群与社群经济 ·· 55
　　　三、从合作经济到社群经济 ···································· 59
　　　四、社群经济对我国农村发展的价值 ···························· 61
　第二节　社群经济类型：按组织类型划分 ···························· 65
　　　一、组织类型与社群经济发展组织 ······························ 65
　　　二、社群组织主导型（CBO-Led） ······························ 70
　　　三、非政府组织主导型（NGO-Led） ···························· 72
　　　四、政府组织主导型和政府间组织主导型 ························ 74
　　　五、社群经济发展中各类组织的合作 ···························· 78
　　　六、结论与政策启示 ·· 79
　第三节　社群经济类型：按行业划分 ································ 80
　　　一、社群旅游 ·· 80
　　　二、社群林业 ·· 83
　　　三、社群金融 ·· 86
　　　四、结论与政策启示 ·· 88
　第四节　社群经济机制的农村公共产品治理功能 ······················ 90
　　　一、CEDO 归类及其作用范围 ·································· 91
　　　二、需求表达与决策机制 ······································ 93
　　　三、监督机制 ·· 94
　　　四、资金筹集机制 ·· 94
　　　五、外生力量的退出机制 ······································ 95

第四章　中国农村公共产品治理的历史与现状考察 ···················· 96

　第一节　中国农村公共产品治理的制度衍化 ·························· 96
　　　一、人民公社时期的农村公共产品治理 ·························· 96
　　　二、家庭承包制时期的农村公共产品治理 ························ 98
　　　三、税费改革之后的农村公共产品治理 ·························· 99
　第二节　中国农村公共产品供给效率实证分析 ······················· 101
　　　一、农村公共产品供给基本状况 ······························· 101
　　　二、实证的基本思路 ··· 110
　　　三、计量模型与数据 ··· 112
　　　四、实证结果与分析Ⅰ：时间序列数据 ························· 115
　　　五、实证结果与分析Ⅱ：地区面板数据 ························· 119

六、实证结果与分析Ⅲ：横截面数据……………………… 123
　　　七、总结性评论 …………………………………………… 130
　第三节　中国农村公共产品治理存在的主要问题 ……………… 131
　　　一、治理模式单一 ………………………………………… 132
　　　二、供需矛盾突出 ………………………………………… 132
　　　三、民主决策机制缺位 …………………………………… 133
　　　四、制度保障不足 ………………………………………… 134

第五章　农村税费改革对农村公共产品治理的影响分析 ……………… 135
　第一节　中国农村税费改革的背景与历程 ……………………… 135
　　　一、农村税费改革的背景 ………………………………… 135
　　　二、农村税费改革的历程 ………………………………… 138
　第二节　农村税费改革的主要内容 ……………………………… 140
　　　一、税费调整 ……………………………………………… 141
　　　二、财政体制和行政管理 ………………………………… 142
　　　三、乡村治理："一事一议"制度 ………………………… 143
　第三节　农村税费改革对农村公共产品治理的影响 …………… 147
　　　一、对农村公共产品供给模式的影响 …………………… 147
　　　二、对公共产品治理资源筹集的影响 …………………… 148
　　　三、对公共产品治理决策机制的影响 …………………… 151
　第四节　农村税费改革后中国农村公共产品治理面临的困境 … 152
　　　一、财力减弱导致基层组织供给能力下降 ……………… 152
　　　二、村民个人理性导致集体行动能力减弱 ……………… 154
　　　三、制度缺陷导致农村公共产品供给结构失衡 ………… 156

第六章　国内外农村公共产品治理经验与创新 ………………………… 159
　第一节　发达国家农村公共产品治理经验分析 ………………… 159
　　　一、美国、日本、韩国农村公共产品治理经验 ………… 159
　　　二、欧盟主要成员国农村公共产品治理经验 …………… 167
　　　三、欧盟农村环境类公共产品治理主要经验 …………… 172
　　　四、英国环境类公共产品治理经验：环境信托 ………… 176
　第二节　发展中国家农村公共产品治理经验分析 ……………… 177
　　　一、印度农村公共产品治理经验 ………………………… 177
　　　二、泰国：社群和政府主导的农村公共产品治理 ……… 181

第三节 国内农村公共产品治理的探索创新 …………………… 190
  一、"三个集中"供给模式 ……………………………………… 190
  二、常德经验：镇村同治 ……………………………………… 193
  三、成都经验：基层民主治理和公共产品分类供给…… 194
第四节 经验总结和启示 …………………………………………… 200

第七章 农村公共产品治理制度创新效果分析：以成都村民议事会为例 …………………………………………………… 202

第一节 调研对象与总体评价 ……………………………………… 202
  一、调研地选择与调研方法 …………………………………… 202
  二、调研地新制度实施概况 …………………………………… 204
  三、村民对村民议事会制度的总体评价 ……………………… 205
第二节 积极效果：3个村落的个案证据 ………………………… 207
  一、瓦窑村：妥善解决土地流转矛盾………………………… 207
  二、红花堰社区：显著改善社会秩序 ………………………… 209
  三、笼堰村：解决流动人口管理难题………………………… 210
第三节 实施过程中体现出的主要问题 …………………………… 211
  一、村民议事会的职责范围界定 ……………………………… 212
  二、发展过程中议事会的职能调整 …………………………… 214
  三、流动人口的参与及利益保护 ……………………………… 215
  四、村民及议事员的意识与能力 ……………………………… 215
第四节 村民特征对制度实施效果的影响分析 …………………… 217
  一、变量选择 …………………………………………………… 217
  二、模型设定 …………………………………………………… 218
  三、实证结果与分析 …………………………………………… 218
第五节 总结性评论 ………………………………………………… 220

第八章 农村公共产品治理模式分类及有效性分析 ……………… 223

第一节 农村公共产品治理模式类型划分 ………………………… 223
第二节 市场治理模式的有效性分析 ……………………………… 225
  一、市场治理模式的有效性条件 ……………………………… 225
  二、市场治理的适应范围 ……………………………………… 227
第三节 政府治理模式的有效性分析 ……………………………… 228
  一、政府治理的有效性条件 …………………………………… 228

二、政府治理的适应范围 …………………………………… 231
第四节　社群治理模式的有效性分析 …………………………… 233
　　一、社会资本与农村公共产品治理 ………………………… 233
　　二、社会资本对社群治理的影响：一个数理解析 ………… 237
　　三、社群治理模式的适应范围 ……………………………… 240
第五节　NGO 治理模式的有效性分析 …………………………… 242
　　一、NGO 治理农村公共产品的 3 种路径 ………………… 242
　　二、NGO 治理模式的有效性条件 ………………………… 243
　　三、NGO 治理模式的适应范围 …………………………… 244
第六节　治理模式有效性分析总结 ……………………………… 245

第九章　中国农村公共产品协同治理及机制保障 …………… 248

第一节　组织与组织的关系 ……………………………………… 248
　　一、组织间关系的层级 ……………………………………… 248
　　二、网化、合作与协作 ……………………………………… 250
　　三、协同与协同治理 ………………………………………… 252
第二节　农村公共产品协同治理模式 …………………………… 254
　　一、协同治理的必要性和可行性 …………………………… 254
　　二、农村公共产品协同治理的基本形式 …………………… 255
　　三、分类情况下主导治理者的选择标准 …………………… 260
　　四、农村公共产品的分类协同治理 ………………………… 266
第三节　农村公共产品协同治理的机制保障 …………………… 270
　　一、构建农村公共产品协同治理的制度框架 ……………… 270
　　二、优化农村公共产品供给的融资体制 …………………… 271
　　三、完善需求表达机制及民主决策机制 …………………… 272
　　四、完善监督机制和惩戒机制 ……………………………… 273

参考文献 ………………………………………………………… 275

第一章 导 论

新中国成立以来,伴随政治、经济体制的改革和发展,中国农村公共产品治理制度也发生了显著变化,尤其是在完成农村税费改革后,农村公共产品治理面临着新的形势。针对农村公共产品治理问题,现有研究虽然已非常深入而全面,但仍存在一些不足,在理论与实践上都有待进一步研究和完善。

第一节 研究背景和意义

中国农村公共产品治理制度的变迁,是中国政治和经济体制改革的结果。新中国成立以来,农村公共产品治理大致可以划分为人民公社时期、家庭承包制时期和农村税费改革之后3个阶段。在人民公社时期,人民公社扮演着政权实体和经济组织双重角色,这种政社合一的农村基层管理制度,在利益分配上通过实行工分制来进行强制分配,公社收入在扣除各项费用(如公积金、公益金)后按工分分配给社员,扣除的这些费用,作为农村公共产品供给的主要资源来源,公共产品供给所需的人力成本也由农民自己出工出劳。因此,这一时期农村公共产品治理的总体成本最终都全部转嫁到了农民身上,公共产品供给主要是制度外供给。实行家庭联产承包责任制后,农户获得了财产、经营、劳动支配等相关权利,并成立了村自治组织——村民委员会,乡、镇一级政府同时建立了乡镇财政制度。但由于乡镇财政实力有限,国家公共财政又无法足力支持农村公共产品供给,因此这一时期农村公共产品仍然以制度外供给为主,只是公共产品供给成本的分摊方式发生了变化。物质成本通过向农户直接征收税费来筹集(即"三提五统"),与人民公社时期不同,向农户征收税费以一种更加直接和公开的方式进行,同时还通过农民自主集资的方式筹集用于公共事业建设的资金。人力成本方面变化不大,仍然以积累工、义务工等形式来筹集部分公共事业建设所需的人力成本。在这一时期,农村经济收益按照"交够国家的,留足集体的,剩下的全是自己的"的"大包干"制度进行分配。

"大包干"分配制度下，国家、集体、农民三者的关系含混不清，尤其是各种集资、摊派和收费没有具体标准。到20世纪90年代，农村乱收费、乱集资、乱摊派（简称"三乱"）的现象十分严重，从而导致农民负担高居不下，干群关系紧张，甚至出现严重的社会矛盾。中央政府对这一问题高度重视，先后出台了一系列措施来减轻人民负担，但收效甚微。1998年，中央决定启动农村税费改革，2000年3月，中共中央和国务院下发《关于进行农村税费改革试点工作的通知》（中发〔2000〕7号），确定了农村税费改革的指导方针、基本原则和主要内容，并确定率先在安徽省进行试点，从此中国农村税费改革正式启动。到2006年，在中国实行了长达几千年的农业税正式取消，农村经济社会发展正式进入了新的时期。

农村税费改革对中国农村公共产品治理带来了显著影响。虽然农村税费改革的直接目的是通过减免或取消税费来减轻人民负担，但事实上，农村税费改革并不仅仅局限于税费这个单一领域的改革，而是涉及农村经济、社会、文化、政治的重大变革和制度创新，其影响范围远远超过了经济领域。由于取消了乡（镇）统筹费、农村教育集资等专门面向农工贸征收的行政事业性收费和政府性基金、集资，以及屠宰税、农牧业税等税费，农村基层政府和村民自治组织的公共产品供给能力大幅减弱，税费改革后实施的"一事一议"筹资酬劳制度实施效果又欠佳，导致中国农村公共产品供给面临着诸多问题和困境，主要体现为供需矛盾突出（供给总量失衡、供给结构失衡、城乡失衡、地区失衡）、治理模式单一（各种治理主体并存但彼此缺乏合作和协调）、基层民主决策机制不完善，村级公共产品供给亦面临筹资困难、集体行动效率低等问题。因此，急需设计合理的农村公共产品治理体系，解决新时期我国农村公共产品治理面临的具体问题和困境。

事实上，国内针对农村公共产品治理问题的研究成果虽多，但总体来看，在农村公共产品界定、治理模式理论探讨以及各类治理模式的有效性条件和适应范围等关键方面仍存在不足：一是对农村公共产品的界定不够清晰。绝大多数研究引入一般化的公共产品概念和分类来进行界定，没有充分考虑农村和农业发展的特性，导致分类或不够精细或遗漏关键内容，也进一步导致构建的农村公共产品治理体系的有效性不足。二是对公共产品治理模式的理论研究不足。现有研究对社群治理模式虽然进行了深入探讨，但在理论基础上，仍主要以经典的公共选择理论或从政治学、社会学等视角探讨的第三部门为基础。三是对经典治理模式和治理结构的有效性条件和适应范围考察不足。绝大多数研究侧重引用经典理论的结论,并基于此构建治理方式或提出政策措施,但却忽略了各种经典治理模式的前提假设条件,导致提出的治理方案无法与具体情况、具体类型的农村公共产品精准匹配。

在上述背景下,本书试图通过深入的理论与现实考察,一方面,补充和完善中国农村公共产品治理的理论体系;另一方面,提出兼具理论与现实基础的治理模式,为中国农村公共产品治理的制度设计和政策制定提供参考,具有重要的理论价值与实践意义。

第二节　国内外研究总体进展概述

自20世纪50年代公共产品概念提出以来,国内外针对公共产品的研究文献已非常丰富,这里仅对国内外关于农村公共产品研究的总体趋势作概括性介绍,具体的理论及其发展将在本书第二章和第三章详细阐述,在其他章节也根据需要融入相关研究观点。

一、国外研究总体进展

对公共产品的学术化定义始于保罗·萨缪尔森。萨缪尔森1954年在《公共支出的纯粹理论》一文中指出,公共产品有两个基本特征:一是非排他性,即存在"搭便车"问题,不可能阻止不付费者对公共产品的消费;二是消费上的非竞争性,是指一个人对公共产品的消费不会影响其他人对公共产品的消费。对于公共产品的提供者来说,增加一个单位的消费并不引起边际成本的增加,即边际成本的增量为零。在随后的公共政策实践中,出现了混合公共产品理论,如1965年詹姆斯·布坎南提出的俱乐部理论、1977年约瑟夫·斯蒂格里茨提出的联邦中的地方公共产品理论等,公共产品从纯粹学术概念逐步向政策标签演化。然而,现实中的纯公共产品是很少见的,更多的是介于私人产品和纯公共产品之间的准公共产品(Quasi-public Goods)或混合公共产品。农村公共产品是公共产品的一种特殊形式,且绝大多数以具有较强外溢效应的准公共产品的形式存在。

公共产品供给是经济学和政治学研究的主流问题之一。西方经济学家和政治学家从社会福利、搭便车、市场失灵、个体自愿、契约合作、市场化供给等角度分析公共产品问题。20世纪80年代以前,对于公共产品的供给问题,政治学和经济学的主流观点都坚持认为提供公共产品是政府的天职,是政府最基本的职能和应尽的责任,是政府存在的逻辑起点之一。在这之后,西方国家率先发起了"改革政府""重塑政府""政府再造"和"公共服务输出市场化取向"等政府治理模式的变革。变革的核心是公共服务供给模式的多元化问题。"回到市场去"成为当时西方国家公共产品领域最响亮的声音。产权学派、公共选择学派、理性预期学派、供给学派及货币主义等共同向几十年来有关公共产品政府供给的思维定式提出挑战,他们提出了公共产品和服务也可以由私人和社群供给等政策主张,并成为20世纪80年代以来西方国家公共产品和服务供给机制改革的主要内容。

科斯(1960)在《社会成本问题》中提出了"有效性"命题。认为不管权利初始安排如何,只要交易成本为零,并且当事人双方的谈判是自愿的,则通过自愿谈判来解决外部性引起的争端,其结果必定是有效的。根据此命题,社会成员可以不依靠政府,可以用自愿谈判的方式来解决外部性问题,从而实现公共产品的供给。但必须解决两方面问题:①交易成本问题。在公共产品供给过程中,交易成本随谈判人数的增加而增加,从而影响公共产品的有效供给。②集体行动问题。根据曼瑟尔·奥尔森(1971)在《集体行动的逻辑》中的分析,认为群体中可能存在"搭便车"行为,这使"自愿谈判"非常困难,因而采用这种方式供给公共产品是不可能的,至少是低效的。在这种情况下,许多经济学家建议运用民主机制,选择外部成本与决策成本之和最小的投票规则作为最佳制度进行公共选择,最大化地显示消费者对公共产品的偏好信息。

近年来,西方学者开始从全球化(Raechelle,2005;Kaul,2003)、行为博弈(Felix,2005)、不完全契约(Philippe,Etienne & David,2005)等角度更加深入地对更大范围的公共产品进行研究。一些国家也开始关注农村公共产品的治理问题,尤其是在欧美发达国家,逐渐开始重视农业多功能性,明确农业和农民是农村公共产品的主要生产者和提供者,因而也引起了很多机构和学者的关注(OECD,2001a;Petrick,2007;Gramzow,2009;Cooper,Hart & Baldock,2009;等)。其他关于农村公共产品的供给问题,国外研究者主要集中在农村公共产品的需求特征、供给对策、政府供给效率评估、多元化供给模式以及针对农村医疗卫生服务等领域的研究。例如,麦克米伦和阿莫阿科-图福尔(McMillan & Amoako-Tuffour,1991)对澳大利亚维多利亚城乡公共产品需求差异的研究,发现城乡居民对公共产品的需求存在很大差异;古那蒂拉卡(Gunatilaka,1999)对斯里兰卡通过基础设施建设来解决贫困问题的研究结论指出,通过政府政策设计来实现福利最大化是非常困难的任务,公共基础设施项目的影响力和持续性,不但受质量和数量等因素的影响,还受谁决策、在何处建设、谁受益等问题的约束;加多姆斯基等(Gadomski et al.,1997)分析了美国农村地区采用公私合作制供给公共医疗卫生产品的情况(公共部门和私人部门构建公共卫生组织),认为这种形式在政府资金短缺的情况下,可以有效弥补农村公共产品供给缺口。

总之,国外对公共产品的理论与实证研究已经较为全面和系统,基于福利经济学、新制度经济学、公共选择理论三大理论体系的研究成果不胜枚举,并且在农村公共产品中得到了广泛应用。但是,国外学者对公共产品治理的理论与实证研究,大多是基于二元经济结构并不明显的国家,其相关政策含义不能完全照搬到中国农村公共产品治理之中。

二、国内研究总体进展

国内学者多以产权学派、公共选择学派、理性预期学派、供给学派及货币主义的理论为出发点,来探讨公共产品的供给问题特别是农村公共产品供给问题,主要集中在供给制度变迁、存在的问题和困境、供给主体、农村税费改革带来的影响和供给绩效评价等方面[1]。

(1)农村公共产品供给制度变迁。中国农村公共产品供给制度的变迁,是中国政治和经济体制改革的结果,因此在历史阶段划分上基本形成了共识。新中国成立以来,农村公共产品供给制度主要被划分为3个阶段,即人民公社时期(新中国成立至改革开放之前)、家庭联产承包制时期(改革开放之后至税费改革之前)和农村税费改革之后(包括农村税改革期间)。在人民公社时期和家庭联产承包制时期,农村公共产品供给主要以制度外供给为主,公共财政发挥的作用有限。农村税费改革后,乡镇财政实力削弱,国家公共财政投入大幅扩大,村级公共产品供给由制度外供给为主转变为以制度内供给为主,形成一种国家主导的社群供给模式(张军、何寒熙,1996;叶兴庆,1997;林万龙,2002;叶子荣、刘鸿渊,2004;叶文辉,2005;高鉴国、高功敬,2008;沙新华、李呈阳,2009;张俊、付志宇,2010;王颖,2011;等)。

(2)农村公共产品治理面临的问题和困境。关于现阶段中国农村公共产品存在的主要问题和面临的困境,国内学者研究结论比较一致,认为主要表现为供给总量失衡、供给结构失衡、治理主体单一、村级公共产品供给制度不完善(如"一事一议"制度设计问题)等方面(侯江红,2002;马宝成,2003;马晓河、方松海,2005;许陵,2006;刘建平、何建军、刘文高、

---

[1] 国内关于公共产品和农村公共产品治理的相关研究成果众多,此处不一一列举,仅总结有关农村公共产品治理的部分文献,并主要关注其角度和观点。

2006；林万龙，2007；财政部财政科学研究所课题组，2008；徐小军、郭琴，2008；王振宇、钱莲琳，2008；赵晓峰，2009；许莉、邱长溶、李大垒，2009；胡鸣铎、牟永福，2010；陈潭、刘建义，2011；等等）。针对如何解决这些问题，研究者普遍认为关键是通过构建多元供给主体结合的供给体制，充分利用社会各方的力量。

（3）农村公共产品供给主体。加大政府对农村公共产品治理的财政投入力度，并充分利用各种社会力量，包括私人或市场、第三部门或非政府组织、个人（自助），构建由多元主体构成的供给机制或多中心供给体制，是国内学者提出的解决现阶段农村公共产品供给问题和困境的方案。此观点几乎体现在所有关于农村公共产品供给的研究建议之中（专门讨论多元供给模式的文献也有很多，熊巍，2002；刘建平、龚东生，2005；祝丽生、郭燕，2006；林万龙，2007；宁静、陆慧琼、付羽，2007；吴友群，2008；常伟、陈晓辉、苏振华，2009；董明涛、孙钰，2011；丰存斌，2011；等等）。当然，这些文献还就多元供给体系中，各参与主体的角色进行了讨论，提出了诸如完善财政体制（包括合理划分政府间财权事权、加大和规范财政转移支付制度等）、统筹城乡供给、完善决策机制等政策或制度建设建议。

（4）农村税费改革对农村公共产品供给的影响。农村税费改革的实施，吸引了一大批学者对其展开讨论，前述关于制度演变、供给问题及困境的研究文献，很多也涉及农村税费改革的影响分析。除此之外，也有一些文献专门讨论农村税费改革对基层政府和村民自治组织供给能力的影响，分析结论基本一致，即农村税费改革减弱了基层政府和村民自治组织的供给能力或带来了不利影响（刘鸿渊，2004；刘建平、何建军、刘文高，2006；王宾、赵阳，2006；刘浩淼、张林秀、罗斯高、白罗文，2007；王振宇、钱莲琳，2008；续竞秦、罗仁福、张林秀，2009；胡鸣铎、牟永福，2010；吴理财，2012；等）。

（5）农村公共产品供给绩效评价。关于农村公共产品供给的绩效评价，国内学者通常以价值判断居多，也有部分学者通过选取一些经济社会发展指标，构建综合的评价指标体系来提高分析的准确性。这些指标体系可以通过直接使用统计数据或实地调研数据，对不同地区的政府公共服务和活动的效率进行评估，其结果通常以得分和排名的形式来展示不同层级政府或不同地区政府供给公共产品的绩效水平（王磊，2007；王俊霞、王静，2008；刘霞、娄爱花，2010；等等）。也有学者从消费层面来分析，通过判断农村居民消费结构及私人性质产品与公共性质产品的收入弹性,来判断公共产品供给的需求和供给效率(刘文勇、吴显亮、乔春阳,2008)。

总的来看,国内对农村公共产品供给的研究同样十分全面,涉及供给制度变迁、供给模式、绩效评价、农村税费改革带来的影响及税费改革之后农村公共产品如何供给等多个方面,并提出了很多有建设性的政策观点。但是,现有研究对农村税费改革后中国农村公共产品多元治理主体如何配合和协调、建立一种什么样的合作机制的探讨仍不足,更重要的是,现有研究几乎不讨论农村公共产品的确切含义和类型,也极少讨论各种治理模式在中国的有效性和适应性。

第三节　研究思路与方法

本书采用"理论→现状及问题→典型经验→模式有效性→政策设计"的基本思路展开研究。第一,梳理和分析公共产品治理的基本理论和模式,引入新的理论和思想,丰富农村公共产品治理的理论基础;第二,对中国农村公共产品治理制度的历史演化及现状进行考察,总结存在的主要问题,包括农村税费改革对中国农村公共产品治理的影响,以及农村税费改革后中国农村公共产品治理面临的主要困境;第三,深入分析国内外农村公共产品治理的典型经验,包括发达国家、发展中国家以及国内的典型经验和实践探索,并基于实地调查对国内典型个案进行深入研究;第四,基于上述研究,对农村公共产品治理模式进行重新提炼和划分,并分析各类治理模式在中国农村公共产品治理中的有效性条件和适应范围;第五,提出既具有理论基础,又具有现实基础的农村公共产品治理结构及相应的保障机制。

本书以福利经济学、新制度经济学、公共选择理论、发展经济学等理论为基础,并结合统计学、计量经济学及博弈论等相关理论和方法,对中国农村公共产品治理理论与模式进行深入研究。一是通过大量查阅相关资料,把握公共产品治理研究的前沿动态,并结合传统思想和农业多功能性对农村公共产品的分类和范围进行研究,还将引入社群经济这一发展经济学的新理念,为社群治理模式构建更加充分的理论基础;二是运用统计学和计量经济学分析方法,对中国农村公共产品供给的效率、实践中制度创新的效果进行分析;三是运用博弈论的分析方法,构建静态博弈模型,对农村公共产品社群治理模式进行理论解释。

第二章　农村公共产品治理：
基本理论与模式

农村公共产品虽然也属公共产品的研究范畴,但也具有其自身特点。本章首先对外部性、农业多功能性、农村公共产品分类等农村公共产品治理的相关概念进行辨析和界定,然后对公共产品的3个经典理论和模式进行详细介绍,以为后续研究提供扎实的理论基础。

第一节　农村公共产品治理相关概念辨析

为便于后续分析和讨论的开展,对本书所涉及的基础性概念进行界定和辨析。首先明确外部性和农业多功能性的含义,进而在其基础上提出农村公共产品的概念及其分类,最后对"农村公共产品治理"进行界定。

一、外部性与农业多功能性

在讨论农村公共产品的概念及性质之前,需要明确与其相关的两个概念：一是外部性,它源自共同使用特性并与公共产品密切相关；二是农业的多功能特性,它体现了农村公共产品的特殊性。

（一）外部性

外部性(Externality)是指某一企业或个人的经济行为,对其他企业或个人造成了影响,而又没有承担应有成本或获得应有报酬的现象(高培勇,2004)[1],通常也用外部效应来定义这类行为带来的影响。按照行为产生的效果差异,外部性可以分为正外部性(Positive Externality)和负外部性(Negative Externality)[2]。正外部性或外部经济,是指企业或个人的经济行为给其他企业、个人或者社会带来了益处,例如,教育不仅对学生个人有益,而且对整个社会都有益；负外部性或外部不经济,是指企业或个人的

---

[1] 高培勇:《公共经济学(第一版)》,20页,北京,中国人民大学出版社,2004。
[2] 根据发起者和承受者的不同,外部性又可以分为消费活动产生的外部性和生产活动产生的外部性,等等,本书不再赘述。

经济行为给其他企业、个人或社会带来了损失,例如工厂排放污染物造成的环境污染。

外部性与公共产品的关系十分密切,因为在外部效应起作用的范围或区域内,也具有共同消费的特征,当外部效应的作用范围扩大到整个社会时,就成了一种公共产品(孙月平、刘俊、谭军,2004)[3]。但是外部性与公共产品也有区别,其本质区别在于公共产品体现出正外部性,而外部效应则既可以是正的也可以是负的。因此,公共产品可以被看作是一种特殊的外部性,并且在分析过程上,对外部性的研究实际上等同于对公共产品的研究(罗宾·W.鲍德威、大卫·E.威迪逊,中文版,2000;张馨,1999;Rosen,2005)[4]。

(二) 农业多功能性

多功能农业(Multifunctional Agricultural)最早出现于1992年的里约地球峰会(Rio Earth Summit),提出了"农业多功能特别是指食品安全和可持续发展"。这一概念后来在1998年经济合作与发展组织(OECD)国家农业部长委员会的声明中得到了扩展:农业"在生产食品和纤维这个基础功能之外,农业活动也可以塑造景观,带来诸如土地保护、可再生资源的可持续利用、生物多样性保护等环境效益,还可以为农村地区社会经济发展做出贡献"(DeVries,2000)[5]。美国农业部经济研究所(Economic Research Service/USDA)1999年的一份研究报告中,将农业多功能性定义为农业"生产活动生产出的一组相互联系的产品,有些是私有产品,有些是公共产品"[6]。OECD的研究报告在定义农业多功能性时也特别强调仅是"工作定义"(Working Definition),而非各成员国认可的官方正式定义,报告认为:"农业多功能性的关键要素是:①农业联合生产出多种商品和非商品产出;②一些非商品性产出表现出外部性或公共产品的特征,从而使得这类产品的市场不存在或功能不全"[7]。在OECD的定义中,联合生产产出

---

[3] 孙月平、刘俊、谭军:《应用福利经济学》,40页,北京,经济科学出版社,2004。

[4] 罗宾·W.鲍德威、大卫·E.威迪逊:《公共部门经济学》(第二版),邓力平主译,61页,北京,中国人民大学出版社,2000;张馨:《公共财政论纲》,37页,北京,经济科学出版社,1999;H. S. Rosen, *Public Finance* (*Seventh Edition*). New York: The McGraw-Hill Companies, Inc., 2005, p. 83.

[5] B. DeVries, *Multifunctional Agriculture in the International Context: A Review*. The Land Stewardship Project, 2000, http://www.landstewardshipproject.org/mba/MFAReview.pdf.

[6] M. Bohman, J. Cooper, D. Mullarkey, M. Normile, D. Skully, S. Vogel and E. Young, *The Uses and Abuses of Multifunctionality*. Washington DC: Economic Research Service/USDA, 1999.

[7] OECD, *Multifunctionality-Towards an Analytical Framework*. Paris: OECD Publishing, 2001a, p. 13.

是指在同样生产投入条件下生产出了多余一种的产品组合。联合生产产出既包含好产品(Goods)也可包含坏产品(Bads),即理论上既有私人产品也有公共产品(Vatn,2002)[8]。进而,农业商品产出被定义为农业基础功能带来的产出,如粮食、花卉、纤维、可再生能源或工业生产所需的原材料,农业非商品产出指农业生产商品产出时联合生产出的副产品,例如景观、食品安全、自然生存环境、创造就业等[9]。

此外,欧盟和世界粮农组织(FAO)也给出了相应定义,只是各自的侧重点不一样,在这些定义中,比较常用的是OECD的表述。正是因为没有一个被广泛认可的准确定义,各国对农业多功能性的理解和阐述又不尽相同,从而成为国际农业贸易谈判中的争论焦点。在WTO多哈回合谈判中,日本、欧盟等国家或地区强调农业多功能性的重要性,认为对农业应采取一定的保护措施,而美国、澳大利亚等粮食出口国则持反对意见,认为农业多功能性只是保护主义国家为了维护高补贴和保护政策所找的借口。

尽管没有统一的定义,但不难发现,所有阐述都包含了一个基本思想:农业生产不但生产出了食物、纤维等商品性产品,同时还生产出了一些副产品,即非商品性(Non-Commodity)产品,这些副产品可能是对他人或社会有益的产品,也可能是有害的商品。也就是说,农业生产活动产生了外部效应,且既可能是正效应,也可能是负效应。

根据近年对农业多功能性的研究成果,可以总结出常见的农业非商品产出(表2-1)。参照中国台湾对农业功能"三生"(生产、生活、生态)划分法,以及一些实证研究的划分方法,除基础性生产功能以外,将这些非商品产出划分为生态功能、生活功能和社会功能。生态功能包含一些与生态环境密切相关的产品;生活功能即对农村和城市居民生活所需提供的非商品产出,例如生存空间、景观、远离拥挤、休闲消遣等。值得注意的是,由于农村景观可以吸引外来游览者,这也会给农民带来额外收入,而城市居民也有机会到农村去体验生产带来的乐趣。为都市居民提供观赏景观、休闲、享受大自然、生产体验之机会和场所的功能也常被称为"富丽乡村

---

[8] A. Vatn,"Multifunctional Agriculture:Some Consequences for International Trade Regims", *European of Agricultural Economics*,29 (2002),309-327.

[9] 在OECD早期的报告中,曾采用食品(Foods)产出和非食品(Non-foods)产出,但后来发现很多农田的基础产品并不是食品,例如花卉养殖场的基础产品是花卉,因此后来决定用商品(Commodity Outputs)和非商品(Non-commodity Outputs)。参见OECD,*Multifunctionality-Towards an Analytical Framework*. Paris:OECD Publishing,2001,p. 10.

(Rural Amenity)";社会功能包含对社会进步和发展的非商品产出,例如保存和传承耕作文化(服饰、饮食、生活习惯、宗教等)、带来就业机会、为社会大众提供了科研学习机会和场所,适当的农业生产水平还可以调节粮食供需、维护粮食安全进而确保社会稳定。在以农业为主导产业的地区,农业发展可以促进该地区的繁荣进而促进城乡平衡发展。

表 2-1 农业生产外部性和主要农业非商品产出

	生态功能		生活功能	社会功能
	正效应	负效应	(正效应)	(正效应)
主要非商品产出	自然生境 土壤保护 水体保持 防洪防灾 生物多样性 地下水补给 温室气体吸收	破坏生物多样性 水土流失 水质、土质污染 空气污染 温室气体排放 灌溉系统过度使用 破坏自然生境	生存空间 自然景观 人文景观 休闲消遣 远离拥挤 生产体验(城市居民) 额外收入(当地居民)	文化传承 就业机会 科研学习 粮食安全 维持和活化乡村社区

资料来源:根据 Bohman et al. (1999)、Romstad et al. (2000)、Abler(2001)、OECD(2001a)、林家荣(2005)、Van Huylenbroeck(2007)、李承嘉等(2011)等相关资料和论述整理修改。

二、农村公共产品的概念

农村公共产品是在公共产品基础之上拓展而来的概念,因此在为农村公共产品定性之前,首先需要明确的是公共产品(Public Goods)的概念和性质[10]。经济学界对公共产品的探讨,早期在大卫·休谟(Hume,1739)和亚当·斯密(Smith,1776)的著作中就有所提及,但直到20世纪50年代,保罗·萨缪尔森(Samuelson,1954,1955)的研究才打开了现代公共产品理论的大门,且被认为是公共财政理论的重大突破(Sandmo,2008)[11]。

萨缪尔森(Samuelson,1954,1955,1969)定义的纯公共产品存在两个

---

[10] 国内学术界对"Public Goods"并无一致译名,常用的译名有公共物品、公共产品、公共品等,港台地区学者亦有公共财、公共财货等译法。张馨(1999)通过比较各类译法,认为翻译为"公共产品"最为准确(张馨:《公共财政论纲》,718页,北京,经济科学出版社,1999),而郭庆旺和赵志耘(1999)认为译名取决于翻译者的偏好,其本质并无差异。不过,近年出现的文献中,大多数学者习惯使用"公共产品"一词,本书亦然。

[11] A. Sandmo, "Public Goods", in S. N. Durlauf and L. E. Blume eds., *The New Palgrave Dictionary of Economics (Second Edition)*. The New Palgrave Dictionary of Economics Online, Palgrave Macmillan, 2008.

基本特征(或条件)[12],即非排他性(Non-Excludability)和非竞争性(Non-Rivalry)。非排他性意味着某人对产品的消费不能阻止其他人同时对该产品的消费,而非竞争性则意味着,产品一旦被提供,所有人都可共同享用,且新增加消费者也不需要支付额外的成本。萨缪尔森(Samuelson,1954)定义的公共产品在现实的考量中引起了质疑,因为要在现实中找到同时具备非排他性和非竞争性的产品并不容易,灯塔甚至国防这类经典公共产品案例,在现实中也可能不满足定义中的所有条件。因此,存在很多产品既不是萨缪尔森式的纯公共产品(表2-2中A类产品),也不是私人产品(表2-2中D类产品),这类产品被称为准公共产品(Impure Public Goods 或 Quasi-public Goods),如表2-2中所示的B类和C类产品。

表2-2 产品的分类

	排他的	非排他的
竞争的	A	B
非竞争的	C	D

资料来源:Cullis & Jones(2009,p.68)。

由于准公共产品介于纯公共产品和私人产品之间,因此准公共产品还取决于竞争性和排他性的程度,它可能在消费上是非竞争的,但到一定程度之后就变得拥挤了。以对公园基础设施的消费为例,在消费者总数达到一定规模之前,公园满足非竞争性和非排他性两个基本性质,是纯公共产品。但当消费人数达到一定数量就会变得拥挤甚至超过能够容纳的消费者规模,这时就只能采用人数限制或收费等制度安排来解决过度拥挤问题,公园也就不再满足纯公共产品的基本条件而成为准公共产品。一个产品是拥挤的,意味着消费一单位该产品会降低其他使用者的效用,但不会影响他们的消费数量(OECD,2001a)[13]。在引入拥挤性(Congestion)概念之后,就可以较为全面地定义公共产品、准公共产品和私人产品(表2-3)。

---

[12] 在最初的论文中,Samuelson(1954,1955)并没有提"纯公共产品"这一概念,而是集体消费品(Samuelson,1954)和公共消费品(Samuelson,1955)。在论文发表引起的大讨论中,逐渐形成了"纯公共产品"(Pure Public Goods)和"纯私人产品"(Pure Private Goods)两个概念,Samuelson(1969)在新论文中也特意对二者进行了强调。

[13] OECD, *Multifunctionality-Towards an Analytical Framework*. Paris: OECD Publishing, 2001a,p.78.

表 2-3　纯公共产品、准公共产品和私人产品[14]

	非竞争的	拥挤的	竞争的
非排他的	纯公共产品（例如：国防）	开放式共享资源（例如：渔场）	开放式共享资源
受益范围仅限于特定区域	地方性纯公共产品（例如：市区消防服务）	—	—
仅对某个社群以外成员具有排他性	—	共同财产资源（例如：社群拥有的灌溉设施）	共同财产资源
排他的	收费产品或 Spite 产品（例如：不拥挤的收费道路）	俱乐部产品（例如：高尔夫俱乐部）	私人产品

资料来源：OECD（2001a，p.77），有略微改动。

俱乐部产品最早由布坎南（Buchanan，1965）提出。他发现在日常生活中，存在一些合作会员制（Co-operative Membership）形式的群体（成员加入都是自愿的），其成员共同提供一些物品并一起共享。例如，中低收入群体组织建设洗浴设施供成员享用，这些产品对于群体内成员来说具有纯公共产品的性质，但对于群体外的消费者来说却是排他的，这在萨缪尔森（1954，1955）的理论中并没有得到反映。为此，布坎南（1965）建立了一个俱乐部经济模型，并给出了最优产品和成员规模的条件。具有类似性质的准公共产品后来被称为俱乐部产品。俱乐部产品的核心在于消费上具有排他性和拥挤性，一旦完全开放就可能产生过度利用，因此需要确定最优的成员和产品规模组合（OECD，2001a）[15]。

类似地，可以定义其他类型的准公共产品[16]：开放式共享资源（Open Access Resource）是指具有竞争性或拥挤性且具有非排他性的产品，这类资源一旦对所有人开放，政策将很难有效干预；共同财产资源（Common Property Resource）是指社群而非个人所拥有的资源，是一种不属于任何个人拥有的产品，它对社群组织内成员是完全开放的，但又能很好地与财产权区分开；收费产品（Toll Goods）或 Spite 产品是指通过某种措施（例如收费、设置围墙等）实现排他性的非竞争性的产品，用收费来实现排他性可能

---

[14]　对应英文名：地方性纯公共产品或地方纯公共产品——Local Pure Public Goods；开放式共享资源或开放存取资源——Open Access Resource；共同财产资源或共有财产资源——Common Property Resource，也被称为 Common Pool Resource；收费产品——Toll Goods；社群或团体——Community。

[15]　同前，OECD（2001a），p.79。

[16]　以下相关定义来自于 OECD 给出的定义。详细参见：OECD, *Multifunctionality-Towards an Analytical Framework*. Paris：OECD Publishing，2001a，p.2 & pp.77-79。

会排除一些愿意付费的潜在消费者,从而导致效率损失[17];地方性纯公共产品(Local Pure Public Goods)是指仅供某一特定辖区例如市或镇使用的纯公共产品。

从上面的分析可以发现,公共产品是私人产品的对立面,如果私人产品被定义为同时具有竞争性和排他性的产品[18],那么表2-3中剩下的其他所有组合下的产品都是公共产品,且可被分为纯公共产品和准公共产品,而准公共产品又可以被进一步划分为俱乐部产品、共同财产资源等类型。有了公共产品的定义,农村公共产品就可以作出类似的界定,它同样可相应分为纯农村公共产品和准农村公共产品。首先,将农村私人产品定义为同时具有竞争性和排他性的产品。那么,农村公共产品是指除农村私人产品以外的满足农村公共需要的产品,纯农村公共产品是指同时具有非排他性和非竞争性的农村公共产品,而准农村公共产品是指介于纯农村公共产品与农村私人产品之间的产品。

三、农村公共产品的分类

按照上述公共产品的分类标准和农村公共产品的定义,农村公共产品相应可被分为纯农村公共产品和准农村公共产品,准农村公共产品又可被分为农村俱乐部产品、农村公有财产资源等类型。但是,农村公共产品也有其特殊之处。正如前面分析的那样,农业多功能性的存在意味着农业生产产生了外部性,这使得农村公共产品的内涵比通常意义上的公共产品要更加丰富。它还包括水土保持、环境保护、自然景观和文化遗产等非商品性产出或服务,这类产品通过区分其使用价值与非使用价值(表2-4),进而可以被划归为不同类型的农村公共产品(Henrichsmeyer & Witzke,1994[19];

---

[17] Spite Goods目前中文尚无约定俗成的翻译,Spite有"带恶意的、故意的"之意,这里认为设置障碍实现排他性,与其比较吻合。《微观经济学:行为、制度和演化》(博尔斯著,江艇等译,北京,中国人民大学出版社,2006)一书中将Spite Goods翻译成"准公共品"显然是不准确的,它只是准公共品的一个方面。制度经济学和实验经济学常分析恶意行为(Spiteful Behavior)或恶意偏好(Spiteful Preference)与公共产品供给的关系,可参见Cason、Saijo和Yamato(2002)、Bowles(2004,p.129)等著作的论述。

[18] 值得注意的是,也有学者将私有产品划分为纯私有产品和准私有产品(Impure Private Goods),但这个划分没有得到广泛采用,具体可参见Hyman(2002,p.141)和Robbins(2004,p.190)等著作。

[19] W. Henrichsmeyer and H. P. Witzke, *Agrarpolitik*, Bd. 2: Bewertung und Willensbildung. Stuttgart,Ulmer:UTB,1994.

OECD,2001a[20]；Petrick,2007[21]；Gramzow,2009)[22]。

表 2-4 使用价值与非使用价值

使用价值 （Use Values）	使用价值 （Use Values）	伴随实际价值而产生的使用价值
	选择价值 （Option Values）	保有未来选择使用资源之权利所体现出的价值（或所需付出的代价）
非使用价值 （Non-use Values）	存在价值 （Existence Values）	确保资源继续存在所体现出的价值（或所需付出的代价）
	遗赠价值 （Bequest Values）	保有子孙对生物资源之使用权所体现出的价值（或所需付出的代价）

资料来源：OECD(2001a,p.80)。

需要说明的是，公共产品类型的划分往往不是绝对的，在不同条件下，竞争程度和排他程度有所不同，因此同一种产品在不同条件下可能属于不同类别。例如，对于一个特殊的封闭起来的自然景观或人文景观，它可能只属于某个人拥有，且并不对公众开放，这时它在消费上具有完全竞争性和完全排他性，属于私人产品，在其他层面，根据竞争性和排他性的程度，又可以划分到不同类型的公共产品中。下面仅根据典型特征进行分类（表2-5），尤其是根据农业多功能性对一些特殊的非商品产出进行了分类，同时也对个别类型和例子作了必要的解释和分析。

表 2-5 农村公共产品的分类[23]

	非竞争性	拥挤性
非排他性	纯公共产品 • 行政管理与服务 • 农村基础教育、社保等 • 全国性公共基础设施 • 景观（非使用价值） • 自然生境（非使用价值） • 野生动植物保护 • 其他	开放式共享资源 • 景观（对游览者的使用价值） • 游憩地或公园（对游览者的使用价值） • 其他

---

[20] OECD, *Multifunctionality-Towards an Analytical Framework*. Paris：OECD Publishing,2001a.

[21] M. Petrick, "Why and How Should the Government Finance Public Goods in Rural Areas? A Review of Arguments", in P. M. Schmitz and F. Kuhlmann eds., *Good Governance in der Agrar- und Ernährungswirtschaft*. Münster-Hiltrup：Landwirtschaftsverlag,2007, pp. 271-281.

[22] A. Gramzow, *Rural Development as Provision of Local Public Goods：Theory and Evidence from Poland*. Halle (Saale)：Leibniz-Institut für Agrarentwicklung in Mittel-und Osteuropa (IAMO),2009.

[23] 同前，OECD(2001a,p.82)。OECD 也将粮食安全纳入了农村公共产品的讨论中，但正如他们所分析的那样，如果粮食生产主要依赖于国内生产，那么粮食安全就既可能存在正外部性也可能存在负外部性，但现实中粮食安全最有效的解决办法是国内生产、储备和进口形成一个合适组合，且农业贸易对粮食安全至关重要(OECD,2001a,pp. 47-48,54,74,83-84)。因此，粮食安全通常涉及到国际范畴，更多在国际公共产品(Global Public Goods)供给中予以讨论，故本书未将其放在研究范畴之内。

续表

	非竞争性	拥挤性
仅对特定管辖区外的人有排他性或对特定社群外的人有排他性	**地方纯公共产品** • 防洪、水土保持 • 自然资源保护 • 地域性特色文化遗产（非使用价值） • 有效的地方治理机构 • 地方性公共基础设施 • 农村就业 • 高的人力资本水平 • 区域品牌Ⅱ（非产业或企业集群层面） • 良好的投资营商环境 • 其他	**共同财产资源** • 地下水补给 • 自然生境（使用价值） • 灌溉系统 • 其他
排他性	**收费产品或Spite产品** • 康复和娱乐设施 • 自然生境（使用价值） • 收费的农村道路、桥梁等 • 其他	**俱乐部产品** • 区域品牌Ⅰ（产业或企业集群层面） • 生产者团体或农业合作社 • 乡村俱乐部 • 自然生境（特殊条件下非使用价值） • 其他

注：公共产品类型的划分往往不是绝对的，在不同条件下，竞争程度和排他程度有所不同，因此同一种产品在不同条件下可能属于不同的类别，这里仅根据典型特征进行分类，尤其是根据农业多功能性对一些特殊非商品产出进行了分类。

资料来源：根据OECD（2001a, p.80）、Petrick（2007）和Gramzow（2009, p.19）的分类综合整理。

（一）景观

景观（Landscape）是指"反映统一的自然空间、社会经济空间组成要素总体特征的集合体和空间体系"[24]，景观既包括自然景观，也包括人文景观，人文景观又可以划分为产业景观（Industrial Landscape）、城市景观（Cityscape）和农业景观（Agricultural Landscape）（Knierim, 1994[25]；

---

[24] 全国科学技术名词审定委员会审定：《地理学名词》（第2版），北京，科学出版社，2007；或参见全国科学技术名词审定委员会官网网站（http://www.cnctst.gov.cn/）术语查询。

[25] A. Knierim, "Agrarlandschaft – Ein wissenschaftlicher Begriff? Zu Herkunft und Verwendung eines Modewortes", *Berichte der Landwirtschaft*, 72(1994), pp.172-194.

Gramzow,2009)[26]。因此,位于农村地区的不具有排他性和竞争性的景观应包含在农村公共产品中。非使用价值部分的农村自然景观和人文景观同时具有非竞争性和非排他性的特征,它属于农村纯公共产品。游览者对景观的消费一旦产生拥挤性,游览者通常会在参观景观时支付费用(对游览者的非使用价值),因此景观的非使用价值部分属于农村准公共产品[27]。

(二) 自然生境

自然生境(Natural Habitat)通常是指生物生活的生态地理环境。德纳·L.杰克逊认为,农场无论是对于农作物和牲畜,还是对原生动植物来说都是一个自然生境,并且这一性质也体现在农民的生产实践当中(Jackson,2002)[28]。类似地,与农业有关的自然生境也可以按其使用价值和非使用价值划分到不同类型的农村准公共产品之中,例如观鸟场、狩猎场、渔场等具有竞争性或拥挤性的资源就可以划分为共同财产资源。自然生境非使用价值部分有些也具有非竞争性和排他性特性的产品,通过人为障碍来实现排他性,一个典型例子就是环境信托(Environmental Trust),在这种制度下它仅提供给受信任的成员享用(OECD,2001a,p.82)[29]。而一些特殊的非使用价值部分可能由俱乐部来管理,这部分又属于俱乐部产品,如环境信托制度下自然生境的非使用价值部分。

(三) 区域品牌

区域品牌是指一个区域的特征和整体形象,理论上有广义区域品牌和狭义区域品牌之分。狭义的区域品牌是指"某个行政或地理区域内形成的以产业集群为依托,具有较大生产规模、较高市场占有率和较强社会影响力,并为该地产业与企业所共同拥有的知名品牌"[30],这个基于产业集群或企业集群定义的区域品牌我们用"区域品牌Ⅰ"来描述。广义的区域品

---

[26] 同前,Gramzow(2009),第21页。

[27] 值得注意的是,景观对于居民的使用价值(Use Value for Residents)也可以划分到地方公共产品之中,因为其受益者只是当地居民(OECD,2001a,p.81)。

[28] D. L. Jackon,"The Farm as a Natural Habitat", in D. L. Jackson and L. L. Jackson eds. , *The Farm as a Natural Habitat: Reconnection Food Systems with Ecosystems*. Washington, DC: Island Press, 2002, pp.18-21.

[29] 环境信托是公益信托的一种,是指由国民发起,以购买、接受捐赠或签订协议的方式进行土地取得,以保存土地及自然、人为环境为目的而成立的公益信托或公益法人(李静秋,1997),本书后续将详细介绍。

[30] 陈栋:《区域产品的内涵及其价值》,载《光明日报(理论周刊)》,2010-01-12。

牌除了"区域品牌Ⅰ"外,还包括区域性文化、景观等品牌[31],我们用"区域品牌Ⅱ"来概括,表示广义区域品牌中除了基于产业集群或企业集群定义之外的部分。作这样的区分之后,就可以相应将其归类到不同的农村准公共产品之中。由于区域品牌不属于单个企业或个人,因此具有共同消费的特征,但同时又受到地域或集群限制,因此区域产品属于准公共产品(Liang,2009[32];陈栋,2010[33])。对于"区域品牌Ⅰ",由于是基于产业集群或企业集群建立起来的品牌,消费上具有拥挤性和对群外企业或个人的排他性,属于俱乐部产品(Gramzow,2009[34];吴菊安,2009[35];吴传清,2010[36])。而"区域品牌Ⅱ",消费上只对区域外的人群具有排他性,而对区域内所有人来说都具有非竞争性,因此可划分为地方纯公共产品。例如,如果将"天府之国"看作是四川的一个形象品牌,那么所有四川人都可以对外宣传来自"天府之国"。

(四)投资营商环境

投资营商环境包含内容十分广泛,同时涵盖了基础设施、政策环境、企业发展所需人力资本、金融服务及物流服务体系,等等。针对农村地区,尤其需要有利于农产品生产及加工企业、农村中小企业发展的环境,这不仅需要完善的基础设施,还需要良好的金融服务、物流、生活、政治服务体系等配套设施。因此,投资营商环境事实上包含了几乎所有的公共产品,是一个综合环境。由于投资营商环境在消费上几乎不存在竞争性,而且对当地企业来说也几乎不具有排他性,所以属于地方性纯公共产品。

(五)人力资本

人力资本是个体在活动中体现出的知识和技能,它在有意识的教育和

---

[31] 在绝大多数文献中,区域品牌指狭义的区域品牌,即从产业或企业集群层面来定义的概念。此外,产业集群和企业集群式两个类似但又有区别的概念,都强调企业间的联系,详见李亦亮:《产业集群与企业集群概念辨析》,载《商业时代》,2007(14);吴传清(2009)认为,基于区域产业集群形成的集群整体品牌命名为"区域品牌"有明显缺陷,应命名为"区域产业集群品牌",详见吴传清:《区域产业集群品牌的术语、权属和商标保护模式分析》,载《经济管理》,2010(10)。

[32] Y. Liang, "Governance Mechanism of Regional Brand: A Perspective of Industrial Cluster", in *Conference Proceedings of 2009 International Conference on Information Management, Innovation Management and Industrial Engineering*. Los Alamitos: IEEE Computer Society, 2009, p. 26-27.

[33] 陈栋:《区域产品的内涵及其价值》,载《光明日报(理论周刊)》,2010-01-12。

[34] 同前,Gramzow(2009), p. 17.

[35] 吴菊安:《产业集群与农产品区域品牌建设》,载《农村经济》,2009(5)。

[36] 吴传清:《区域产业集群品牌的术语、权属和商标保护模式分析》,载《经济管理》,2010(10)。

培训中和无意识的实践经历中积累形成(Ostrom,1999[37];Ostrom et al.,2009[38]),OECD(2001b)将人力资本定义为"存在于人体之中的能促进个人、社会和经济福祉创造的知识、技能和能力"[39]。由此可见,人力资本不仅包括通过教育获得的知识和技能,还包括通过实践经验而获得的能力。显然,人力资本水平与教育水平有直接关系,人力资本水平一定程度上反映在教育水平上。人力资本有很强的正外部性,对于一个地区来说,高的人力资本水平无疑有利于地区经济和社会发展,以个人或组织存在的人力资本将给整个社会带来益处。因此,人力资本对于个人来说是私有产品,但同时也具有公共产品的特征,某个本地居民很难排除本地其他居民分享人力资本外部性带来的利益,同时居民之间在消费这种整体收益时也不存在竞争(Gramzow,2009)[40]。毫无疑问,高的人力资本水平对于农村地区是至关重要的(Skuras et al.,2005[41];杨美成,2011[42]),它可被划分为地方纯公共产品。

四、治理与农村公共产品治理

"治理"(Governance)是20世纪90年代开始逐渐被政治学家、社会学家和经济学家广泛使用的术语。罗西瑙(Rosenau,1992)在《没有政府的治理》一书中指出:"治理与政府统治并非同义词。……政府统治意味着由正式权力和警察力量支持的活动,以保证适时制定的政策能够得到执行。治理则是由共同的目标所支持的,这个目标未必出自合法的以及正式的职责,而且它也不一定需要依靠强制力量克服挑战而使别人服从。……它既包括政府机制,同时也包含非正式、非政

---

[37] E. Ostrom, "Social Capital: A Fad or a Fundamental concept?", in P. Dasgupta and I. Sraelding eds., *Social Capital: A Multifaceted Perspective*. Washington DC: The Work Bank, 1999, p. 172-214.

[38] E. Ostrom, E. S. Brondizion and O. R. Young, "Connectivity and the Governance of Multilevel Social-Ecological System: The Role of Social Capital", *Annual Review of Environment and Resources*, 34 (2009), 253-278.

[39] OECD, *The Well-being of Nations-The Role of Human and Social Capital*. Paris: OECD Publishing, 2001b, p. 18.

[40] 同前, Gramzow(2009), p. 20。

[41] D. Skuras, N. Meccheri, M. B. Moreira, J. Rosell and S. Stathopoulou, "Entrepreneurial Human Capital Accumulation and the Growth of Rural Businesses: A Four-country Survey in Mountainous and Lagging Areas of the European Union", *Journal of Rural Studies*, 21(2015), 67-79.

[42] 杨美成:《提升农村人力资本水平》,载《人民日报》,2011-12-14。

府的机制。"[43]由此可见,治理一词含义丰富,包含了政府之外的组织以及用非正式制度规范来管理社会中的各种活动。洛兹(Rhodes,1997)给出了治理的6个基本特征[44]:①治理的作用在于能消减公共开支,以最小的成本取得最大的效益;②治理意指控制和监督企业运行的组织体制;③治理也意指政府公共服务的市场化;④治理强调效率、法制、责任的公共服务体系;⑤治理是社会控制的,即政府与民间、公共部门与私人部门之间的合作与互动;⑥治理是建立在信任与互利基础上的社会协调网络(多元主体踊跃地参与公共事务)。洛兹(Rhodes,2007)认为,"总的来说,治理指与网络一起和通过网络来进行管理"[45],而网络治理意味着各种行动主体一起共同参与公共政策制定过程,政府只是其中之一,其运作基于信任和协调两大机制(鄞益奋,2007)[46]。

事实上,不同学者对治理的理解并不相同。格里·斯托克(Gerry Stoker,1998)根据研究者对治理的不同理解和解释,总结出5种主要观点[47]:①治理意味着一系列来自政府但又不限于政府的机构和行动者,即行动者是由政府和其他非政府主体构成的多元主体;②治理意味着解决社会和经济问题的界限和责任具有模糊性,即各种管理社会和经济问题的主体之间没有明确的设定界限和划定责任;③治理意味着涉及集体行动的各种机构之间的权力依赖性,即各种主体之间联系紧密,相互之间总是进行着协调和合作;④治理意味着行动者拥有自己的自治网络(独立性),即不同行动者既可以与其他行动者合作,也可以独立承担治理任务;⑤治理意味着完成事务的能力不一定非要依赖于政府命令和权威,即除政府之外,其他行动者也可以成为处理事务的主体。

综合上述关于治理含义的观点可以发现,治理寓意着在处理各种社会和经济事务中,主体不限于单一的某个组织或行动者,而是政府以及其他

---

[43] 詹姆斯 N·罗西瑙主编:《没有政府的治理——世界政治中的秩序与变革》,张胜军、刘小林等译,4-5页,南昌,江西人民出版社,2001。原版:J. N. Rosenau and E. -O. Czempeil eds., *Governance Without Government: Order and Change in World Politics*. Cambridge: Cambridge University Press,1992,p.5.

[44] R. A. W. Rhodes, *Understanding Governance: Policy Networks, Governance, Reflexivity and Accountability*. Buckingham: Open University Press,1997,p.15. 转引自王振轩、赵忠杰:《非政府组织对在全球治理架构中对公卫议题的角色与功能》,载《非政府组织学刊》,2008(4)。

[45] R. A. W. Rhodes, "Understanding Governance: Ten Years On", *Organization Studies*, 28 (2007),1243-1264.

[46] 鄞益奋:《网络治理:公共管理的新框架》,载《公共管理学报》,2007(1)。

[47] G. Stoker, "Governance as Theory: Five Proposition", *International Social Science Journal*,50 (1998),17-28.

非政府性组织构成的多元主体结构,这些行动者可以独立或协同管理各种社会和经济事务,它们彼此独立但又彼此联系和依赖。治理的制度和规则既包括正式的、带有强制力的制度和规则,也包括自愿形成的、非正式的制度和规则。治理的目的在于各种机构和组织基于各种不同的制度和规则,通过不同的方式来管理各种活动,从而最大限度地增进公共利益(王振轩和赵忠杰,2008)[48]。同时,治理还是一个过程,其基础不是控制而是协调(Commission on Global Governance,1995)[49]。基于治理的这些内涵和特征,全球治理委员会(Commission on Global Governance)给出的定义为:"治理是各种公共的或私人的个人和机构管理其公共事务的诸多方式的总和"[50]。

因此,农村公共产品治理是指政府以及非政府性组织或个体、通过各种正式或非正式规则独立或协同处理农村公共产品相关事务的过程。农村公共产品治理只是将治理的对象限定在农村公共产品这一领域,没有改变治理的本质含义和特征,因而"农村公共产品治理"同样意味着主体的多元化、主体之间或独立或协同完成事务、正式的或非正式的制度和规则共存等特征。本书认为,由于治理一词本身就蕴含着各种行动者之间的互动,不会割裂各种参与主体之间的联系,因此能更好地分析不同治理模式之间的协同性。

第二节 农村公共产品治理理论索源

现代经济学关于公共产品治理的理论十分丰富,主要包括福利经济学、新制度经济学(以产权经济学为核心)和公共选择理论3个理论基础,它们基于不同的视角和方法对公共产品治理进行分析,并提出了各自的政策观点。

一、福利经济学的相关论述

福利经济学是现代经济学的重要分支,主要研究不同经济状况下社会福利的高低,以及如何实现社会福利最大化等问题。福利经济学可以说是

---

[48] 王振轩、赵忠杰:《非政府组织对在全球治理架构中对公卫议题的角色与功能》,载《非政府组织学刊》,2008(4)。

[49] Commission on Global Governance, *Our Global Neighborhood*. Oxford: Oxford University Press, 1995, p. 23.

[50] 俞可平:《治理和善治引论》,载《马克思主义与现实》,1999(5)。

最早全面讨论公共产品治理问题的经济理论,是政府干预公共产品供给市场的重要理论基础。

(一)福利经济学基本定理

福利经济学有两个基本定理,分别被称为福利经济学第一定理和第二定理[51]。

福利经济学第一定理:交换经济中,竞争性一般均衡实现的资源配置都是帕累托最优的。帕累托最优是资源配置的最理想状态,当资源配置达到帕累托最优时,交换经济将无法在其他人福利不变的情况下来实现某一个人的福利增加,即已经达到了社会福利最大化。这意味着,在完全竞争市场中,市场机制能够实现资源的最优配置从而使社会福利最大化。

福利经济学第二定理:在家庭效用无差异曲线是凸的交换经济中,每一个帕累托最优点都可以通过初始禀赋再分配后的竞争性均衡来实现。也就是说,如果重新对初始资源禀赋进行分配,完全竞争市场机制实现的竞争性均衡结果仍然是帕累托最优的。福利经济学第二定理提供了很强的政策启示,它意味着政府可以通过一次性收入再分配来改变每个家庭的收入水平,而这并不会妨碍完全竞争性经济实现新的帕累托最优(Myles,1995)[52]。

(二)市场失灵与"庇古补贴"

福利经济学基本定理是基于严格的假设条件而得出的,这些假设条件包括信息对称、完全竞争市场、理性经济人、不存在外部效应、规模报酬不变或递减和公共产品和交易成本可忽略不计等(孙月平、刘俊、谭军,2004)[53]。然而,现实中的经济往往不能完全满足这些假设,从而导致市场机制不能有效地配置资源,这种现象被称为市场失灵。福利经济学认为,政府的作用就是在市场失灵时进行干预和纠正。

公共产品的存在正是导致市场失灵的主要原因之一[54]。由于公共产品具有共同消费的特征,在自利动机的驱使下,对公共产品的消费往往出现消费者不支付或支付不足的现象,这导致没有生产厂商愿意提供公共产

---

[51] 对第一定理和第二定理的正式推导参见 D. D. Myles, *Public Economics*. Cambridge: Cambridge University Press, 1995, p.18-42;和对应中译本,加雷斯·D. 迈尔斯:《公共经济学》,匡小平译,17-41 页,北京,中国人民大学出版社,2001。

[52] 同上,Myles(1995),p.43。

[53] 孙月平、刘俊、谭军:《应用福利经济学》,39-40 页,北京,经济科学出版社,2004。

[54] 显著的市场失灵主要有外部性和公共产品、不完全信息和完全竞争被破坏。见保罗·萨缪尔森、威廉·诺德豪斯:《经济学(第 18 版)》,萧琛主译,279 页,北京,人民邮电出版社,2008。

品。所以,如果生产厂商不能获得足够的补偿,那么他们将退出公共产品市场,从而导致公共产品供给短缺,市场也不能自发调节到帕累托最优状态。

庇古(Pigou,1932)为具有正外部性的产品设计了一个政策方案。庇古(1932)认为:"一个人A在向另一个人B提供某种服务时,会附带地也向其他人(并非同类服务的生产者)提供服务或给其他人造成损害,但却无法从受益方获取报酬,也无法对受害方给予补偿。"[55]很明显,这就是前面探讨过的外部性的标准含义。在存在外部性的情况下,诸如灯塔、公园、马路、森林、路灯等公共产品,就会因为存在无从补偿的服务损害而导致私人净产品与社会净产品的背离,而这种背离又不能通过修改双方的契约关系来缓和,却可以通过一些特别的鼓励或限制来消除,最明显的鼓励和限制政策莫过于"给予奖金和征税"[56],这即是早期福利经济学理论为公共产品导致市场失灵问题提出的解决方案,这个方案后来被学界称为"庇古补贴"和"庇古税"。

(三) 公共产品的最优供给[57]

如果用"庇古补贴"和"庇古税"来纠正公共产品外部性导致的市场机制失灵,那么进一步面临的问题就是,要使社会福利最大化即实现帕累托最优状态,补贴或征税的规模到底应该为多大?

对于纯公共产品的供给,萨缪尔森(Samuelson,1954,1955,1969)给出了公共产品的最优供给条件。假设经济中共有个H个同质家庭,$h=1,2,3\cdots,H$,每个家庭消费一种私人产品和一种公共产品,x^h表示家庭h对该种私人产品消费量,私人产品供给总量为$X = \sum_{h=1}^{H} x^h$,G为公共产品供给量,且私人产品和公共产品的生产都具有可能性,即约束条件为$F(X,G) \leq 0$。如果公共产品出现在所有家庭的效用函数中,则意味着该公共产品是纯公共产品[58]。每个家庭的效用函数为:

---

[55] A.C.庇古:《福利经济学》,朱泱、张胜纪、吴良健译,196页,北京,商务印书馆,2006。值得一提的是,在公共产品供给中,还有次优理论甚至第三优理论。鉴于这里主要阐述福利经济学的核心思想,将不对次优理论和第三优理论进行阐述,具体可参见[澳]黄有光:《福利经济学》,北京,中国友谊出版公司,1991;以及孙月平、刘俊、谭军:《应用福利经济学》,北京,经济科学出版社,2004。

[56] 同上,206页。

[57] 本部分主要参考了Myles(1995)的论述。见Myles(1995),p.265-272;及其中译本,250-255页,2001。

[58] 这个假定具有灵活性,如果公共产品供给量只出现在部分家庭的效用函数中,该公共产品就是准公共产品。

$$U^h = U^h(x^h, G) \qquad (2\text{-}1)$$

约束条件：$F(X,G) \leq 0, X = \sum_{h=1}^{H} x^h$。这个最大化问题的拉格朗日方程为：

$$L = \sum_{h=1}^{H} \mu^h U^h(x^h, G) - \lambda F(X, G) \qquad (2\text{-}2)$$

对式(2-2)中的 x^h 和 G 求导，可得到最大化问题的一阶条件：

$$\frac{\partial L}{\partial x^h} = \mu^h \frac{\partial U^h}{\partial x^h} - \lambda \frac{\partial F}{\partial X} = 0 \qquad (2\text{-}3)$$

$$\frac{\partial L}{\partial G} = \sum_{h=1}^{H} \mu^h \frac{\partial U^h}{\partial G} - \lambda \frac{\partial F}{\partial G} = 0 \qquad (2\text{-}4)$$

用(2-3)式求解得到 μ^h 并带入式(2-4)得，

$$\sum_{h=1}^{H} \frac{\frac{\partial U^h}{\partial G}}{\frac{\partial U^h}{\partial x^h}} = \frac{\frac{\partial F}{\partial G}}{\frac{\partial F}{\partial X}} \qquad (2\text{-}5)$$

式(2-5)左边求和内的部分即是第 h 个家庭公共产品和私人产品消费的边际替代率(MRT)，而右边部分即是公共产品和私人产品之间的边际转换率(MRT)，因此式(2-5)可以简化为：

$$\sum_{h=1}^{H} MRS_{GX}^h = MRT_{GX} \qquad (2\text{-}6)$$

式(2-6)即为萨缪尔森公共产品最优供给条件：所有家庭消费私人产品和公共产品的边际替代率之和应与公共产品和私人产品供给的边际转换率相等。前面已经阐明，福利经济学第二定理认为通过初始资源禀赋再分配后，交换经济仍然能够达到帕累托最优，因此，式(2-6)给出的纯公共产品供给的萨缪尔森条件，可以结合生产函数确定公共产品的供给数量，这样就可以通过一次性征税来调节初始资源配置，从而获得所需数量对应的资金用于提供公共产品或为生产厂商提供足够的补贴，以使他们愿意足量提供所需的公共产品。

上述基于纯公共产品供给建立的简单最优供给模型，因为有非常严格的假定条件，所以往往在现实中难以实施。正如我们前面论述到的，现实中的严格满足非排他性和非竞争性的纯公共产品实际上并不多见，更多的是准公共产品，例如当面对具有拥挤性的公共产品时，上述模型需要被修正。

当存在拥挤性特征时，一个家庭往往并不会消费所有公共产品，他们可能只消费其中的一部分甚至消费数量为零,这时进入对某些家庭来说,进入效用函数的公共产品数量 G 就发生了变化,原来同质家庭假设被放松。假设用 $g^h(h=1,2,3,\cdots,H)$ 表示家庭 h 对公共产品的消费量,且满足约束条件 $g^h \leqslant G$,那么单个家庭效用函数和对整个社会的拉格朗日方程分别变为:

$$U^h = U^h(x^h, g^1, g^2, \cdots g^h, \cdots, g^H, G) \tag{2-7}$$

$$L = \sum_{h=1}^{H} \mu^h U^h(x^h, g^h) - \lambda F(X, G) + \sum_{h=1}^{H} \rho^h(G - g^h) \tag{2-8}$$

这里效用函数满足 $\partial U^h/\partial G>0$,$\partial U^h/\partial g^h \geqslant 0$ 和 $\partial U^h/\partial g^j<0 (j \neq h)$ 3个条件,以保证效用函数满足福利经济学第二定理要求的凸性特征。运用同样的方法,可以得到类似的公共产品最优供给的萨缪尔森条件:

$$\sum_{j=1}^{H} \frac{\dfrac{\partial U^j}{\partial g^h}}{\dfrac{\partial U^j}{\partial x^j}} = \frac{\rho^h}{\lambda \dfrac{\partial F}{\partial X}} \tag{2-9}$$

和

$$\sum_{h=1}^{H} \frac{\dfrac{\partial U^h}{\partial G}}{\dfrac{\partial U^h}{\partial x^h}} + \sum_{h=1}^{H}\sum_{j=1}^{H} \frac{\dfrac{\partial U^j}{\partial g^h}}{\dfrac{\partial U^j}{\partial x^j}} = \frac{\dfrac{\partial F}{\partial G}}{\dfrac{\partial F}{\partial X}} \tag{2-10}$$

式(2-9)是由于放松了同质家庭假定这个补充条件而得到的,表明不同家庭之间的影响。式(2-10)是萨缪尔森条件,与纯公共产品的最优供给条件相比,这里增加了消费公共产品对不同家庭带来的效用影响,即因为拥挤而对效用带来的间接影响。根据新的萨缪尔森条件,进而亦可以确定"庇古补贴"和"庇古税"的规模。

目前为止,我们已对福利经济学关于公共产品供给的核心内容作了简要介绍,当然,福利经济学苛刻的假设条件引来了众多学者的批评,但这些批评事实上也同时促使后来的研究者通过放松假设条件进行理论开拓和创新,最终不但使福利经济学理论更加完善,还由此产生了一些新型学科,例如科斯的产权理论就是通过对福利经济学理论进行扩展而形成的一门崭新的学科。尽管如此,福利经济学基本理论仍然是经济学的核心基础,它为公共产品治理提供一个有用的方案,并成为政府干预经济的重要理论依据。

二、新制度经济学的相关论述

以科斯(Caose)、诺斯(North)为代表的新制度经济学利用主流经济学一般均衡分析方法,从产权界定、交易费用、制度安排的角度来研究资源配置。新制度经济学的核心理论——产权理论,实际上就是由福利经济学第一定理发展而来(杨小凯,1993)[59]。产权理论为公共产品的治理提出了一个新的解决方案,下面就相关论述作简要介绍。

(一) 产权与交易费用

在阐述科斯定理之前,需要明确两个基础性概念:产权和交易费用。产权(Property Rights)是指社会赋予的使用经济品的权利,私人产权(Private Property Rights)则是赋予某个特定人的权利且可以通过转让换取使用其他经济品的同等权利(Alchian,2008)[60],也可以简单地理解为个人拥有的并且可以交换的排他性权利;共同产权(Mutual Property Rights)是指共同体形式的组织所拥有的产权,共同产权有很强的不可分割性,也不能随意转让,一个成员只能在获得共同体组织其他成员或其代理人的允许后才能将受益权转让给他人,如兄弟俱乐部、乡村俱乐部、社会俱乐部就是典型的例子;产权还可以分为绝对产权(Absolute Property Rights)和相对产权(Relative Property Rights)[61],绝对产权主要是指对有形物品的所有权,但也包括版权、专利这类无形产品,而相对产权是指赋予所有者并且可以施加于一个或多个特定的人身上的权利,如合约义务。

交易费用(Transaction Costs,也称为交易成本)是一个内涵丰富且不断发展的概念,根据应用和理解视角的不同,交易费用可以分为 3 类(Klaes,

---

[59] 杨小凯:《产权理论与中国经济改革》,中国(海南)改革发展研究院、中国留英经济学会、中国留美经济学会主办:"中国走向市场经济进程中的理论与现实问题国际研讨会"会议论文,1993 年 7 月 1 日至 3 日,中国·海南。事实上,新制度经济学也被称为"产权经济学""交易费用经济学""法经济学"等。本书将忽略名称上的差异。详细可参见黄少安:《制度经济学实质上就是关于产权的经济学》,载《经济纵横》,2010(9)。

[60] A. A. Alchian, "*Property Rights*", in S. N. Durlauf and L. E. Blume Eds., the New Palgrave Dictionary of Economics (Second Edition). The New Palgrave Dictionary of Economics Online, Palgrave Macmillan, 2008.

[61] E. G. Furubotn and R. Richter, *Institutions and Economic Theory: The Contribution of the New Institutional Economics (Second Edition)*. Michigan: University of Michigan Press, 2005, p. 87;中译本,埃里克·弗鲁博顿、鲁道夫·芮切特:《新制度经济学——一个交易费用分析范式》,姜建强、罗长远译,103 页,上海,上海三联书店、上海人民出版社,2006。

2008)[62]：第一类是货币视角上的交易费用，主要指经济主体参与市场交易而产生的直接费用；第二类是关联视角上的交易费用，它不但包含了上述直接费用，还强调经济主体之间的相互影响带来的费用，例如签订和执行合约带来的费用，但这类交易费用仍然是基于市场交易的解释；第三类是制度视角上的交易费用，与前两类不同，制度视角上的交易费用将范围扩大到了非市场（Non-Marketing）领域，不但包括前面两类费用，还包括非市场层面进行协调经济而产生的协调费用或成本，例如政治组织运行产生的费用。

弗鲁博顿和芮切特（Furubotn & Richter，1998，2005）根据费用产生的来源不同，将交易费用分为市场型交易费用（Market Transaction Costs）、管理型交易费用（Managerial Transaction Costs）和政治型交易费用（Political Transaction Costs）[63]。市场型交易费用是指市场交易中产生的相关费用，主要包括搜寻和信息费用、讨价还价和决策费用、监督和执行费用，这类交易费用类似于克雷斯（Klaes，2008）划分的货币视角上的交易费用；管理型交易费用主要是指执行劳动合约而产生的费用，包括建立、维持和改变一个组织设计的费用和组织运行的费用，这类交易费用类似于克雷斯（Klaes，2008）划分的关联视角上的交易费用；政治型交易费用一般是指集体性行动提供公共产品所产生的费用，包括建立、维持和改变一个体制中的正式和非正式政治组织的费用和政治体制运行的费用，这类交易费用类似于克雷斯（Klaes，2008）划分的制度视角上的交易费用，也可以理解为另一类管理型交易费用。

弗鲁博顿和芮切特（Furubotn & Richter，1998，2005）认为："交易成本在本质上是专业化和劳动分工的费用，……可以将它们称为交易资本（Transaction Capital）。其分类包括建立市场、企业和整体所必须的资本投入（交易性资本投入），以及市场和政治体制运行所必需的日常资本（日常交易成本）"[64]。巴泽尔（Barzel，1989）认为交易费用是与产权密切相关的概念，并将其直接定义为"与转让、获取和保护产权相关的成本"，如果产权被完整界定，那么相关的交易费用就为零，反之，如果交易费用大于

---

[62] M. Klaes, "Transaction Costs", in S. N. Durlauf and L. E. Blume eds., *The New Palgrave Dictionary of Economics (Second Edition)*. The New Palgrave Dictionary of Economics Online, Palgrave Macmillan, 2008.

[63] 同前，Furubotn & Richter（2005），p.51-58；及其中译本，59-67页，2006。

[64] 同上，弗鲁博顿、芮切特（中译本，2006），66页。

零,产权也就不能被完整地界定[65]。

综上所述,交易费用可以理解为市场交易活动中以及管理、协调市场交易活动中所产生的各种费用或成本。科斯(Caose,1937,1960)最早意识到交易费用在制度经济分析中的重要性,不过科斯在分析中所定义的交易费用主要是指市场交易中产生的费用(Furubotn & Richter,1998,2005)[66]。

(二) 科斯定理

科斯(Caose,1960)在其《社会成本问题》一文中,对产权、外部性和经济效率进行了深入探讨,认为只要交易费用为零,且产权界定清晰,经济中的外部性问题都可以通过谈判来纠正,从而实现社会福利最大化(帕累托最优)。这一思想后来被称为科斯定理,当然同时也出现了很多种类似而又有区别的表述。尽管如此,米德玛和泽比(Medema & Zerbe,2000)认为,他们都反映出两个基本要求:一是不管初始产权如何分配,资源配置最终结果都是有效率的,即"效率性假定(Efficiency Hypothesis)";二是权利重新安排后资源配置最终结果是不变的,即"不变性假设(Invariance Hypothesis)"[67]。

科斯定理表明,在一个理想的世界中(即完全竞争市场、零交易成本等假设条件下),没有必要采用"庇古补贴"的方式来纠正市场失灵,只需要采用一种制度或法律规范来清晰地界定产权,市场机制就会使经济达到帕累托最优,类似"庇古补贴"的干预措施只会使问题变得更糟。基于理想世界假设而得的科斯定理,不可避免地遭到了很多质疑[68],连科斯(Caose,1960)自己都认为零交易费用并不是一个现实的假设。同时,清晰界定产权也需要高额成本,要想完全界定几乎是不可能的(巴泽尔,1989)[69],尽管如此,科斯定理给出一般性的分析方法仍然是十分有意

---

[65] 巴泽尔:《产权的经济学分析》,费方域、段毅才译,3页,上海,上海三联书店、上海人民出版社,1997。原版 Y. Barzel, *Economic Analysis of Property Rights*. Cambridge: Cambridge University Press,1989.

[66] 同前,Furubotn & Richter(2005),《Preface to the First Edition》第 xiv 页;中译本,《前沿》第 3 页,2006。

[67] S. G. Medema and R. O. Zerbe, "The Coase Theorem", in B. Bouckaert and G. DeGeest eds., *Encyclopedia of Law and Economics Vol. I: The History and Methodology of Law and Economics*. Cheltenham: Edward Elgar,2000, p. 836-892.

[68] 这些质疑主要针对各种不现实的假设条件,具体可参见尹德洪:《科斯定理发展的理论述评》,载《制度经济学研究》(第十五辑),134-158 页,北京,经济科学出版社,2007。

[69] 同前,巴泽尔(中译本,1997),1997,88 页。

的(Furubotn & Richter, 1998, 2005)[70]。

(三) 新制度经济学视角下的公共产品治理

科斯定理实际上已经在严格的假设条件下给出一个治理公共产品导致市场扭曲的办法,即通过完全清晰地界定产权来实现社会福利最大化。产权理论认为,现实中同时具备非排他性和非竞争性的纯公共产品是十分罕见的,大部分物品都具有不同程度的公共性和私有性,并且这些物品的产权没有得到清晰地界定,导致很多产品被置于公共领域(Public Domain)之中,从而引起权利争抢并造成资源浪费和降低经济效率(陈建元,2010)[71]。因此,产权理论主要从制度创新来分析公共财产资源(Common Property Recourse 或 Common Pool Resource)的配置问题,进而提出如何通过设计合理的制度来提高相应的经济效率。为了说明此问题,这里引用新制度经济学家常用的"公共地悲剧"这一经典事例来做简要分析[72]:

考虑一个乡村中的一块牧场,存在两种资源配置机制:一种是牧场私有化,由牧场所有者决定可以在牧场上放牛的数量;另一种是牧场由村民共同所有,即作为公共资源,对进入牧场没有任何限制。首先考虑共同所有的情况,假设购买一头奶牛的成本是 c,奶牛产奶的收益取决于在这块牧场上放牧的奶牛数量,用 $f(q)$ 表示所有奶牛产奶的收益,其中 q 表示奶牛数量,因此每头奶牛产奶的收益就是平均值 $f(q)/q$。在这个经济中,面临一个简单的总利润最大化问题:

$$\operatorname*{Max}_{q} f(q) - cq \qquad (2\text{-}11)$$

这一问题的一阶条件为:

$$\partial f(q)/\partial q = c \qquad (2\text{-}12)$$

此条件下决定的最优奶牛数量设为 q^*。式(2-12)表明,当边际收益等于一头奶牛的成本时,村民的收益达到最大,如果边际收益大于 c,减少在牧场上放牧的奶牛数量能够提高收益水平,反之,当边际收益小于 c 时,就可以通过增加奶牛数量来增加收益水平。

但是,自利的村民的行为决策并不会考虑社会总收益最大化,而是考虑个人收益最大化。由于没有进入限制,自利村民总会比较平均收益与平均成本,如果增加一头奶牛带来的收益 $f(q+1)/(q+1)$ 大于增加的成本 c,

---

[70] 同前,弗鲁博顿、芮切特(中译本,2006),129页。

[71] 陈建元:《变迁的公共财理论与都市治理结构——从新古典到新制度经济学之引介》,载《地理学报》(台湾),2010(58)。

[72] "公共地悲剧"事例参见:哈尔·R.范里安:《微观经济学:现代观点》(第七版),费方域等译,523-525页,上海,格致出版社、上海三联书店、上海人民出版社,2009。

那么该村民将继续增加奶牛数量,直到平均收益等于平均成本,如果用$\hat{q}$表示这一条件下的奶牛数量,那么$f(\hat{q})/\hat{q}=c$? $f(\hat{q})-\hat{q}c=0$[73]。社会财富最大化的奶牛数量由边际收益决定,而个人利益最大化由平均收益决定,这时$\hat{q}>q^*$,且$\partial f(\hat{q})/\partial \hat{q}<0$,从而出现资源的扭曲配置,在没有有效限制牧地使用的情况下,就出现了过度放牧的情况(这种现象被称为"公共地悲剧")。

因此,产权理论认为,如果没有限制使用公共资源的机制,公共资源总会被过度使用,从而导致帕累托无效率。如果牧场归私人所有,那么牧场所有者总是会按照边际收益等于边际成本的方法来决定奶牛数量,从而达到最有效率的使用这块牧场。显然,完全私人产权制度和清晰的产权界定是解决公共资源配置问题的一个有效制度安排。然而正如巴泽尔(Barzel,1989)所论述的那样,完全清晰的界定几乎是不可能的,因此需要寻找其他可行的方案。或许我们的第一反应是让政府直接控制公共资源分配,但产权经济学家并不赞同让政府直接干预,因为产权经济学家"倾向于对不受调节的市场运行表示欣赏",产权经济学家认为,政府干预会减少财富量,市场机制才能让资源向最有价值的方向配置[74]。所以,针对共有产权资源,如果排他成本过高而无法用完全的私人产权制度来解决,还可以通过制定规则及其相应的制度结构来解决,例如通过搭卖(tie-in)、自我组织与自我管理、污染许可证制度、通过法院进行责任分派等制度设计,从而尽可能地不采用政府直接配置的方案[75]。

综上所述,与福利经济学不同,新制度经济学并不建议让政府直接干预公共产品的供给,而是建议通过某种有效的制度安排来解决公共产品的外部性问题,从而使外部性问题内部化,最终还是尽可能地让市场机制来实现公共资源配置。

三、公共选择理论的相关论述

公共选择理论是20世纪40年代逐渐发展起来的一门交叉学科,主要

---

[73] 对于自利的村民来说,假设拥有q头奶牛,其产值为$f(q)$,每头牛的产值为$f(q)/q$,当村民增加一头奶牛时,奶牛总数为$q+1$,产值为$f(q+1)$,这时的平均产值为$f(q+1)/(q+1)$。也就是说,新增一头奶牛带来的收益为$f(q+1)/(q+1)$,而增加的成本是c,当新增收益大于新增成本时,都是有利可图的。

[74] 同前,巴泽尔(中译本,1997),136页。

[75] 参见:同前,弗鲁博顿、芮切特(中译本,2006),133-136页;陈建元:《变迁的公共财理论与都市治理结构——从新古典到新制度经济学之引介》,载《地理学报》(台湾),2010(58)。搭卖即私人产品和公共产品搭配销售的方式,如游泳池与健身房,校区住宅与停车场等。

代表人物肯尼斯·阿罗、詹姆斯·M.布坎南、安东尼·唐斯等[76]。宪政经济学(又译立宪经济学,Constitutional Economics)是詹姆斯·M.布坎南在公共选择理论基础上发展起来的一个经济理论范式[77]。公共选择理论和宪政经济学为公共产品的治理提供了与福利经济学和新制度经济学完全不同的思路。宪政经济学由公共选择理论发展而来,而布坎南亦是公共选择理论的主要创立者和领导者,因而整个理论体系都将与布坎南的逻辑思想密切相关。所以,接下来的讨论将主要沿着布坎南的逻辑展开。

(一)公共选择理论

"公共选择是政治上的观点,它从经济学家的工具和方法大量应用于集体或非集体失常决策而产生"[78]。布坎南认为,现代公共选择理论的第一杰作,即是他与塔洛克合著的《同意的计算》[79]。他们认为,经济学理论强调个人差异,即"人的利益是各不相同的",但却对集体选择及其过程"不置一词",政治理论家则假设"一旦全体选民都得到了充分信息,个人利益冲突就会并且应该消失",这一假设没有考虑个人差异对政治决策的作用。这表明,在政治学和经济学之间形成了明确的界限。在《同意的计算》一书中,他们首次将二者结合进行跨学科研究,来揭示"政治家或者说政治决策参与者的经济人本质"以及"这些利益目标各异的不同行为主体如何达成集体决策"[80]。不过,他们也明确指出,这一理论是"经济学的",因为其假定"独立的个人就是独立的个人,并且他们本身很可能对集体行动的结果怀有不同的目的和旨趣"[81]。这一思想后来被逐渐发展,形成公共选择理论这一崭新的交叉学科。

缪勒(Mueller,1989)给出了一个后来被广为接受的定义。他认为可

---

[76] 布坎南是公共选择理论的领袖人物,并因对公共选择理论的突出贡献而获得1986年诺贝尔经济学奖,本书将主要介绍他的思想。肯尼斯·阿罗(Kenneth Arrow)的代表作是《社会选择与个人价值》(K. J. Arrow, *Social Choice and Individual Values*. New York:Wiley,1951),提出了著名的"阿罗不可能定理"。安东尼·唐斯(Anthony Downs)的代表作《民主的经济理论》(A. Downs, *An Economic Theory of Democracy* New York. Harper,1957)。

[77] 需要指出的是,这里的宪政或立宪是指最一般层面上的制度和规则,而不是特定的制度或宪法的含义。见唐寿宁:《布坎南立宪经济学述评》,载王炎等编:《自由主义与当代世界》(公共论丛·第6辑),355页,北京,三联书店出版社,2000。

[78] 詹姆斯·M.布坎南:《自由、市场和国家》,吴良健、桑伍、曾获译,第3章,北京,北京经济学院出版社,1988。

[79] 同上。

[80] 唐寿宁:《公共选择理论:应用还是拓展》,载詹姆斯·M.布坎南、戈登·塔洛克著:《同意的计算》,陈光金译,北京,中国社会科学出版社,2000年,序言第5页。

[81] 詹姆斯·M.布坎南、戈登·塔洛克:《同意的计算》,陈光金译,3页,北京:中国社会科学出版社,2000。

以把公共选择理论"定义为是对非市场决策的经济学研究,或者简单地定义为是把经济学运用于政治科学的分析"。在研究对象上,它和政治科学一样,关注国家理论、投票规则、选民行为、党派和官僚体制等,但在方法论上仍然是经济学的,因为其基本行为假设是"人是自利的、理性的效用最大化者"[82]。萨缪尔森和诺德豪斯(2005)认为,公共选择理论是"研究政府决策方式的经济学和政治学",主要研究不同选举机制的运作方式、市场失灵及政府失灵等问题[83]。唐寿宁(2000)也认为,"公共选择理论通过把经济学的方法引入到政治决策领域而使人们对政治决策过程的认识发生了革命性的变化,使人们认识到制度规则的重要性"[84]。

公共选择理论对公共产品治理进行了深入研究,它分析了公共产品需求和供给过程中参与者的行为以及如果通过投票的方式来决定公共产品的规模和供给方式。下面通过两个经典模型来阐述这一理论的主要观点:一是布坎南提出的俱乐部理论,用以解决俱乐部产品的治理问题;二是蒂布特(Tiebout)的"用脚投票"模型,研究了地方公共产品的治理问题。

(二)规则内的公共选择:俱乐部理论

俱乐部理论由布坎南(1965)提出,主要考察俱乐部产品这一准公共产品的治理问题[85]。仍用 x 来代表私人产品消费量,G 代表公共产品总供给量,N 是使用公共产品的人数,即俱乐部的规模。t 表示俱乐部对成员征收税负或会员费用于提供公共产品,p^x 代表私人产品的价格,p^g 代表公共产品的价格,俱乐部提供公共产品的支出包括固定支出 F 和变动支出两部分,那么预算约束为 $Nt = F + p^g G$,w 为个人初始要素禀赋,且每个人的效用函数和初始禀赋都相同。这时俱乐部代表性成员效用最大化问题为:

$$\underset{x,G,N}{Max}U(x,G,N)$$
$$\text{s.t.} \quad p^x x = w - t \tag{2-13}$$

---

[82] 丹尼斯·C.缪勒:《公共选择理论》,杨春学、李绍荣、罗仲伟、龙超译,4页,北京,中国社会科学出版社,1999。原版 D. C. Mueller, *Public Choice*. Cambridge: Cambridge University Press, 1989.

[83] 保罗·萨缪尔森、威廉·诺德豪斯:《经济学》(第18版),萧琛主译,281页,北京,人民邮电出版社,2008。原版 P. A. Samuelson and W. D. Nordhaus, *Economics* (18th *Edition*). New York: McGraw-Hill Companies, Inc, 2005.

[84] 唐寿宁:《布坎南立宪经济学述评》,载王炎等编《自由主义与当代世界》(公共论丛:第6辑)》,北京,三联书店出版社,354-194页,2000。

[85] 关于俱乐部产品,在前面已经作了介绍,这里不再赘述。模型的分析主要参考了丹尼斯·C.缪勒:《公共选择理论》,杨春学等译,187-192页,北京,中国社会科学出版社,1999;和拉本德拉·贾:《现代公共经济学》,方敏等译,116-118页,北京,中国青年出版社,2004。

约束条件可改写为：$p^x x = w - (F + p^g G)/N$，因而拉格朗日函数表达为：

$$L = U(x, G, N) + \lambda(w - F/N - p^g G/N - p^x x) \tag{2-14}$$

可得一阶条件：

$$\frac{\partial L}{\partial G} = \frac{\partial U}{\partial G} - \lambda \frac{p^g}{N} = 0$$

$$\frac{\partial L}{\partial x} = \frac{\partial U}{\partial x} - \lambda p^x = 0 \tag{2-15}$$

$$\frac{\partial L}{\partial N} = \frac{\partial U}{\partial N} + \lambda \frac{F + p^g G}{N^2} = 0$$

通过式(2-15)的3个方程，可以解得最优俱乐部规模和俱乐部公共产品的最优供给数量。由(2-15)中的第一式和第二式求解可得：

$$N \frac{\partial U/\partial G}{\partial U/\partial x} = \frac{p^g}{p^x} \tag{2-16}$$

式(2-16)即是修正后的萨缪尔森条件，表明所有成员的公共产品对私人产品的边际替代率加总后必须与对应价格比相等，此式左边与福利经济学萨缪尔森条件(式2-6)相似。

通过(2-15)中的第一式和第三式可以得到：

$$N = - \frac{\partial U/\partial G}{\partial U/\partial N} \frac{F + p^g G}{p^g} \tag{2-17}$$

式(2-17)表明，如果俱乐部规模 N 大于0，则必然要求 $\partial U/\partial N < 0$，即俱乐部规模扩大会对成员边际效用带来负效应(体现出拥挤性)，这样的产品显然不满足完全非排他性特征，它不是萨缪尔森定义的公共产品(消费上同时具有完全非排他性和非竞争性)，此即布坎南提出的俱乐部产品。在其他因素不变的情况下，$\partial U/\partial N$ 越大，俱乐部规模就越小，即因为拥挤带来的负效应；同样的，在其他因素不变的情况下，如果固定成本越高，那么更多的成员分摊固定成本会带来好处，俱乐部规模就会扩大，即分摊固定成本带来的正效应。因此，俱乐部的最优规模就由新加入成员造成正负效应相等来确定。

图2-1描述了最优俱乐部规模的确定过程。新成员进入会分摊固定成本，从而使每个人成员分摊的固定成本降低，这种正效应用边际收益曲线 MB 表示。新成员的进入同样会因为导致拥挤而带来效用损失，这种负效应用边际成本 MC 表示，值得注意的是，这里的边际成本可能是负值。以游泳俱乐部为例，在初期，成员希望更多的人参与进来结伴游泳，此时新增成员不但不会带来效应损失，反而会使原成员效用增加，即新增成员带

来的边际成本就可能是负的,但达到一定的规模之后,就会因为过于拥挤而使成员效用遭受损失,边际成本变为正值。因此,如果 $MB>MC$,增加俱乐部成员会带来额外好处,反之则会减少俱乐部成员,最优俱乐部规模由 $MB=MC$ 来确定。

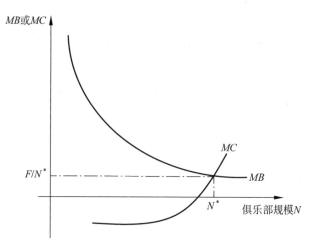

图 2-1　最优俱乐部规模

来源:根据丹尼斯·C.缪勒(1989,[1999]中译本第 188 页)修改。

在这个俱乐部模型中,由于每个成员都在效用最大化的条件下来决定俱乐部应供给的公共产品总量和俱乐部的规模,所以该模型一定程度上体现了"一致同意"的公共选择思想。不过,这个模型假定每个成员具有相同的偏好,这个严格的假定自然是为了分析的简便。而在现实中,每个人的偏好往往是不同的,例如在游泳俱乐部中,有的人可能喜欢每天都游泳,而有的人可能并不喜欢这样,这时问题就变得十分复杂。当然,如果真有实现偏好俱乐部产品的技术和实现偏好聚类,从而社会中就可以形成很多自愿结社的俱乐部,最终通过自愿结社来实现此类公共产品的社会最优配置(缪勒,1989)[86]。

(三)规则内的公共选择:"用脚投票"[87]

俱乐部理论告诉我们,可以通过一种制度设计来实现公共产品消费的

---

[86]　丹尼斯·C.缪勒:《公共选择理论》,杨春学、李绍荣、罗仲伟、龙超译,191 页,北京,中国社会科学出版社,1999。原版 D. C. Mueller, *Public Choice*. Cambridge: Cambridge University Press, 1989.

[87]　此部分分析主要参考了丹尼斯·C.缪勒:《公共选择理论》,杨春学等译,192-202 页,北京,中国社会科学出版社,1999;和拉本德拉·贾:《现代公共经济学》,方敏等译,118-123 页,北京,中国青年出版社,2004。

可排他性,某个俱乐部只允许其成员使用俱乐部的公共产品。事实上,当一些人距离这个俱乐部很远时,进入俱乐部会产生很高的成本,抑或者人们在俱乐部区位偏好上体现出不同偏好时(在一定程度上放松了俱乐部理论偏好相同的假定),这时距离或区位可以成为天然的有效屏障,进而人们可以通过"用脚投票"来选择进入或退出。实际上,蒂布特(Tiebout,1956)在布坎南提出俱乐部理论之前就发现了这一问题,他认为大多数公共产品都是地方性公共产品,例如警察、公共卫生等公共产品由地方政府来供给。这时,地方政体就像一个俱乐部一样,整个社会由很多个地方政体组成,居民也需要交纳相应的税收,地方性政府向居住在所辖范围内的居民提供公共产品。

蒂布特模型假设个人是可以完全自由流动的,且自由流动的成本为零,居民了解政府提供的公共产品及其特征,社区之间没有溢出效应(外部性)。缪勒(1989)总结了蒂布特模型实现全局最优的 6 条基本假设[88]:居民完全流动性;对所有社区或俱乐部特征的完备知识;社区或俱乐部可选择的范围涵盖了居民期望公共产品可能性的所有范围;公共产品生产无规模经济;社区或俱乐部间没有溢出效应;个体收益没有区位约束。其中,居民完全流动和个体收益无区位约束是蒂布特用脚投票模型所特有的假设。在这些假设条件下,全局最优条件为:

$$\sum_{i=1}^{n} \Delta U_A^i = - \sum_{i=1}^{m} \Delta U_B^i \tag{2-18}$$

即第 n 个人加入社区 A 获得的效用等于他离开社区 B 造成的效用损失。对于个人来说,如果一个人加入社区 A 获得的效用增量大于离开社区 B 带来的效应损失,那么他就会毫不犹豫地迁移到社区 A,否则,他将继续留在社区 B 中。因此,如果所有的居民都可以自由地进行选择,他们就可以通过比较选择最有利的社区生活,社区数量越多,地方性公共产品之间的差异也就越大,供人们的选择也越多,人们可以选择自己喜欢的社区,例如喜爱宠物的人可以和喜爱宠物的人住在一起,品位相同的人也可以居住在一起,等等(拉本德拉·贾,1998)[89],从而最终达到全局最优。

---

[88] 丹尼斯·C.缪勒:《公共选择理论》,杨春学、李绍荣、罗仲伟、龙超译,193-194 页,北京,中国社会科学出版社,1999。

[89] 拉本德拉·贾:《现代公共经济学》,方敏等译,119 页,北京,中国青年出版社,2004 年。原版 R. Jha, *Modern Public Economics*. London: Routledge, 1998.

由于蒂布特模型建立在众多严格的假定基础之上,因而也引起了很多人的批评,布坎南、缪勒、萨缪尔森等都提出了质疑[90]。但它给出的启示同样是非常重要的,也因此而吸引了更多的研究对其进行完善和补充。这里,我们仅分析它一个非常明显的不足之处,即全局最优的稳定性问题。从前面的分析可以看出,在这个模型中,居民只对个人在不同社区生活带来的效用的变化进行比较,并没有考虑他的行为对其他人带来的效用影响,如一个人加入社区 A,就会产生前面俱乐部模型中描述的正负外部性效应。所以,一般情况下,如果存在外部效应或公共产品,用脚投票模型将不会产生帕累托最优配置(缪勒,1989)[91]。

考虑一个只存在两个社区的社会,每个社区只提供一种公共产品,个体只能在这两个社区中作出选择,并将社会总人口标准化为 1,即 $N_A + N_B = 1$。在图 2-2 中,曲线 MB_A 表示社区 A 中居民的平均收益,同时也表示从社区 B 迁移至社区 A 产生的边际收益,曲线 MB_B 是与 MB_A 对称的一个镜像,也是社区 B 的一个成员迁移至社区 A 的边际成本,反过来,也可以把曲线 MB_A 看作是与曲线 MB_B 对称的一个镜像。如果以社区 A 为考察对象,随着社区人口规模的增加,最初由于分摊固定成本带来的正效应很大,从而

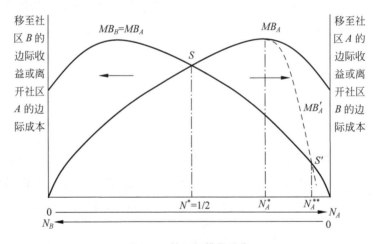

图 2-2 社区规模及均衡

来源:根据丹尼斯·C.缪勒(1989,[1999]中译本第 197 页)修改。

---

[90] 同上,拉本德拉·贾(中译本,2004),119-123 页。

[91] 1999 年中译本有误。见 D. C. Mueller, *Public Choice* Ⅲ. Cambridge: Cambridge University Press, 2003, p. 190.

其边际收益或平均收益上升,到一定程度之后,由于产生拥挤带来的负效用很大,最后就会导致边际收益或平均收益下降。所以,帕累托最优应该出现在曲线 MB_A 的最大值处,这是社区规模为 N_A^*。对称地,对于社区 B 的居民来说,帕累托最优应为曲线 MB_B 的最大值处。

S 是一个不稳定的均衡点,一旦受到冲击出现人口移动,这个过程将持续下去直到新的均衡形成。这是因为,除了点 N^* 之外的任何人口分配,居民都可以通过迁移来获得好处。例如在 N^* 的右侧,社区 A 的平均收益大于社区 B 的平均收益,社区 B 的居民迁移到社区 A 获得的收益大于成本,所以社区 B 的居民将源源不断地迁移到社区 A,直到所有人都到社区 A 为止。如果拥挤成本大幅上升,导致社区 A 的平均收益迅速下降,如曲线 MB_A',则人口移动直到新的均衡 S' 出现,这时的均衡规模为 N_A^{**}($N_A^* < N_A^{**} <$ 1),这个均衡规模也是大于其最优规模 N_A^* 的。所以,一旦两个社区的规模不相等,居民将自动向具有较大规模的社区迁移,直到新的均衡形成,但这个新均衡并不是最有效率的。

尽管俱乐部模型和"用脚投票"模型存在很多不足之处,但它们却为公共产品的治理提供了一个全新的视角和可选择的方法。正如缪勒所指出的:"俱乐部理论和用脚投票通过爱好相同的人的自愿结社,来努力确定公共物品的一种帕累托最优分配。在此,政体和市民关系的维度是'投票'过程的结果。这些过程一般通过把爱好相同的个人群聚成俱乐部和政体以达到帕累托最优。……由于公共选择的任务是显示对公共物品的(不同)个人偏好,俱乐部的形成和用脚投票部分地解决了公共选择的问题,其方法是限制其选择范围。"[92]

(四)规则的选择:宪政经济学

与福利经济学、新制度经济学以及公共选择理论不同,宪政经济学主要研究规则的选择问题。下面先简要分析福利经济学和新制度经济学的诸多不足,因为正是这些不足才促使布坎南另辟蹊径,转而研究规则的选择问题,并提出了"宪政经济学"。

派斯(Pies,1996)总结了布坎南对福利经济学的批判[93]。福利经济学建立在一个理想的模型基础上,并通过比较真实市场性质(Working Properties of Real Markets)和理想化的标准(Idealized Criteria)来得出结论,

---

[92] 丹尼斯·C.缪勒:《公共选择理论》,杨春学、李绍荣、罗仲伟、龙超译,211-212 页,北京,中国社会科学出版社,1999。

[93] I. Pies, "Public Choice versus Constitutional Economics: A Methodological Interpretation of the Buchannan Research Program", *Constitutional Political Economy*, 7(1996), 21-34.

如果真实情况偏离理想标准,即为无效率(Inefficiencies),福利经济学就建议采用一个由"真实的"政府干预(Real Government Interventions)构成的替代措施来消除这种无效率。在布坎南看来,这个逻辑存在方法论上的错误:首先,真实世界中几乎没有完全竞争,所以福利经济学定义的市场失灵变成了一个无所不在的现象(Omnipresent Phenomenon);其次,以政府干预作为补救措施实际上预先假定了政治行动在促成整体效率方面胜过市场,这个假设的有效性是一个实践问题(Empirical Question)。所以,福利经济学陷入了"涅槃方法"(Nirvana Approach)的危险境地[94]。

因此,布坎南认为,克服上述问题需要从两个层面进行考虑:一是修正措施不应是一个理想化的市场,而是另一个基于不同约束集出现的真实经济,这就意味着必须在市场和政体(Polity)中比较各种替代制度安排及其结果;二是进行这种比较还需要一个非理想化的(non-ideal)评价经济和政治秩序的标准,民主共识(democratic consensus)就是这样一种标准。不难看出,布坎南对修正市场失灵的看法与福利经济学明显不同,福利经济学假设现有制度和规则是没有错的,所以出现市场失灵时就应当要求政府来纠正,即在既定的制度和规则下来纠正。而布坎南则认为,需要重新评估现有制度和规则,可以用公共选择的方法来确定更好的制度和规则,进而纠正市场失灵。这可能正是布坎南从20世纪80年代开始转向研究规则的选择即宪政经济学理论的原因(Pies,1996)[95]。

宪政经济学与新制度经济学也有明显差异,尽管他们研究的对象都是制度[96]。事实上,布坎南和塔洛克(1962)在《同意的计算》中就曾强调,个体才是唯一的决策者,也只有个体才知道自己的效用函数,在面临不同的选择时,任何其他人都无法准确预测个体的抉择。所以,对现状和制度安排的评价只能基于受到影响的个体选择来作出(一致同意原则)。但在科斯(Caose,1962)的制度安排决策中,并没有基于每个人的选择来作出,而是通过对新制度安排下社会净收益盈余与当前状况进行比较后作出的,只要社会净收益盈余与现状相比得到了改进,这种新的制度安排就是可取

---

[94] "涅槃方法"又称涅槃谬误,是一种常见的逻辑谬误,即将不完美的实践与假设的完美标准来对比,进而否定或批判这种不完美的实践。

[95] 同前,Pies(1996)。

[96] 沃伊特(Voigt,1996)认为,也可以将宪政经济学看成是新制度经济学的一部分,因为其研究的宪政规则(Constitutional Rules)也是一种制度(S. Voigt, "Pure Eclecticism-The Tool Kit of The Constitutional Economist", *Constitutional Political Economy*,7(1996),177-196.)。显然,如何划分只是一个角度问题,从研究对象的角度,可以看成制度经济学的一部分,而从理论范式来看,则又不应归为新制度经济学。

的。而问题在于,一种导致某些个体情况恶化的制度安排同样可能实现社会净收益盈余改进,而这个制度安排却没有得到所有个体的一致同意(Gramzow,2009)[97]。

显然,科斯的方法与布坎南的公共选择理论提出的方式有本质区别,基于科斯思想发展起来的新制度经济学自然也没有突破这一传统。布坎南认为,新制度经济学主要关注"特定制度形式内的互动而不是政治规则的广泛结构"[98]。新制度经济学实际上仍然是在新古典经济学的范式下来讨论制度问题,因此一定程度上它只能说是对新古典经济学的修正,甚至可以被归并到新古典经济学之中。唐寿宁(2000)认为:"新制度经济学采用交易成本概念无疑使制度的研究有了一个进行科学分析的基础,但同时却使制度本身落入了特定的框架内……交易成本并不能成为一般性制度选择的基础。因此,关于制度的研究面临着新的发展,一是要使制度这一概念回到一般意义上来,二是要重新寻找能包含制度的一般性含义又使制度的讨论是实证的这样一个概念。立宪经济学应该说代表着这样一个努力"[99]。刘志广(2011)也认为,"布坎南所创立的宪政经济学是新制度经济学理论发展的最后归宿"[100]。

公共选择理论同样有其不足之处。尽管"在布坎南的公共选择理论中,已包含着立宪经济学的基本要素"[101]。布坎南在《立宪经济学探索》(*Explorations into Constitutional Economics*)一书中也曾指出:"公共选择理论考察政治决策规则,以说明将出现什么类型的税制或税种。立宪经济学作为由公共选择理论并生的、扩展了的研究流派,所作的分析更进一步,并利用新古典经济学和公共选择理论的研究成果分析不同的政治规则如何会产生不同的税制"[102]。实际上,在《同意的计算》一书中,布坎南和塔洛克曾指出了选择规则的重要性,认为"决策规则的选取本身就是一种

---

[97] A. Gramzow, *Rural Development as Provision of Local Public Goods: Theory and Evidence from Poland*. Halle (Saale): Leibniz-Institut für Agrarentwicklung in Mittel-und Osteuropa (IAMO), 2009.

[98] 詹姆斯·M. 布坎南:《立宪经济学》,载《经济学动态》,1992(4)。原文出自 J. M. Buchanan, R. D. Tollison and V. J. Vanberg, *Explorations into Constitutional Economics*. Texas: Texas A&M University Press, 1989.

[99] 唐寿宁:《布坎南立宪经济学述评》,载王炎等编:《自由主义与当代世界》(公共论丛:第6辑),354-194页,北京,三联书店出版社,2000。

[100] 刘志广:《新制度经济学:修正还是革命》,载《学术月刊》,2011(5)。

[101] 同上,唐寿宁(2000),354页。

[102] 詹姆斯·M. 布坎南:《立宪经济学》,载《经济学动态》,1992(4)。原文出自 J. M. Buchanan, R. D. Tollison and V. J. Vanberg, *Explorations into Constitutional Economics*. Texas: Texas A&M University Press, 1989.

集体选择"[103],并初步分析了个人在各种集体决策之间进行选择的问题,只是没有作为该书的重点和给出一个研究范式。因此,可以将布坎南的公共选择理论分为两个层次,"一是研究在既定制度下对公共品的集体决策,二是研究对于制度本身的集体决策"[104],前面讨论的俱乐部理论和"用脚投票",就属于公共选择理论的第一个层次,而宪政经济学是基于第二层次发展起来的范式,并主要致力于研究如何选择制度和规则。

既然公共选择理论强调规则的重要性并指出了选择规则的重要性,布坎南又为何要单独提出一个新的名词"宪政经济学"来专门强调其观点,而不是直接就在公共选择理论这一现有框架下作为第二层次来研究呢?在唐寿宁(2000)看来,这主要是"形势所迫",因为"主流经济学家占统治地位的西方学术界,布坎南在公共选择理论中所孕育的、对主流经济学具有批判意义的观点,并没有得到应有的重视,甚至是受到了忽略,学术界主流更多的是强调公共选择理论中把正统经济理论分析应用到政治决策领域的一面,而不提对正统理论批判的一面。因此,公共选择理论变成仅仅是在既有的主流经济学范式下的一种应用性的发展,而没有对理论范式本身的发展作出什么贡献。……在这种情况下,布坎南显然不愿意满足于仅仅以公共选择理论的带头人自居,他更愿意视自己为非主流经济学家,因而也需要树起一面与主流经济学相区别的旗帜,这就是立宪经济学。"[105]这明确地概括出来了宪政经济学与公共选择理论的渊源。

综上所述,公共选择理论和宪政经济学为公共产品治理提供了一个替代方案,即通过集体选择来确定公共产品治理的形式(例如俱乐部和社区),在既有规则和制度下通过集体选择来确定公共产品供给的规模和主体,甚至还建议通过公共选择来确定规则和制度,从而让个体全程参与公共产品的治理,使个人偏好得到有效显示。

四、各种理论观点的比较分析

根据上述分析,将各理论关于公共产品治理的主要观点总结并罗列于表 2-6。福利经济学通过对公共产品及其外部效应的分析,认为在完全市

---

[103] 詹姆斯·M.布坎南、戈登·塔洛克:《同意的计算》,陈光金译,5 页,北京,中国社会科学出版社,2000。

[104] 同上,唐寿宁(2000),354 页。

[105] 同上,唐寿宁(2000),355-356 页。

场竞争的假设下,由于公共产品的提供者不能从市场价格中获得相应的补贴,因此可以通过政府对正外部性的生产者提供补贴,进而市场就可以按照人们对公共产品的需求来供给公共产品,市场失灵得以纠正。而仁慈的政府也总是能够按照经济学家的建议来实施政策,最终实现帕累托最优。由于福利经济学是在一个理想化的世界中来分析问题,因而也受到了诸多批评,正如前面提到的,布坎南就指出其在逻辑上存在涅槃谬误,而假定存在一个仁慈的政府或独裁者(Benevolent Dictator)来提高社会福利也并不现实。

表2-6 各种理论关于公共产品治理的比较

	福利经济学 (庇古)	产权理论 (科斯)	公共选择理论/ 宪政经济学 (布坎南)
设计问题	由于市场失灵,公共产品生产者不能获得相应的利润补贴	社会互动问题	社会互动问题
实证分析	市场价格不能包含所有生产利益;市场无力解决问题	交易成本阻碍了外部性的内部化	现有制度安排阻碍了交换产生的共同收益的实现(Exploitation)
规范分析	受益者的个人利益最大化计算应包括正外部性	寻求一种与现状相比能产生社会净收益盈余的制度安排	寻求一种可接受的、帕累托更优的制度安排;基于所有个体的一致同意(Consensus)
解决方案	庇古补贴	某种制度	某种制度
选择标准	帕累托最优产出 (Pareto-Optimal Outcomes)	社会净收益盈余 (Social Net Benefit Surplus)	帕累托更优规则 (Pareto-superior Rules)
主要批评	涅槃谬误;政府干预成为唯一解决方案;仁慈的独裁者	寻求社会净收益盈余不符合规范性个人主义(Normative Individualism)	在大型社会(Large Societies)中取得一致同意往往不现实

来源:根据Gramzow(2009,p.39)修改。

新制度经济学的产权理论认为公共产品供给不足是个社会互动问题（Social Interaction）[106]，所有个体都对相同的稀缺资源表达出诉求，在科斯看来，导致这种互动的原因在于产权划分不清，所以只要交易成本为零且能够完美地界定产权，公共产品和外部性问题就不复存在（Gramzow，2009）[107]。但是，零交易成本在现实中几乎不可能存在，所以也需要寻求制度安排来降低交易成本（例如通过产权制度来明晰产权，就能有效降低交易成本，从而提高资源配置效率），且与现状相比，这个制度安排需要产生社会净收益盈余。宪政经济学也认为公共产品供给是个社会互动问题，但宪政经济学更加强调制度改革，认为需要寻求一种可接受的、帕雷托更优（Pareto-superior，亦即帕累托改进）的制度安排，并认为可以通过一致同意原则来选择这种制度或规则，这类制度或规则必须被所有个体同意，而在判断标准上，应该用帕累托更优规则（Pareto-superior Rules）取代帕累托最优（Pareto-optimal Outcomes）（Petrick & Pies, 2007）[108]。

借鉴格拉姆佐（Gramzow，2009）对农村景观这一公共产品的分析事例（图2-3）。农村存在两类个体，即农民和居民，农民生产粮食同时生产景观这一副产品（By-product），农民收入只来源于销售耕种土地所生产的粮食，并不能从附带生产的景观获得任何收入，景观包含在所有个体（农民和居民）的效用函数之中。点 A 描述了自由农业政策下的状态，由于没有任何限制，农民也没有获得任何补贴，因此他会根据市场需求来耕作土地并生产粮食，以达到个人收益的最大化，他并不会采取任何致力于向居民提供最满意景观的行动，点 A 是一个非帕累托最优状态。

---

[106] 社会互动（Social Interactions）是指外部性的特殊形式，在社会互动中，参照群体（Preference Group）的行动会影响个体的偏好，典型的参考群体有个体的家庭、邻居、朋友或同事等。社会互动有时也被称为非市场互动（Non-Market Interactions），用以强调这种互动不能通过价格机制来调节。（见 J. A. Scheinkman, "Social Interactions", in S. N. Durlauf and L. E. Blume eds. , *The New Palgrave Dictionary of Economics（Second Edition）*. the New Palgrave Dictionary of Economics Online, Palgrave Macmillan, 2008）。鲍尔斯（2004）将社会互动分为合同社会互动（Contractual Social Interactions）和非合同社会互动（Non-contractual Social Interactions），合同社会互动是指个体之间的互动通过一个完全的和容易执行的合同来管制，而非合同社会互动普遍存在于邻居、公司、家庭、环境公地（Environmental Commons）、政治项目（Political Projects）和市场之中，发生在非市场中的非合同社会互动，对在竞争激烈的市场中决定经济产出来说也很重要。（见 S. Bowles, *Microeconomics：Behavior, Institutions and Evolution*. Princeton：Princeton University Press, 2004, p. 9-10.）。由此可见，经济学中的社会互动主要是指个体与参照群体之间的影响。

[107] 同前，Gramzow（2009）, p. 39.

[108] M. Petrick and I. Pies, "In Search for Rules that Secure Gains from Cooperation：The Heuristic Value of Social Dilemmas for Normative Institutional Economics", *European Journal of Law and Economics*, 23(2007), 251-271.

按福利经济学的思想(图2-3(a)),由于A点不是帕累托点,因此需要政府进行干预,以实现社会福利最大化,例如通过补贴,鼓励农民将部分土地用于栽种花草树木,以提供秀美舒适的自然景观,政府干预的效果是期望效果达到点B。与点A相比,农民的效用(个体效用)和所有居民的效用(社会效用)都得到了提高,并且位于社会福利函数和效用可能性边界相切的点,是帕累托最优点,福利经济学认为这一点是可以实现的。但问题是,福利经济学的思想是建立在完全市场竞争、仁慈的政府等一系列假设基础之上的,对个体的补贴很可能只使个体效用得到改进,而社会效用有可能受到损失。例如对农民进行补贴后,它们可能生产更少的产品,从而导致农产品市场价格提高,其他居民因支付负担加重而遭受效用损失,这时可能达到点C。

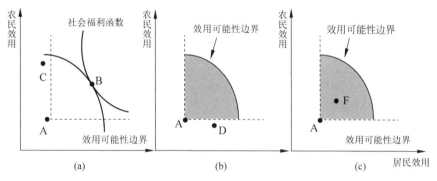

图2-3 不同理论视角下公共产品治理的效果

来源:根据Gramzow(2009,p.41)修改。

根据产权理论,最好的解决方案是让所有人参与进来就景观产权进行谈判,如果交易费用为零或者很低,那么明晰产权后,农民效用和居民效用都可能增加,最终可能达到帕累托改进区域(图2-3(b)阴影区域)。但在现实经济中,让一个大型区域的所有人参与进来一起进行谈判,这将导致非常高的决策成本。那么,按照产权理论,可以通过比较社会净收益来判断,只要社会净收益有盈余,那么就是一个可行的解决方案,例如点D,居民效用增加值超过了农民效用损失,社会净效用是增加的,但与A点相比,D点并不是一个帕累托改进。然而,根据公共选择理论,点D的方案将被拒绝,因为公共选择理论采用一致同意原则。一致同意原则要求所设计的制度或规则需要得到所有人的一致同意,因此该制度方案的效果只能出现在帕累托改进区域(图2-3(c)的阴影区域),农民和居民的效用都会得到提高。例如为了满足居民对景观的需要,设计一种制度或规则,强制要求农民改变生产结构或模式,这时农民就需要得到满意的补偿,以确保自身效用不受损失,否则他们可以投反对票来否决这个新的制度或规则。对于居民来说,他们可以采用同样的方法,如果自身效用受到损失,他们也可以投反对票对新的制度或规则予以否定。

综上所述,福利经济学、新制度经济学和公共选择理论从不同视角提出了公共产品治理的方案。福利经济学用帕累托最优作为判断标准,认为可以通过政府干预来纠正市场失灵,并且市场仍然能够实现帕累托最优,但福利经济学没有考虑个体行为和选择,也没有将制度安排包括在理论框架之内;产权理论和公共选择理论将公共产品或外部性视为社会互动问题,因而注重从个人行为选择出发,通过制度安排来解决公共产品或外部性问题。不同之处主要在于:由于交易成本往往不为零甚至非常高,所以如科斯定理提出用明晰的产权制度来解决问题似乎不够现实,进而产权理论建议通过制度安排来降低交易成本,从而提高资源配置效率,并用社会净收益盈余作为制度安排有效性的判断标准,但这一标准并不符合规范性个人主义,规范性个人主义要求对任何制度或规则的评估只能基于所有个体自身的评估来作出(Gramzow,2009);公共选择理论及宪政经济学理论建立在规范性个人主义假设之上,试图将所有个体的选择纳入分析框架,并通过所有个体一致同意来作为选择制度或规则的方法,从而确保制度安排的效果总是一个帕累托改进。但是,正如批评者所指出的那样,在一个大型社会中,一致同意原则并不现实。尽管如此,在一个较小规模的地区、社区抑或俱乐部,通过一致同意原则仍然是可行的。因此,在农村公共产品治理中,公共选择理论及宪政经济学的方法必然有很大的作用空间。

第三节 经典的农村公共产品治理模式

按照不同的划分方法,公共产品治理模式的分类也有所不同。单按供给主体来区分,一般被划分政府供给(公共供给)模式、市场供给(私人供给)模式和第三部门供给模式,而这些供给模式的融合体又被称为混合供给模式。从治理主体的角度来考虑,也可以划分为单一治理模式、二维治理模式和多元治理模式。单一治理模式是指"政府垄断公共产品生产、供给和管理的全部活动"的治理模式;二维治理模式是指"政府+私人部门"的合作治理模式;而多元治理模式则是政府、私人、民间组织三者共同治理的模式(王春福,2007)[109]。本书依据格拉姆佐(Gramzow,2009)的处理方法[110],按治理主体的不同,将公共产品治理模式划分为市场治理模式、政府治理模式和社群治理模式。

一、市场治理模式

市场治理模式或私人治理模式,是指基于市场机制来生产、供给和管理公共产品的治理模式。市场机制通过价格机制来发挥作用,因此该模式下的公共产品供给就如同私人产品一样,私人部门根据对公共产品的需求偏好来生产和供给公共产品。诚然,如果公共产品能够像私人产品那样由市场机制来治理,按照传统的经济逻辑,市场治理模式将是最有效率的治理模式,但正如前面所分析的那样,外部性和公共产品的特性决定了市场机制往往会出现失灵,除非能够通过有效的技术将"搭便车者"排除在外或通过有效的产权界定将公共产品私有化。而在现实经济中,有一些公共产品是可以将"搭便车者"排除在外的,如公共游泳池、一些公路等收费产品,可以通过向消费者收费的方式将非购买者排除在外,有些公共产品却不能通过技术手段完全排除,如一些纯公共产品。要想对公共产品进行有效的产权界定几乎是不可能的,甚至是不值得的,如国防安全、执法等纯公共产品显然难以被私有化。格拉姆佐(Gramzow,2009)认为,公共教育系统也不能完全被私有化,因为这样可能导致教育机会的不公平。可以想象,如果将基础教育完全私有化,那么部分极度贫困的人群将失去受教育的机会,在不同收入人群之间也将产生巨大的教育水平差异,低收入家庭的孩子所获教育的质量也将难以保证。

当然,在教育系统中引入竞争机制还可以通过学券制(Voucher System)实现,从而可以避免造成教育机会的不公平。学券制是著名经济学家米尔顿·弗里德曼于20世纪50年代提出的一种教育资助制度。在此制度下,政府不向学校直接拨款,而是以学券的形式发给家长,这样家长就可以自由选择公立或私立学校并用学券缴付学费,学校再用学券到政府换取货币,学校可以收取学券以外的费用(由市场机制决定)。显然,由于家长的自由选择,学校之间形成了竞争,那些不好的学校将被淘汰。学券

---

[109] 王春福:《公共产品多元治理模式的制度创新》,载《管理世界》,2007(3)。显然,这一划分方式考虑了治理主体合作程度,且将单一治理模式仅界定为政府垄断公共产品治理的模式。事实上,如果按此划分方式,市场(私人)治理模式也应归属于单一治理模式之中。

[110] A. Gramzow, *Rural Development as Provision of Local Public Goods: Theory and Evidence from Poland*. Halle (Saale): Leibniz-Institut für Agrarentwicklung in Mittel-und Osteuropa (IAMO), 2009.

制的主要目的在于促进学校之间的竞争、让家长有较多选择和让低收入家庭学生可以入读私立学校。该制度提出后,在世界范围内得到了较广泛的应用(West,1996)[111]。

在我国,浙江省长兴县也参照美国的学券制度实施了教育券制度,取得了较好的效果[112]。周其仁(2002)认为,在我国农村地区,也可以考虑实行学券制,这样家长可以自由选择公立学校或私立学校,从而以"通过增加家长选择权来改进办学质量"[113]。然而我们不难发现,就我国农村基础教育的现实情况来看,还不具备广泛实施学券制的基础。原因在于,当前我国农村城镇化水平还较低,农村家庭居住不集中,大部分农村家庭还分散居住在离中心城镇较远的地区,在这样的条件下,私立学校会因市场规模的限制而难以生存,如果私立学校仅建在中心城镇,离中心城镇较远的家庭也会由于距离限制而无法在公立学校和私立学校之间作出自由选择。此外,如果构成竞争关系的学校寥寥无几,也不能体现出竞争带来的好处,对提高办学质量的作用也不大。所以,我国农村基础教育这类公共产品,还不能广泛地通过市场机制来进行治理。

二、政府治理模式

政府治理模式即是由政府承担公共产品生产、供给和管理的治理模式。根据福利经济学的观点,外部性和公共产品导致的市场失灵可以通过政府干预来得到纠正,因此福利经济学相关论述构成了政府供应公共产品的重要理论基础。即使根据产权经济学和公共选择理论的观点,将公共产品看作是社会互动问题,从而通过某种带有法律强制力的制度安排来予以解决,那么在民主社会中,这种强制力也是国家义不容辞的任务(Aoki & Hayami,2001)[114]。

格拉姆佐(Gramzow,2009)给出了一个农村公共场所(Public Places)使用的事例来说明政府干预的必要性[115]。某个居民的行为对公共场所造

---

[111] E. G. West," Education Vouchers in Practice and Principle: A World Survey", Human Capital Development and Operations Policy Working Papers, the World Bank, 1996.

[112] 刘复兴:《教育券制度的政治学分析——以浙江省长兴县的教育券改革为例》,载《教育发展研究》,2003(9)。

[113] 周其仁:《农村可行学券制》,载《中国财经报》,2002-11-29。

[114] M. Aoki and Y. Hayami," Introduction: Communities and markets in economic development", in M. Aoki and Y. Hayami eds., Communities and Markets in Economic Development. Oxford: Oxford University Press,2001,p. XVI;转述自 Gramzow(2009),p. 53.

[115] 同前,Gramzow(2009),p. 53-54.

成了污染,将会对其他居民使用这块公共场所造成负面影响,如果造成污染的人不会受到惩罚,这一情况会继续恶化,此时,通过政府制定和实施管制规则来减少潜在冲突就具有比较优势。此外,在农村公共基础设施供应方面,市场供应公共基础设施往往伴随着"搭便车者",这很容易导致公共基础设施供应不足。由于政府更容易掌握建设公共基础设施的科学知识,且与单个小区或社区相比,政府更有能力承担大规模投资,因此政府干预比市场更有优势一些。当然,正如格拉姆佐进一步指出的那样,政府干预也存在很多缺陷。例如,由于对现实状况的信息掌握不足,政府针对某项公共产品的预算往往不是最优水平,极易可能出现供给不足或供给过度的问题;由政府垄断供应公共产品时,个人成本和个人收益分离,受益者通常不能感受到实际成本,从而会导致不当使用或过度使用;即使政府当局依靠投票机制来决定公共产品供给数量和质量,但投票机制也不能自动将公民各种偏好转化成一种明确的针对各类公共产品的偏好次序;政府干预还容易导致寻租行为,这在转型期国家和发展中国家十分严重;此外,由于官僚会因自身利益保护而导致集体决策和集体行动出现延误,这会增加官僚体制负担(Burden of Bureaucracy)。

事实上,关于公共产品供给是市场更有效率还是政府更有效率,在实践中也一直存在争论,研究者通过实证分析得出的结论也不同。斯潘(Spann,1977)通过对航空服务、消防、卫生保健及医疗、电力设施、垃圾收集等公共服务活动的分析,认为"对于大多数活动,私人生产在提供同样的服务时的成本比公共生产更低。在某些情况下,生产同样的产品或服务,私人企业成本是政府机构的一半"[116]。斯潘(Spann,1977)指出,私人企业成本更低的原因主要在于,追逐利润最大化的私人企业有动机使成本最小化,而公立企业或机构则没有,并且私人企业规模不受政治边界(Political Boundaries)的影响,它们可以实现最优规模[117]。有些实证研究则得出了相反的结论。同样针对垃圾收集问题,杨格(Young,1972)研究发现合同收集(政府和私人企业定签订合同,即公私合作)的成本比私人收集和政府收集都低,坎贝尔和奎格利(Kemper & Quigley,1976)的分析也发现私人收集的成本比政府收集的成本高出30%,而政府收集又比合同收

---

[116] R. M. Spann, "Public versus Private Provision of Governmental Services", in T. Borcherding ed., *Budgets and Bureaucrats: The Sources of Government Growth*. Durham: Duke University Press, 1977, p.88.

[117] 同前,Spann(1977),p.89.

集高出25%[118]。而班尼特和约翰逊（Bennett & Johnson,1979）对垃圾收集的进一步分析则又认为，在给定条件下，斯潘的论点是正确的，即私人部门比公立部门更有效率[119]。安德内和佩恩（Payne,1998；Andreoni & Payne,2003；Andreoni & Payne,2011）通过理论模型证明，慈善机构如果得到政府的拨款资助，它们将会减少自己的筹资努力（挤出效应），他们利用艺术和社会组织数据的实证分析也证实这一理论假设[120]。而 Heutel（2009）则认为，政府资助可能成为认可私人慈善组织资质的一个信号，从而有利于这些组织吸收更多的慈善款项（产生挤入效应）[121]。这表明，如果政府对供给公共产品的私人组织进行补贴，也可能致使这些组织减少自身努力，政府干预可能会削弱私人组织的积极性。

三、社群治理模式

社群治理（Community Governance）模式是指由个体自愿组成的组织来供应和管理公共产品的治理模式[122]。速水佑次郎（Yujiro Hayami,2004）认为，社群（Community）是指"基于强烈的人际互动关系构成的相互信任的一个群体"。理论上，社群的范围可以是一个家庭、国家甚至大到全世界，但其主要特征仍然是基于人与人之间的关系，"在发展中的经济体中，它们典型地表现为通过血缘和地域性姻亲（Locational Affinities）关系捆在

---

[118] D. Young, *How Shall We Collect the Garbage?* Washington：The Urban Institute,1972,p.73；和 P. Kemper and J. M. Quigley, *The Economics of Refuse Collection*. Cambridge：Ballinger Publishing Company,1976,p.110。转引自 J. T. Bennett and M. H. Johnson,"Public versus Private Provision of Collective Goods and Services：Garbage Collection Revisited", *Public Choice*,34(1979),55-63.

[119] 同上，Bennett & Johnson(1979)。

[120] A. A. Payne,"Does the Government Crowd-out Private Donations? New Evidence from a Sample of Non-profit Firms", *Journal of Public Economics*,79(1998),323-345；J. Andreoni and A. A. Payne,"Do Government Grants to Private Charities Crowd Out Giving or Fund-raising?", *American Economic Review*,93(2003),792-812；J. Andreoni and A. A. Payne,"Is Crowding Out Due Entirely to Fundraising? Evidence from a Panel of Charities", *Journal of Pubic Economics*,95(2011),334-343.

[121] G. Heutel,"Crowding Out and Crowding In of Private Donations and Government Grants", *NBER Working Paper*,2009,No.15004. http://www.nber.org/papers/w15004.

[122] 在有些文献中也被理解为自愿供给模式。"Community"在国内常译为"社区"，这可能造成字面意义上的误解，导致过于强调地理范围而缩小其含义。Ketilson & MacPherson(2001)指出，在探讨"Community Development"时，Community 包括城市、农村、自然地理或社会、宗教、民族等各种形式。因此，本书中统一译为"社群"，它既可能是一个地域概念，也可能是一个群体概念（L. H. Ketilson and I. A. MacPherson, *Report on Aboriginal Co-operatives in Canada：Current Situation and Potential for Growth*. Saskatoon：Centre for the Study of Co-operatives, University of Saskatchewan,2001）。我们将在第三章中就社群及其相关概念加以详细讨论。

一起的群落和村庄"[123]。社群最初被视为是与市场相互对立和排斥的,但越来越多的研究表明,社群实际上是市场的一个补充,并且是市场发展的一个重要基础。速水佑次郎(Yujiro Hayami,2004)指出:"市场是通过基于价格信号的竞争来协调追逐利益的个体的组织,国家是通过政府命令来强制人们调整资源配置的组织,而社群是通过紧密的个人关系和相互信任来引导成员进行自愿合作的组织"[124]。由于信息不对称等因素的影响,当存在技术性排他或合同不完善且难以执行时,市场治理就难以发挥作用,政府治理也面临着类似的问题,不完善的公共选择机制可能导致寻租和疏于应尽义务(Petrick,2007)[125]。这使得社群治理在现代经济很多部门都发挥着十分重要的作用,它可以解决市场和政府都无能为力的一些问题。鲍里斯(Bowles,2004)认为,"与政府和市场不同,社群能有效地培育和利用人们用于管理共同活动的激励措施",例如,信任、团结、互惠、信誉、个人荣誉、尊重以及报答等[126]。

社群规则通过一种非正式制度来引导成员进行自愿合作,有利于解决如公共资源或地方性公共产品的供给等社会互动问题(Gramzow,2009),其原因主要体现在3个方面[127]:第一,由于当地居民之间的互动更加频繁,他们分享同样的地理空间并且通常有类似的信仰和价值观,这有利于加强彼此之间的合作和建立互信。这些特征使得社群能够根据受益成员的协作而不是通过市场机制中的协议或合同来克服"搭便车"问题(社群可以直接对不合作者进行惩罚)。第二,地方性公共产品供给或共同资源管理依赖于分散的个人信息,社群治理可以很容易地对成员信息、需求和偏好作出反应,这对于国家或大型的正式组织来说是不可能的。第三,社群治理强调了公共产品供给中有关各方的责任,当地政府(通常也牵涉在社群活动之中)为了确保在未来选举中获胜,也有动力去做好自己应承担的责任,尽可能充分地为当地居民提供公共产品和服务。

---

[123] Y. Hayami, "Communities and Markets for Rural Development under Globalization: A Perspective from Villages in Asia", *Keynote Address Delivered at the Florence Conference of the European Association of Agricultural Economics*, Florence, September 8-11, 2004.

[124] 同前,Yayami(2004)。

[125] M. Petrick, "Why and How Should the Government Finance Public Goods in Rural Areas? A Review of Arguments", in P. M. Schmitz and F. Kuhlmann eds., *Good Governance in der Agrar- und Ernährungswirtschaft*. Münster-Hiltrup: Landwirtschaftsverlag, 2007, p. 271 – 281.

[126] S. Bowles, *Microeconomics: Behavior, Institutions and Evolution*. Princeton: Princeton University Press, 2004, p. 489-490.

[127] Gramzow(2009), p. 56-57; Hayami(2004)、Bowles(2004, p. 490, 492)和Petrick(2007)也进行过相关总结和阐述。

当然,社群治理同样也存在一些不足之处[128]:首先,由于社群治理基于个人之间的互动,因此社群规模不能太大,这也使得社群损失了一些由更广范围内的贸易和经济多样性带来的好处,一定程度上,较小的社群规模也不利于当局对某些公共产品进行大规模投资,并且在小规模的社群里,通过牺牲缺乏组织的团体或政治力量弱的团体,政治精英同样可以获得垄断地位和垄断收益;其次,社群成员之间的相互信任也提供了相互勾结的基础,一旦出现相互勾结,将不利于最优决策的制定和内部竞争;再次,由于社群往往不只由一个同质个体组构成,因此需要有相应的制度来协调不同利益组之间的利益,如果没有这样的制度,就可能成为发展障碍,尤其是对于那些小的自治区(Small Municipalities)。所以,国家和市场也有必要作为补充(Petrick,2007)[129]。

需要特别指出的是,格拉姆佐(Gramzow,2009)等关于社群治理模式的阐述,认为社群治理模式基于非正式制度或规则,这同时意味着基于人与人之间的强烈互动关系而形成的社群,也是一种非正式组织形态。然而,非正式规则和组织形态,由于缺乏正式约束和法律保护而存在风险隐患。事实上,现实中以基于人际互动关系而成立的正式组织居多,它们通过建立成员都认可的正式规则来实现公共产品治理,例如俱乐部、合作社这类社群组织,就拥有正式的规则和组织形态。本书第三章将专门研究社群经济理论,届时将看到,在社群经济发展中,正式规则实际上占据着主导地位。

四、3 种经典模式的比较

上述分析表明,市场、政府和社群 3 个主体在治理社会互动问题上存在差异,也各具优劣。在个体之间进行交易时,在交易方式上,市场通过正式合约(依赖于市场秩序有效性),政府(国家)是依据合法权威的强制力,而社群则是通过社会控制系统(非正式规则);在交易前提方面,市场需要透过价格机制,政府需要通过规则、条例和标准,而社群则是通过社会接近性、信任、共同价值观和非正式规则;此外,在交易双方的匿名性方面,从市场、政府到社群是依次递减的。这些构成了市场、政府和社群 3 种治理模式的本质区别。

---

[128] 参见 Gramzow(2009, p. 57-58)、Bowles(2004, p. 491-492)、Petrick(2007)及 Hayami(2004)。

[129] 同前,Petrick(2007)。

根据前面的分析,表 2-7 总结列出了 3 种治理模式的优缺点。既然 3 种基本模式都有各自的优势与不足,因此在应用中,需要根据实际条件进行调整。当价格机制能够有效发挥作用时,适宜采用市场治理模式,由私人组织来供应和管理公共产品。如果市场难以发挥作用,而个体之间又不能自愿合作进行公共产品的供应和管理,那么就需要政府作为补充。总之,

表 2-7 市场、政府、社群治理模式的优劣比较

	市场治理模式	政府治理模式	社群治理模式
交易方式	正式合约	强制力	社会控制系统
交易前提	价格机制	规则、条例、标准	社会接近性、信任、共同价值观和非正式规则
交易双方的匿名性	依次减弱 →		
优点	• 竞争性市场价格机制使生产者可以对消费者偏好作出准确反应 • 有效的分散化机制可以阻止勾结行为 • 产生选择压力(惩恶扬善)	• 当不合作导致低效率时,政府可以强制合作 • 政府有权通过建立产权、规则和标准来引导个体间的交易 • 安全质量标准和产权的监督者 • 征税并在"搭便车"行为可能驱除私人供应时进行公共产品投资 • 进行区域之间的协调	• 通过社会控制系统(非正式规则)监督社群成员 • 有效地获得局部的、私人的和分散的信息 • 能培育和利用基于频繁互动的传统激励制度(如信任、团结、信誉等) • 有利于强化问责机制
缺点	• 在公共产品、自然垄断和外部性问题中,价格不能反映资源或产品的真正稀缺性 • 产权不明晰、信息不对称弱化了市场功能,可能导致合约难以有效执行	• 难以掌握消费者和生产者偏好 • 政府采取行动的成本很大 • 制定和执行决策往往不透明 • 投票机制难以反映投票者偏好次序 • 容易导致游说和寻租行为 • 增加官僚体制负担 • 公共投资会产生挤出效应 • 存在公务员腐败问题	• 小规模和同质性导致损失了一些由更广范围内的贸易和经济多样性带来的好处 • 互信可能成为相互勾结的基础,从而不利于内部竞争 • 通过牺牲缺乏组织的团体或政治力量较弱的团体,政治精英同样可以获得垄断地位和垄断收益 • 小规模预算妨碍大规模的基础设施投资

注:社会控制(Social Control)是指社会组织利用社会规范对其成员的行为进行约束的过程。
资料来源:根据 Gramzow(2009. p. 59 & p. 61)修改。

个体之间的社会互动问题往往导致公共产品供应短缺,而单一的治理模式又不能作为解决问题的唯一路径。因此,市场、政府和社群应被视为相互补充的治理方式,通过共同行动来治理公共产品。

但是,正如前面所指出的,这里的社群治理模式仅指基于人际互动关系和"非正式规则"而形成的治理机制,这与其他相关理论分析并不一致,也与现实实践存在差异。因此,接下来本书将专章分析归纳近年来国外关于社群经济的理论探讨与实践应用,为社群治理模式构建更为完善的理论基础。我们将看到,非正式的规则和组织形态虽然存在并且也可以发挥作用,但正式的规则和组织形态才是社群治理模式的常态。探讨正式规则和组织形态下的社群治理模式,一定程度上是对该治理模式的改进和完善,因为正式的规则和组织形态将其置于法律和制度框架下,从而降低社群治理模式的风险,提高社群治理模式在农村公共产品治理中的稳定性和适应性。

第三章　社群经济理论与农村公共产品治理

社群经济被视为市场经济和计划经济之外的一种资源配置手段,其本质目的是提高社群及其成员的福利。市场经济由企业作为资源配置的主体,计划经济由政府机构作为资源配置的主体,而社群经济则是由社群作为资源配置的主体。虽然第二章的分析表明,公共选择理论(如俱乐部模型)为公共产品社群治理提供了理论基础,但无疑社群经济给予的理论支撑更加直接。本章专门介绍社群经济的内涵和类型,以丰富和完善农村公共产品治理的理论基础[1]。

第一节　社群经济的起源与内涵

社群经济由合作经济演变而来,但合作经济只是社群经济的一种基本形式。自20世纪80年代末以来,越来越多的经济学家从社群(Community)层面来讨论市场和政府双失灵情形下的经济发展问题,对促进落后农村及偏远地区发展具有重要的价值。

一、合作经济

虽然合作经济(Co-operative Economy)具有悠久的发展历史,但国内外现有相关文献中,尚未给出一个被广泛接受的定义[2]。一些学者认为,

---

[1] 本部分成果已发表。参见:路征、张义方、邓翔:《基于社群经济的农村公共产品供给:泰国经验分析》,载《东南亚研究》,2013(6);路征、邓翔、廖祖君:《社群经济:一个农村发展的新理念》,载《四川大学学报(哲学社会科学版)》,2017(1);路征、李睿:《产业视角下的社群经济类型划分研究》,载《农村经济》,2017(9);路征、邓翔:《基于主导组织类型的社群经济类型划分研究》,载《中国第三部门研究》,2018(1);路征、余子楠、朱海华:《社群经济视角下我国农民专业合作社融资问题研究》,载《农村经济》,2018(7)。

[2] 合作经济的起源与发展历史已非常清晰,相关研究也颇多,本书不再赘述。可参见傅晨:《合作经济制度的传统与变迁》,载《中国合作经济》,2004(11);R. Gibson, D. Kobluk and L. Gould, "the Role of Co-operatives in Community Economic Development", *RDI Working Paper*, No. 2005-1, Manitoba: Rural Development Institute, Brandon University, 2005。

"合作经济是劳动群众为改变生活条件或生产条件而建立的一种经济组织"[3],是一种"全球性的经济组织现象"[4],这种经济组织被称为合作社(Co-operative)。王礼力(2003)指出,"合作经济通常就是指合作社经济,即各种合作社经济活动的总称"[5]。事实上,国内外讨论这一范畴的文献,也的确没有将"合作社"和"合作经济"加以区分。由此可见,合作经济与合作社是一对含义相同、不可分割的概念,可以将合作社看作合作经济的实现主体,通过合作社这个具体组织形式来从事经济活动,就是合作经济。

根据国际合作社联盟(International Cooperative Alliance)给出的定义,合作社是"人们为满足其共同的经济、社会、文化需要而自愿建立的一种自主管理组织",它建立在自助、责任自负、民主、平等、公正、团结等价值观基础之上,从而形成诚实、坦率、社会责任和相互关怀的群体道德观(Gibson, Kobluk & Gould,2005; Karlyle,2005)[6]。

合作社需满足7个基本原则(表3-1):第一,自愿与开放的会员制。合作社向所有愿意接受相关规则的人开放,接受自愿加入,不存在性别、种族、政治、宗教等方面的歧视。第二,民主治理。合作社基于民主机制由会员自主管理,每个会员都享有平等投票权。第三,经济参与。会员出资构建合作社,同时也共同决定剩余的分配,剩余可以公平地分配给会员,也可以留存一部分用于合作社发展或其他领域。第四,自治与独立。合作社由会员基于民主治理原则独立地进行管理。第五,教育、培训与信息。对会员提供相关教育和培训,使之能对合作社的发展作出贡献。第六,社间合作。即合作社要积极与其他合作社开展合作。第七,关心社群发展。合作社基于满足会员各种需要而建立,因而自然地有利于所在社群的发展。

随着合作社经济的发展,合作社的形式也出现了一些创新,尤其是在农村地区,除传统的合作社以外,还出现了一些衍生的合作经济模式。例如,我国合作经济的形式已呈现出多元化特征。在组织形式上,逐步从早期"统分结合、双层经营"的社区型合作经济组织(即集体经济组织),演化

---

[3] 许涤新主编:《政治经济学辞典(下)》,84页,北京,人民出版社,1981。
[4] 傅晨:《合作经济制度的传统与变迁》,载《中国合作经济》,2004(11)。
[5] 王礼力:《农村合作经济理论与组织变迁研究》,15页,西北农林科技大学博士学位论文,2003。
[6] 同前,Gibson,Kobluk & Gould(2005);和 J. A. Karlyle,"Cooperative Economy-What Might It Look Like?", in *Hobart Conference: Community, Economy and the Environment: Exploring Tasmania's Future*. Hobart, Australia, October 15,2005。

为专业合作社、专业协会共同发展的合作经济模式,同时随着社会主义市场经济体制的建立和完善,在具体合作机制上也引入了股份制、"专业合作组织+农户""公司+专业合作组织+农户"等多种方式[7]。总体来看,目前中国农村合作经济主要有农业专业合作社、农业专业协会和传统集体经济演变而来的股份合作社3种形式。

表 3-1 合作经济与社群经济的基本原则

合作经济的基本原则	社群经济的基本原则
1. 自愿与开放的社员制 2. 民主治理 3. 经济参与 4. 自治与独立 5. 教育、培训与信息 6. 社间合作 7. 关心社群发展	1. 综合性发展战略 2. 多功能性,包括: —— 强调社群所有权和创造公平 —— 提供所需的信贷支持 —— 发展人力资源 —— 提升本地发展能力 3. 整合社会与经济目标 4. 让社群成员广泛参与管理 5. 以合理的战略规划为指引 6. 健全有效的财务管理制度 7. 以独立的、非营利的、非政府的组织为核心组织

资料来源:根据 Bruce(2001)、Gibson, Kobluk & Gould(2005)、Karlyle(2005)等阐述整理。[8]

二、社群与社群经济

合作社或合作经济作为一种历史悠久的经济发展模式,在发展落后的地区或群体中一直被广泛运用。在自由市场经济思想占主导的西方资本主义国家,合作社这种基于互助互惠原则、带有明显集体主义色彩的资源配置方式曾经并未得到主流思想的广泛认可。但自20世纪80年代末以来,越来越多的西方经济学家开始研究类似发展模式的重要性和有效性,

---

[7] 参见刘福海:《谈农村三种合作经济》,载《农业经济问题》,2000(2);马艳:《我国农村新型合作经济组织理论探讨》,载《上海财经大学学报》,2006(5);向东梅和陈德:《我国农村新型合作经济组织创新思路和模式选择》,载《农村经济》,2006(6);韩淑明:《山东省潍坊市农村合作经济组织发展状况考察》,载《中国农村经济》,2008(7);苑鹏:《改革以来农村合作经济组织的发展》,载《经济研究参考》,2008(31)。

[8] D. Bruce, "Building a CED Movement in Canada: A Policy Framework to Scale up CED in Canada", in D. Bruce and G. Lister eds., *Rising Tides: Community Development, Tools, Models and Processes*. Sackville: Rural and Small Town Programme, Mount Allison University, 2001, p.69-82;同前, Gibson, Kobluk & Gould(2005);同前, Karlyle(2005);

尤其是以速水佑次郎（Yujiro Hayami）为代表的发展经济学家，开始从"Community"层面讨论市场和政府双失灵情形下的经济发展问题，致力于寻找市场和政府之外的资源配置机制和经济发展模式[9]。

（一）社群

在国内，"Community"一词被普遍翻译和理解为"社区"。而事实上，"Community"是指基于强烈的人际互动关系而构成相互信任、互惠互利的一个群体，它既可以是一个特定的地理上的社区，也可以是一个拥有共同利益或价值观的一个群体（Hayami, 2004; Watts, 2005）[10]。速水佑次郎（Hayami, 2004）指出，社群是"基于强烈的人际互动关系构成的相互信任的一个群体，……在发展中的经济体里，典型地表现为通过血缘和地域性姻亲关系捆在一起的群落和村庄。……市场是通过基于价格信号的竞争来协调逐利个体的组织，国家是通过政府命令来强制人们调整资源配置的组织，而社群是通过紧密的个人关系和相互信任来引导成员进行自愿合作的组织"[11]。这意味着，因为工作、生活、血缘姻亲、兴趣爱好等关系而构成的相互信任的群体都可以形成一个"Community"，如邻居、朋友圈、专业或商业网络、部落等。因此，"Community"是一个群体上的概念，它不是一个纯地理上的概念但又可以体现在某个地理区域，包括了城市、农村、自然地理或社会、宗教、民族等各种形式，只是在发展中的经济体里，通过血缘和地域性姻亲关系捆在一起的群落和村庄是其典型代表（Ketilson & MacPherson, 2001; Bowles & Gintis, 2002; Hayami, 2004）[12]。

麦克米伦和查维斯（McMillan & Chavis, 1986）在总结不同研究者的理解和阐述的基础上，认为"Community"的定义需要包含会员关系（归属感）、影响（会员与所在团体之间的互动）、增强（整合和满足需求）和情感

---

[9] 相关研究可参见：速水佑次郎：《社区、市场与国家》，载《经济研究》，1989（2）; Y. Hayami, *Development Economics: From the Poverty to the Wealth of Nations*. Oxford: Clarendon Press, 1997; M. Aoki and Y. Hayami eds., *Communities and Markets in Economic Development*. Oxford: Oxford University Press, 2001; 速水佑次郎、神门善久：《发展经济学——从贫困到富裕》，李周译，北京，社会科学文献出版社，2003；等等。

[10] R. Watts, "Community Economic Development", in Canadian Plains Research Center ed., *The Encyclopedia of Saskatchewan: A Living Legacy*. Regina: University of Regina Press, 2005; 同上，Hayami（2004）。

[11] 同上，Hayami（2004）。

[12] L. H. Ketilson and I. MacPherson, *A Report on Aboriginal Co-operatives in Canada: Current Situation and Potential for Growth*. Saskatoon: Centre for the Study of Co-operatives, University of Saskatchewan, 2001; S. Bowles and H. Gintis, "Social Capital and Community Governance", *The Economic Journal*, 112(2002), 419-436; 同上，Hayami（2004）。

共享(价值观、信念、历史、空间、经验等方面的共享和认同)4个要素[13]。鲍尔斯和金蒂斯(Bowles & Gintis,2002)认为,"Community"是指一些直接的、频繁的在多方面存在互动的人形成的群体,人与人之间的关系(Connection)是其基本特征[14]。显然,从这个层面的定义和解释来看,应将"Community"理解为"社群"而非"社区",因为在汉语语境里,后者更强调地理范围。

一个群体是否构成为一个社群的关键在于,这个群体是否形成了社群意识(Sense of Community)。社群意识是"成员获得归属、成员之间和成员与所属团体之间彼此重视的一种意识和通过彼此承诺一起满足成员需求的一种共享信念"(McMillan & Chavis,1986)[15]。社群要求成员之间通过强烈、频繁的互动而形成共同的价值观、认同感、信任感、团结互助意识、互惠互利意识、对本群体利益的保护意识等社群意识,这也意味着一定质量和数量的社会资本(尤其是信任资本)在社群的形成和发展中起着关键作用。因此,具有某些共性特征的群体,如果没有建立起足够的社会资本,也不能成为社群。例如,居住在同一个社区或小区的居民、患有同类病症的患者群体等,虽然在地理范围或病症类型上具有共性特征,但可能因为没有形成社群意识而不构成为一个社群;而一个篮球运动爱好者组成的社团,虽然没有居住在同一个地理范围内,也可能因为建立起了社群意识而成为一个社群。

社群由个体(社群成员)构成,其持续存在和有效运行依赖于一定的规则和基于这些规则而形成的运行机制,因而社群本身就是一种组织形态,即社群组织(Community-based Organization,CBO)。但社群组织既可能是一种正式的组织形态,也可能是一种非正式的组织形态。正式的社群组织拥有组织化的管理结构,并通常是经注册而取得认可的法律实体;而非正式的组织通常没有组织化的管理结构,也不是注册过的法律实体,且主要处理临时问题和从事一次性活动(Mbungu et al.,1999)[16]。我国的农民专业合作社是按照《中华人民共和国农民专业合作社法》而成立的,是指"在农村家庭承包经营的基础上,同类农产品的生产经营者或者同类农

---

[13] D. W. McMillan and D. M. Chavis, "Sense of Community: A Definition and Theory", *Journal of Community Psychology*, 14(1986), 6-23.

[14] 同前, Bowles & Gintis(2002)。

[15] 同前, McMillan & Chavis(1986)。

[16] M. Mbungu et al., "Procurement and Financial Procedures Manual for Use by Community-Based Organizations", *World Bank Working Paper*, No. 36378, 1999.

业生产经营服务的提供者、利用者,自愿联合、民主管理的互助性经济组织"。从法律定义来看,我国农民专业合作社属于正式的社群组织,按照正式的规则运行和管理。

社群能有效掌握成员行为、能力和需求等关键信息,所以它能很好地解决单个个体、市场和政府无法解决的一些问题,尤其是那些基于社会互动或交易成本十分昂贵的领域,这使社群成为"善治"(Good Governance)的重要部分。由此可见,社群在配置资源的过程中,强调社群成员之间的自愿合作和互助,从而通过自身的努力达到提高社群福利之目的,它是市场和政府的有效补充。

(二) 社群经济

一般来讲,经济主要由市场、非市场(商品和服务由行政机制配置)和家庭构成,但实际上还需要加入自愿形成的部门,家庭和自愿形成的部门结合起来从事和管理经济活动,就形成了社群经济模式(Enjolras,2001)[17]。所以,社群经济(Community Economy 或 Community-based Economy)就是以社群作为主体管理自身经济和社会发展以提高社群整体福利的经济发展模式,它是一种通过社群共同努力来实现共同经济、社会和环境利益的发展方式(Watts,2005)[18]。查兰德和唐宁(Chaland & Downing,2003)认为,"社群经济发展是本地居民(尤其是弱势群体)为了创造经济机会和改善社会条件而采取的倡导包容性发展和可持续发展的行动",从而最终达到提高社群福利的目的[19]。社群经济发展模式是为了实现本地社群经济的重建和振兴,而由本地居民共同构建和指导的一个全面、多方位的发展策略,主要致力于加强社群所拥有资源的管理和促进本地经济社会发展,是一个整合了当地社群社会、经济、文化和生态目标的综合性发展策略,它在社群的经济资本与社会资本之间建立起了桥梁,从而避免了将经济问题与社会问题割裂开来(Bruce,2001; Sherraden & Ninacs,1998)[20]。

社群经济有两个基本特征:一是将市场机制、互惠机制和等级制度协

---

[17] B. Enjolras, *Community-based Economy, Market and Democracy: The Case of Norwegian Voluntary Sport Orgnisations*. Oslo: Institute for Social Research, 2001.

[18] 同前,Watts(2005)。

[19] N. Chaland and R. Downing, *Profile of Community Economic Development in Canada: Results of a Survey of Community Economic Development across Canada*. Victoria: Canadian Community Economic Development Network, 2003, p. 13.

[20] 同前,Bruce (2001); M. S. Sherraden and W. A. Ninacs, "Introduction: Community Economic Development and Social Work", *Journal of Community Practice*, 5(1998), 1-9.

调在一起,形成了一种折中的协调机制;二是成员通过互动而共同参与到决策制定和管理之中,体现出政治协调机制。社群经济模式与传统的资本主义经济不同,资本主义的终极目标是实现货币利润最大化,它关注可预见的、基于市场的活动,而社群经济在考虑货币利润的同时,还优先考虑公平性、可持续性和参与性,重视复杂的、相互依赖的和非市场的相互作用(PVFP,2013)[21]。总之,社群经济更重视社群成员的投资、就业和需要,利用社群自身拥有的经济、社会、文化等资源,通过自身的努力来满足需求和提升社群自我发展的能力。

布鲁斯(Bruce,2001)给出了发展社群经济的7个基本原则(表3-1)[22]。第一,与其他个体经济、商业项目或为改善社群而独立采取的努力相比,社群经济是一个综合性发展战略或发展机制,它关注社群经济社会发展的各个方面,并通过社群成员的共同努力来实现;第二,作为一种发展机制,社群经济表现出其多功能性特征:在资产投资与发展过程中强调社群所有权和创造公平、为商业发展和可负担住房(Affordable Housing)提供必要的信贷支持、发展人力资源(如通过领导力培训、扫盲、岗前培训、技能培训、职业发展服务、企业发展服务等措施来壮大人力资源)和提升本地发展能力(如通过制定科学的发展规划、强化研究、大力宣传、构建战略网络和伙伴关系等策略来提升本地发展能力);第三,为了尽可能地促进社群振兴,社群经济需要整合社会与经济目标;第四,社群经济需努力让社群成员广泛参与到社群的管理之中;第五,与机会主义选择、非系统策略和只讲求行动结构的发展模式相比,社群经济是一个以战略性规划和分析为指导的过程;第六,社群经济采用与商业经济类似的财务管理方法来构建资产所有权和大量的金融伙伴网络;第七,社群经济的核心组织是一些非营利的、独立的、非政府的组织,但一些营利性机构和政府也往往参与其中。

三、从合作经济到社群经济

上述分析表明,合作经济与社群经济虽然含义相近并具有一些共同点,但它们并不是相同的概念。事实上,社群经济的内涵比合作经济或合作社经济更为广泛和深刻,合作社模式只是社群经济的一个基本形式

---

[21] PVFP. *Practical Visionaries Field Project 2013-Theoritical Framework*. Massachusetts: Practical Visionaries Field Project (PVFP), Tufts University, 2013.

[22] 同前,Bruce(2001)。

(Ketilson & MacPherson,2001)[23]。合作社往往是基于某个社群而建立,管理上具有民主性和广泛的民众参与性,并能为社群提供服务、促进就业和创造财富,这使合作社能对社群发展起到重要作用,尤其是当其他组织退出社群后,合作社往往会成为社群的代表,其发展过程包含了社群精神、社群认同和社会组织发展的过程(Fields & Sigurdson,1972;Quarter,1992;Ketilson,et al.,1992;Fairbairn,1995;Brown,1997;Bruce,2001)[24]。因此,合作社也可以被看作社群发展的一个代理机构,但因代理机构的多样化,本质上它就成了社群经济的一个基本形式(Gibson,2005)[25]。如果说合作社经济与社群经济之间存在联系的话,那么就是合作社被用来帮助建设社群,社群经济则可以通过发展合作社来进行社群能力建设(Ninacs,2001)[26]。

事实上,从合作经济和社群经济的基本原则(表 3-1)也可以看出,社群经济包含了合作经济。合作社强调所有权、民主治理和广泛参与、提升本地发展能力等,但合作社只是推动社群经济发展的一类核心组织。也就是说,社群经济也可以以其他一些非营利性的、非政府的组织为核心,来达到提升社群福利的目的。例如,泰国农村社群经济的发展中,除了农业合作社外,自助储蓄团体、信用联合团体、肥料和粮食银行、废物回收银行等社群自助型组织、私人非营利性组织、公私合作组织都能成为社群经济的核心组织,并且政府也在一些新型社群经济形态中发挥着重要作用。

总而言之,合作经济是社群经济的基本形式,从概念和基本原则来看,与合作经济或合作社经济相比,社群经济的不同之处主要体现在以下 3 个方面:

---

[23] L. H. Ketilson and I. MacPherson, *A Report on Aboriginal Co-operatives in Canada: Current Situation and Potential for Growth*. Saskatoon: Centre for the Study of Co-operatives, University of Saskatchewan,2001,p. 236-242.

[24] G. Fields and G. Sigurdson, *Northern Co-operatives as a Strategy for Community Change: the Case of Fort Resolute*. Winnipeg: University of Manitoba Press, 1972; J. Quarter, *Canada's Social Economy*. Toronto ON: Lorimer,1992; L. H. Ketilson, M. Fulton, B. Fairbairn and J. Bold, *Climate for Co-operative Community Development*. Saskatoon: Centre for the Study of Co-operatives, University of Saskatchewan,1992; B. Fairbairn, "Constructing an Alternative Language for Co-operative Development: An Ecological Metaphor", *Coopérative et Dévelopment*, 27(1995), 77-104; L. Brown, "Organizations for the 21st Century? Co-operatives and New Forms of Organization", *Canadian Journal of Sociology*, 22(1997),65-93;同前,Bruce(2001)。

[25] R. Gibson,"the Role of Co-operatives in Community Economic Development", *RDI Working Paper*, No. 2005-3, Manitoba: Rural Development Institute, Brandon University,2005.

[26] B. Ninacs, "Co-ops, the Social Economy and CED in Quebec", *Making Waves*,12(2001),17-20.

第一,社群经济对社会资本水平的要求更高。社群经济以社群为根基,而社群建立在一定的社群意识基础之上,因而充足的社会资本尤其是信任资本是社群经济有效运行的关键条件。合作经济虽然建立在自愿合作的基础之上,但可能由于社群意识和社会资本积累不足,导致在个人利益和集体利益出现冲突时,合作社的稳定性和效率受到严重冲击。因此,尽管法律意义上合作社属于正式的社群组织,但如果组织成员的社群意识和社会资本积累不足,就难以实现社群经济的持续、高效发展。

第二,社群经济的功能更加全面,致力于社群整体福利的提升。社群经济是一种综合性发展战略,因而具有目标多功能性,这种多功能性包含了信贷支持功能、人力资源开发功能、发展能力提升功能等。因此,与合作经济相比,社群经济的目标功能得到了极大拓展,致力于社群的经济和社会全面发展以及综合发展能力的提升。

第三,社群经济发展的动力源泉更加多元化。社群经济强调独立的、非营利的、非政府的组织在发展中的核心推动作用,推动社群经济发展的核心组织力量可以是内生的社群组织,也可以是外生的其他类型的非政府组织,同时还可以引入各种外部力量来共同推动社群发展。

事实上,在传统的合作经济中,普遍存在社会资本积累不足、组织目标功能和力量来源单一等问题,成了制约合作社发展的重要因素。

四、社群经济对我国农村发展的价值

综上所述,在传统经济发展模式无法发挥作用时,发展社群经济是一种有效的补救形式。在其发展过程中,各类组织都可以扮演重要角色,且社会资本对其发展起着十分关键的作用。更重要的是,合作经济只是社群经济的一个基本形式。因此,在发展观念上,有必要从传统的合作经济理念转向含义更广的社群经济发展理念,这有助于拓展发展思路和创新发展模式。

(一) 社群经济对促进农村发展的意义

无论是早期的合作经济发展模式,还是后来被广泛认可的社群经济发展模式,应用最为活跃的都是农业领域以及农村和偏远地区(傅晨,2004;Gibson,2005)[27]。事实上,从全球实践来看,社群经济亦主要指的就是农村社群经济。社群经济的综合性策略、多功能性、整合经济和社会目标等特征,突出体现了其着眼于促进社群的全面发展。因此,社群经济

---

[27] 同前,傅晨(2004);同前,Gibson(2005)。

模式对农村经济社会的全面发展具有尤其重要的意义,主要体现在以下几个方面:

第一,农村扶贫减贫。贫困是发展中国家面临的主要难题之一,而贫困人口又主要分布在农村地区[28]。社群经济通过社群自我开发和管理所拥有的经济、文化和自然资源,来达到创造就业、提高成员收入和社群福利的目的。事实上,在农村贫困地区和偏远地区,往往拥有特色鲜明的自然资源(如土地、森林、自然风景等)和文化资源(如民族艺术、传统工艺、传统特色文化等),社群经济通过利用这些优势资源,让当地居民从中获益,分享发展成果。因此,社群经济能有效解决各类社群的贫困问题,它通过整体的、参与式的发展,使社群脱贫致富(Chamberlain,2008)[29]。当前,发展社群经济已成为农村扶贫和减贫的重要手段,很多类型的社群经济都广泛应用于扶贫领域。

第二,农村公共产品治理。根据治理主体的不同,公共产品治理模式可以分为政府治理、市场治理和社群治理三种。在农村公共产品治理中,社群自发形成和管理的组织都能为农村社群成员提供一些所需的公共产品或服务,且由于这类组织对本地居民的真正需求更为了解,并因其基于民主管理机制而具有更为完善的需求表达机制,在小范围内,它甚至比市场和政府更有效率(Gramzow,2009)[30],这一点在理论与实践上都已被充分证实。在强调民主管理、满足本地需求和提高本地社会福利的社群经济发展模式中,相关组织的核心职能就是通过提供充足而切实的公共产品和服务,达到其造福一方的目的,这类公共产品和服务涵盖了发展策略制定、教育培训与就业、信息服务、金融服务、环境保护等各个领域。因此,在农村发展社群经济,为解决普遍存在的农村公共产品供需矛盾提供一个有效的路径。

第三,农村就业及居民增收。社群经济通过促进本地农业和商业经济的发展,为本地居民提供大量的就业机会。例如,应用十分广泛的社群旅游、社群林业等社群经济类型[31],就是基于本地特色资源发展本地产业经

---

[28] 据统计,2008年全球发展中国家共有13亿贫困人口,其中76%分布在农村地区。见 IMF and WB, *Global Monitoring Report* 2013: *Rural-Urban Dynamics and the Millennium Development Goals*. Washington: The Word Bank, 2013, p. 85-86.

[29] P. Chamberlain, *Placed-Based Poverty Reduction Initiative: How Community Economic Development is Reducing Poverty in Canada and How It Could be Doing More*. Victoria: The Canadian CED Network, 2008.

[30] 同前, Gramzow(2009)。

[31] 关于社群经济类型,将在本章第二、第三节专门讨论。

济,为本地居民提供直接的就业岗位。同时,社群经济组织也致力于通过职业教育、技能培训、就业引导等措施来促进就业。例如加拿大约克地区的非政府组织 LEF(Learning Enrichment Foundation)和不列颠哥伦比亚地区的公立组织 GTCSC(The Greater Trail Community Skills Centre),都是致力于针对社群成员开展教育和就业项目,从而提高当地居民的就业竞争力(Chamberlain,2008)[32]。社群经济通过发展商业经济雇佣本地劳动力,通过开展教育培训来促进就业,从而有利于提高农村居民的收入水平和生活水平。

第四,农村可持续发展和包容性发展。社群经济注重培养本地的可持续发展能力,在获得短期利益的同时确保长期可持续性。一般来说,发展早期阶段对外部力量依赖性较高,各类政府和非政府机构通过实施项目和提供教育培训,让社群和社群成员能够在外部力量退出后也能实现自我持续发展。同时,由于社群经济发展注重本地资源的合理开发和环境保护,也能实现人与自然的和谐发展。例如,由著名非营利性基金——皇太后基金(MFLF)执行的泰国可持续替代生计发展(SALD)项目,就通过在参与式发展和在社群可接受的步伐下来培养社群自我发展能力,最终使社群在没有进一步援助的情况下仍能继续发展;泰国政府与德国政府共同合作实施的基于社群的废物管理(CBM)项目和泰国政府推进的社群林业项目,都是将农村环境保护和治理作为重点的社群经济发展计划(路征、张义方、邓翔,2013)[33]。与此同时,从社群经济的含义可以看出,它强调让社群及其成员参与到当地经济社会发展的过程之中,并分享开发和利用当地资源所带来的收益,这充分说明社群经济是一种包容性发展战略。总之,可持续发展和包容性发展构成了社群经济的核心思想。

(二)对新时期中国农村发展的指导作用

长期以来,"三农"问题一直是困扰中国经济社会进一步发展的瓶颈,在历史新时期,解决好"三农"难题是实现全面小康社会目标的关键[34],这就需要吸收和运用新的理念和思想来指导实践。本书认为,社群经济理念能够在新时期我国农村经济社会发展的关键领域中发挥重要作用。

第一,运用社群经济理念指导我国新时期精准扶贫事业,能有效解决中国农村扶贫面临的关键问题。改革开放以来,我国通过不断的实践探

---

[32] 同前,Chamberlain(2008)。

[33] 同前,路征、张义方、邓翔(2013)。

[34] 中共中央、国务院:《关于落实发展新理念加快农业现代化实现全面小康目标的若干意见》,载《人民日报》,2016-01-28。

索,在扶贫方面取得了显著成效,但仍然存在扶贫财力不足、精准度低和可持续性弱等关键问题,而社群经济理念在解决这些关键问题上能发挥有效作用。首先,社群经济是基于具体社群及其成员而建立和发展的模式,因而在目标瞄准精度上可以精确到社群里的个人和家庭;其次,社群经济不仅强调政府在农村扶贫中的作用,还特别强调引入各类社会力量,并能最大化利用社群拥有的优势资源,因而能有效解决单一依靠政府力量而导致的扶贫财力不足和社会力量引入方式单一问题;最后,社群经济理念强调利用社群自身拥有的特色资源,并通过自身的努力来满足需求和提升社群自我发展能力,是本地居民为创造经济机会和改善社会条件而采取的具有包容性和可持续性的行动,因而能达到可持续减贫效果,保障全面小康社会目标顺利实现。

第二,运用社群经济理念指导新型农业经营主体发展,有利于农村经营形式创新。新型农业经营主体是指具有较大经营规模、较好装备条件和经营管理水平、较高生产率和产出率并以商品化为主要目标的农业经营组织,体现出市场化、专业化、规模化和集约化特征(宋洪远、赵海,2014)[35]。近年来,国家十分重视新型农业经营主体的培育,农民合作社、专业大户、家庭农场、农业产业化龙头企业等多种新型经营主体正在逐渐取代传统的农业经营方式,成为新时期加快中国农村发展的重要突破口。在这些典型的新型经营主体中,专业大户和家庭农场本质上仍属于家庭经营的范畴(宋洪远、赵海,2014)[36],龙头企业则是采用现代企业制度进行经营管理的组织,它们都难以让当地居民有效参与经营管理和分享成果,而合作社形式则仍然以传统的合作经济为理论基础,近年来在机制和形式上鲜有创新。社群经济模式是合作经济的升级和拓展,因而运用它来指导中国新型农业经营主体的培育和发展,可以创新出更多形式的农业经营形式。

第三,运用社群经济理念指导中国农村治理尤其是公共产品治理,有利于构建更完善有效的农村治理模式。近年来,尽管中国在基层治理以及农村公共产品治理方面进行了很多实践创新,但农村公共产品供给不足、供给效率低下问题还没有得到根本解决。社群经济以满足社群及其成员的切实需要和提高社群及其成员的福利为目标,因而在社群经济发展模式中,相关组织能够承担政府和市场难以有效实现的公共产品供给和管理职能,为当地提供诸如教育培训、就业岗位、信息服务、环境保护等多种公共

---

[35] 宋洪远、赵海:《新型农业经营主体的概念特征和制度创新》,载《新金融评论》,2014(3)。
[36] 同前,宋洪远、赵海(2014)。

产品,并能切实提高当地居民的收入水平和自我发展能力,从而形成由政府、市场和社群构成的多元治理结构,缓解当前十分突出的农村公共产品供需矛盾。

第二节　社群经济类型:按组织类型划分

社群经济的 7 个基本原则之一,就是通常以独立的、非营利的、非政府的组织为核心组织作为推动力。独立的、非营利的、非政府的组织一般即指第三部门组织,而第三部门组织又有不同的类型且体现出不同的特征。同时,在社群经济发展实践中,带有"政府性"的组织有时也发挥着主导作用。因此,若推动社群经济发展的核心组织的类型不同,社群经济也将呈现出不同的发展特征。

一、组织类型与社群经济发展组织

为了更好地讨论组织视角下的社群经济类型,首先分析组织的基本类型,进而给出社群经济发展组织的类型,作为划分社群经济类型的基础。

（一）组织类型划分

一般来讲,按照组织的运行机制和功能目的,可以划分为第一部门（政府组织）、第二部门（企业、营利组织）和第三部门三类。目前,对第三部门的定义和范围还没有形成统一的观点,很多学者用公民社会组织这一含义广泛的概念来概括,因为公民社会组织介于政府与市场之间（俞可平,2002）[37]。

公民社会（Civil Society）是 20 世纪 80 年代出现并快速发展的一个寓意广泛的概念,其具体含义和表达还存在很多差异。戈登·怀特（Gordon White,1994）在分析其发展过程中表现出的含义和作用后,认为公民社会这一术语的主要含义是"介于国家与家庭的大众组织,它独立于国家,享有对国家的独立性,并由众多旨在保护和扩大其利益或价值的社会成员自愿结合而成。"[38] 世界银行（Word Bank,2005）认为,公民社会通常是指家庭、国家和市场之外的范围（Sphere）,它尽管可能包括一些专业协会或商业联合会,但排除了那些营利性企业组织。因此,公民社会组织（Civil

---

[37]　俞可平:《中国公民社会的兴起及其对治理的意义》,载俞可平等著:《中国公民社会的兴起与治理的变迁》,190 页,北京,中国社会科学文献出版社,2002。

[38]　G. White," Civil Society, Democratization and Development (Ⅰ): Clearing the Analytical Ground", *Democratization*, 1(1994), 375-390.

Society Organization，CSO)[39]是指存在于公共生活中的、代表成员或其他人利益和价值的以及基于道德伦理、文化、科学、宗教或慈善考量(Considerations)的各种非政府组织(NGO)和非营利组织(NPO)[40]。也有人认为,非政府组织(NGO)的含义相对更为狭窄,主要是指那些在经济、社会发展、人权、福利和紧急救援领域提倡或提供服务的组织,在大多数发展中国家,它是一种正式的组织并且往往隶属于政府管理(Clayton，Oakley and Taylor,2000)[41]。

事实上,要对公民社会组织进行分类通常是十分困难的。公民社会组织不仅包括一般所指的非政府组织,还包括工会、社群组织(Community-based Organizations，CBO)、社会运动(Social Movements)、信仰机构(Faith-based Institutions)、残疾人组织、慈善机构、研究中心、基金、学生组织、专业协会等(Word Bank,2005)[42]。尽管它们都具有自愿结成、非营利等共同特征,但基于不同的视角可以作出不同的分类,前面提及的工会、社群组织、专业协会等,在形式上就具有相似性,而在所处的领域或具体目的上则有所差异。如果从服务对象上来考虑,工会、专业协会实际上也具有社群组织的特点,因为它们都是为自己的成员或会员提供服务,即它们都对一个特定范围内的群体提供服务,例如工会会员、协会会员、社区内的成员等。而其他一些组织的服务并不以此来加以限定,例如慈善组织虽然主要对那些需要救助的特定人群服务,但并不以会员或成员的形式来限定一个范围,残疾人组织、基金等也具有类似的特征。

王颖和孙炳耀(2002)将我国现有的民间社团组织总体上划分为兴趣活动组织、利益群体组织、民间社会服务组织、民间自助组织、社会公益组

---

[39] 在世界银行公布的一份中文文件中,Civil Society Organizations(CSOs)也被译为"民间社团组织",见世界银行:《世界银行与民间团体的参与:2007 到 2009 财政年度回顾》(中文摘要),世界银行民间团体小组,2009. 对这些概念的翻译存在个人偏好,此处不便对其进行辨析,不过译为"公民社会"和"公民社会组织"比较普遍,俞可平(2002,190 页脚注①)对此作出过详细说明。

[40] World Bank, *Issues and Options for Improving Engagement Between the World Bank and Civil Society Organizations*. Washington: The International Bank for Reconstruction and Development/The World Bank, 2005.

[41] A. Clayton, P. Oakley and J. Taylor, "Civil Society Organizations and Service Provision", *Civil Society and Social Movements Programme Paper*, No. 2, United Nations Research Institute for Social Development, Geneva, October 2000.

[42] World Bank, *Issues and Options for Improving Engagement Between the World Bank and Civil Society Organizations*. Washington: The International Bank for Reconstruction and Development/The World Bank, 2005, p. 3.

织和次级文化群体组织六大类(表 3-2)[43],从中可以发现,兴趣活动组织、民间自助组织、利益群体组织以及部分次级文化群体组织都具有为特定范围的社群服务的特征,服务对象通常是组织内的会员或成员,而社会公益组织和民间社会服务组织则不具有这类特征,其服务对象是整个公众或公众中的特殊群体。

表 3-2 中国民间社团组织的分类

分 类	概念及主要涉及领域
兴趣活动组织	指因成员共同的兴趣爱好组建起来的社团。主要包括篮球协会、登山协会、摄影协会、作家协会等。
利益群体组织	指为成员谋求共同利益的民间组织。主要包括工会、工商业者联合会、行业组织、职业组织以及那些按照企业特殊性质形成的团体。
民间社会服务组织	指为了满足社会的需要,为社会提供服务。这些服务或者是无偿的,或者是低收费的,不以营利为目的。主要包括以提供资金为主的基金会,以提供劳务为主的各种老年、儿童、残疾人福利院和为居民个人提供帮助的社区服务组织。
民间自助组织	指通过成员间的互助而达到满足成员需要的组织。成员既是受益者,也是提供帮助者。主要包括农村各类专业技术协会、村民委员会、村民议事会、城市居民委员会、业主委员会、社区管理委员会、社区发展协调委员会、义务市容监察队、社区服务中心、老年护绿队、小学生组成的绿化小分队、一帮一互助队、社区求助中心等。
社会公益组织	指那些服务对象不是申请入会的会员,而是为全社会或某一类特别需要帮助的人群提供服务的组织,其目标是倡导某一种观念,比如男女平等观念、环保意识等。主要包括中华妇女联合会、中国共产主义青年团、中国残疾人联合会、中国红十字总会、中国计划生育协会、宋庆龄基金会、中国青年志愿者协会、中国林业和环境促进会、中国小动物保护协会、中国环境保护工业协会、中国农业生态环境保护协会、中国贫困地区文化促进会,以及众多的具有不同组织目标的促进会等。
次级文化群体组织	指因不同的种族、民族、宗教信仰、价值观念和语言而形成的群体组织。大致可分为:少数民族团体、宗教团体和城市以地缘、方言为特征的外来人口群体。

资料来源:根据王颖和孙炳耀(2002)相关论述整理。见王颖和孙炳耀:《中国民间组织发展概况》,载俞可平等著《中国公民社会的兴起与治理的变迁》,1—28 页,北京,中国社会科学文献出版社,2002。

---

[43] 王颖、孙炳耀:《中国民间组织发展概况》,载俞可平等著《中国公民社会的兴起与治理的变迁》,1—28 页,北京,中国社会科学文献出版社,2002。

综上所述,对第三部门表述不尽统一,用非政府组织和非营利组织统一表述或分开表述第三部门的情况都较常见。尽管如此,无论将第三部门定义为非政府组织、非营利组织还是二者结合,其本质逻辑是一致的,即是"通过志愿机制提供公共物品"的组织(秦晖,2007)[44]。因此在本书中,不对非政府组织(NGO)和非营利组织(NPO)加以严格区分,在后续分析中,市场与政府之外的组织都以非政府组织来概括。

进一步地,根据世界银行的划分,运作型非政府组织又可分为国际性非政府组织、全国性非政府组织和社群组织(Community-based Organizations,CBO)3种(World Bank,1996)[45]。尽管在理论上,社群组织也是一种非政府组织,但由于它专注于社群自身发展且是会员制组织,因而通常被与一般的国际性和全国性非政府组织(NGO)区分开来。一般来讲,CBO是一种作用范围较小、结构较为简单且强调本地身份(Local Identity)的组织,而一般的NGO往往被理解为一种作用范围较广、结构较为复杂的组织(Abequnde,2009)[46]。CBO强调社群成员的参与性,且由社群自主管理社群事务和组织运行(Murphy,2014)[47],受组织活动范围的影响,CBO往往是致力于"帮助自己(help themselves)"的会员制组织(membership organizations),而一般的NGO则是致力于"帮助他人(help others)"的服务型组织(service organizations)(Bratton,1989;Vakil,1997)[48]。也就是说,NGO通常向其他受益者提供产品或服务,而CBO为其自己的成员提供产品或服务(Mbungu et al.,1999)[49]。因此,在接下来对社群经济进行分类

---

[44] 秦晖:《"NGO反对WTO"的社会历史背景——全球化进程与入世后的中国第三部门》,载《探索与争鸣》,2007(5)。

[45] World Bank, *NGOs and the Bank*: *Incorporating FY1995 Progress Report on Cooperation between the World Bank and NGOs*. Washington: NGO Unit, World Bank, 1996. 世界银行将非政府组织分为运作型非政府组织(Operational NGOs)和倡议型非政府组织(Advocacy NGOs)两大类,前者通过项目运作来达到促进发展、环境管理、提高福利或进行救助,而后者主要通过提倡具体观点来影响政府等机构的决策。此外,在很多较早的文献中,由于理论上社群组织也是一种非政府组织,因而它也被称为Community-based NGOs。具体可参见Vakil(1997)对非政府组织类型的研究。

[46] A. A. Abequnde,"The Role of Community Based Organizations in Economic Development in Nigeria: The Case of Oshogbo, Osun State, Nigeria", *International NGO Journal*, 4(2009), 236-252.

[47] J. W. Murphy, *Community-Based Interventions*: *Philosophy and Action*. New York: Springer-Verlag New York, 2014.

[48] M. Bratton,"The Politics of Government-NGO Relations in Africa", *World Development*, 17(1989), 569-587; A. C. Vakil,"Confronting the Classification Problem: Toward a Taxonomy of NGOs", *World Development*, 25(1997), 2057-2070.

[49] M. Mbungu et al.,"Procurement and Financial Procedures Manual for Use by Community-Based Organizations", *World Bank Working Paper*, No. 36378, 1999.

时,本书将非政府组织中的特殊类型——采用会员制组织的 CBO 单列为一种组织类型,以将其与其他一般的服务型 NGO 区分开来。

基于上述分析,为了便于分析农村公共产品的治理问题,我们将这些既有区别又有联系的公民社会组织按服务对象或受益群体进行分类。服务对象或受益群体以组织内会员或成员为主的公民社会组织,被定义为社群组织(CBO),社群组织的成员或会员以自愿或自助的方式加入(可收费亦可不收费),具有集体行动和民主、自愿参与和进行决策特征,例如农村地区的村委会、村民议事会、各种农业协会、农业合作社等,社群组织对应的治理模式即为社群治理模式。服务对象或受益群体以组织外的所有公众或所有公众中的特殊群体为主的公民社会组织,被定义为非政府组织。非政府组织旨在为社会需要帮助的人群或事物提供服务,例如公益信托基金[50]、动物保护协会、环境保护协会、慈善机构、志愿者组织等。至此,农村公共产品的治理主体界定为市场、政府、社群组织和非政府组织,这种界定几乎可以涵盖所有的治理主体,包含了市场、政府、居民个体和其他社会力量。

(二) 社群经济发展组织(CEDO)

从社群经济的定义可以看出,社群经济的资源配置动力,来源于社群成员之间的自愿合作与共同努力。因此,要将这种动力充分发挥出来,就必须进行一定程度的组织化管理。理论分析与实践经验表明,社群经济发展模式通常由一些非营利的、非政府的组织作为核心组织来推动运作,当然政府性和营利性组织往往也参与其中并发挥作用。此外,以政府为成员、通过政府间协议而成立的政府间组织(Intergovernmental Organization, IGO),例如世界银行、联合国粮农组织等,在促进地区尤其是落后地区的经济社会发展中也发挥着重要作用,它们在全球范围内实施着众多社群经济项目。这些致力于推动社群经济发展的组织,被统称为社群经济发展组织(Community-based Economic Development Organization, CEDO) (Bruce, 2001)[51]。所以,如果说市场经济体制的资源配置主体是企业、计划经济体制的资源配置主体是政府,那么社群经济体制的资源配置主体就是社群经济发展组织。CEDO 是一个范畴很广的概念,既包括自主成立并管理的组织,如合作社、社会公益性组织等,也包括政府主导成立的组织,如我国

---

[50] 例如本书第六章介绍的英国环境信托基金、国民信托基金等。

[51] D. Bruce, "Building a CED Movement in Canada: A Policy Framework to Scale up CED in Canada", in D. Bruce and G. Lister eds., *Rising Tides: Community Development, Tools, Models and Processes*. Sackville: Rural and Small Town Programme, Mount Allison University, 2001, p. 69-82.

的一些事业单位、村民自治组织等,只要是从事和推动社群经济发展的组织,都属于 CEDO 的范畴。

综上所述,按照推动社群经济发展的组织类型,将社群经济划分为社群组织主导型、非政府组织主导型、政府组织主导型和政府间组织主导型4种。由于社群组织直接基于社群而建立并致力于社群发展,因而是社群经济实践中应用最多的推动力量,由这类组织推动的社群经济即为社群组织主导型(CBO-Led)社群经济。有些社群经济由除社群组织以外的其他一般性非政府组织来推动,这类社群经济为非政府组织主导型(NGO-Led)。大多数情况下,政府以参与者身份,通过与致力于社群发展的社群组织、非政府组织合作来发挥作用。但在实践中,却存在一些由政府或其所属部门或政府部门主导成立的非政府组织来推动的社群经济活动,政府直接或间接发挥着主导作用。世界银行、联合国粮农组织等政府间组织主导实施的社群经济项目也很普遍,这类组织虽然也体现出一定的"政府性"(Merlingen,2003)[52],但鉴于其组织目的与政府组织存在本质区别,仍然将其单独作为一种类型。此外,一些营利性组织(如商业银行等各类企业)往往也参与社群经济活动,但它们要么通过支持成立非营利性、非政府性的组织来实现,要么通过与各类组织合作来实现,且主要以资金捐助、培训机构的身份间接发挥作用。

二、社群组织主导型(CBO-Led)

社群组织是由居住在同一地域或虽没有居住在同一地域但工作和生活环境相同的人群通过共同努力建立的组织,是一种基于自愿、平等参与原则形成的非营利、非政府且高度地方化的组织类型,致力于改善其成员的社会和经济福利(Mbungu et al.,1999)[53]。社群组织强调成员参与和自主管理,其发展的各个阶段都强调参与性、灵活性和项目与社群的集成,社群组织、社群成员与社群紧密地联系在一起,通过协作、信息分享来推动共同成长(Murphy,2014)[54]。当然,社群组织可能是正式的组织形态,也可能是非正式的组织形态。正式的社群组织拥有组织化的管理结构,并通常是经注册而取得认可的法律实体。非正式的组织通常没有组织化的管理结构,也不是注册过的法律实体,且主要处理临时问题和从事一次性活

---

[52] M. Merlingen,"Governmentality: Towards a Foucauldian Framework for the Study of IGOs", *Cooperation and Conflict*,38(2003),361-384.

[53] 同前,Mbungu et al. (1999)。

[54] 同前,Murphy(2014)。

动(Abequnde,2009)[55]。因此,实践中则主要以受法律认可的正式组织为主。非正式组织能发挥的作用十分有限,同时潜在风险难以得到有效监督和控制(Mbungu et al.,1999)[56]。

由此可见,社群组织的本质决定了它能直接匹配社群经济发展。事实上,实践中的社群经济,大多数都是通过自主建立和自主管理的、正式的社群组织来推动,社群组织主导型因此成为世界各国应用最为广泛的一种社群经济类型。当然,在农村社群经济的实践中,社群组织根据客观形势而采用不同的称谓或形式,合作社、自助组(Self-help Group)、协会(Association)等都被广泛使用,只要具有参与性、民主治理、服务社群成员等本质特征,都属于社群组织。

以泰国帕夭府多堪代郡的社群金融发展为例(Worakul,2006;ACHR,2008)[57],其核心推动组织就是自主建立的社群组织——村镇银行,后来进一步形成了多堪代村镇银行联盟(DokKhamtai Village Bank Network)。多堪代郡以盛产大米著称,也广泛种植大豆、蔬菜、荔枝等经济作物。在发展社群金融之前,农民从事生产所需的投入通常从农业银行、信用合作社以及民间借贷等渠道获得。但因市场环境的变化,导致很多农户无法偿还贷款,更无力负担日益增长的现代消费品需求。1982年,为帮助其他村民避免遭受来自中间商的剥削,当地一个从事大米贸易的村民成立了大米储蓄组(Rice Savings Group),开始筹集资金收购村民的大米以待价格合适时再出售,并将获得的收益借给成员用于农业生产再投入。这一经验很快得到传播,邻近村庄开始效仿建立起自己的大米储蓄组来帮助村民。1989年,泰国政府开始鼓励发展村镇银行,随即泰国农业大学开始在7个府协助进行试点。在这一背景下,1992年开始,多堪代郡的大米储蓄组也开始从事现金储蓄业务,并逐渐转型为村镇银行。1993年,多堪代郡有37个

---

[55] 同前,Abequnde(2009)。

[56] 同前,Mbungu et al.(1999)。

[57] W. Worakul, *Community-based Microfinance: An Empowering Approach towards Poverty Alleviation and Community Self-Reliance*. Bangkok:UNDP,2006; ACHR, *Community Finance: the News from Asian and Africa*. London:International Institute for Environment and Development (IIED),2008。泰国行政层级由中央政府、府(Changway)、郡(Amphoe)、次郡(Tambon)和行政村(Muban)五级组成,多堪代(DokKhamtai)是帕夭府(Phayao)的一个郡,下辖12个次郡和124个村。多堪代的村镇银行最初完全是由当地居民自主发起建立的社群组织,后来政府和NGO才参与其中。下文将分析的泰国孔别储蓄组(Klong Pia Savings Group)虽然也是一种社群组织,但在早期成立时是作为政府规划项目来推动的,后来政府的作用才逐渐被弱化。因此,尽管进入成熟阶段的孔别储蓄组推动的社群经济也属于社群组织主导型,但多堪代村镇银行推动的社群经济则从一开始就是典型的社群组织主导型。

村建立了村镇银行,并成立了村镇银行联盟,以促进彼此的交流和互助来为成员提供更好的服务。到 2005 年 1 月,多堪代村镇银行联盟共有 105 个管委会成员,其中 93 人同时是理事会成员,会员共有 9384 名,总资金规模超过 2600 万泰铢。早期的村镇银行没有任何外部资金参与,全靠村民自主发起建立并通过成员储蓄来积累资金,后来参与进来的政府以及其他各类非政府组织,也是以协助开展教育培训和帮助制定发展规划为主。

作为一种社群组织,村镇银行充分体现了民主自治、信息透明、团结互助和自力更生的基本原则。村镇银行的会员制度、管理委员会的产生、银行业务、财务管理、利润分配方式等相关规则都由成员共同决定。银行的日常管理由管理委员会负责(每 4 年改选一次),并每月向成员公布储蓄、贷款及偿还等详细信息。此外,每个村镇银行管委会推荐 3 名成员,组成理事会作为村镇银行联盟领导机构,并设立联盟管理委员会作为执行机构。联盟管理委员会下设社群基金和福利(负责社群循环基金、社群论坛和社群福利事务,每年约 20% 的银行利润用于社会福利)、农业发展(负责灌溉设施、综合耕作和其他农业发展事务)、社群企业(负责基于当地原材料开展增值性业务,例如建立企业进行农产品深加工)和学习促进(负责组织针对成员的培训、学习等活动)4 个分委会。

综上所述,村镇银行和村镇银行联盟都是本地村民依靠自我力量、自下而上地建立和发展壮大的,并采用民主自治的管理方法进行管理。除满足成员信贷需求外,村镇银行还向成员提供包括健康、教育、农业、救济等各项福利性服务,致力于促进本地社群的整体发展。它们基于本地价值体系而建立,在这一体系中,人们基于亲属关系、宗教信仰、强调关怀与分享的传统而组成团结互助的社群,从而形成高效、稳定的社群组织。Worakul(2006)认为,自我驱动、坚实的领导、参与式管理、经验交流、重视福利供给和基于本地价值体系正是多堪代村镇银行联盟成功的关键因素[58]。显然,以村镇银行及其联盟为核心动力的多堪代社群金融发展,就是一种典型的社群组织主导型社群经济。

三、非政府组织主导型(NGO-Led)

近几十年来,非政府组织在经济社会发展中的作用越发明显。非政府组织作为非营利、非政府性组织,在人道主义救援、持续发展、政策形成、政

---

[58] 同前,Worakul(2006)。

治倡导等各个方面都发挥着重要作用(Atack,1999)[59]。非政府组织尤其关注落后农村地区以及农村社群的发展,它们通过支持或直接实施各类发展项目,来提升农村社群的福利水平。例如,通过实施一些经济性项目,可以创造就业和提升收入水平,从而提高社群的经济福利;通过实施能力建设项目,针对社群开展知识与技能培训、制定发展规划等活动,提升社群的自我发展能力;通过帮助社群成员认清和充分利用其自身潜力和资源优势,鼓励其相互帮助、主动参与和自力更生,从而提高社群的自信心和自主发展能力(Nikkhah & Redzuan,2010)[60]。当然,非政府组织在支持农村社群经济发展时,往往不是单独行动,它们通常与政府、社群组织、捐赠机构以及其他一些非政府组织合作,共同努力来实现其目标(Omofonmwan & Odia,2009)[61]。非政府组织通常通过资金、教育、援助等扶持性活动来促进社群经济发展,只是有限地参与社群经济活动,尤其是在社群经济发展的早期阶段,它们利用各种扶持方案来支持当地居民建立自主管理的社群组织。但在实践中,还是存在一些由非政府组织长期主导和推动的社群经济。

以泰国攀牙府(Phang-Nga)安达曼(Andaman)海岸的社群旅游发展为例,该地区社群经济即由非政府组织——发现安达曼(Andaman Discoveries,AD)发起并推进。AD源自成立于2004年的非政府组织——北安达曼海啸救援组织(North Andaman Tsunami Relief),在志愿者和其他支持者的帮助下,该组织利用获得的捐赠资金在受灾地区实施了120多个项目,所有项目都关注本地经济和生态的和谐发展,致力于为本地社群创造真实的经济和社会利益(Wei,2014)[62]。后来,AD以社群旅游作为发展工具,开发本地旅游产品并将本地村民纳入发展体系,其实施的很多项目后来都交由当地村民自行管理。旅游产品包含了家庭旅馆、短途旅行、旅游交通、文化遗产、食品和工艺品制造和销售等各个方面,并成立了教育与培训中心、手工业合作社、社群旅游委员会等机构(Goodwin &

---

[59] I. Atack,"Four Criteria of Development NGO Legitimacy",*World Development*,27(1999),855-864.

[60] H. A. Nikkhah and M. B. Redzuan,"The Role of NGOs in Promoting Empowerment for Sustainable Community Development",*Journal of Human Ecology*,30(2010),85-92.

[61] S. I. Omofonmwan and O. Odia,"The Role of Non-governmental Organizations in Community Development:Focus on Edo State-Nigeria",*Anthropologist*,11(2009),247-254.

[62] F. Wei,*Compendium of Best Practices in Sustainable Tourism*. New York:Department of Economic and Social Affairs,United Nations,2014.

Santilli,2009)[63]。在自然与文化遗产保护方面,通过实施兰花保护、红树林行动等项目来保护本地物种,通过实施教育培训项目来提升居民的生态环境保护意识,通过协助社群建立禁止钓鱼区来帮助社群从事生态保护活动;在促进社群发展方面,通过提供英语、旅馆管理、旅行规划以及导游培训课程,来提升社群发展旅游的能力,与大学、其他非政府组织合作开发旅行路线以及在村庄建立图书馆、旅游办公室、纪念品商店等来帮助社群发展更为丰富的旅游产品。此外还通过筹集善款和物资、招募志愿者、提供援助等方式来帮助当地社群;在商业开发方面,帮助本地居民发展潜水、岛屿与村庄深度游、定制旅游等特色旅游产品(Wei,2014)[64]。

2008年,AD进一步与世界自然保护联盟(IUCN)、未来红树林(MFF)等非政府组织合作,建立了北安达曼社群旅游联盟(N-ACT),在北安达曼地区推动社群旅游的进一步发展,在一年多时间里,该联盟创造的直接收入和筹集的资金就达240余万泰铢,并在社区建设、消除性别歧视、扶贫、知识与信息分享等方面取得了显著成效(Garrett & de Silva,2009)[65]。鉴于在推动社群旅游发展方面的突出贡献,该组织先后获得了"Travel + Leisure Global Vision Award(2008)"、"BBC World Challenge Finalist(2009)"等来自世界或泰国国内的各类奖项(Wei,2014)[66],并被相关专家鉴定为成功的非政府组织主导型(NGO-Led)社群旅游(Goodwin & Santilli,2009)[67]。

四、政府组织主导型和政府间组织主导型

虽然从组织形态来看,政府和政府间组织存在本质区别,但正如前面分析的那样,政府间组织也具有"政府性"。从社群经济的现实实践来看,以政府或政府间组织为主导的社群经济案例占比不高,主要存在于社群经济发展的早期阶段。在推动社群经济项目具体实施时,政府或政府间组织往往并不是直接管理主体,它们要么通过推动成立社群组织来直接管理社群经济项目,要么通过与非政府组织合作,由非政府组织来管理社群经济项目,只是在这类项目的早期阶段,政府或政府间组织起主导作用。

---

[63] H. Goodwin and R. Santilli, "Community-Based Tourism: A Success?", *ICRT Occasional Paper*, No. 11,2009.

[64] 同前,Wei(2014)。

[65] B. Garrett and J. de Silva, "Lessons Learned-the North Andaman Community Tourism Network", *Conference Paper of The East Asian Seas Congress* 2009, Manila, Philippines, November 23-27, 2009.

[66] 同前,Wei(2014)。

[67] 同前,Goodwin & Santilli(2009)。

（一）政府组织主导型

在比较成熟的社群经济项目中,通常都建立了社群组织来作为社群经济的核心组织。尽管如此,在社群经济发展的早期阶段,由于本地居民还不具备自主发展社群经济的相关能力,直接自下而上地推动社群经济存在困难。这时,政府自上而下推动社群经济发展往往能产生更好的效果,待社群具备一定的发展能力后再逐渐退出。因此,由政府组织推动的社群经济在实践中也较为常见。

政府组织主导型社群经济在社群林业的早期发展中尤为常见,随着当地居民参与性的提高,越来越多的国家进行了分权化改革,将管理权力下放给本地的社群组织。例如在亚太地区的部分国家,社群林业的发展就经历了由政府组织主导向社群组织主导的转型,一些政府开始转变为制度设计、监管和支持者的角色。但因社群享有森林使用权强度和社群参与度的不同,目前仍然存在很多政府主导管理的社群林业。比较分析也发现,那些社群自主管理权力强的社群林业,在社群条件改善、社群福利提升和基层民主建设方面的成效更为明显,而那些社群自主管理权力弱的社群林业却成效甚微(Sikor et al.,2013)[68]。

以尼泊尔的社群林业发展为例,20 世纪 80 年代初开始,政府开始通过分权改革来提升本地居民在森林管理中的参与度,并提出通过构建"用户组(User Group)"来建立政府与社群之间的联系。1988 年,为了进一步提高社群的参与度,政府实施了一个"总体规划(Master Plan)",其中尤其鼓励本地社群自主建立"用户组"。政府于 1993 年和 1995 先后颁布的《森林法》和《森林管理条例》,则进一步赋予了"森林用户组(Forest Users Group,简称 FUG)"以法律地位,指出 FUG 须是一个自治法人机构。拥有独立的资产和支配资产的权力,负责制定自己的发展计划以及按照计划筹集、出售和分配其林业产品。同时,FUG 还自愿成立了自治的、非营利的会员制联盟,其主要责任之一就是确保 FUG 的权利受到保护,避免其自治权遭到政府的限制。此后,尼泊尔的 FUG 已开始逐渐转型为自主管理的社群组织,政府虽然还保有一定的权力,但相较之前已大大弱化(Dahal & Chapagain,2008)[69]。从尼泊尔社群林业的转型过程可以看出,社群林业

---

[68] T. Sikor, et al., *Community Forestry in Asia and the Pacific: Pathway to Inclusive Development*. Bangkok: RECOFTC,2013.

[69] G. R. Dahal and A. Chapagain, "Community Forestry in Nepal: Decentralized Forest Governance", in C. J. P. Colfer, G. R. Dahal and D. Capistrano eds., *Lessons from Forest Decentralization: Money, Justice and the Quest for Good Governance in Asia-Pacific*. London: Earthscan,2008.

早期主要由政府推动,后来逐渐转型为由社群组织 FUG 推动的社群经济。类似地,在非洲的坦桑尼亚,社群林业发展也经历了类似的分权化改革和转型,但至今仍然存在一些政府主导型社群林业项目,甚至在有些项目中政府的主导作用还有所强化(Bblomley & Ramadhani,2006; Babili & Wiersum,2013)[70]。

从尼泊尔社群林业案例可以看出,虽然在早期阶段政府起主导作用,但它是通过推动成立 FUG 组织来实施的,并最终赋予了 FUG 以法律地位,使其成为一个正式的社群组织。这说明,政府组织主导型社群经济虽然由政府主导,但政府组织往往不是社群经济的直接管理主体,直接经营和管理主体是政府组织推动成立的社群组织,这有利于后续政府力量的逐渐退出,为政府组织主导型社群经济向社群组织主导型社群经济转型提供基本条件。

(二)政府间组织主导型

政府间组织是由两个或两个以上的政府组织通过缔结协议而成立的组织,通常是以主权国家为成员而成立的国际性政府组织(International Governmental Organization)。与以自我驱动(Self-actuated)为特征的非政府组织不同,政府间组织的使命来自于成员政府或成员国的授权(Charnovitz,2006)[71],因而即使诸如世界银行这样的没有真正实权、独立性很高的机构,也可能因其成员国政府的干预或成员国之间的博弈而或多或少地带有政府性(Merlingen,2003)[72]。当然,政府间组织实施发展项目时,也强调与当地政府和非政府组织合作的重要性[73]。下面以联合国教科文组织(UNESCO)在中南亚地区促进社群旅游发展为例[74],来分析政府间组织在社群经济发展中的主导作用。

---

[70] T. Bblomley and H. Ramadhani,"Going to Scale with Participatory Forest Management: Early Lessons from Tanzania",*International Forestry Review*,8(2006),93-100; I. H. Babili and F. Wiersum, "Evolution and Diversification of Conmmunity Forestry Regimes in Babati District,Tanzania",*Small-scale Forestry*,12(2013),539-557.

[71] S. Charnovitz,"Nongovernmental Organizations and International Law",*American Journal of International Law*,100(2006),348-372.

[72] M. Merlingen,"Governmentality: Towards a Foucauldian Framework for the Study of IGOs", *Cooperation and Conflict*,38(2003),361-384.

[73] 例如,世界银行就长期与各类非政府组织保持着紧密的合作关系。

[74] 资料来源: D. Tresilian,*Poverty Alleviation and Community-based Tourism: Experiences from Central and South Asia*. Paris: UNESCO,2006.

2002 年开始,UNESCO 实施了"中南亚山区文化与生态旅游开发"项目[75],该项目通过与众多当地组织尤其是非政府组织合作,开展社群旅游项目以达到消减贫困的目的。2002—2005 年间,共在巴基斯坦、塔吉克斯坦、吉尔吉斯斯坦、哈萨克斯坦、尼泊尔、不丹、印度、伊朗等 8 国实施了 10 个项目。以在印度查谟和克什米尔邦拉达克项目为例,该地区拥有非常丰富的旅游资源(包括山地自然风光和古寺等人文资源),吸引着来自世界各地进行徒步、漂流、狩猎和观光的游客。但在项目实施之前,当地居民并没有参与到本地旅游资源的开发和保护之中,也没有相应的政策来促进旅游业的可持续发展,从而导致在游客数量大幅增长情况下,当地居民获得的好处却很少,同时还使文化和自然资源受到严重破坏。

2002 年,UNESCO 与国际性非政府组织 TMI(The Mountain Institute)、当地非政府组织 SLC(Snow Leopard Conservancy)合作开展社群旅游项目,致力于促进当地居民就业,保护当地文化、自然环境以及濒危物种。项目主要措施包括:通过支持建立由当地居民自己管理的旅馆,帮助当地居民从日益增长的旅游收入中获益,并促进游客和本地社群的互动;支持建立了由当地家庭合作经营的"降落伞咖啡馆"[76],为游客提供饮料和点心;为当地居民提供导游、徒步助手、厨艺、旅馆经营、咖啡馆管理等方面的培训,并制作各类宣传资料和游客行为守则;以及开展有利于提高地域文化和自然资源关注度、促进环境保护(如推广使用太阳能热水装置来替代传统的木材燃料)和濒危物种保护(如开展保护雪豹的教育活动)等方面的活动。该项目的实施使当地社会经济发展取得了显著成效。据统计,2002—2005 年期间,当地家庭现金收入年均收入从 30 美元提高到 100 美元,平均家庭总收入则提高到了 400 美元,使家庭总收入提高了 25%;项目还提高了当地居民的自我管理能力。通过培训,使当地居民尤其是女性获得了重要的技能,培训了 61 名家庭旅馆管理者和 40 名咖啡馆管理者,且 2005 年平均每村工艺品销售额达到了 500 美元;此外,该项目还大大提高了居民对本地自然和文化资源的认识以及环境保护意识(Tresilian,2006)[77]。

---

[75] 项目全称为"Development of Cultural and Ecotourism in the Mountainous Regions of Central and South Asia",该项目所需资金除来自于联合国教科文组织外,还受到挪威和安道尔公国政府的支持。

[76] Parachute Cafés,因利用老旧降落伞改造成太阳篷而得名。

[77] D. Tresilian, *Poverty Alleviation and Community-based Tourism: Experiences from Central and South Asia*. Paris: UNESCO, 2006

从 UNESCO 主导的"中南亚山区文化与生态旅游开发"项目可以看出,与政府主导型社群经济一样,政府间组织虽然起主导作用,但也不是直接的管理主体,而是通过与非政府组织合作,主要由非政府组织来推动和管理社群经济项目,并且还建立了当地家庭合作经营的"降落伞咖啡馆"这类社群型组织。根据非政府组织和推动组建的社群组织发展状况,政府间组织的作用也将逐渐弱化,促进政府间组织主导型向非政府组织主导型,最终向社群组织主导型转变。

五、社群经济发展中各类组织的合作

在各类社群经济发展过程中,核心组织起着主导作用,但它通常也与其他各类组织保持着紧密的合作关系,这在各类社群经济发展案例中都得到了充分反映。以泰国"孔别储蓄组"(KlongPia Savings Group)为例[78],该组织最初是在政府实施的"生产储蓄组"(Savings for Production Group,SPG)建设计划下而成立的,其发展理念和初始资本都由政府注入,期间也受到各类非政府组织的帮助,后来才逐渐发展成为能自力更生的自助组。

在其发展过程中,政府在相关发展理念引入、资金扶持以及协助管理等方面的作用十分突出。在成立之初,泰国内政部社群发展司(Community Development Department,Ministry of Interior)向社群介绍社群储蓄组的相关理论,并提供10万泰铢的5年免息贷款作为启动资金,且长期承担着指导发展的角色,内政部还提供53.8万泰铢用于鱼酱厂的建设;孔别地方政府机构则帮助储蓄组制定年度预算;泰国政府成立的社群组织发展研究所(Community Organization Development Institute,CODI)也提供社群发展方面的相关帮助。除政府机构外,非政府组织也参与其中。例如,泰国非政府组织乡村基金会(Village Foundation)主要向社群提供教育培训和相关指导;由世界银行支持建立、泰国储蓄银行实施管理的社会创投基金(Social Investment Fund)主要支持学习课程建设、相关资料出版和开展知识管理相关的活动,并出资270多万泰铢用于社区大学建设(Worakul,2006)[79]。

总而言之,在促进社群经济的发展过程中,各类组织都各自发挥着一定作用,尤其是在社群经济发展的早期阶段,来自政府和一些公益性机构

---

[78] 孔别(KlongPia)是宋卡府(Songkla)嘉纳(Jana)郡下辖的一个次郡,由10个行政村组成。资料来源:W. Worakul,*Community-based Microfinance:An Empowering Approach towards Poverty Alleviation and Community Self-Reliance*. Bangkok:UNDP,2006.

[79] W. Worakul,*Community-based Microfinance:An Empowering Approach towards Poverty Alleviation and Community Self-Reliance*. Bangkok:UNDP,2006.

的帮助不可或缺。一般地,政府通常为社群经济发展提供制度设计、信贷、发展指导、政策保障等方面的支持,其他非政府组织和捐赠机构主要提供教育培训、策略制定、发展资金以及发展指导等方面的支持。

六、结论与政策启示

社群经济是通过社群成员之间的自愿合作和共同努力来进行资源优化配置,从而达到提高社群整体福利的综合性经济发展模式。但在社群经济发展过程中,必须以某类组织或多类组织合作作为推动力量,才能释放其在资源配置和提高社群福利的能力。本节从推动社群经济发展的核心组织视角,对社群经济的类型进行了划分,且对每种类型都借助了典型案例作为支撑。研究认为:

第一,按推动社群经济发展的核心组织类型,可将社群经济划分为社群组织主导型(CBO-Led)、非政府组织主导型(NGO-Led)、政府主导型和政府间组织主导型4种。其中,社群组织主导型是应用最广的一种类型,非政府组织主导型在实践中也较为普遍;政府主导型和政府间组织主导型相对较少,且常与社群组织或非政府组织合作开展社群经济项目;虽然政府组织或政府间组织有时也发挥着主导作用,但直接管理主体通常依赖于其推动成立的社群组织或合作的非政府组织,以便在时机成熟后逐渐退出。所以,政府和政府间组织在主导推动社群经济发展时,应尽早考虑通过推动建立社群组织或与非政府组织合作来实现分权化改革,为最终向社群组织主导型社群经济转型提供条件。

第二,较成熟的社群经济通常都是由社群成员自主管理的社群组织来主导实施和管理;在社群经济发展的起步和成长阶段,往往需要外部力量的干预,以导入社群经济的发展理念,并帮助社群建设社群组织、提升自我管理能力和可持续发展能力。因而在起步和成长阶段,可以以非政府组织主导型、政府组织主导型或政府间组织主导型为主,待社群能够实现自我管理和可持续发展后,外部力量开始逐渐退出社群经济管理,衍化为社群组织主导型。

第三,虽然核心组织在社群经济发展中起主导作用,但其他各类组织也通过各类合作形式参与其中,提供发展资金、教育培训、决策制定等方面的支持。因此,在促进社群经济发展时,应在不同的发展阶段,采用不同类型的具体模式。在起步阶段,要发挥政府、非政府组织的主导作用,为社群导入社群经济发展理念,并根据情况着手建立社群成员自主管理的社群组织;在成长阶段,应建立起功能结构完善且能有效运转的社群组织,并启动退出机制,促进由政府、非政府组织或政府间组织主导型社群经济向社群组织主导型社群经济转变;在成熟阶段,应让社群经济完全转型为社群组织主导型,其他各类组织通过各种合作形式提供指导和帮助。

第三节　社群经济类型:按行业划分

随着社群经济的发展,这一发展理念已被广泛应用于农村及偏远落后地区各类产业的发展之中。理论上,社群经济模式可以应用于各类产业,在农村产业发展中,典型的就是成立诸如蔬菜、养猪等农业专业合作社或农业专业协会,这种传统的社群经济产业形态十分普遍。但在产业形态上,社群经济更加强调社群所拥有的特色资源的开发利用,因而传统业态并没有被单独予以讨论。从全球实践来看,目前国际影响广泛且常被单独予以研究的社群经济产业主要包括社群旅游、社群林业和社群金融3种,其中社群旅游和社群林业甚至在社群经济概念被提出以前就已被广泛使用。

一、社群旅游

社群旅游(Community-based Tourism,CBT)出现于20世纪70年代,根据国际劳工组织给出的定义,社群旅游包含两个层面的含义:一是指按照民主和团结的原则,社群基于所有权和自我管理权发展和管理祖传资源而形成的任何商业组织形式;二是分享为游客提供服务所获得的利润,并致力于支持社群与游客的跨文化交流。在后续研究中,广为接受的概念包含了3个基本要素,即处在某个社群内、由单个或多个社群成员拥有和由社群成员管理(Zapata et al.,2011)[80]。简单地讲,社群旅游强调旅游活动中社群成员的所有权、管理权和参与权,当地居民参与旅游活动且分享旅游收益(Suriya,2010)[81]。汶呐他那(Boonratana,2010)在分析大量文献的基础上,从实际操作层面对社群旅游的含义进行了解释,认为发展社群旅游,既要让游客有兴趣并有机会参观社群的日常文化活动和自然资源,且知悉其参观行为对当地经济、环境、社会和文化造成的可能影响并采取了

---

[80] M. J. Zapata, C. M. Hall, P. Lindo and M. Vanderschaeghe, "Can Community-based Tourism Contribute to Development and Poverty Alleviation? Lessons from Nicaragua", *Current Issues in Tourism*, 14(2011),725-749.

[81] K. Suriya, "Impact of Community-based Tourism in a Village Economy in Thailand: An Analysis with VCGE Model", *Proceedings in the EcoMod2010 Conference*, Istanbul, 2010.

预防措施来尽可能使影响最小化;又要让社群参与到社群旅游产品、服务、基础设施和相关活动的管理之中,并享有获得的全部或部分收益(包括有形和无形收益)[82]。可以看出,在实践中,可持续性和包容性是发展社群旅游的关键。目前,社群旅游已在全球欠发达地区和农村地区被广泛应用,成为反贫困的重要手段。甚至有学者认为,社群旅游是农村地区反贫困的希望(Suriya,2011)[83]。

目前,社群旅游的成功实践案例已很多,这里仅选取来自亚洲、美洲和非洲的3个典型发展中国家社群旅游发展作为案例来分析社群旅游的作用[84]。

(一)泰国社群旅游发展

泰国的社群旅游发展起始于1989年,早期主要以经营家庭旅馆为主,后来逐渐拓展到旅游服务的各个方面。以成立于2000年的湄甘朋(Mae Kam Pong)社群旅游项目为例,湄甘朋村发展社群旅游的初衷是想加入泰国政府推动的OTOP计划[85],由于当地没有特色农产品来实施OTOP项目,故而该村提议以旅游作为特色产品,这一提议很快获得了政府批准。结果该项目获得巨大成功,并击败了以其他本地农产品为特色的村庄,获得了2004年OTOP项目的一等奖和约33000美元的奖金,这也激起了其他村庄纷纷效仿,从而使社群旅游在泰国全国得以快速发展。

社群旅游的快速发展,也引起了泰国政府的高度重视。2007年开始,泰国国家旅游局开始颁发"最佳社群旅游奖",在当年约183个发展社群旅游的村中,有62个村获得该奖项(Suriya,2010)[86]。泰国还有一个名为社群旅游研究所(CBT-I)的组织,该组织与其他非政府组织以及企业合作,共同致力于发展农村社群旅游产业,其重点工作放在社群成员的能力建设、技能培训以及发展策略研究等方面,并构建了全国性的社群旅游网络,联

---

[82] R. Boonratana,"Community-Based Tourism in Thailand: The Need and Justification for an Operational Definition",*Kasetsart Journal (Social Sciences)*,31(2010),280-289.

[83] K. Suriya,*An Economic Analysis of Community-based Tourism in Thailand*. Dissertation for the Achievement of Doctoral Degree in Economics,Georg-August University of Goettingen,Goettingen,2011.

[84] 当然,社群旅游不仅应用于发展中国家,在发达国家的欠发达地区也被广泛应用,世界各地社群旅游发展状况可参见:同前,Suriya(2011),p.17-31。

[85] OTOP(One Tambon One Product)计划是泰国借鉴日本"一村一品"发展经验而实施的计划,指在每个次郡(Tambon)发展至少一种本地特色产品,它是通过鼓励公共部门和私人部门合作来加快村庄发展的一种手段。OTOP的两个关键要素是企业家和基于当地材料和技能打造的优质产品。见路征、张义方、邓翔:《基于社群经济的农村公共产品供给:泰国经验分析》,载《东南亚研究》,2013(6)。

[86] 同前,Suriya(2010)。

系着 100 余个社群旅游项目。截至 2012 年,该组织共帮助了 40 多个社群发展社群旅游,培训人员超过 600 人(包括 198 个导游、168 个家庭旅馆经营者),其中 10 个 2006 年起受到 CBT-I 支持的社群旅游项目,直接收入就达 19.9 万美元(WTTC,2012)[87]。

(二)尼加拉瓜社群旅游发展

位于拉丁美洲的尼加拉瓜是世界上最贫穷的国家之一,全国约一半人口生活在贫困线以下,但该国拥有十分丰富的旅游资源。据尼加拉瓜旅游局发布的 2009 年旅游统计报告,2004—2008 年期间,旅游出口占到该国出口总额的平均比重达到 20.6%,是国民经济的重要组成部分。为此,该国近年来通过大力发展社群旅游来消除贫困。总体来看,尼加拉瓜的社群旅游起步较晚,大部分都成立于 2000 年以后,有 1/5 的社群旅游项目在 2005 年后才开始接待旅客(Zapata et al.,2011)[88]。2004 年,尼加拉瓜成立了农村社群旅游网络组织 RENITURAL 来实施和发展社群旅游项目,2007 年该组织主导发展的 CBT 项目就达 34 个。

据调查分析,社群旅游项目对当地经济社会发展具有明显推动作用。在经济收益方面,92% 的 CBT 项目报告显示总收入有明显增加(Jones,2008)[89];在就业方面,平均每个 CBT 项目创造了 6.8 个全职岗位和 12.2 个兼职岗位,并且 CBT 项目员工中的女性占比达到 45%,使女性在家庭中的地位得以明显提升(Zapata et al.,2011)[90]。赫克特(Höckert,2009)根据对尼加拉瓜圣拉蒙地区 3 个社群的调查,也认为社群旅游尤其提高了妇女的参与性,在这之前,大多数女性都无法影响决策甚至不能自行参加公共会议[91];在社群整体发展方面,CBT 项目直接或间接地促进了当地社群发展,要么直接将部分收益投资于所在社群,要么通过改善基础设施、引进外部资本投资、升级农产品供应链等方式促进当地社群的整体发展;同时,CBT 项目还尤其提升了当地居民的环保意识,水和废物管理、替代能源

---

[87] WTTC, *Case Study of Tourism for Tomorrow Awards 2012-Community Benefit Award Finalist: The Thailand Community Based Tourism-Institute (CBT-I)*. London: World Travel & Tourism Council, 2012;此外,因在该领域的突出贡献,CBT-I 还入围了 2012 年世界旅行与旅游委员会(WTTC)"明日旅游大奖(Tourism for Tomorrow Award)"之"社区效应奖(Community Benefit Award)"决赛名单。

[88] 同前,Zapata et al. (2011)。

[89] H. M. Jones, *Community-based Tourism Enterprise in Latin America: Triple Bottom Line Outcomes of 27 Projects*. Burlington: EplerWood International, 2008.

[90] 同前,Zapata et al. (2011)。

[91] E. Höckert, *Sociocultural Sustainability of Rural Community-Based Tourism: Case Study of Local Participation in Fair Trade Coffee Trail, Nicaragua*. Rovaniemi: Lapland University Press, 2009.

使用也都得到了显著改善(Zapata et al.,2011)[92]。总之,这些实证研究都表明,尼加拉瓜的社群旅游发展对消除农村贫困和促进当地社群发展起到了重要作用。

(三)肯尼亚社群旅游发展

肯尼亚尤其重视发展社群旅游,这充分体现在肯尼亚旅游部门的官方文件中。2006年,肯尼亚旅游与野生动物部发布的《国家旅游政策》,就强调要强化社群参与性,并鼓励私人部门和非政府组织与本地社群组织合作,实施新的社群旅游项目,政府进行适当的资金与技术扶持,共同促进当地旅游业的发展(MTW,2006)[93];在政府发布的《国家旅游战略(2013—2018)》中,也认为旅游发展相关机制不够完善是其旅游业发展面临的重要问题,旅游业的发展要更加注重强化社群所有权、参与权和鼓励社群旅游发展(MEACT,2013)[94]。这表明,社群旅游在肯尼亚已作为一个国家重大战略来推动。事实上,早在20世纪70年代,肯尼亚就出现了社群旅游,早期主要以社群共有的农场为主,20世纪80到90年代开始覆盖到野生动物、生物多样性等自然资源和手工艺品、博物馆等文化资源领域,并开始打造"文化村",2000年后欧盟信托基金开始参与该国社群建设和发展,重点从事生物多样性保护和发展社群旅游业(Advisory Team,2009)[95]。

二、社群林业

20世纪70年代中期,社群经济管理机制就开始被应用于林业发展与保护领域,逐渐形成了社群林业(Community Forestry)这个被广泛接受的概念(Arnold,2001)[96]。1978年,联合国粮农组织(FAO)在其一份报告中,首次给出了社群林业的定义,即"紧密地将当地居民融入林业活动的任何情形",包括通过种植树木来提供经济作物、通过林产品加工来增加收入以及森林栖居群落活动等一系列形态,并提出了社群林业的3个基本要素:为农村家庭和社群提供所需的燃料和其他产品、为生产提供必需的食品和

---

[92] 同前,Zapata et al. (2011)。

[93] MTW, *National Tourism Policy (Final Draft)*. Nairobi: Ministry of Tourism and Wildlife, Republic of Kenya, 2006.

[94] MEACT, *National Tourism Stratecy 2013—2018*. Nairobi: Ministry of East Arica, Commerce and Tourism, Republic of Kenya, 2013.

[95] Advisory Team, *Community Based Tourism Framework (Draft)*. Nairobi: Ministry of Tourism, Republic of Kenya, 2009.

[96] J. E. M. Arnold, *Forests and People: 25 Years of Community Forestry*. Rome: FAO, 2001.

稳定的环境、为农村社群创造收入和就业（FAO，1978）[97]。可以看出，作为农村发展的重要组成部分，社群林业发展必须是为当地居民而发展，且要让当地居民融入发展之中，并充分分享发展成果（FAO，1978；Arnold，1992）[98]。

亚太区域社群林业培训中心（RECOFTC）将社群林业定义为"提高本地居民在治理森林资源中的作用的行动、科研、政策、机构和过程等各个方面"，包括本地居民参与森林管理的各种组织管理形式（Sikor et al.，2013）[99]。阿诺尔德（Arnold，2001）指出，社群林业强调人民参与自我事务、进行自我决策和民主管理，是充分利用本地居民的技能、动机和劳动力来管理森林资源的一种有效方式，也是减轻国家森林保护负担的一种重要手段，其发展与农村居民的生计问题息息相关，能够为农村居民的生计做出重要贡献[100]。根据对亚太地区众多社群林业实践的研究，西科尔等（Sikor et al.，2013）认为，社群林业是一个实现包容性发展的有效路径，它有利于改善当地民生、减少森林砍伐、改善森林质量和加强基层民主治理[101]。

在实践中，社群林业已衍生出多种具体的管理模式，但基本上可归纳为 CBFM（Community-Based Forest Management）和 JFM（Joint Forest Management）两种类型。在 CBFM 模式里，社群既是森林的所有者也是管理者；而在 JFM 模式下，社群与政府机构共同管理政府拥有的森林资源，但社群往往只是参与者，其管理由政府主导（Bblomley & Ramadhani，2006；Babili & Wiersum，2013）[102]。而按照社群参与森林资源管理的方式，又可以划分为主动控制和被动参与两种具体类型，前者指社群管理依据其自有

---

[97] FAO, *FAO Forestry Paper 7*: *Forestry for Local Community Development*. Rome: FAO, 1978.

[98] 同前, FAO(1978); J. E. M. Arnold, *Community Forestry*: *Ten Years in Review*. Rome: FAO, 1992.

[99] T. Sikor et al., *Community Forestry in Asia and the Pacific*: *Pathway to Inclusive Development*. Bangkok: RECOFTC, 2013; 亚太区域社群林业培训中心（Regional Community Forestry Training Center for Asia and the Pacific, RECOFTC）1987年成立于泰国曼谷，是在联合国粮农组织（FAO）、瑞士政府和泰国农业大学支持下成立的一个国际性非营利组织，致力于在亚太地区开展社群林业相关能力建设。

[100] 同前, Arnold(2001)。

[101] 同前, Sikor et al.(2013)。

[102] T. Bblomley and H. Ramadhani, "Going to Scale with Participatory Forest Management: Early Lessons from Tanzania", *International Forestry Review*, 2006, 8(2006), 93-100; I. H. Babili and F. Wiersum, "Evolution and Diversification of Conmunity Forestry Regimes in Babati District, Tanzania", *Small-scale Forestry*, 12(2013), 539-557.

资源、利益和优先权来管理森林,后者指社群从属于由政府林业部门和其他行动者的森林资源管理活动,但主动控制型更有利于提高社群福利(Sikor et al.,2013)[103]。可以看出,CBFM模式是主动控制型社群林业,社群自身发挥着主导作用,是一种社群组织主导型社群经济,而JFM模式是被动参与型社群林业,政府发挥着主导作用,是一种政府组织主导型社群经济。

综上所述,社群林业致力于通过社群成员参与开发和管理森林资源来提高社群福利水平,但同时又强调对森林的保护,是一种可持续的、包容性的发展策略。社群林业在全球得到了广泛应用,尤其是在亚太地区的发展中国家,发展社群林业已成为一种常态(Sim,Appanah & Lu,2004)[104]。在亚太地区,发展社群林业已经有30多年的历史。早期的社群林业重点关注社群需求和环境问题,且主要由政府和捐赠方通过一些政策措施或实际行动来推进(即以政府主导型社群经济为主)。经过长期的发展,后来逐渐发展为以社群组织自我管理为主的社群经济类型。现阶段亚太地区的社群林业,已经演变为由地方、国家、国际多个层面协同推动森林可持续管理和农村居民经济、环境、政治、文化和人权建设的包容性发展模式,它不仅关注农村居民的生计问题,还致力于促进社群提升自我发展能力、促进成员参与民主治理、消除性别不平等、提升集体身份认同感和保护农村环境(Sikor et al.,2013)[105]。针对亚太地区国家的大量实证研究表明,发展社群林业取得了显著成效:

一是社群林业改善了森林质量。例如,根据对印度6个邦共174个村的调查研究发现,实施社群林业模式的地区,其树种数、树种多样性、木材材积和立木密度都较其他地区高(Ravindranath,Murali & Sudha,2006)[106];对尼泊尔的实证研究也表明,由政府直接管理的森林地区,森林覆盖率有所下降,而由FUG(Forest Users Group,是当地成立的社群组

---

[103] 同前,Sikor et al.(2013)。

[104] H. C. Sim, S. Appanah and W. M. Lu, *Proceedings of the Workshop Forests for Poverty Reduction: Can Community Forestry Make Money?*. Bangkok: FAO Regional Office for Asia and the Pacific,2004.

[105] 同前,Sikor et al.(2013)。

[106] N. H. Ravindranath, K. S. Murali and P. Sudha, "Community Forestry Initiatives in Southeast Asia: A Review of Ecological Impacts", *International Journal of Environment and Sustainable Development*,5(2006),1-11.

织)管理的森林地区的森林覆盖率有明显上升(Nagendra,2007)[107]。

二是社群林业提高了社群福利。以尼泊尔为例,英国政府于2001年开始支持当地社群组织 FUG 发展社群林业项目,根据对覆盖区域的54个 FUG 所属1350个家庭的跟踪调查发现,2003—2008年期间,贫困家庭所占比率从65%下降到28%,非常贫困家庭所占比率从42%下降到10%,由社群所属森林供给的木材、草类等产品的比重翻倍;社群林业被认为是当地除移民汇款之外第二重要的减贫力量,其对生活改善的贡献约占1/4,且它使本地居民在采集薪材、饲料和草的时间显著下降,从而有更多的时间从事农业生产和其他创收活动(LFP,2009;Maryudi et al.,2012)[108]。

三是社群林业有利于基层民主建设。社群林业不仅通过提供物质资源来改善当地生活状况,还为社群及其成员参与公共决策提供了平台,从而提高了基层民主水平。尼泊尔 FUG 实践已充分证明了这一点,研究表明,发展社群林业显著提高了社群成员管理能力、交际能力和决策能力。此外,为了强化社群林业组织之间的合作,还成立了尼泊尔社群林业联合会(Federation of Community Forestry Users Nepal)来共同促进地区发展和改善基层民主治理(Ritchie,2010)[109]。

三、社群金融

社群经济模式应用于金融领域所形成的社群金融(Community-BasedFinance),通常由一个正式或非正式的社群金融组织来运作和开展社群金融业务。社群金融组织(Community-Based Financial Organization,CBFO)是由组织成员拥有和运作的社群组织,主要向成员提供储蓄服务、贷款服务以及保险等其他金融服务,这些组织基于当地社群建立并实行自主管理。参加社群金融组织的成员,通常是那些难以从银行或小额贷款等非银行金融机构获得信贷支持的人群。从实践来看,根据组织规模,社群金融组织有的是由5至7人组成的非正式、未注册的小团体,成员储蓄少

---

[107] H. Nagendra,"Drivers of Reforestation in Human-Dominated Forests", *Proceedings of the National Academy of Sciences*,104(2007),15217-15223.

[108] LFP, *Community Forestry for Poverty Alleviation*: *How UK Aid Has Increased Household Incomes in Nepal's Middle Hills*. Kathmandu: Multi Stakeholder Forestry Programme,2009; A. Maryudi,et al.,"Back to Basic: Considerations in Evaluating the Outcomes of Community Forestry", *Forest Policy and Economics*,14(2012),1-5.

[109] A. Ritchie,"Community-Based Financial Organizations: Access to Finance for the Poorest", in R. Kloeppinger-Todd and M. Sharma eds.,2020 *Focus Brief 18*: *Innovations in Rural and Agriculture Finance*. Washington: International Food Policy Research Institute,2010.

量资金后从事相互借贷活动,有时也可能为其他社群成员服务;有的是人数高达40人的法律认可的、正式的团体或一些小型金融合作社(Ritchie,2010)[110]。当然,现实中主要以受法律认可的正式组织为主,非正式组织能发挥的作用十分有限,且潜在风险难以得到有效监督和控制。可以看出,社群金融组织事实上是规模较小的微型金融机构,因此社群金融也常被直接称为社群微型金融(Community-Based Microfinance),它在落后农村地区发展中的作用尤其明显,是解决农村贫困问题和推进普惠金融发展的重要手段。

在实践中,社群金融组织主要有信贷型和储蓄型两种组织模式(Ritchie,2007)[111]。前者是指那些早期通过接受外部注资而形成的社群金融机构,为社群成员提供信贷资金,一般不接受储蓄。例如,2000—2004年间,世界银行实施的农业开发项目(ADP)就在印度尼西亚的一些村庄支持建立了1200个信贷型社群金融组织,世界银行给予每个村2.5万美元的启动资金,当地村民都可以成为组织成员,且组织管理者由村民选举本地精英来担任;后者则是指那些通过成员储蓄和外部银行注资或捐赠资金来开展金融活动的机构,这一形式要求成员已具备管理自己储蓄资金和开展信贷活动的能力。在实践中,储蓄型社群金融组织大多是一些自主管理的自助组(Self-help Group)。例如,世界银行在印度扶持的一些自助组通常由10—20个成员组成,成员储蓄是自助组的主要原始资金,有时也接受少量来自政府和捐赠机构的资金,自助组向成员提供贷款服务,且储蓄和贷款策略都由自助组自行决策,外部一些专业性组织也常常参与进来为这些组织提供培训、咨询等服务。到2007年,印度已大约有6.9万个金融自助组(Ritchie,2007;Ritchie,2010)[112]。

社群金融在亚洲、非洲等落后的农村地区都得到了广泛运用,下面以泰国的社群金融发展为例进行分析。泰国的社群金融发展已有30余年的历史,在其发展过程中,得到了泰国政府的大力支持。早在1974年,泰国政府就开始实施了建立由社群民主自治的储蓄组(SPG)计划,以解决社群建设资金不足、民间借贷等难题,并取得了快速发展。到2009年,泰国SPG的数量达到了35891个,其中有17744个分布在泰国东北部地区

---

[110] 同前,Ritchie(2010)。

[111] A. Ritchie, *Community-based Financial Organizations: A Solution to Access in Remote Rural Areas*. Washington: the World Bank, 2007.

[112] 同前,Ritchie(2007);同前,Ritchie(2010)。

(Worakul,2006；Luxchaigul,2014)[113]。这些社群金融组织在促进落后农村地区经济社会发展中起到了十分重要的作用。

以成立于 1980 年的泰国"孔别储蓄组"(Klong Pia Savings Group)为例,在成立之初,该储蓄组只有 57 个成员,每个成员每月向储蓄组储蓄 50 至 70 泰铢,初始资金共有 2850 泰铢。到 2004 年,"孔别储蓄组"共有 7000 余名成员,总储蓄金额高达 1.28 亿泰铢,覆盖了当地所有的行政村,且每个家庭都至少有一个人是储蓄组成员。在成立储蓄组之前,该地区村民曾长期受高息债务困扰,一些放贷者甚至收取每月高达 20% 的借款利息。而成立储蓄组后,成员如果需要资金,可直接向储蓄组申请借款,贷款利率不但比银行贷款利率低,还定期向成员分配红利。随着规模的不断扩大,储蓄组的服务业务也不断拓展,除了丰富贷款种类外,还将一部分利润作为社群基金来改善社群成员的生活。在 20 余年间,储蓄组共发放了 1 亿余泰铢贷款,其中约有一半是用于购买农具和农机、改善农业设施、投资新的创收活动等生产性活动,另外约有 40% 贷款用于购买土地和改善住房(Worakul,2006)[114]。

除了直接通过贷款来促进社群生产活动外,"孔别储蓄组"还通过建立各类公益性基金来提高社群福利和促进社群可持续发展,如丧葬基金、保健基金、赈灾基金、教育基金、商业管理基金、文化保护基金、体育基金、老人与孤儿基金、民用艺术基金,等等；储蓄组在本地商业发展方面也做出了很大贡献。例如,通过分析发现当地居民花费了大量金钱从外部市场购买鱼酱和大米后,为给本地居民提供更加便宜的产品,储蓄组利用自有资金和政府拨款成立了鱼酱厂和碾米厂,生产的产品除了满足本地居民需求外,多余的部分也对外出售以获取更多收益；此外,为了提高可持续发展能力,储蓄组还支持成立了教育中心,一方面对内提供教育培训以提高社群成员的知识文化水平和自我发展能力,另一方面也面向社会提供实践经验方面的培训。

四、结论与政策启示

本节结合相关理论研究和典型实践案例,从社群经济理念在产业中的

---

[113] W. Worakul, *Community-based Microfinance：An Empowering Approach towards Poverty Alleviation and Community Self-Reliance*. Bangkok：UNDP, 2006； N. Luxchaigul, "The Effectiveness of Sustainable Development of the Saving for Production Groups in Northeast of Thailand", *Environmental Management and Sustainable Development*, 3(2014), 168-180.

[114] 同前,Worakul(2006)。

应用视角讨论了社群经济的产业类型。理论上,社群经济模式可以应用于各类产业,在农村产业发展中,典型的就是成立诸如蔬菜、养猪等农业专业合作社或农业专业协会,这种传统的社群经济产业形态十分普遍。但在产业形态上,社群经济更加强调社群所拥有的特色资源的开发利用,因而传统业态并没有被单独予以讨论。从全球实践来看,目前国际影响广泛且常被单独予以研究的社群经济产业类型主要有社群旅游、社群林业和社群金融 3 种,它们是社群经济模式有效应用于具体产业发展的典型代表。

（1）社群旅游利用社群经济模式来配置和管理社群所拥有的旅游资源,在社群旅游模式下,社群成员不但可以参与社群所拥有旅游资源的开发和管理,还能分享旅游资源开发利用带来的收益。

（2）社群林业是将社群经济模式应用于森林资源开发与管理的一种有效方式,它不仅能有效解决本地居民的生计问题,还能减轻政府在森林资源保护方面的负担,且在农村环境保护方面也发挥着重要作用。在实践中,社群林业还衍化出主动控制型和被动参与型两种具体管理模式,前者是一种社群组织主导型社群经济,而后者则是一种政府组织主导型社群经济;社群经济模式应用于金融领域所形成的社群金融业,致力于解决落后地区金融服务有效供给不足问题,是推进普惠金融发展的重要手段。

（3）社群金融组织为社群成员提供多元化金融服务,不仅可以为成员提供低成本的资金用于改善生产生活条件,还通过各种方式为社群成员提供生活保障、教育培训、文化产品、环境卫生治理等公共产品,为提高社群福利和可持续发展能力做出了重要贡献。

上述分析结论,对利用社群经济模式发展农村相关产业具有重要的政策启示:

第一,挖掘和识别农村社群所拥有的优势资源。理论分析与客观实践都表明,社群经济本质上就是利用社群经济管理机制来优化配置社群所拥有的各类资源,进而达到增进社群成员和社群整体福利的目的。前文所分析的社群旅游、社群林业和社群金融,实际上即是运用社群经济模式来开发和管理社群所有的旅游资源、森林资源或分散资金。在中国农村及偏远落后地区,蕴藏着丰富的自然资源和人文资源,如何将这些资源优势转化为经济优势,是这些地区面临的一个普遍问题,社群经济发展模式则为其提供了一个有效路径。因此,利用社群经济模式来促进农村产业发展,首先就必须准确挖掘和识别当地拥有的优势资源。

第二,适当引入外部力量来启动社群经济项目。对国际典型实践的分析可以发现,在社群经济发展项目的早期阶段,对政府组织、非政府组织等外部力量的依赖性很高,外部力量在社群经济理念导入、社群能力建设、启动资金注入等方面发挥着重要作用。当社群经济发展较为成熟后,社群自身开始具备自我管理能力和可持续发展能力,这时外部力量开始逐渐退出,即使在社群组织接管社群经济以后,外部力量仍然可以在策略制定、教育培训等方面发挥作用。因此,在利用社群经济模式来促进农村发展时,应注重引入政府、非政府组织等外部力量,尤其是在起步和成长阶段,外部力量可成为一种主导力量。

第三,大力拓展社群产业的非经济功能。社群经济的最终目标是提高社群整体及其成员的福利,经济功能是社群经济发展模式体现出的最直接、最主要的功能。但是,社群经济配置社群资源、服务社群成员、民主管理机制等特征,又使其拥有十分丰富的非经济功能。目前来看,社群经济发展模式的非经济功能主要体现在资源环境保护、基层民主建设、消除性别歧视、职业教育培训、文化保护和传承等政治和社会功能,这些功能对促进农村和偏远落后地区经济社会协调发展具有重要作用。

第四节　社群经济机制的农村公共产品治理功能

通过发展社群经济来供应和管理农村公共产品具有理论与现实可行性。一方面,社群经济是由社群经济发展组织(CEDO)来推动的,主要包括以合作社为典型代表的社群组织(CBO)和以公益性、非营利性为主要特征的非政府组织(NGO)这两大类[115],而 NGO(包括 CBO)就是"通过志愿机制提供公共物品"的组织(秦晖,2007)[116]。所以,CEDO 在促进农村社群经济社会发展过程中,供给和管理公共产品就是社群经济的主要功能之一。另一方面,作为公共产品治理理论的重要理论基础,公共选择理论中的"俱乐部"实际上就是一种社群组织,它为俱乐部成员提供公共产品,只是这种"俱乐部"中,有些不具有经济发展功能,例如基于成员共同爱好而建立的游泳俱乐部、棋牌俱乐部等[117]。此外,很多研究还表明,合作社提供公共服务的理论与现实可行性,并取得了显著绩效(邓瑶,2010;张益

---

[115]　理论上,社群组织也属于非政府组织,但在本书中将其分开表述,其理由已在本章第二节阐述。

[116]　秦晖:《"NGO 反对 WTO"的社会历史背景——全球化进程与入世后的中国第三部门》,载《探索与争鸣》,2007(5)。

[117]　需要指出的是,虽然有些"俱乐部"不具有经济发展功能,但资源配置功能仍是其本质,通过经济学思维可确定俱乐部的最优规模和俱乐部产品的供给量,见本书第二章公共选择理论相关分析。

丰、刘东,2011;张超、吴春梅,2014;张超,2016;孙迪亮,2017等)[118]。而正如前面指出的那样,合作社经济(合作经济)是社群经济的基本形式,同时具备经济发展功能和公共产品治理功能。下面,从社群经济模式下CEDO的治理范围、需求表达与决策机制、管理与监督机制、资金筹集机制以及外部力量的退出机制4个主要方面,来阐述社群经济的农村公共产品治理功能。

一、CEDO归类及其作用范围

前述分析表明,在社群经济发展中,虽然政府组织和带有"政府性"的政府间组织有时也发挥着主导作用,但在推动社群经济项目具体实施时,政府或政府间组织往往并不是直接管理主体,它们要么通过推动成立社群组织来直接管理社群经济项目,要么通过与非政府组织合作,由非政府组织来管理社群经济项目,只是在这类项目的早期阶段,政府或政府间组织起着主导作用。同时,非政府组织、政府组织和政府间组织主要存在于社群经济的起步和成长阶段,在社群经济发展较为成熟之后,通常由社群组织来管理社群经济,其他组织主要起辅助作用。所以,从直接管理主体视角来看,如果政府或政府间组织主导型社群经济的直接管理主体是其推动成立的社群组织,那么在讨论治理机制时,就可以归纳到社群组织范畴,如果直接管理主体是非政府组织,就可以归纳到非政府组织范畴。

因此,从治理机制层面,最终就可以将CEDO归纳为社群组织和非政府组织两大类(表3-3)。前者是由本地居民成立并自主管理的、为其认定的组织内所有成员提供服务的,性质上属于内生性组织,在农村区域,其作用范围就是农村社群组织所认定的所有成员,作用阶段则涵盖了社群个经济发展的所有阶段;后者是由志愿者成立并自主管理的、为组织外部既定的社群提供服务的社群经济发展组织,性质上属于外生性组织,其作用范围为其界定的农村社群,主要作用于社群经济的起步阶段和成长阶段,后期将逐步退出,由内生性组织主要负责社群经济管理。

---

[118] 邓瑶:《农业公共服务的三螺旋模型——政府、产业与农民合作社互动关系分析》,载《农村经济》,2010(4);张益丰、刘东:《农村微观组织架构跃迁与准公共产品供给模式创新——基于山东农村综合性合作社发展经验的实证分析》,载《中国农村观察》,2011(4);张超、吴春梅:《合作社提供公共服务:一个公共经济学的解释》,载《华中农业大学学报(社会科学版)》,2014(4);张超:《合作社公共服务效率及其影响因素分析——基于浙江省的调查》,载《财贸研究》,2016(3);孙迪亮:《农民合作社参与供给农村社区公共服务的绩效与问题》,载《齐鲁学刊》,2017(2)。

表 3-3　农村社群经济发展组织（CEDO）分类及作用范围

分类	服务对象	性质	作用范围	主要作用阶段
社群组织（CBO）	组织内部成员	内生性组织	农村社群组织认定的所有成员	起步阶段；成长阶段；成熟阶段
非政府组织（NGO）	组织外部人员	外生性组织	NGO组织界定的农村社群范围内	起步阶段；成长阶段

资料来源：作者分析整理。

事实上，已有部分学者从内部力量和外部力量视角将农村类似组织划分为内生性组织和外生性组织，进而探讨农村内生性组织对农村基层治理的重要性。例如，马良灿（2012）认为，农村内生性组织具有地方性、自发性、自主性、非正式性、公共性和总体性等多重属性，在农村发展中能够发挥重要作用，但却出现了显著地"内卷化"趋势，应当修复和重建农村内生性组织，将"外生性组织的各种非行政性工作，特别是涉及农村社区公共服务和社会发展方面的事务，交由社区内生性组织来完成，使其真正承担起服务村民的重任"[119]。

当然，从定义上可以看出，马良灿（2012）所指的农村内生性组织，是乡村传统村落形态下基于血缘、地缘、宗教、文化、邻里关系等形成的非正式组织。格拉姆佐（Gramzow,2009）在讨论社群治理模式时，也强调"非正式规则"这一交易前提[120]。而本章前面的分析已经指出，社群组织虽然可能是正式的组织形态，也可能是非正式的组织形态，但在现实实践中，主要以受法律认可的正式组织为主，非正式组织能发挥的作用十分有限，且潜在风险难以得到有效监督和控制。因此，这里所指的内生性组织，主要是那些受法律认可和保护的正式组织，其运行机制基于各方认可的正式规则。当然，也不能否认非正式的农村内生性组织在农村公共产品治理中也能发挥一定的作用，但鉴于其作用的有限性和潜在风险，应当引导其向正规化组织形态转型。

总而言之，社群经济建立在强烈的社会互动关系基础之上，强调社群成员自愿参与和民主管理，同时社群经济又依赖于社群经济组织来发挥作用和管理社群事务。但上述分析表明，社群经济发展组织最终可以归类为

---

[119] 马良灿：《农村社区内生性组织及其"内卷化"问题探究》，载《中国农村观察》，2012（6）。

[120] 参见本书第二章第三节。详见 A. Gramzow, *Rural Development as Provision of Local Public Goods: Theory and Evidence from Poland*. Halle（Saale）：Leibniz-Institut für Agrarentwicklung in Mittel- und Osteuropa（IAMO）,2009,p.53-61.

社群组织(CBO)和非政府组织(NGO)两类。前者是成员自愿建立、自主管理、为组织内成员服务的组织;后者是基于志愿机制成立、管理并为组织外人员服务的组织。因此,CBO和NGO两种不同的具体模式下,公共产品的治理方式存在一定差异。

二、需求表达与决策机制

从公共产品相关理论可以看出,要实现公共产品的最优供给,其首要前提是拥有一个能切实收集居民需求信息并能作出有效决策的需求表达机制与决策机制,否则就可能出现公共产品的供给与需求不匹配,产生结构性供需矛盾。基于市场经济机制的市场治理模式虽然在个体需求偏好捕捉上最为精准,但由于"市场失灵"现象的存在,市场治理模式的适应范围有限;基于计划经济机制的政府治理模式,是纠正"市场失灵"的有效手段,但它在个体需求偏好捕捉上存在缺陷,容易导致公共产品的供给与需求不匹配。正因如此,市场和政府治理模式难以企及或效率低下的"夹心领域",为基于社群经济机制的社群治理模式提供了发挥作用的空间,它一方面能覆盖市场不愿涉及的"盲区";另一方面又能有效掌握社群成员的行为、能力和需求等关键信息,在一定程度上和一定范围内具有比政府治理模式更好的需求表达和决策机制。

在CBO模式下,社群经济已建立起相应的社群组织,社群经济管理由自主管理的社群组织负责。农村社群组织认定的成员可以向社群组织管理或决策机构表达需求意愿,决策机构按组织规定的决策程序进行决策,通过后交由管理机构执行和实施。由于CBO是成员自愿成立、自主管理的组织,因而其决策将遵循组织成员共同制定的决策及管理规则,社群组织成员可以基于组织规则参与组织管理和决策制定。

在NGO模式下,社群经济还没有建立相应的社群组织,社群经济管理由非政府组织负责,NGO组织界定的社群成员可以向NGO组织管理或决策机构表达需求意愿,组织决策机构根据自身组织规定的程序进行决策,确定后向界定的社群成员提供公共产品。NGO是一种外部力量,它虽是由非服务对象基于志愿机制建设的非营利性组织,但根本目的是自愿为其界定的农村社群提供公共产品。因此,尽管NGO的服务对象一般难以直接参与组织的管理和决策过程,但基于组织的目标定位,服务对象的需求意愿仍可以及时、有效地传递给组织。当然,实践中NGO组织可以通过调整管理和决策机制来提高服务对象的参与度。例如,可以在决策和执行机构中加入一些社群成员代表,让其参与社群经济的管理,这也可以为后续推动成立 CBO 替代 NGO 管理社群经济培养人才队伍。

三、监督机制

在 CBO 模式下，由于社群组织是自主管理组织，所以其决策、执行等所有事务都直接接受组织全体成员的监督。当然，规模较大、架构较完善的组织也可建立一个常设监督机构（如监督委员会，成员从组织中通过选择产生），承担组织成员赋予的相应监督责任。而针对常设监督机构难以或无权胜任的重大公共决策或事务管理，则由全体组织成员进行监督。同时，社群组织也可以引入一些外部监督力量，如政府组织及其成员、非政府组织及其成员以及一些社会专业人士，都可以从政策、法律、有效性等专业视角来监督社群组织公共产品供给与管理的进程和效率。

在 NGO 模式下，对公共产品供给与管理的监督，可以由组织自设的监管机构直接负责。同时，在实践中也可在监督机构中适当引入其界定的农村社群成员代表以及其他社会人员，提高组织机构的本地化、专业化水平以及服务对象的参与度。社群成员的广泛参与，是社群经济发展模式的重要原则之一。来自服务对象的监督，有利于提高 NGO 所供给公共产品与服务对象需求的匹配度，从而提高其公共产品的治理水平，因而 NGO 在推动社群经济发展时，通常都十分注重吸收服务对象参与到社群经济管理之中。

四、资金筹集机制

由于组织的形成机制差异，CBO 和 NGO 推动社群经济发展的资金筹集机制也存在差异。在 CBO 模式下，供给和管理公共产品所需资金主要来自于两个渠道：一是组织成员投入的资金或资产，如会费、现金入股、资产作价入股、其他社群所共有的资源等；二是成员授权组织运营资金资产的收益，如投资生产获得的利润、管理运营社群成员共有资源（如旅游资源、文化资源）获得的收益等。除这两个主要渠道外，社群组织同样可以获得外部注入资金，如来自政府的拨款，从金融机构获得的借贷资金，个人、企业、非政府组织等的捐款，等。同时，外部机构有时也志愿为社群提供非物资形态的服务，例如政府免费为社群提供规划服务、公益性机构免费为社群提供教育培训服务等。总体来看，CBO 模式下公共产品治理所需资金是以社群组织成员"投资"和运营收益为主、以外部"融资"为辅的筹集机制。

在 NGO 模式下，由于 NGO 是基于志愿机制建立的非营利性机构，因而其运作所需资金主要依赖于个人、企业等的捐款,服务对象不需要缴纳费用或投入资金或资产。当然,服务对象也可以自愿向 NGO 组织捐款。因此,NGO 模式下公共产品所需资金都依赖于组织自筹资金,不向服务对象募集资金或分享服务对象资产经营所获得的收益。

五、外生力量的退出机制

前面的分析已指出,CBO 是内生性组织,而 NGO 是外生性组织,因而外生性组织在一定时期后往往面临着如何退出的问题。从社群经济实践来看,外生性组织的退出通常是通过推进建立内生性组织来实现,即 NGO 在推进社群经济发展过程中,会推动服务对象建立自主管理的 CBO,待 CBO 发展成熟并能自主、可持续管理社群经济事务后退出。如果最终没有建立起 CBO,也可以由当地政府或新引进的 NGO 接管。虽然 CBO 有正式和非正式两种形态,但在 NGO 在退出时更倾向于推动成立正式的 CBO,以提高社群经济发展的规范管理水平,保护社群成员的利益,促进社群经济可持续发展。如果 CBO 是非正式形态,则可能导致回到原来的发展模式,因为在现代经济社会中,单一依靠传统的、非制度化的相互信任基础,将很难保证社群经济模式的长期、持续发展。在退出后,NGO 仍可发挥重要作用,例如继续提供指导、咨询、教育培训、市场信息、沟通协调等服务,还可以利用自身优势为社群发展带来其他外部资源。

第四章 中国农村公共产品治理的历史与现状考察

新中国成立以来,伴随政治和经济体制的改革,中国农村公共产品治理制度在不同时期也体现出不同的时代特点。本章首先对中国农村公共产品治理制度的衍化进行梳理,然后对农村公共产品供给的总体效率进行评价,最后指出现阶段农村公共产品治理存在的主要问题。

第一节 中国农村公共产品治理的制度衍化

中国农村公共产品治理制度的变迁,是中国政治和经济体制改革的结果,因此在不同的时期体现出不同的特征。新中国成立以来,农村公共产品供给制度大致可以划分为人民公社时期(新中国成立后到改革开放之前)、家庭承包制时期(改革开放之后到税费改革之前)和农村税费改革之后3个阶段(叶子荣、刘鸿渊,2004;高鉴国、高功敬,2008;王颖;2011)[1]。

一、人民公社时期的农村公共产品治理

新中国成立后不久,中国开始进行农业合作化运动,随后于五十年代后期着手在农村和城市建立人民公社制度来取代原有的政治和经济制度,农村人民公社成为农村计划经济的时代产物,也是这一时代的主要特征之一。农村人民公社扮演着政权实体和经济组织双重角色,这种政社合一的农村基层管理制度,在利益分配上主要通过实行工分制来进行分配,公社收入在扣除各项费用(如公积金、公益金)后按工分分配给社员,因此通过税收来积累的公共资源十分有限,从而决定了这一时期农村公共产品以制度外供给为主(叶兴庆,1997)[2]。农村公共产品制度外供给的成本通过

---

[1] 叶子荣、刘鸿渊:《农村公共产品供给:历史、现状与重构》,载《天府新论》,2004(6);高鉴国、高功敬:《中国农村公共品的社区供给:制度变迁与结构互动》,载《社会科学》,2008(3);王颖:《中国特色农村公共产品供给体制研究》,吉林大学博士学位论文,2011。

[2] 叶兴庆:《论农村公共产品供给体制的改革》,载《经济研究》,1997(6)。

两种方式来分担,一是物质成本由公积金和公益金支付,成为相关公共产品供给的资金来源;二是人力成本由强制性的劳务支付,以工分制劳务、义务工、积累工等形式进行劳动密集型的公共项目建设。此外,人民公社制度下,所有土地和生产资料都归集体所有,几乎不存在私人产品,因此也呈现出泛公共品化的特征(高鉴国、高功敬,2008)[3]。

总体来讲,人民公社时期农村公共产品治理体现出以下特征(叶兴庆,1997;叶文辉,2005;沙新华、李呈阳,2009;张俊、付志宇,2010)[4]:第一,农村公共产品供给以制度外供给为主,在治理模式上实行社群治理模式,公共产品由基层农村人民公社自我供给和管理;第二,治理决策是自上而下的强制性方式。尽管在模式上采用社群自我供给和管理,但由于生产资料全盘集体化,劳动力亦进行高度集中管理,社员没有自主权和选择权,政府指令才是制度外公共产品供给的决定因素;第三,公共产品供给成本最终支付者是农民自己。所需物质成本从公社收入中提取,将农民创造的收入进行强制性分配,此方面的成本负担对农民或农户来说具有间接性和隐蔽性,公共产品供给所需的人力成本也由农民自己出工出劳,因此总体成本最终都全部转嫁到了农民身上。

表 4-1 新中国社区供给制度的变迁

历史分期 范畴与因素	人民公社时期 (1950—70年代末)	家庭承包制时期 (1980年代初—90年代末)	税费改革时期 (2000—2005年)
社会政策背景	全盘集体化; 两元社会结构	自主经营; 两元社会结构	税费改革;村民自治;城市化;两元社会结构
国家与社区关系	政社合一	政社不分	政社不分
公共品(供给)的社会特征	泛公共品化	公共品市场化	公共品投入的扩大
主要筹资方式	集体农村税;集体提留;"一平二调"	村组集体收入;"三提五统";农民集资	多种资金来源并存;向公共财政制度过渡

---

[3] 同前,高鉴国、高功敬(2008)。
[4] 同前,叶兴庆(1997);叶文辉:《农村公共产品供给制度变迁的分析》,载《中国经济史研究》,2005(3);沙新华、李呈阳:《当代中国农村公共物品供给制度变迁及走向》,载《河北学刊》,2009(1);张俊、付志宇:《中国农村公共品供给的历史演进:公共风险管理的思想视角》,载《贵州财经学院学报》,2010(4)。

续表

历史分期 范畴与因素	人民公社时期 （1950—70年代末）	家庭承包制时期 （1980年代初—90年代末）	税费改革时期 （2000—2005年）
人力资源形式	工分制劳务；义务工；积累工	农民义务工；劳动积累工"以工代赈"；以工代劳	经过临时调派和群众议事筹集"两工"
公共品种类型	赤脚医生；保健站；集体食堂；五保户；敬老院；民办教师	合作医疗；五保供养；社会养老保险；"村村通电"	新型合作医疗；代课老师；五保制度；最低生活保障；道路"村村通"
公共品治理或管理模式	"一大二公"；生产队为主（三级所有，队为基础）；一体性；强制性；非自主合作	乡镇为主；制度外供给；分级办学（"三级办学，两级管理"）；准强制性	"一事一议"；"以县为主，分级办学"；多元性；更多自愿性；自主合作

来源：高鉴国、高功敬（2008）。

二、家庭承包制时期的农村公共产品治理

20世纪80年代初，随着改革开放战略的实施，中国开始对农村政治和经济体制进行改革，在土地制度上实行家庭联产承包责任制，农户因而获得了财产、经营、劳动支配等相关权利。人民公社制度被废除，成立了村居民委员会和乡、镇一级政府，并建立了乡镇财政制度。但是，由于乡镇财政实力有限，国家公共财政又无法足力支持农村公共产品供给，因此这一时期农村公共产品仍然以制度外供给为主，只是公共产品供给成本的分摊方式发生了变化（叶兴庆，1997；叶文辉，2005）[5]。物质成本方面，通过向农户直接征收税费来筹集农村教育、道路、优抚等公共产品供给所需的费用（如"三提五统"）[6]，这与人民公社时期从集体收入中提取有所不同，向农户征收税费以一种更加直接和公开的方式进行，同时还通过农民自主集资的方式筹集用于公共事业建设的资金。在人力成本方面变化不大，仍然以积累工、义务工等形式来筹集部分公共事业建设所需的人力成本，例如通过筹集义务工，进行农村公路建设和维护、修缮学校、防汛抢险

---

[5] 同前，叶兴庆（1997）；同前，叶文辉（2005）。

[6] "三提"是指村级组织向农民收取的三项提留，包括公积金、公益金和管理费。公积金主要用于农田水利基本建设、购置生产性固定资产、经营集体企业等，公益金主要用于"五保户"供养、对特殊困难家庭进行补助等，管理费用于干部酬劳和管理开支。"五统"是乡镇一级政府向农民征收的五项统筹款，包括教育附加、计划生育费、优抚费、民兵训练费、乡村道路费。

等,以及通过筹集劳动积累工,进行农田水利基本建设(叶兴庆,1997)[7]。

总结起来,家庭承包制时期农村公共产品治理主要体现出以下特征:第一,农村公共产品供给仍然以制度外供给为主。尽管设立了乡镇财政,但乡镇财政的资金主要来源于向农户征收的税费,乡镇财政用于公共事业大部分费用都没有纳入公共财政收支制度的范畴,村级组织运作费用则来自向农民收取的提留。因此,从本质上讲,这一时期的农村公共产品供给制度仍是人民公社时期公共产品供给制度的延续(叶兴庆,1997)[8]。第二,自上而下的决策方式没有改变。乡镇政府主要执行上级政府部门实施的相关政策指示。村一级的自治主体虽由村党委、村民委员会和村民代表大会构成,但由于各种原因,村民代表大会很少召开,因此实际上村级事务由村党委、村民委员会办理,本质上就是村干部自行决策,对于村一级的公共事务,村民也没有参与决策。从而总体上呈现出"上级出政策,下级出票子"的特征(高鉴国、高功敬,2008)[9]。第三,农民负担公共产品供给的物质成本变得直接化、公开化和货币化。公共产品供给所需资金,主要通过向农户直接征收税费或通过集资来筹集。

三、税费改革之后的农村公共产品治理[10]

由于长期以来中国农民负担过重,导致农民生活水平提高缓慢,并产生了很多社会矛盾和问题。为了减轻农民负担,中央政府从20世纪90年代开始研究解决农民负担过重的方案。2000年3月,中共中央和国务院正式下发《关于进行农村税费改革试点工作的通知》(中发〔2000〕7号),并首先在安徽省进行农村税费改革试点,主要内容包括取消乡统筹费、取消农村教育集资等专门面向农民征收的行政事业性收费和政府性基金以及集资、取消屠宰税、取消统一规定的劳动积累工和义务工和调整农业税、农业特产税政策。2003年开始在全国全面铺开,2005年全面取消牧业税,2006年全面取消农业税,从而结束了农民缴纳"皇粮国税"的历史(韩长赋,2011)[11]。据统计,2001—2004年,全国共减免农业税234亿元,免征

---

[7] 同前,叶兴庆(1997)。

[8] 同前,叶兴庆(1997)。

[9] 高鉴国、高功敬:《中国农村公共品的社区供给:制度变迁与结构互动》,载《社会科学》,2008(3)。

[10] 农村税费改革及其对农村公共产品治理的影响,将在下一章进行详细讨论。

[11] 韩长赋:《减轻农民负担必须坚持标本兼治——农村税费改革历程回顾》,载《人民论坛》,2011(6)。

农业特产税 68 亿元(烟叶税除外),核定农业税灾歉减免 160 亿元,2005 年全国进一步减轻农民负担 220 亿元。2006 年全面取消农业税后,与农村税费改革前相比,农民每年减负总额将超过 1000 亿元,人均减负 120 元左右[12]。

农业税全面取消后,乡镇财政实力大大削弱,国家公共财政投入大幅扩大,村级公共产品供给由制度外供给为主转变为以制度内供给为主。但是,农村公共产品供给制度开始悄然发生转变,尽管村一级基本公共产品供给仍对社区组织和农户自主筹集资源具有一定的依赖性,但由于"一事一议"筹资酬劳制度实施效果并不理想,政府亦开始通过财政奖补政策提供支援,政府一方面通过包揽教育、公路、水利等公共产品供给直接发挥作用,另一方面也通过增强对乡镇和村级组织的财政支持力度来间接发挥作用,这使得政府作用有所强化,从而形成一种"国家主导型的社区供给模式"(高鉴国、高功敬,2008)[13]。总体来看,这一时期的农村公共产品治理主要体现出以下特征(叶子荣、刘鸿渊,2004;高鉴国、高功敬,2008)[14]:

第一,政府主导农村公共产品供给。政府主要通过政策倡导和行政化运作来影响农村公共产品供给,同时通过加大财政转移支付或投入来弥补乡镇财政收入和农村财务收入降低导致的资金缺口。

第二,村一级很多满足村民基本生活需求的公共产品(基础设施、环境卫生等)供给所需的资源,很大部分仍需依赖村民自治组织和农户承担。

第三,公共产品供给水平不平衡。大多数村级公共产品主要通过村委会作为中介进行组织、筹集资金和管理,由于基本条件差异,导致村庄之间公共产品供给水平十分不平衡,一些贫困或地理位置偏远的村庄公共产品供给严重不足。

第四,乡村治理制度没有发生根本性转变,决策制定仍以自上而下的方式为主。由于村庄治理制度存在缺陷,农民无法有效参与决策制定和监督。虽然国家要求在行政村一级采取"一事一议"制度[15],但受到农民素

---

[12] 中国政府网:《取消农业税》,2006-03-06,http://www.gov.cn/test/2006-03/06/content_219801.htm。

[13] 同前,高鉴国、高功敬(2008)。

[14] 叶子荣、刘鸿渊:《农村公共产品供给:历史、现状与重构》,《天府新论》,2004 年第 6 期;同前,高鉴国、高功敬(2008)。

[15] "一事一议"指在农村兴办农田水利基本建设、修建和维护村级道路等集体公益事业时,所需要的资金和劳务要通过村民大会或者村民代表大会集体讨论,实行专事专议的办法筹集(见马宝成:《税费改革、"一事一议"与村级治理的困境》,载《中国行政管理》,2003(9))。

质、农民外出务工等因素的影响,"一事一议"制度执行效果欠佳。

第二节 中国农村公共产品供给效率实证分析

伴随着农村公共产品供给制度的改革,政府在农村公共产品供给中的主导作用越来越明显,通过大规模的公共财政投入,农村公共产品供给情况明显改善。与此同时,公共产品供给的效果也越来越受到关注。下面首先对当前中国农村公共产品供给的基本状况进行分析,然后对公共产品供给的效率进行研究。

一、农村公共产品供给基本状况

改革开放以来,中国对农村基础设施建设、基础教育、社会福利等公共领域的投入逐渐加大,国家财政投入在农村公共产品供给中发挥着重要作用。用于农业的基本建设投资快速增长,"七五"时期(1986—1990)累计农业基本建设投资仅为241.2亿元,"八五"时期(1991—1995)增长到697.8亿元,"九五"时期(1996—2000)达到3143.2亿元,从1991—2003年间,农业基本建设投资年均增速超过20%。农业基本建设投资主要用于水利基础设施建设,自20世纪90年代以来,水利基本建设投资占农业基本建设投资的比重常年维持在60%以上。农村固定资产投资资金来源中,国家预算内资金近年来也保持较高比重。2004—2010年间,国家预算内资金累计达到4884.94亿元,2010年国家预算内资金占非农户投资资金的比重达到了5.25%(表4-2)。国家投向农村基本建设的资金主要用于改善农村基础设施条件,成为农村基础设施类公共产品供给的主要资金来源。

在教育及农村社会事业发展方面,财政资金也发挥着重要作用。农村义务教育学校(普通小学和普通中学)经费中,国家财政性教育经费占很高比重,1996年,国家财政性教育经费占总经费的比重为75.553%,到2012年达到97.869%,并呈现出逐年上升的趋势。在农业事业和农村社会事业发展方面,国家财政资金投入同样快速增长,1996年,国家用于农业的财政支出占财政支出总额的比重为8.8%,到2012年,占总财政支出的比重达到了9.8%(表4-3)。上述事实表明,在农村教育、农业发展、农村社会事业等公共产品的供给方面,财政资金是各类公共产品供给的主要资金来源,政府是农村公共产品的最重要供给主体。

表 4-2 农业基本建设投资及固定资产投资情况（1981—2015）

年份	农业基本建设投资（亿元）	农村基本建设投资			
		其中：水利基建投资（亿元）	农业基本建设投资占基本建设投资比重（%）	水利基本建设投资占农业基本建设投资比重（%）
1981—1985	172.8	93.0	5.1	53.8
1986—1990	241.2	143.7	3.3	59.6
1991	85.0	50.2	4.0	59.0
1992	111.0	68.3	3.7	61.5
1993	127.8	81.6	2.8	63.8
1994	154.9	98.2	2.4	63.4
1995	219.1	142.5	3.1	65.0
1996	317.9	206.6	3.7	65.0
1997	412.7	258.8	4.2	62.7
1998	637.1	411.7	5.4	64.6
1999	835.5	536.5	6.7	64.2
2000	940.0	580.1	7.0	61.7
2001	993.4	558.8	6.8	56.3
2002	1291.6	703.8	7.3	54.5
2003	1097.7	680.9	4.8	62.0

续表

农村固定资产投资额（按来源）

年份	非农户投资资金（亿元）	其中：国家预算内资金（亿元）	国家预算内资金比重（%）	农户投资资金（亿元）	投资金额合计
2004	8086.57	399.36	4.94	3362.67	11449.24
2005	9737.90	516.42	5.30	3940.61	13678.51
2006	12761.66	233.26	1.83	4436.20	17197.86
2007	14936.87	392.93	2.63	5123.29	20060.16
2008	18383.81	577.74	3.14	5951.80	24335.61
2009	24008.62	1192.10	4.97	7434.51	31443.13
2010	29953.68	1573.13	5.25	7885.97	37839.65
2011				9089.07	
2012				9840.59	
2013				10546.67	
2014				10755.78	
2015				10409.79	

注：从 2011 年起，合并统计城乡固定资产投资数据，另单独统计农户投资数据。
数据来源：《中国农村统计年鉴 2011》，2005—2016 年《中国固定资产投资统计年鉴》。

表 4-3 国家财政用于农村义务教育经费及农业支出情况（1996—2012）

年份	经费总额（亿元）	国家财政性教育经费比重（%）	民办学校中举办者投入经费比重（%）	社会捐赠经费比重（%）	事业收入比重（%）	其他教育经费比重（%）	农业支出（亿元）	支援农业生产支出（亿元）	粮食、农资、良种、农机具四项补贴（亿元）	农村社会事业发展支出（亿元）	农业支出占财政支出的比重（%）
1996	733.90	72.553		15.227	9.277	2.943	700.4	510.1			8.8
1997	784.95	75.014		11.840	10.121	3.025	766.4	560.8			8.3
1998	811.99	75.974		7.887	10.914	5.226	1154.8	626.0			10.7
1999	862.07	78.377		4.929	10.885	5.809	1085.8	677.5			8.2
2000	919.98	79.724		3.652	10.897	5.727	1231.5	766.9			7.8
2001	1102.27	81.738		2.769	10.246	5.247	1456.7	918.0			7.7
2002	1266.04	83.052		2.074	9.777	5.096	1580.8	1102.7			7.2
2003	1365.26	83.708		1.341	9.834	5.117	1754.5	1134.9			7.1
2004	1644.77	84.730		1.041	9.277	4.953	2337.6	1693.8			8.2
2005	1934.00	85.546		0.975	8.444	5.034	2450.3	1792.4			7.2
2006	2177.27	90.824	0.337	0.826	6.371	1.643	3173.0	2161.4			7.9
2007	2987.77	95.032	0.111	0.557	2.931	1.370	4318.3	1801.7	513.6	1415.8	8.7
2008	3726.43	96.093	0.113	0.552	2.273	0.969	5955.5	2260.1	1030.4	2072.8	9.5
2009	4420.50	96.684	0.115	0.651	1.649	0.902	7253.1	2679.2	1274.5	2723.2	9.5
2010	5017.50	97.342	0.108	0.411	1.295	0.843	8579.7	3427.3	1225.9	3350.3	9.5
2011	6085.47	97.869	0.147	0.273	1.089	0.622	10497.7	4089.7	1406.0	4381.5	9.6
2012							12387.6	4785.1	1643.0	5339.1	9.8

注：义务教育学校经费是指普通小学和普通初中的运作经费；2005 年前，"民办学校中举办者办学经费"项为原统计口径中的"社会团体和公民个人办学经费"，"社会捐赠经费"项为原统计口径中的"社会捐赠和集资办学经费"，"事业收入"为原统计口径中的"学费和杂费"；2013 年起，统计指标变为农林牧务，此处不再给出。支农支出仅为中央财政用于"三农"的支出；2012 年起，不再单独给出各类学校经费情况。

数据来源：根据 1997—2013 年《中国统计年鉴》和《中国农村统计年鉴 2013》相关数据整理。

在政府的主导下,农村公共基础设施、生态环境和各类社会事业在近年来得以快速发展。表4-4整理了1995—2015年期间我国农村主要公共产品供给的基本情况及其变化,包括农村教育、文化、医疗卫生、社会保障和农村生态环境等主要农村公共产品。

(一)农村教育

鉴于农村学生总体规模逐渐减少的实际情况,为了合理利用教学资源,对农村中小学教学资源进行整合,减少学校数量,扩大单个学校的办学规模。1995年,农村万人拥有小学数量约6.5所,到2010年缩小到3.14所,而小学学生教师比则有明显缩小,1995年每24.32个学生才拥有一个专任教师,到2010年,每16.77个学生就拥有一个专任教师,到2015年,农村小学学生教师比已降到了14.57,农村普通初中和高中的学生教师比也呈现出同样的变化趋势。专任教师的增多,有利于进一步提高农村中小学的教学质量。

另外,为了提高农村教学质量,还通过各类政策加强农村义务教育阶段的教师队伍建设。据统计,截至2010年底,中国农村幼儿园、小学、初中、高中专任教师的学历合格率分别达到了92.5%、99.3%、98%、91.5%,专科以上幼儿教师、专科以上的小学教师、本科以上初中教师、研究生学历高中教师分别达到41.8%、71.2%、54.8%、2.1%,2010年中央财政还安排专项资金5.5亿元实施"国培计划",面向中西部农村地区共培训115万人,其中96.5%为农村教师。在新增教师中,具有大学专科、本科学历的教师已经成为农村学校教师的主体[16]。

(二)农村医疗卫生

通过大力改善农村乡镇卫生院的服务条件,万人拥有农村乡镇卫生院床位数从1995年的8.53张提高到2015年的19.82张,万人拥有农村乡镇卫生院卫生人员数1995年的12.24人提高到2015年的21.17人,农村乡镇卫生院的服务能力显著提升。同时,加强了乡村医生和卫生人员队伍建设,2013年,平均每村拥有乡村医生和卫生员达到了1.83个。

(三)农村基础设施

20世纪90年代末期,中国开始实施规模庞大的"村村通"工程。目前,"村村通"已涉及农村公路、电力、通信、广播电视、互联网、自来水等多个领域,部分地区甚至已完成或正在开展村村通沥青路、村村通水泥路、村村通公交等建设项目,为农村基础设施类公共产品建设投入了大量的资金。

---

[16] 刘华蓉、张滢:《我国教师队伍整体素质不断提高》,载《中国教育报》,2011-09-07。

表 4-4 我国农村主要公共产品供给情况（1995—2015）

	主要指标	1995	2000	2005	2008	2010	2013	2015
人口与就业	乡村人口（万人）	85947	80837	74544	70399	67113	62961	60346
	占全国总人口的比重（%）	71.00	63.80	57.00	53.00	50.10	46.30	43.90
	年末乡村就业人员数（万人）	49025	48934	46258	43461	41418	38737	37041
	第一产业人员所占比重（%）	72.50	73.70	72.30	68.90	67.40	62.4	59.2
教育和文化	万人拥有普通小学数	6.50	5.44	4.25	3.51	3.14	2.22	1.96
	万人拥有普通初中数	0.531	0.486	0.488	0.436	0.427	0.294	0.282
	万人拥有普通高中数	0.036	0.033	0.029	0.024	0.021	0.011	0.011
	小学生教师比（学生数/专业教师数）	24.32	23.12	19.47	17.46	16.77	14.63	14.57
	初中中学生教师比（学生数/专业教师数）	17.74	20.38	18.15	15.36	14.03	11.14	10.89
	高中学生教师比（学生数/专业教师数）	12.04	15.17	18.85	16.14	15.51	14.82	14.00
	乡镇文化站数（个）	41633	39348	34593	33367	34121		34239
医疗卫生	万人拥有农村乡镇卫生院数	0.603	0.609	0.549	0.555	0.564	0.588	0.610
	万人拥有农村乡镇卫生院床位数	8.53	9.09	9.10	12.03	14.82	18.05	19.82
	万人拥有农村乡镇卫生院卫生人员数	12.24	14.47	13.58	15.27	17.16	19.60	21.17
	每千人农业人口乡村医生和卫生员数（人）	1.48	1.44		1.06	1.26	1.23	
	平均每村拥有乡村医生和卫生员（人）	1.81	1.81		1.55	1.86	1.83	
社保保障	新型农村合作医疗参合率（%）			75.66	91.53	96.00	98.70	98.80
	农村社会养老保险参保人数（亿人）		0.6172	0.5442	0.5595	1.0*		4.81*
	农村社会养老保险参保率（%）		7.64	7.30	7.76			79.8*
	平均每个农村老年收养性福利机构拥有工作人员数（个）	2.86	3.11	2.99	4.37	4.50		
	农村老年收养性福利机构年末收养人员	5.23	5.90	7.65	12.09	12.88		

续表

	主要指标	1995	2000	2005	2008	2010	2013	2015
基础设施	农村公路总里程（万公里）			291.53	324.44	350.66	388.16	395.98
	人均公路总里程（公里/万人）			39.11	46.09	52.25	61.65	65.62
	通公路乡镇占全国乡镇的比重（%）		99.20	99.81		99.97	99.98	99.99
	通公路建制村占全国建制村比重（%）		90.80	94.30		99.21	99.82	99.94
	通硬化路面乡镇占全国乡镇的比重（%）					96.64	98.08	99
	硬化路面建制村占全国建制村的比重（%）					81.70	91.76	96.69
	通电话行政村比重（%）				98.00	100.00		
	开通互联网乡镇比重（%）					100.00		
	开通互联网行政村比重（%）				95.00	99.00		
	农村互联网普及率（%）			2.60	11.70	18.50	28.1	31.6
	有效灌溉面积（千公顷）	49281.6	53820.3	55029.3	58471.7	60347.7		
	人均有效灌溉面积（公顷/人）	0.0573	0.0666	0.0738	0.0831	0.0899		
环境	农村改水累计受益率（%）		92.40	94.10	93.60	94.90	95.6	
	农村卫生厕所普及率（%）		44.80	55.30	59.70	67.40	74.1	78.4
	水土流失治理面积（万公顷）	6690	8096	9465	10159	10680	10689	11554

注：* 2009年后均为新型农村社会养老保险参保人数，参保率按参保人数/乡村人口计算；数据来源：根据《中国农村统计年鉴 2011》《中国农村统计年鉴 2016》《中国环境统计年鉴 2011》《中国卫生统计年鉴 2011》《中国卫生和计划生育统计年鉴 2016》《中国农村互联网发展报告 2010》《2015年农村互联网发展状况研究报告》《中国运输行业发展统计公报》《人力资源和社会保障事业发展"十三五"规划纲要》《全国电信业统计公报》2000—2016年《交通运输行业发展统计公报》等相关资料数据整理和计算。

2010年,中国农村公路总里程达到350.66万公里,人均农村公路总里程达到52.25公里/万人,通公路的建制村占全国建制村比重达到99.21%,100%的行政村通电话,100%的乡镇开通互联网,开通互联网行政村比重也达到了99%,农村互联网普及率由2005年的2.6%提高到2010年的18.5%,并基本建立起了完善的农村综合信息服务平台。水利基础设施也取得显著进展,2010年全国有效灌溉面积60347.7公顷,人均有效灌溉面积达到0.0899公顷。

到2015年,农村公路总里程增加到395.98万公里,几乎所有的乡镇和建制村都实现了通公路,且通硬化路面的乡镇和建制村比重也分别达到了99%和96.69%。同时,农村信息基础设施也进一步完善,2015年农村互联网普及率达到了31.6%,在2010年基础之上提高了约13个百分点。信息基础设施的不断完善,对农村居民生产生活产生了巨大影响,也缩短了农村居民与城市居民在信息方面的差距。据中国互联网信息中心发布的《2015年农村互联网发展状况研究报告》,截至2015年12月,中国农村网民规模达1.95亿,占全国网民的比重达到了28.4%,与城镇相比虽然还存在一定差距,但增长速度较快,且在应用领域上也逐渐呈现出多元化趋势。

(四)农村社会保障

2000年以后,国家开始加强农村社会保障制度建设。为了解决农村居民因看病带来的沉重经济负担,2002年10月,中共中央和国务院下发了《关于进一步加强农村卫生工作的决定》(中发〔2002〕13号),明确提出各级政府要积极引导农民建立以大病统筹为主的新型农村合作医疗制度,即由政府组织、引导和支持,农民自愿参加,个人、集体和政府多方筹资,以大病统筹为主的农民医疗互助共济制度,并提出了"到2010年,新型农村合作医疗制度要基本覆盖农村居民"的目标。到2015年,新型农村合作医疗参保率已经达到98.8%,基本实现了全覆盖。

与此同时,农村社会养老保险制度也在逐渐完善。1992年,民政部出台《县级农村社会养老保险基本方案(试行)》(民办发〔1992〕2号),正式在中国农村地区实施社会养老保险政策,但由于保险资金筹集来源单一,主要依靠农民自己缴费,这一政策取得的效果并不理想。到2000年,农村社会养老保险参保率仅为7.64%。2003年,原劳动和社会保障部下发的《关于认真做好当前农村养老保险工作的通知》(劳社部函〔2003〕148号)中指出,"当前农保工作的重点应当放在有条件的地方、有条件的群体以及影响农民社会保障的突出问题上,如:被征用土地的农民、进城务工经商农民、乡镇企业职工、小城镇农转非人员、农村计划生育对象及有稳定收入的农民等,并针对不同群体的特点制定相应的参保办法,以促进农村劳动力就业和有序流动,维护他们的合法权益。"这实际上表明,当时农村社会养老保险制度十分不完善,在推广上存在很多困难,到2008年,参保率仅为7.76%,与2000年相比几乎没多大提高。

2009年,国务院发布《关于开展新型农村社会养老保险试点的指导意见》(国发〔2009〕32号),开始推行新型农村社会养老保险制度(简称"新农保"),确立了个人缴费、集体补助和政府补贴相结合的资金筹集方式,这与"老农保"仅靠农民自己缴费的方式形成鲜明对比,资金筹集渠道更加多元化,农民参加的意愿也得以提高,试点年2009年农村社会养老保险参保率就达到了10.21%,与2008年相比提高了近3个百分点。2010年,新型农村社会养老保险参保人数为1亿人,到2015年,参保人数达到了4.81亿人[17],如果按乡村总人口作为基数计算,新型农村社会养老保险参保率达到了79.8%。

(五)农村环境治理

随着工业经济的发展,中国生态环境面临严峻压力,工业和城市污染呈现出向农村转移的态势,农村环境问题在近年来成为中国环境保护和治理的重点。2006年,国家先后发布了《全国农村饮水安全工程"十一五"规划》《国家农村小康环保行动计划》等行动计划。2007年国家环保总局出台《关于加强农村环境保护工作的意见》(环发〔2007〕77号),就农村饮水、生活污染、工业污染、畜禽水产养殖污染、农业面源污染、土壤污染、植被保护等突出的环境问题提出了相应措施,并提出推广"组保洁、村收集、镇转运、县处置"的城乡统筹的垃圾处理模式,全国开始实施农村生活垃圾集中处理。2009年实施《以奖促治加快解决突出农村环境问题的实施方案》,明确了"以奖促治"政策,并开始积极编制《全国农村环境综合整治规划》,农村环境连片整治开始全面启动,2008—2010年3年间,"以奖促治"政策通过中央财政共安排资金40亿元,带动地方资金投入近80亿元,支持6600多个村镇开展环境综合整治和生态示范建设,2400多万农村人口直接受益[18]。

一系列的政策措施,有力地改善了中国农村生态和生活环境。2009年,全国农村沼气用户达到3500万户,年生产沼气约134亿立方米,太阳

---

[17] 数据来源:《人力资源和社会保障事业发展"十三五"规划纲要》。
[18] 环境保护部:《2010年中国环境状况公报》,2011-06。

灶达到148.4271万个,共支持17个省(市)的112个村实施农村清洁工程试点示范,示范村共建设农村废弃物发酵处理池1507个,生活污水净化处理池2653个,农村"四改"配套建设8784户,垃圾分类收集设施购置1.4557万户,无机垃圾中转设施411个[19]。2010年,农村改水累计受益率达到94.9%,比2000年提高2.5个百分点,农村卫生厕所普及率达到67.4%,比2000年提高22.6个百分点,水土流失治理面积达到1.0680亿公顷。到2015年,农村卫生厕所普及率达到了78.4%,水土流失治理面积达到了1.1554亿公顷。

上述分析表明,通过长期以来的政策激励,中国农村教育、医疗卫生、社会保障、基础设施、生态和生活环境等公共产品供给水平已有显著提高。尽管如此,目前的公共产品供给水平是否已经满足农村居民对公共产品的基本需求,还需要进一步对供给效率进行分析。

二、实证的基本思路

对于农村公共产品供给效率的分析,现有文献主要集中在理论和价值判断层面,而通过数理方法进行的实证分析并不多见,这些实证分析文献又主要集中在通过建立综合评价指标体系对公共产品供给的绩效进行评价。1907年,纽约市政府建立了一个包括投入、产出和结果3种类型的评价体系,用来分析政府活动的绩效(徐崇波、梅国平,2010)[20];瑞士洛桑国际管理学院建立的评价体系,则包含了公共财政、财政政策、组织结构、企业法规和教育5个方面的因素,用以评价政府效率(王磊,2007)[21]。王磊(2007)、王俊霞和王静(2008)、刘霞和娄爱花(2010)、徐崇波和梅国平(2010)则根据不同的标准[22],构建了公共产品供给绩效的评价指标体系,这些指标体系可以通过直接使用统计数据或实地调研数据,对不同地区或国家的政府公共服务和活动的效率进行评估,其结果通常以得分和排名的形式来展示不同层级政府或不同地区政府供给公共产品的绩效水平。

可以发现,上述研究方法的本质是一致的,结果都通过排名来反映公

---

[19] 环境保护部:《2009年中国环境状况公报》,2011-06;国家统计局农村社会经济调查司:《中国农村统计年鉴2010》,北京,中国统计出版社,2010。

[20] 徐崇波、梅国平:《我国农村公共产品供给绩效评价实证分析》,载《当代财经》,2010(7)。

[21] 王磊:《测度政府层级条件下公共产品最优供给规模及效率的模型与方法》,载《山东财政学院学报》,2007(4)。

[22] 同前,王磊(2007);同前,徐崇波、梅国平(2010);王俊霞、王静:《农村公共产品供给绩效评价指标体系的构建与实证检验》,载《当代经济科学》,2008(12);刘霞、娄爱花:《农村公共产品供给绩效评价体系构建问题研究》,载《西安邮电学院学报》,2010(4)。

共产品的供给效率,不同点在于指标体系包含的具体内容有所差异。显然,利用综合指标体系来评价公共产品的供给效率,仅能反映政府供给公共产品的绩效水平,并且只能通过得到不同层级或地区政府供给公共产品的效率差异,进而通过经验或平均效率来评价供给效率的高低。同时,这种方法通常只关注供给层面,而对需求层面的关注程度较低。刘文勇、吴显亮、乔春阳(2008)则认为,公共产品的供给行为本身包含了生产、经营和维护三方面含义,这实际上涵盖了马克思经济理论界定的社会再生产4个环节"生产—分配—交换—消费"中的前3个环节,剩下的就只有消费环节,因此可以从消费角度来衡量公共产品的供给效率[23]。从消费层面来研究农村公共产品的供给,不但能反映供给与需求之间的矛盾,还能反映结构平衡性问题,而且还避免了仅局限于分析政府供给部分的效率。

事实上,刘文勇、吴显亮、乔春阳(2008)提出的从需求层面来分析农村公共产品供给效率的思路,一方面可以体现出供给与需求之间的矛盾,另一方面也能反映农村公共产品供给的平衡性。同时,不论公共产品的供给主体是谁,其效率都可以从消费中体现出来,因而从消费层面来分析,一定程度上能更直接地对农村公共产品供给整体效率作出判断。因此,下面采用消费分析法来对我国农村公共产品供给的整体效率进行实证分析。

消费分析法的基本假设及思路如下:

(1)公共产品的供给包含了生产、分配和交换3个环节,因此可以从消费角度来分析供给效率,包括公共产品的供需平衡性和结构平衡性;

(2)农村居民收入用于两类产品的消费,即公共产品和私人产品,以私人产品消费为参照,如果农村居民对公共产品的消费量不变或减少,而对私人产品的消费数量有所增加,则表明公共产品供给不能满足需求,即存在供给缺口,供给缺口的大小则进一步反映公共产品供需失衡的程度和供给效率的高低;

(3)如果公共产品的收入弹性大于私人产品的收入弹性,在农村居民收入增加时,更愿意消费公共产品而不是私人产品,这说明对公共产品的需求强烈程度比私人产品高,进而也能反映公共产品供给短缺;

(4)通过比较各类公共产品需求强度以及供需失衡程度,可以反映农村公共产品供给的结构平衡性。

---

[23] 刘文勇、吴显亮、乔春阳:《我国农村公共产品供给效率的实证分析》,载《贵州财经学院学报》,2008(5)。

三、计量模型与数据

根据上述思路,可以建立以下计量模型:

$$x_{i,t} = c_i + \alpha_i y_t + e_i \tag{4-1}$$

式(4-1)中,$x_{i,t}$表示农村居民在第t期对i类产品的消费支出,y_t表示第t期农村居民收入水平,α_i为i类产品的边际消费倾向,c和e分别是常数项(自发性消费)和误差项。通过对式(4-1)两边求对数,可以得到一个对数模型:

$$\ln x_{i,t} = c'_i + \alpha'_i \ln y_t + e'_i \tag{4-2}$$

式(4-2)中,α'_i表示农村居民消费第i类产品的收入弹性,如果大于1,表示富有收入弹性,小于1表示缺乏收入弹性,收入弹性越大,意味着在收入增加时,农村居民对该种产品的消费意愿愈强烈。事实上,在计量经济分析中,为了消除异方差,通常都采用对数模型进行分析。

由于中国经济社会发展速度很快,因而与经济社会环境一样,公共产品的供需状况也发生着快速变化,如果只利用时间序列数据或面板数据进行分析,就只能反映一段时期内的整体状况。因此,本书还将利用地区横截面数据,对每一年的消费模型进行评估,进而通过自发消费、边际消费倾向和收入弹性来判断公共产品供给状况的逐年变化,以观察农村公共产品供需状况的时序变化。事实上,利用横截面数据研究消费函数和边际消费倾向问题,也确实是研究者们常用的方法之一(王亮,2005)[24]。综合考虑上述因素,在利用时间序列和面板数据模型分析全国总体情况时,将只利用对数模型进行分析,通过观察收入弹性的变化来分析农村公共产品的供给情况;而在利用横截面数据进行分析时,将同时考虑绝对值模型和对数模型,通过综合观察自发消费、边际消费倾向和收入弹性的变化来进行分析。

根据现有公开统计数据,可以从历年《中国农村统计年鉴》获得农村居民消费支出数据,包括食品支出、衣着支出、居住支出、家庭设备及服务支出、交通和通讯支出、文教娱乐用品及服务支出、医疗保健支出7个大类,以及农村居民消费价格指数,变量的全国时间序列数据及其代码见表4-5。

---

[24] 王亮:《对中国现有的几种边际消费倾向计算方法的评析》,载《统计与信息论坛》,2005(5)。

表 4-5 农村居民人均收入及消费支出（1985—2015）

指标 年份	农村居民人均纯收入（农村居民人均可支配收入） inc	食品支出（食品烟酒支出） foo	衣着支出 clo	居住支出 hou	家庭设备及用品支出（生活用品及服务支出） equ	交通和通信支出（交通通信支出） tra	文教娱乐支出（教育文化娱乐支出） edu	医疗保健支出 hea	农村居民消费价格指数
1985	397.60	183.43	30.86	57.90	16.25	5.48	12.45	7.75	107.6
1986	423.80	201.50	33.00	70.30	19.60	6.20	14.40	8.70	106.1
1987	462.60	222.10	34.20	79.80	21.50	8.20	18.50	10.70	106.2
1988	544.90	257.40	41.10	96.30	30.00	8.90	25.70	13.40	117.5
1989	601.50	293.40	44.50	105.20	32.40	8.50	30.60	16.40	119.3
1990	686.30	343.76	45.44	101.37	30.90	8.42	31.38	19.02	104.5
1991	708.60	357.06	51.07	102.00	35.34	10.27	36.44	22.34	102.3
1992	784.00	379.26	52.51	104.90	36.67	12.24	43.77	24.14	104.7
1993	921.60	446.83	55.33	106.79	44.67	17.41	58.38	27.17	113.7
1994	1221.00	598.47	70.32	142.34	55.46	24.02	75.11	32.07	123.4
1995	1577.70	768.19	89.79	182.21	68.48	33.76	102.39	42.48	117.5
1996	1926.10	885.49	113.77	219.06	84.22	47.08	132.46	58.26	107.9
1997	2090.10	890.28	109.41	233.23	85.41	53.92	148.18	62.45	102.5
1998	2162.00	849.64	98.06	239.62	81.92	60.68	159.41	68.13	99.0
1999	2210.30	829.02	92.04	232.69	82.27	68.73	168.33	70.02	98.5
2000	2253.40	820.52	95.95	258.34	75.45	93.13	186.72	87.57	99.9
2001	2366.40	830.72	98.68	279.06	76.98	109.98	192.64	96.61	100.8

续表

指标\年份	农村居民人均纯收入（农村居民人均可支配收入） inc	食品支出（食品烟酒支出） foo	衣着支出 clo	居住支出 hou	家庭设备及用品支出（生活用品及服务支出） equ	交通和通信支出（交通通信支出） tra	文教娱乐支出（教育文化娱乐支出） edu	医疗保健支出 hea	农村居民消费价格指数
2002	2475.60	848.35	105.00	300.16	80.35	128.53	210.31	103.94	99.6
2003	2622.20	886.03	110.27	308.38	81.65	162.53	235.68	115.75	101.6
2004	2936.40	1031.91	120.16	324.25	89.23	192.63	247.63	130.56	104.8
2005	3254.90	1162.16	148.57	370.16	111.44	244.98	295.48	168.09	102.2
2006	3587.00	1216.99	168.04	468.96	126.56	288.76	305.13	191.51	101.5
2007	4140.40	1388.99	193.45	573.80	149.13	328.40	305.66	210.24	105.4
2008	4760.62	1598.75	211.80	678.80	173.98	360.18	314.53	245.97	106.5
2009	5153.17	1636.04	232.50	805.01	204.81	402.91	340.56	287.54	99.7
2010	5919.01	1800.67	264.03	835.19	234.06	461.10	366.72	326.04	103.6
2011	6977.30	2107.30	341.30	961.40	308.90	547.00	396.40	436.70	105.8
2012	7916.60	2323.90	396.40	1086.40	341.70	652.80	445.50	513.80	102.5
2013	8895.90	2495.50	438.30	1233.60	387.10	796.00	486.00	614.20	102.8
	(9429.6)	(2554.4)	(453.8)	(1579.8)	(455.1)	(874.9)	(754.6)	(668.2)	
2014	9892.0								101.8
	(10488.9)	(2814.0)	(510.4)	(1762.7)	(506.5)	(1012.6)	(859.5)	(753.9)	
2015	10772.0								101.3
	(11421.7)	(3048.0)	(550.5)	(1926.2)	(545.6)	(1163.1)	(969.3)	(846.0)	

注：括号内为新统计口径的指标名称和数据；数据来源：历年《中国农村统计年鉴》。

1993年以后,农村居民消费支出分类与这之前的分类不同,全国数据后来给出了口径一致的数据,但地区数据并未调整。此外,从2014年开始我国统计农村居民人均可支配收入,各类型消费支出的统计口径也发生了变化,且未给出一致口径下2014—2015年的各类消费支出。因此,为保证统计口径的一致性,在全国时间序列数据分析中,研究时期为1985—2013年;在地区面板数据分析中,由于1997年重庆正式成为直辖市,为保持面板数据的平衡性,研究时期为1997—2013年。在地区横截面数据分析中,研究时期为1993—2015年。

食品(或食品烟酒)、衣着、居住和家庭设备及用品(或生活用品及服务)是明显的私人产品。交通和通信的供给水平以相应的基础设施供给水平为前提,文教娱乐用品及服务、医疗保健的供给水平也以相应的基础设施(包括"硬件"和"软件")和服务能力的供给水平为前提。事实上,居民在消费交通、通信基础设施、文化教育设施和服务、医疗保健服务等产品时,往往会直接或间接地承担成本,例如使用收费公路、乘坐农村公交车、购买医疗保险、就医费用、一定教育费用等需要支付费用,但从中国目前的供给特征来看,政府公共支出对这类产品提供了很大比例的支持,故而这些产品属于准公共产品,其供给水平直接或间接地反映了相应农村公共产品的供给水平。

因此,这里将农村居民对交通和通信、文教娱乐用品及服务、医疗保健的消费近似地视为对农村公共产品的消费,而对食品(或食品烟酒)、衣着、居住、家庭设备及用品(或生活用品及服务)的消费视为对私人产品的消费。这样,就可以通过比较各类产品消费的收入弹性及其变化,来分析我国农村公共产品供给的整体效率及其变化。

四、实证结果与分析Ⅰ:时间序列数据

为了消除价格波动带来的影响,利用农村居民消费价格指数将相关指标调整为以1985年为基期的实际值。同时为了对比实施税费改革之前和实施税费改革之后的变化,在估计1985—2013年模型的同时,分别对1985—1999年和2000—2013年两个阶段进行计量分析,计量软件为STATA12.0(下同)。

(一)平稳性检验

为检验时间序列的平稳性检验,首先对各时间序列变量进行单位根检验。这里应用ADF检验法进行检验,检验结果见表4-6。无论带时间趋势项还是不带时间趋势项的检验结果都显示,各变量原序列都是非平稳时间

序列,除交通和通信支出在 10%临界值水平下为 I(1)和食物支出在 5%临界值水平下为 I(1)外,其他在 1%临界值水平下为 I(1)。因此,总体来看,所有对数变量的一阶差分序列都是平稳序列,可以进行协整分析并考察变量间是否存在协整关系。

表 4-6　变量 ADF 检验结果

变量	代码	带时间趋势项			不带时间趋势项		
		原序列	一阶差分序列	结论	原序列	一阶差分序列	结论
农村居民人均纯收入	Lninc	-1.392 (0.863)	-4.506 (0.002)	I(1)	3.385 (1.000)	-3.292 (0.015)	I(1)
食品支出	Lnfoo	-0.751 (0.970)	-3.806 (0.016)	I(1)	1.524 (0.998)	-3.512 (0.008)	I(1)
衣着支出	Lnclo	-0.196 (0.992)	-4.243 (0.004)	I(1)	2.580 (0.999)	-3.172 (0.022)	I(1)
居住支出	Lnhou	-0.578 (0.980)	-4.093 (0.007)	I(1)	2.015 (0.999)	-3.049 (0.031)	I(1)
家庭设备及服务支出	Lnequ	0.066 (0.995)	-5.045 (0.000)	I(1)	1.840 (0.998)	-4.187 (0.001)	I(1)
交通和通信支出	Lntra	-2.265 (0.454)	-3.332 (0.061)	I(1)	0.932 (0.994)	-3.269 (0.016)	I(1)
文教娱乐支出	Lnedu	-0.991 (0.945)	-4.648 (0.001)	I(1)	-2.441 (0.131)	-4.007 (0.001)	I(1)
医疗保健支出	Lnhea	1.055 (0.936)	-5.284 (0.000)	I(1)	1.794 (0.998)	-4.751 (0.000)	I(1)

注:括号内为统计量对应的 P 值;保留 3 位小数。

(二) Johansen 协整检验

为检验变量之间是否确实存在协整关系,下面运用 Johansen 检验法对变量进行协整检验。如果 Johansen 检验显示变量间存在协整关系,那么就表明变量之间存在长期的稳定关系。基于此,Johansen(1998)还提出用极大似然法(MLE)来对向量误差修正模型(VECM)中的各参数进行估计,其估计结果不但可以得到长期参数(协整参数),还可以得到短期参数(陈强,2010)[25]。由于这里检验的是双变量模型,因此只要秩 h=1,就意味着存在协整关系。检验结果表明(表 4-7),在适当的检验模型下(选择适当的滞后期和添加时间趋势项),都只有一个线性无关的协整向量(表中打星号者),即各类支出变量与农村居民人均纯收入存在长期均衡关系。

---

[25]　陈强:《高级计量经济学及 Stata 应用》,283-286 页,北京,高等教育出版社,2010。

表 4-7　Johansen 协整秩迹检验结果

模型	滞后期	时间趋势项	秩	LL	特征值	迹统计量	5%临界值
食品支出	1	no	0	107.1912		25.9041	15.41
			1	119.6140	0.5883	1.0585*	3.76
			2	120.1433	0.0371		
衣着支出	4	yes	0	100.2561		24.8583	18.17
			1	112.1363	0.6134	1.0981*	3.74
			2	112.6853	0.0430		
居住支出	1	no	0	84.4438		17.9134	15.41
			1	93.1842	0.4644	0.4326*	3.76
			2	93.4005	0.0153		
家庭设备及服务支出	3	yes	0	91.3655		23.5485	18.17
			1	102.7588	0.5837	0.7621*	3.74
			2	103.1398	0.0289		
交通和通信支出	3	yes	0	81.6191		34.2278	18.17
			1	97.3400	0.7016	2.7861*	3.74
			2	98.7331	0.1016		
文教娱乐支出	1	no	0	86.0690		18.8164	15.41
			1	95.3564	0.4849	0.2416*	3.76
			2	95.4772	0.0086		
医疗保健支出	4	yes	0	90.2853		23.2262	18.17
			1	101.8583	0.6038	0.0802*	3.74
			2	101.8984	0.0032		

注：滞后期通过 VAR 表示法检验结果中各准则综合判断；* 表示所接受的秩,由计量软件自动标注；保留 4 位小数。

（三）协整方程

根据上述检验结论,进一步使用 Johansen 的 MLE 方法估计向量误差修正模型(VECM)。由于我们只关注研究期内变量之间的长期关系,从而通过参数判断公共产品的供给效率,因此这里只给出协整方程。对数值模型(即模型 4-2)进行 Johansen-MLE 估计获得的协整方程见表 4-8。估计结果显示,绝大部分模型参数都通过了显著性检验。从长期来看,除文教娱乐支出外,其他两类准公共产品的收入弹性仍大于 1[26],说明这一时期这两类产品总体上存在供给缺口。

---

[26]　依据表中给出的结果,在转换成协整方程时参数符号要进行变换。以 1985—2013 年间的食品支出绝对值模型为例,根据表 4-8 的结果,其协整方程应写为：lnfoo = 2.25 + 0.49 * lninc。由于方程太多,这之后不再赘述。

表 4-8 对数模型协整方程

时期	指标	私人产品				公共产品及准公共产品		
		食品支出	衣着支出	居住支出	家庭设备及服务支出	交通和通信支出	文教娱乐支出	医疗保健支出
1985—2013	常数	-2.25	118.25	5.96	4.32	11.49	-5.39	8.30
	系数	-0.49***	-19.98***	-1.69***	-1.20	-2.26***	0.19	-1.81***
	Z统计量	-15.73	-5.33	-9.74	-3.06	-6.93	0.58	-32.82
	P值	0.000	0.000	0.000	0.002	0.000	0.560	0.000
1985—1999	常数	-4.00	-0.63	-1.33	0.26	12.25	7.21	4.93
	系数	-0.20**	-0.46***	-0.47***	-0.54***	-2.34***	-1.72***	-1.22***
	Z统计量	-2.35	-8.30	-2.73	-12.54	-34.49	-5.66	-3.34
	P值	0.019	0.000	0.006	0.000	0.000	0.000	0.001
2000—2013	常数	-2.18	3.13	-2.53	11.42	0.18	-3.83	5.63
	系数	-0.47***	-0.98***	-0.13	-2.29***	-0.63*	-0.06	-1.38***
	Z统计量	-10.33	-116.24	-0.61	-7.02	-1.67	-0.89	-9.58
	P值	0.000	0.000	0.545	0.000	0.095	0.371	0.000

注：***、**、*分别表示在1%、5%和10%的显著水平下显著；估计方法为Johansen-MLE方法；滞后期数为表4-8确定的期数；保留2位小数。

分阶段来看,在税费改革之前(1985—1999年间),私人产品消费都缺乏收入弹性(系数全部小于1),而公共产品消费对收入都富有弹性(系数全部大于1)。这意味着,当收入增加时,农村居民对公共产品的需求意愿比对私人产品的需求意愿更强,其中对交通和通信类产品的需求最强,文教娱乐类产品次之,最后是医疗保健类产品。从另一个层面来讲,说明在这一阶段,农村公共产品供给总体上存在不足,交通通信类公共产品的供给缺口最大,其后依次是文教娱乐和医疗保健类产品。

而在税费改革后(2000—2013年间),交通和通信、文教娱乐类产品收入弹性显著降低并小于1,这表明农村居民对此类产品的收费水平(价格)敏感度降低,表明随着此类产品供给水平的提升,价格水平带来的压力减小,农村居民有消费意愿并且有能力消费,供需矛盾已得到显著缓解。医疗保健类产品收入弹性有小幅度上升,这表明比较而言,可能在2000年以后医疗保健类产品的供需矛盾比之前变得更加突出。

综上所述,利用时间序列数据对全国总体情况进行的实证分析表明,研究期内农村公共产品供需矛盾仍然存在,但总体上呈现出缓解态势。在实施农村税费改革之前,农村公共产品供需矛盾更加严重,而在实施税费改革之后,农村公共产品的供给总体上有明显缓解,但仍存在结构性失衡问题。

五、实证结果与分析Ⅱ：地区面板数据

为更准确全面地分析农村公共产品供给的效率,尤其是考察农村公共产品供给的地区异质性问题,进一步利用地区面板数据模型对农村公共产品供给效率进行实证分析。如前所述,考虑到数据统计口径的一致性和研究区域范围的一致性,面板数据研究时期为1997—2013年。同时在地区方面,由于在《中国农村统计年鉴》以及地方统计年鉴中,北京、天津、上海和重庆4个直辖市均未给出农村居民消费价格指数或农村商品零售价格指数,因此难以采用一致的方法扣除物价因素。因此,研究区域将包括除北京、天津、上海和重庆4个直辖市之外的27个省级行政区。所有数据均利用各地区农村居民消费价格指数调整为1997年可比价格,其中西藏1998年农村居民消费价格指数来源《西藏统计年鉴1999》,其他数据均来源于历年《中国农村统计年鉴》。

同时,为了比较两个不同时期农村公共产品的供给情况,仍然将研究时期进一步划分成两个阶段,但与时间序列数据分析中的划分有所不同。这主要基于两方面的考虑:一是在技术方面,鉴于总体研究时期较短,如

果按时间序列数据的划分方式,将导致前一阶段的时期太短,可能会影响估计结果的准确性[27];二是在政策实施方面,2000年中国开始实施农村税费改革,经历了较长时间的试点和深化,直到2005年全面取消牧业税、2006年全面取消农业税,因而可以认为,2005年左右是阶段性农村税费改革全面完成的时期。基于上述原因,将研究时期划分为1997—2005年和2006—2013年两个阶段。

(一)模型选择

处理面板数据,首先要甄别是否存在个体效应,如果存在个体效应,还要进一步分析是运用固定效应模型还是随机效应模型。本文采用稳健的豪斯曼检验方法[28],检验结果见表4-9。从检验结果可以看出,虽然多数模型更适宜采用固定效应模型进行估计,但也有较多的模型适宜采用随机效应模型。

(二)结果分析

根据检验结果,利用STATA12.0对相应面板数据模型进行估计,结果见表4-10。结果显示,所有模型中的系数都通过了显著性检验。从较长时间(1997—2013年)来看,研究期内衣着、居住、家庭设备及服务等私人产品和交通和通信、医疗保健等公共产品的收入弹性均大于1,且总体来看,公共产品的收入弹性普遍较私人产品收入弹性大,说明在同等条件下,农村居民对公共产品的需求意愿更为强烈,一定程度上反映出农村公共产品存在供给缺口。同时从分阶段结果可以看出,与1997—2005年阶段相比,2006—2013年阶段各类公共产品的收入弹性都出现了显著下降,而各类私人产品收入弹性除居住类外都出现了不同幅度的上升。这说明,我国农村公共产品供给矛盾有显著缓解。

综上所述,在1997—2013年间,总体上中国农村公共产品仍存在一定的结构性供需矛盾,但近年来供需矛盾已得到显著缓解,这与时间序列分析得到的结论基本一致,充分说明近年来国家在农村加强基础设施建设、加大农村教育投入和提高医疗保健水平带来的积极效果。

---

[27] 尽管计量经济学理论并没有对面板数据模型的最短研究期作要求,但可以肯定的是,研究期较长时得到的参数估计值将更准确一些。

[28] 稳健的豪斯曼检验方法参见:陈强:《高级计量经济学及Stata应用》(第二版),268-270页,北京,高等教育出版社,2014。

表 4-9 稳健的豪斯曼检验结果

检验模型	研究时期								
	1997—2013			1997—2005			2006—2013		
	Sargan-Hansen 统计量	P 值	结论	Sargan-Hansen 统计量	P 值	结论	Sargan-Hansen 统计量	P 值	结论
食品支出	0.015	0.901	RE	1.461	0.227	RE	0.220	0.639	RE
衣着支出	8.156	0.004	FE	0.244	0.622	RE	5.547	0.019	FE
居住支出	6.374	0.012	FE	0.204	0.652	RE	1.154	0.283	FE
家庭设备及服务支出	11.293	0.001	FE	15.998	0.000	FE	29.493	0.000	FE
交通和通信支出	36.295	0.000	FE	87.565	0.000	FE	1.869	0.172	RE
文教娱乐支出	5.936	0.015	FE	2.292	0.130	RE	11.735	0.001	FE
医疗保健支出	9.077	0.003	FE	22.071	0.000	FE	6.377	0.012	FE

注：同时也利用传统的豪斯曼检验方法进行了检验，结论一致；保留 3 位小数；结论按 5% 的显著性标准得出；FE 表示固定效应，RE 表示随机效应，下同。

表 4-10 面板数据对数模型估计结果

时期	指标	模型形式	私人产品					公共产品或准公共产品		
			食品支出	衣着支出	居住支出	家庭设备及服务支出	交通和通信支出	文教娱乐支出	医疗保健支出
			RE	FE	FE	FE	FE	FE	FE
1997—2013	常数		1.25*** (7.25)	-3.60*** (-14.35)	-5.03*** (-12.90)	-5.20*** (-15.53)	-11.67*** (-20.91)	-0.52 (-0.99)	-8.46*** (-18.07)
	系数		0.71*** (34.09)	1.06*** (33.96)	1.36*** (27.98)	1.23*** (29.41)	2.09*** (30.03)	0.72*** (11.04)	1.67*** (28.53)
	模型形式		RE	RE	RE	FE	FE	RE	FE
1997—2005	常数		2.43*** (5.51)	-0.86 (-1.48)	-3.08*** (-3.62)	0.52 (0.71)	-27.28*** (-15.59)	-8.49*** (-4.76)	-13.34*** (-16.68)
	系数		0.56*** (9.59)	0.71*** (9.44)	1.11*** (10.17)	0.49*** (5.13)	4.11*** (18.15)	1.76*** (7.79)	2.30*** (22.44)
	模型形式		RE	FE	RE	FE	RE	FE	FE
2006—2013	常数		1.30*** (4.80)	-3.59*** (-9.28)	-1.77** (-2.21)	-6.17*** (-12.62)	-3.94*** (-9.29)	2.33*** (3.53)	-6.39*** (-9.65)
	系数		0.71*** (22.28)	1.07*** (22.89)	0.98*** (9.97)	1.35*** (22.95)	1.17*** (22.56)	0.38*** (4.78)	1.42*** (17.85)

注：***、**、* 分别表示在 1%、5% 和 10% 的显著水平下显著；均使用聚类稳健标准误；保留 2 位小数。

六、实证结果与分析Ⅲ：横截面数据

利用时间序列数据和地区面板数据进行分析，能够展示在某一个时间段内农村公共产品供给的总体情况，但由于研究的是一个时期，其得出的具体结论可能存在偏差。例如，比较2000年前后，时间序列分析发现医疗保健类公共产品的供给矛盾并未明显得到缓解，而事实上，自2002年国家提出建立新型农村合作医疗制度后，开始逐步完善农村基本医疗保险体系，在这一过程中，农村医疗服务的供给水平得以逐步提高，这与实际现象存在一定偏差。这是因为，时间序列研究对象是一个时期，且新制度实施增加的医疗服务供给水平是逐步提升的，因而这段内供给矛盾的突出会抵消供给水平的逐步提升。因此，有必要进一步利用地区截面数据，来考察较短时期内参数的变化，从而判断出农村公共产品供给矛盾在近期是否得到缓解。

需要说明的是，由于从2014年开始中国统计农村居民人均可支配收入，且各类型消费支的统计口径也发生了变化，因而在横截面数据模型分析中，2015年全部采用新口径统计数据进行估计。地区横截面数据绝对值模型和对数值模型的OLS估计结果见表4-11和表4-12，结果显示，绝大部分模型中的参数都通过了显著性。

从绝对值模型的估计结果来看，在私人产品消费中，食品和衣着类产品的自发消费长期以来基本都为正，居住和家用设备类产品的自发消费波动较大，但在2005年以前均为负，2005年之后总体上有转为正的趋势；在公共产品消费中，交通通信类产品的自发消费一直为负，文教娱乐类产品的自发消费也长期为负，仅2015年为正，医疗保健类产品的自发消费在2010年以前长期为负，而在这之后转为正。这说明，当收入为零时，农村居民更倾向于消费食品、衣着等私人产品，只有收入达到一定水平后，才愿意消费公共产品，尤其是近几年来，几乎所有的私人产品自发消费都转为正数，而公共产品中只有医疗保健类产品的自发消费转为正。这说明，农村公共产品的供给缺口仍然明显，导致存在一个较高的消费门槛。

从对数模型的估计结果来看（参见表4-12和图4-1），在私人产品中，食品、衣着类产品的收入弹性都比较稳定，且长期保持在1以下。居住类和家庭设备类产品的收入弹性总体上呈下降趋势，近年来也基本降到了1以下；在公共产品中，交通通信类和文教娱乐类产品的收入弹性长期保持在1以上，近几年才下降到1以下，而医疗保健类产品的收入弹性在2005年以后保持在1以下。总体上看，三大类公共产品消费的收入弹性呈现出

表 4-11 绝对值模型估计结果

年份	指标	私人产品				公共产品或准公共产品		
		食品支出	衣着支出	居住支出	家庭设备及服务支出	交通和通信支出	文教娱乐支出	医疗保健支出
1993	常数	172.47*** (14.32)	12.04 (1.63)	-6.13 (-0.47)	-38.17*** (-4.93)	-9.18*** (-3.71)	-18.10** (-2.43)	9.04** (2.61)
	系数	0.29*** (7.64)	0.05*** (7.51)	0.12*** (10.34)	0.09*** (12.73)	0.03*** (12.63)	0.08*** (12.02)	0.02*** (6.03)
	Adj R²	0.88	0.66	0.79	0.85	0.85	0.83	0.55
1995	常数	302.53*** (8.26)	12.91 (1.09)	-71.15** (-2.51)	-34.01*** (-4.08)	-25.24*** (-5.16)	-8.22 (-0.63)	8.71 (1.34)
	系数	0.29*** (14.79)	0.05*** (8.14)	0.16*** (10.20)	0.07*** (14.49)	0.04*** (14.18)	0.07*** (9.55)	0.02*** (6.21)
	Adj R²	0.88	0.69	0.78	0.88	0.87	0.76	0.56
1998	常数	421.27*** (6.28)	12.60 (0.93)	-110.36*** (-4.07)	-57.55*** (-4.76)	-53.26*** (-6.46)	-43.62** (-2.39)	-6.41 (-0.69)
	系数	0.19*** (6.99)	0.04*** (7.57)	0.16*** (14.25)	0.06*** (-4.76)	0.05*** (15.48)	0.09*** (12.29)	0.03*** (9.23)
	Adj R²	0.62	0.65	0.87	0.85	0.89	0.83	0.74
2000	常数	274.14*** (4.03)	20.03* (1.72)	-43.08* (-1.93)	-23.83*** (-3.10)	-51.26*** (-4.16)	-36.20* (-1.87)	-14.16 (-0.89)
	系数	0.24*** (9.22)	0.04*** (7.86)	0.13*** (15.03)	0.04*** (14.75)	0.06*** (13.18)	0.10*** (13.08)	0.05*** (7.62)
	Adj R²	0.74	0.67	0.88	0.88	0.85	0.85	0.66

续表

年份	指标	私人产品			公共产品或准公共产品		
		食品支出	衣着支出	居住支出	家庭设备及服务支出	交通和通信支出	文教娱乐支出	医疗保健支出
2003	常数	267.13*** (3.74)	13.81 (1.09)	−168.13*** (−3.23)	−29.76*** (−2.97)	−79.09*** (−4.03)	−56.02** (−2.25)	−20.40 (−1.34)
	系数	0.23*** (9.81)	0.04*** (9.19)	0.18*** (10.62)	0.04*** (12.85)	0.09*** (14.29)	0.11*** (13.50)	0.05*** (10.63)
	Adj R²	0.76	0.74	0.79	0.85	0.87	0.86	0.79
2005	常数	408.19*** (4.34)	16.47 (0.97)	−105.67** (−2.46)	−46.17*** (−3.02)	−61.73*** (−3.11)	−78.15* (−2.41)	−30.50 (−1.23)
	系数	0.02*** (9.20)	0.04*** (9.59)	0.14*** (12.88)	0.05*** (12.05)	0.09*** (17.96)	0.11*** (13.17)	0.06*** (9.57)
	Adj R²	0.74	0.75	0.85	0.83	0.91	0.85	0.75
2008	常数	460.58*** (3.43)	17.79 (0.66)	17.23 (0.22)	−15.23 (−0.80)	−52.64* (−1.71)	−92.16** (−2.11)	−17.53 (−0.48)
	系数	0.23*** (9.53)	0.04*** (8.66)	0.13*** (9.41)	0.04*** (11.04)	0.09*** (15.34)	0.08*** (10.59)	0.06*** (8.63)
	Adj R²	0.75	0.71	0.74	0.80	0.89	0.79	0.71
2010	常数	551.26*** (4.54)	38.05 (1.10)	7.04 (0.08)	42.22* (1.93)	−124.74** (−2.29)	−108.36** (−2.09)	62.95 (1.32)
	系数	0.21*** (11.57)	0.04*** (7.19)	0.14*** (10.44)	0.03*** (9.60)	0.10*** (12.23)	0.08*** (10.42)	0.04*** (6.37)
	Adj R²	0.82	0.67	0.78	0.75	0.83	0.78	0.57

续表

年份	指标	私人产品				公共产品或准公共产品		
		食品支出	衣着支出	居住支出	家庭设备及服务支出	交通和通信支出	文教娱乐支出	医疗保健支出
2013	常数	479.98*** (3.07)	-1.24 (-0.02)	441.67*** (3.05)	72.20* (1.92)	-46.63 (-0.49)	-111.03* (-1.77)	32.01 (0.28)
	系数	0.23*** (14.75)	0.05*** (8.15)	0.09*** (6.24)	0.03*** (9.33)	0.10*** (10.38)	0.07*** (10.83)	0.07*** (5.96)
	Adj R²	0.88	0.69	0.56	0.74	0.78	0.79	0.53
2015	常数	840.72*** (3.05)	169.71** (2.19)	-388.9** (-2.15)	119.23* (1.73)	-9.48 (-0.08)	616.19*** (4.87)	329.34*** (2.89)
	系数	0.20*** (8.89)	0.04*** (5.74)	0.20*** (14.11)	0.04*** (6.60)	0.10*** (10.53)	0.03*** (2.97)	0.05*** (5.13)
	Adj R²	0.72	0.52	0.87	0.57	0.79	0.21	0.46

注：***、**、*分别表示在1%、5%和10%的显著水平下显著；括号内为t值，保留2位小数。

表 4-12 对数值模型估计结果

年份	指标	私人产品				公共产品或准公共产品		
		食品支出	衣着支出	居住支出	家庭设备及服务支出	交通和通信支出	文教娱乐支出	医疗保健支出
1993	常数	1.65*** (4.85)	-1.09 (-1.19)	-1.88*** (-2.05)	-4.91*** (-6.03)	-6.69*** (-7.58)	-4.31** (-2.41)	-1.87 (-1.22)
	系数	0.65*** (13.11)	0.75*** (5.61)	0.95*** (7.11)	1.27*** (10.64)	1.38*** (10.73)	1.21*** (4.63)	0.75*** (3.33)
	Adj R²	0.86	0.51	0.63	0.79	0.80	0.41	0.26
1995	常数	1.87*** (4.72)	-1.46 (-1.49)	-3.49*** (-3.14)	-4.37*** (-5.96)	-7.31*** (-6.65)	-4.59*** (-2.59)	-7.31*** (-6.65)
	系数	0.65*** (12.08)	0.81*** (6.11)	1.17*** (7.72)	1.16 (11.67)	1.46*** (9.76)	1.24*** (5.12)	1.46*** (9.76)
	Adj R²	0.83	0.56	0.67	0.82	0.76	0.47	0.76
1998	常数	2.38*** (3.98)	-1.95* (-1.77)	-4.92*** (-4.35)	-5.34*** (-6.90)	-10.03*** (-7.97)	-6.60*** (-3.70)	-4.42*** (-3.55)
	系数	0.57*** (7.26)	0.85*** (5.95)	1.34*** (9.10)	1.26*** (12.54)	1.82*** (11.09)	1.50*** (6.46)	1.12*** (6.90)
	Adj R²	0.63	0.53	0.73	0.84	0.80	0.58	0.61
2000	常数	1.91** (2.73)	-1.49 (1.57)	-3.66*** (-3.74)	-4.70*** (-8.10)	-7.77*** (-7.00)	-5.09*** (-3.05)	-4.65*** (-3.28)
	系数	0.62*** (6.86)	0.79*** (6.40)	1.18*** (9.34)	1.16*** (15.46)	1.58*** (10.96)	1.32*** (6.12)	1.18*** (6.42)
	Adj R²	0.61	0.57	0.74	0.89	0.80	0.55	0.57

续表

年份	指标	私人产品			公共产品或准公共产品			
		食品支出	衣着支出	居住支出	家庭设备及服务支出	交通和通信支出	文教娱乐支出	医疗保健支出
2003	常数	1.43** (2.21)	-2.09** (-2.06)	-3.64*** (-3.49)	-4.29*** (-5.39)	-5.96*** (-5.63)	-4.08*** (-3.18)	-3.89*** (-3.21)
	系数	0.68*** (8.27)	0.86*** (6.73)	1.18*** (8.94)	1.10*** (10.87)	1.39*** (10.36)	1.20*** (7.38)	1.09*** (7.11)
	Adj R^2	0.69	0.60	0.72	0.80	0.78	0.64	0.62
2005	常数	2.04*** (3.13)	-1.87* (-1.78)	-3.42*** (-2.91)	-3.97*** (-5.06)	-4.40*** (-5.64)	-4.44*** (-2.91)	-3.08** (-2.54)
	系数	0.62*** (7.66)	0.85*** (6.53)	1.15*** (7.90)	1.07*** (11.01)	1.22*** (12.63)	1.24*** (6.58)	1.01*** (6.75)
	Adj R^2	0.66	0.58	0.67	0.80	0.84	0.59	0.60
2008	常数	1.63** (2.39)	-1.98 (-1.62)	-0.94 (-0.97)	-2.87*** (-3.20)	-3.26*** (-4.25)	-5.12*** (-3.66)	-2.91* (-1.97)
	系数	0.68*** (8.42)	0.87*** (6.02)	0.87*** (7.64)	0.94*** (8.89)	1.08*** (11.88)	1.27*** (7.70)	0.99*** (5.67)
	Adj R^2	0.70	0.54	0.66	0.72	0.82	0.66	0.51
2010	常数	1.59** (2.67)	-1.60 (-1.23)	-0.61 (-0.64)	-1.20 (-1.33)	-3.41*** (-3.72)	-5.54*** (-3.37)	-1.51 (-0.97)
	系数	0.68*** (9.86)	0.83*** (5.52)	0.84*** (7.68)	0.76*** (7.29)	1.09*** (10.36)	1.31*** (6.91)	0.84*** (4.65)
	Adj R^2	0.76	0.50	0.66	0.63	0.78	0.61	0.41

续表

年份	指标	私人产品			公共产品或准公共产品		
		食品支出	衣着支出	居住支出	家庭设备及服务支出	交通和通信支出	文教娱乐支出	医疗保健支出
2013	常数	0.78	-2.54*	0.51	-0.97	-2.19**	-5.45***	-2.15
		(1.35)	(-1.71)	(0.28)	(-1.06)	(-2.14)	(-3.07)	(-0.98)
	系数	0.78***	0.95***	0.72***	0.76***	0.98***	1.27***	0.94***
		(12.32)	(5.79)	(3.66)	(7.55)	(8.67)	(6.51)	(3.90)
	Adj R²	0.83	0.52	0.29	0.65	0.71	0.58	0.32
2015	常数	1.13	-0.39	-3.12***	1.10	-2.00*	1.91	-0.68
		(1.27)	(-0.24)	(-3.01)	(-0.93)	(-1.95)	(1.01)	(-0.33)
	系数	0.74***	0.72***	1.14***	0.79***	0.97***	0.53**	0.79***
		(7.72)	(4.22)	(10.29)	(6.21)	(8.86)	(2.60)	(3.60)
	Adj R²	0.66	0.36	0.78	0.56	0.72	0.16	0.29

注：***、**、*分别表示在1%、5%和10%的显著性水平下显著；括号内为t值，保留2位小数。

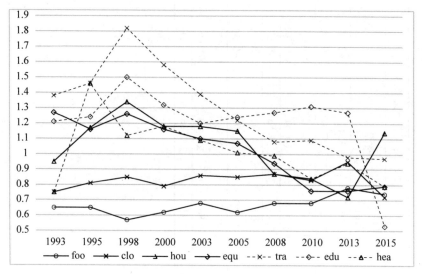

图 4-1　各类支出收入弹性变化（1993—2015）

数据来源：根据表 4-12 系数绘制。

下降趋势。这说明，自 1993 年以来，中国农村公共产品的总体供给矛盾得到了很大缓解。

值得一提的是，前面利用时间序列数据分析发现，在 2000—2013 年这一时期，医疗保健类产品的供需矛盾有所增强，而这里的横截面数据分析结果则发现，事实上在 2005 年之后，医疗保健类产品的供需矛盾得到了大幅缓解，这说明时间序列分析结论可能是因为 2005 年之前的突出供需矛盾抵消了这之后的供给效率提升。这也间接证实了 2002 年开始构建和完善新型农村合作医疗制度这一政策制度，的确提高了中国农村医疗保健类产品的供给效率，在解决农村医疗保健类公共产品供需矛盾上发挥了巨大作用。此外，交通通信产品、文教娱乐产品供需矛盾快速缓解这一事实，同样证实了国家在农村交通、信息等基础设施建设以及农村文化教育事业发展上的努力，有效提高了农村公共产品供给效率。

七、总结性评论

本节利用时间序列数据、地区面板数据和横截面数据模型，从多个角度对中国农村公共产品的供给状况和效率进行了分析。分析表明，近年来国家通过扩大财政资金投入、引导民间资本参与等一系列措施来提高基础设施、教育、社会保障等农村公共产品的供给，取得了十分显著的效果，农村公共产品供给水平明显提高，供需矛盾得到了很大缓解。但通过对供给效率的分析也发现,现阶段中国农村公共产品供需矛盾一定程度上仍然存在。同时,农村公共产品供给还存在结构性失衡,文化教育、医疗保健类产品的供需矛盾还需持续关注,交通通信类产品的供给也有待进一步加强。总而言之,分析认为,总体上中国农村公共产品供给不但存在总量不足问题,还存在着结构性失衡问题。当然,中国农村公共产品供需矛盾的持续存在,也反映出随着农村居民生活水平的逐步提高,对公共产品的品质要求也在逐步提升,未来要有效缓解农村公共产品供给矛盾,不仅要从供给数量上考虑,还要更多地考虑公共产品的供给质量。

需要指出的是,对农村公共产品供给效率的计量分析中,由于现有消费数据只给出了 7 个大类的产品消费情况,其中具有公共产品属性的有交通和通信、医疗保健、文教娱乐用品及服务 3 类,而难以获得更细的分类数据,因此基于大类数据从消费需求层面进行供给效率分析,仅能对大致情况作出判断,还不能精确衡量所有公共产品的供需情况;同时,从消费层面的分析仅能通过对需要付费使用部分的判断来间接反映公共产品的供给效率,其准确性有所降低。在技术层面上,本章使用 Johansen 方法进行时间序列的实证分析,为满足统计方法上的严格要求,需要通过设置滞后项来对参数进行 MLE 估计,样本研究时期尤其是分阶段后的研究时期较短,而个别模型却需要设置较长的滞后期,这也会导致研究结论的准确性降低。利用面板数据模型的分析,为保持数据的平衡性和研究对象的一致性,又进一步缩短了研究时期。当然,进一步采用了地区横截面数据对每年的公共产品供给情况进行了分析,在一定程度上弥补了这些不足。此外,环境类公共产品以及其他一些无需任何支付的纯公共产品无法在消费模型中得到反映,同时这些实证分析也只能从数量上来刻画供需矛盾,而不能反映中国农村居民对公共产品质量越来越高的要求。尽管如此,消费分析法仍能从一定程度上反映中国农村公共产品的整体供给效率。

第三节　中国农村公共产品治理存在的主要问题

前述分析表明,近年来中国在农村经济社会发展方面进行了调整和改革,并加大了对农业、农村基础设施、教育、社会保障、环境保护等公共领域的投入,农村公共产品供给水平有较为明显的改善。尽管如此,中国农村公共产品治理仍然存在很多问题,总结起来,可以归纳为治理模式单一、供需失衡严重、民主决策机制缺位和法制保障不足 4 个方面。

一、治理模式单一

从税费改革之前制度外主导的自主供给到税费改革之后政府主导下的供给,中国农村公共产品治理在制度上似乎没有发生根本性的转变。当前的农村公共产品治理制度的单一性特征,并不是说公共产品治理中只存在唯一一种模式,而是各种模式之间完全分割、缺乏协作和互动导致的单一治理。一方面政府独立或通过国有机构包办大型基础设施、教育等方面的供给,几乎成为这些领域中唯一的公共产品供给主体;另一方面将部分公共产品完全商品化推向市场,例如据调查,农业服务(包括农机服务、种子购买、植保、动物防疫)提供者基本全靠私人(包括农户自我服务)提供(林万龙,2007)[29],而村一级基本公共产品供给又主要由村民组织和村民自行负担。因此,中国农村公共产品治理中,尽管政府治理、市场治理和社群治理3种模式并存,但3种模式之间缺乏协调和合作,进而形成各种治理模式在单一的资金筹集渠道、单一的管理结构、单一的供给主体下"独自应战",这表明中国农村公共产品治理在本质上仍然是单一治理模式下的治理结构,而没有通过有效的机制将各类供给主体联合起来,形成多种模式有机结合的治理模式。事实上,多元主体有机结合的治理模式正是发达国家甚至一些发展中国家普遍采用的模式,由政府进行牵头协调,充分调动政府、市场和社会资本的力量,协作进行农村公共产品的治理[30]。

二、供需矛盾突出

前面的分析已表明,中国农村公共产品目前仍存在一定程度的供需失衡。一方面体现在供给总量上的失衡,尽管近年来农村公共产品供给水平明显提高,但仍然不能满足农村居民日益增长的需求,一些公共产品的供给缺口不但没有缓解,反而由于需求的持续上升,供给缺口仍持续存在。随着国家解决"三农"问题、建设社会主义新农村、农村工业化和城市化的推进,都将进一步引发对农村公共产品的巨大需求,从而造成供给压力进一步增加(财政部财政科学研究所课题组,2008)[31]。另一方面,中国农村公共产品供给还存在结构性失衡,不同种类的公共产品、不同地区之间、城

---

[29] 林万龙:《中国农村公共服务供求的结构性失衡:表现及成因》,载《管理世界》,2007(9)。

[30] 参见本书第六章关于国外公共产品治理的经验分析。

[31] 财政部财政科学研究所课题组:《从绩效出发确保农村公共产品高效供给》,载《经济研究参考》,2008(38)。

乡之间的公共产品供给存在差异,农村基础设施严重缺乏、农村环境保护压力增大、农村社会保障制度仍不完善是农村公共产品供需矛盾最为突出的领域。由于现行财政制度下(尤其是农村税费改革之后),不同地区之间基层财政实力出现巨大差异,发达地区基层财政实力较强,能够为农村居民提供质量水平相对更高的公共产品,而经济实力落后的地区尤其是偏远山区,基层财政实力十分薄弱,几乎无力提供基本的公共产品和服务,从而形成农村公共产品供给的地区差异。在城乡之间,目前中国公共产品城乡统筹供给仍在探索阶段,尚未消除的二元经济结构使得城乡之间的公共产品供给差距巨大,与城市相比,农村公共产品供给水平仍十分低。

三、民主决策机制缺位

在乡村治理制度上,中国目前仍然实行的是"自上而下"的决策机制,基层政府和村民组织只能被动地执行上级政府的决策,同时也没有形成有效的需求表达机制,农村居民的实际需求难以在政策的制定过程中得到全面反映,从而导致政策往往不能契合农村居民的真实需求。村级组织尽管在制度设计上体现出民主自治性质,自治主体由村党委、村民委员会和村民代表大会构成,但由于各种原因,村民代表大会很少召开,村级事务实际上由村党委、村民委员会办理,本质上就是村干部自行决策,村民基本没有参与决策的制定和实施。

实施税费改革之后,中国开始推广"一事一议"筹资筹劳制度,并出台了相关的管理办法和政策措施,要求"村内进行农田水利基本建设、修建村级道路、植树造林等集体生产公益事业所需劳务,实行'一事一议',由村民大会民主讨论决定",[32]并遵循村民自愿、直接受益、量力而行、民主决策、合理限额的原则开展公益事业项目的村民筹资筹劳制度[33]。可以发现,"一事一议"制度并没有根本改变村级公共事务的决策机制,仍然在现行村民自治制度下通过召开村民大会进行决策,而没有解决由于农民外出务工、村民居住分散等原因导致的难以实现召开村民大会的难题,同时由村民筹资筹劳能解决的村级公益项目也十分有限,尽管后来又通过实施项目补贴、以奖代补等措施来进行财力补充,但由于本质上并没有进行制度创新和完善,"一事一议"制度的实施效果并不理想。因此,总体来讲,中

---

[32] 中共中央、国务院:《关于进行农村税费改革试点工作的通知》(中发〔2000〕7号),2000年3月。

[33] 国务院办公厅:《关于转发农业部村民"一事一议"筹资筹劳管理办法的通知》(国办发〔2007〕4号),2007年1月。

国农村公共产品供给的决策机制并没有改变,尚未建立起以民主决策为基础的自下而上的决策机制,农村居民无法有效参与公共产品治理[34]。

四、制度保障不足

完善的法律和制度是有效治理农村公共产品的基本保障,通过制定法律和规范,明确农村公共产品治理中利益相关方的责权利关系,并赋予制度和政策相应的法律地位,能够确保这些制度和政策得以切实执行,这也是发达国家农村公共产品供给水平高的重要原因。目前,中国虽然制定了《农业法》《农村技术推广法》《乡镇企业法》《村民委员会法》《环境保护法》《教育法》等法律和行政规范,但这些法律仍是现有制度基础上建立起来的综合性法规,而对于一些涉及农村经济社会发展的较为具体的事项,通常以"规划""意见""通知""办法"等形式来处理,并没有通过赋予法律地位来明确权责关系和相关的制度框架、实施程序、监督机制等,这导致当相关部门和机构在执行不力或失败时,也无需承担相关责任,进而容易导致腐败、寻租等不利于政策有效执行的现象。在农村公共产品治理中,牵涉到农民、政府、村民自治组织以及其他一些社会力量等多方利益,公共产品又涉及农业、土地利用、自然环境、基础设施、教育、社会保障、公共服务等众多当前问题突出的领域,并且中国目前农村公共产品供给权责关系仍未划分清晰,因此亟须通过正式的,具有强制性的法律和制度来进行治理,以便相关制度和政策得到切实执行,而在出现问题时则依法进行查处。

---

[34] 关于"一事一议"制度将在第五章进行详细讨论。

第五章　农村税费改革对农村公共产品治理的影响分析

农村税费改革是中国农村经济体制改革的重大举措,对农村公共产品治理产生了重要影响。本章通过分析中国农村税费改革的历程和主要内容,以及其对农村公共产品治理带来的影响,进而总结出农村税费改革后我国农村公共产品治理面临的主要困境。

第一节　中国农村税费改革的背景与历程

农村税费改革是中国农村经济体制改革的重大举措,被称为"继土地改革、实行家庭承包经营之后中国农村的第三次'革命'"[1]。农村税费改革对中国农村公共产品治理有重要影响,有必要首先对农村税费改革的背景、改革历程和主要内容进行分析。

一、农村税费改革的背景

税费改革之前,农村相关的各种税费一直是国家财政收入尤其是基层政府财政收入的重要来源之一,也是中国农村公共产品治理所需资金的重要来源渠道。20世纪80年代实行家庭联产承包责任制后,农村经济收益按照"交够国家的,留足集体的,剩下的全是自己的"的"大包干"制度进行分配。然而,这种分配制度并没有设置一个客观的分配标准,国家、集体、农民三者的关系含混不清(上官莉娜,2004)[2]。20世纪90年代,农村乱收费、乱集资、乱摊派(简称为"三乱")的现象十分严重,除符合国家规定的各种税费外,一些地方政府和部门还"越权设立收费项目,擅自提高收费标准,随意扩大收费范围"[3],农民负担日益加重,甚至导致干群关系紧张,出现严重的社会矛盾。

---

[1] 陈先森:《亲历安徽农村税费改革(上)》,载《党史纵览》,2011(10)。
[2] 上官莉娜:《深化农村税费改革的全局意义》,载《光明日报(理论版)》,2004-02-17。
[3] 肖捷:《农村税费改革:一场影响农村发展进程的改革》,载《经济日报》,2011-08-02。

农村税费改革之前,符合国家法律、法规和政策规定的税费和劳务负担主要有五大类(陈先森,2011)[4]:一是国家税赋,包括农业税、牧业税、农业特产税、屠宰税、契税、耕地占用税等;二是用于基层公共产品治理的"三提五统"经费,"三提"是农民向村级组织缴纳的公积金、公益金和管理费三项提留,"五统"是农民向乡镇一级政府缴纳的教育附加、计划生育费、优抚费、民兵训练费和乡村道路费五项统筹款;三是每年需要承担的义务工(每年10个)和积累工(每年20—25个);四是依法向农民收取的教育集资;五是各级政府和部门向农民收取的各种行政事业性收费、政府基金、集资和各种摊派等。如此多的各类税费和劳务,农民负担之重可想而知。

以农牧税和农业特产税为例,按第一产业就业人员计算的农民平均负担在实施取消农业税举措(2004年)之前长期呈增长趋势[5]。1990年,人均负担约为18.53元,占同期农村居民人均纯收入的比重为2.7%,这一比重在1993年到1998年期间一直保持在4%以上,其中1996年达到4.67%。1997年至2001年期间有略微下降,2001年为3.31%。2002年人均负担为114.3元,占同期农民居民人均纯收入的4.62%,2003年人均负担增加到115.97元,占同期农村居民人均纯收入的4.42%(表5-1)。这里只考虑农牧税和农业特产税两种税收,如果加上其他各种税费和劳务,农民负担会更重。以1999年安徽省为例,如果算上"三提五统"、各种集资摊派等费用,每年人均农民负担高达270多元(陈先森,2011)[6],按此保守估算,农民各种税费负担占同期安徽省农村居民人均纯收入的比重高达14.21%[7]。当时,社会上有一个广为流传的顺口溜——"头税轻,二税重,三税是个无底洞","头税"即指农业相关的各种税收,大概人均32.5元,"二税"是指"三提五统",大概人均65元,"三税"是各种集资、摊派和收费,名目繁多且没有正规标准,成为导致农民负担过重的主要原因(肖捷,2011)[8]。

---

[4] 同前,陈先森(2011)。

[5] 2004年,国家决定开始实施取消农业税(包括牧业税)和农业特产税,将在本章下一节中介绍。

[6] 其中,人均劳务负担最高,折算后达到人均140元,其后依次为"三体五统"收费达到人均68.5元、农业税人均28.43元、各种集资摊派人均18.58元、农业特产税人均15.65元。参见:同前,陈先森(2011)。

[7] 1999年安徽省农村居民人均纯收入为1900.29元,见《安徽统计年鉴2010》。

[8] 肖捷:《农村税费改革:一场影响农村发展进程的改革》,载《经济日报》,2011-08-02。

表 5-1 农业税及农民税收负担情况（1986—2006）

年份	农业各种税收收入（亿元）	农牧业税（亿元）	农业特产税（亿元）	农牧税和农业特产税合计（亿元）	农牧税和农业特产税合计占农业各种税收收入比重（%）	第一产业就业人员（万人）	农村居民人均纯收入（元）	农民平均税收负担（元/人）	农民平均税收负担占人均纯收入的比重（%）
1986	44.52	44.22		44.22	99.33	31254	423.80	14.15	3.34
1987	50.81	48.96		48.96	96.36	31663	462.60	15.46	3.34
1988	73.69	46.90	4.95	51.85	70.36	32249	544.90	16.08	2.95
1989	84.94	56.81	10.25	67.06	78.95	33225	601.50	20.18	3.36
1990	87.86	59.62	12.49	72.11	82.07	38914	686.30	18.53	2.70
1991	90.65	56.65	14.25	70.90	78.21	39098	708.60	18.13	2.56
1992	119.17	70.10	16.24	86.34	72.45	38699	784.00	22.31	2.85
1993	125.74	72.65	17.53	90.18	71.72	37680	921.60	23.93	2.60
1994	231.49	119.51	63.69	183.20	79.14	36628	1221.00	50.02	4.10
1995	278.09	128.12	97.17	225.29	81.01	35530	1577.70	63.41	4.02
1996	369.46	182.06	131.00	313.06	84.73	34820	1926.10	89.91	4.67
1997	397.48	182.38	150.27	332.65	83.69	34840	2090.10	95.48	4.57
1998	398.80	178.67	127.79	306.46	76.85	35177	2162.00	87.12	4.03
1999	423.50	163.08	131.43	294.51	69.54	35768	2210.30	82.34	3.73
2000	465.31	168.7	130.74	298.91	64.24	36043	2253.40	82.93	3.68
2001	481.70	164.32	121.97	286.29	59.43	36513	2366.40	78.41	3.31
2002	717.85	321.49	99.95	421.44	58.71	36870	2475.60	114.30	4.62
2003	871.77	334.22	89.60	423.82	48.62	36546	2622.20	115.97	4.42
2004	902.19	198.71	43.29	242.00	26.82	35269	2936.40	68.62	2.34
2005	936.40	12.80	46.61	59.41	6.34	33970	3254.90	17.49	0.54
2006	1084.04	0.13	3.52	3.65	0.34	32561	3587.00	1.12	0.03

注：表中的农民平均税收负担是指农牧税和农业特产税收入合计与第一产业就业人员的比值；2006年以前农业各种税包括农业税、牧业税、耕地占用税、农业特产税和契税。2006年起，取消农牧业税和农业特产税，出台烟叶税，当年农业税和农业特产税尚有少量尾欠。数据来源：各项税收指标来源于《中国财政年鉴2010》第一产业就业人员数来源于《中国人口和就业统计年鉴2010》，农村居民人均纯收入来源于《中国农村统计年鉴2010》。

如果将乡镇财政收入划分为预算内收入、预算外收入和自筹资金三部分，那么上面所提到的"三税"，即各种集资、摊派和收费，就是预算外收入和自筹资金的主要构成部分，也是"三乱"产生的根源，其中又以自筹资金部分为甚，学者们将其称为"制度外收入""非规范性收入"或"非正规收入"(孙潭镇、朱钢，1993；马戎、王汉生、刘世定，1994；樊纲，1995；周业安，2002)[9]。"非正规收入"占公共收入的比重非常高，一些个案研究显示，很多乡镇的"非正规收入"占公共收入的比重超过50%，成为乡镇一级政府收入的主要来源(表5-2)。

由于高税费和"三乱"现象日益严重等原因，导致农民负担上升，进而引起一些社会矛盾，因此中央开始着手开展以减轻农民负担为直接目的的农村税费改革。在总结和提炼安徽省的前期实践经验之后，2000年3月中共中央和国务院下发《关于进行农村税费改革试点工作的通知》(中发〔2000〕7号)，并首先在安徽省进行试点，由此全国农村税费改革正式拉开序幕。

二、农村税费改革的历程

从1990年开始，农民负担问题就引起了中央的注意，并相继出台了一系列政策措施来减轻农民负担，不过实际效果并不理想。1998年，时任国务院总理朱镕基提出开展粮食流通体制、投融资体制、住房体制、医疗体制和税费体制五项改革。其中税费改革最初试图首先从车辆和道路税费开始，但相关方案未获人大常委会通过，由此中央将税费改革重点转向农村税费改革，并于1998年9月成立了由财政部、农业部和中农办领导联合组成的农村税费改革工作三人领导小组及相应的工作团队(项怀诚，2011；肖捷，2011；陈先森，2011)[10]。与此同时，作为"大包干"制度的发源地，安徽省正积极开展农村税费调研和改革方案的设计。2000年3月，中共中央和国务院下发《关于进行农村税费改革试点工作的通知》(中发〔2000〕7号)，确定了农村税费改革的指导方针、基本原则和主要内容，并

---

[9] 孙潭镇、朱钢：《我国乡镇制度外财政分析》，载《经济研究》，1993(9)；马戎、王汉生、刘世定主编：《中国乡镇企业的发展历史与运行机制》，730页，北京，北京大学出版社，1994；樊纲：《论公共收支的新规范——我国乡镇"非规范收入"若干个案的研究与思考》，载《经济研究》，1995(6)；周业安：《乡镇政府的"额外收入"》，载《改革内参》，2002(4)。

[10] 项怀诚：《农村税费改革十周年纪念》，载《人民论坛》，2011(6)；肖捷：《农村税费改革：一场影响农村发展进程的改革》，载《经济日报》，2011-08-02；陈先森：《亲历安徽农村税费改革(上)》，载《党史纵览》，2011(10)。

第五章 农村税费改革对农村公共产品治理的影响分析 139

表 5-2 "非正规收入"占公共收入的比重

个案乡镇	非正规收入占公共收入的比重(%)	年 份	资料来源
北京市郊某镇(乡企型)	77.4(预算内为 21.4)	1989	孙潭镇,朱钢
浙江某镇	72.5(预算内为 27.5)	1989	孙潭镇,朱钢
广州市某镇	91.6(预算内为 8.4)	1991	孙潭镇,朱钢
大连市郊某镇	74.6(制度内为 25.4)	1991	孙潭镇,朱钢
上海市郊某镇	67.0	1991	孙潭镇,朱钢
湖南某镇(农业型)	41.3	1991	孙潭镇,朱钢
浙江某乡(农业型)	49.8	1989	黄佩华
北方 N 乡	约 50.0	1992	樊纲
湖北宣城市某镇	59.7	1992	樊纲
广东江门市某镇	85.7	1993	樊纲
温州乐清市某镇	63.2;87.0	1993;1994	樊纲
温州永嘉县某镇	69.7	1994	樊纲
江苏 A 县 H 乡	65.66(预算内、外分别为 17.10 和 17.24)	1991	马戎,王汉生,刘世定
湖北毛嘴镇	28.54;27.27;6.47;13.11	1992;1993;1994;1995	刘世定
抽样的甲镇(农业型)	15.54;24.73	1998;1999	改革内参
抽样的乙镇(市郊型)	27.06	1999	改革内参

资料来源:吴理财:《农村税费改革对乡镇财政的影响及其后果——以安徽省为例》,载吴敬琏主编:《比较》,第 4 辑,北京,中信出版社,2002。

确定率先在安徽省进行试点,同时允许其他省、自治区、直辖市根据实际情况,选择少数县(市)试点和制定试点方案。2000年4月,国务院同意并批复《安徽省农村税费改革试点方案》(国函〔2000〕35号)。自此,中国农村税费改革正式开始。

继2000年安徽省开始试点后,2001年国务院同意在江苏省试点农村税费改革,2002年试点范围扩大到全国20个省级行政区。2003年2月,国务院下发《关于全面推进农村税费改革试点工作的意见》(国发〔2003〕12号),农村税费改革在全国全面铺开。2004年,中央提出在5年内取消农业税的总体部署,并决定在黑龙江、吉林两省进行免征农业税改革试点,在河北、内蒙古、辽宁、江苏、安徽、江西、山东、河南、湖北、湖南、四川等11个粮食主产区农业税税率降低3个百分点,其余省份降低1个百分点,有条件的地方可以自行调整税率或开展免征农业税改革试点,同时全面取消除烟叶外的农业特产税[11]。2005年,592个国家扶贫开发工作重点县实现免征农业税。2005年12月29日,十届全国人大常委会第十九次会议通过了《关于废止〈中华人民共和国农业税条例〉的决定》,决定自2006年1月1日起废止《农业税条例》,取消除烟叶以外的农业特产税,全面免征牧农业税,至此在我国实行了长达2600年的农业税正式取消(肖捷,2011)[12]。

2006年全面取消农业税后,为了巩固和发展农村税费改革的成果,国家决定推进农村综合改革,由此正式由农村税费改革转入到农村综合改革的新阶段。2006年10月,国务院下发《关于做好农村综合改革工作有关问题的通知》(国发〔2006〕34号),开始重点推进乡镇机构、农村义务教育和县乡财政管理体制三项改革,这标志着中国农村改革由以降低农民负担为主正式转入以制度建设和完善为主的阶段。

第二节　农村税费改革的主要内容

虽然农村税费改革的直接目的是通过减免或取消税费来减轻农民负担,但事实上,农村税费改革并不仅仅局限于税费这个单一领域的改革,而是涉及农村经济、社会、文化、政治的重大变革和制度创新,其影响范围远

---

[11]　国务院:《关于做好2004年深化农村税费改革试点工作的通知》(国发〔2004〕21号),2004年7月。

[12]　同前,肖捷(2011)。

远超过了经济领域(吴理财,2002;马广海、宋棠,2008;肖捷,2011)[13]。正如白玉芹和石仲仁(2003)所指出的那样,表面上看,农村税费改革围绕税费进行,但也涉及乡镇政府在改革前后如何重新定位其社会管理职能;表面上看,农村税费改革是为了减轻农民负担,实际上进一步涉及财税体制改革及完善和中央与地方、国家与农民的分配关系;表面上看,农村税费改革仅是为解决"三农"问题,实际上与经济形势、经济结构和城市化等问题密不可分[14]。因此,农村税费改革实际涉及税收、乡镇财政、乡村治理、政府管理等各个方面,毫无疑问,这些方面也与农村公共产品治理有密切的联系。

下面主要对中国农村税费改革的主要内容尤其是涉及农村公共产品治理的内容进行介绍。中共中央和国务院《关于进行农村税费改革试点工作的通知》(中发〔2000〕7号)确定了税费改革"三取消,两调整,一改革"的主要内容,其后陆续出台的相关政策措施,鉴于2006年开始的农村综合改革是农村税费改革的延续,这里将农村综合改革的一些内容作为扩展内容一起讨论。因此,改革内容进一步可归纳为税费调整、财政体制、乡镇行政管理体制、乡村治理体制几方面的改革。

一、税费调整[15]

2000年,取消乡镇统筹费、农村教育集资等专门面向农工贸征收的行政事业性收费和政府性基金、集资;取消屠宰税;农业税实行差别税率,最高不超过7%,农业税附加比例最高不超过农业税正税的20%,具体附加比例由省级和省级以下政府逐级核定。试点期间,试点省份农业税税率由国务院确定,省级以下试点地区由省级和省级以下政府按农民税费负担明显减轻的原则确定;牧业税负担按略低于农业税负担的原则确定;农业税及其附加统一由财政或税务征收机关负责征收,也可以由粮食部门在收购粮食,结算粮款时代扣代缴。2004年,黑龙江、吉林两省取消农业税,农业税附加随正税同步降低或取消,河北、内蒙古、辽宁、江苏、安徽、江西、山东、

---

[13] 吴理财:《农村税费改革对乡镇财政的影响及其后果——以安徽省为例》,载吴敬琏主编:《比较》,第4辑,北京,中信出版社,2002;马广海、宋棠:《农村税费改革的社会影响——从基层国家建设角度的分析》,载《山东社会科学》,2008(12);肖捷:《农村税费改革:一场影响农村发展进程的改革》,载《经济日报》,2011-08-02。

[14] 白玉芹、石仲仁:《走出农村税费改革的认识误区》,载《河北日报》,2003-05-13。

[15] 参见:《关于进行农村税费改革试点工作的通知》(中发〔2000〕7号);《关于全面推进农村税费改革试点工作的意见》(国发〔2003〕12号);《关于做好2004年深化农村税费改革试点工作的通知》(国发〔2004〕21号)。

河南、湖北、湖南、四川等 11 个粮食主产区的农业税税率降低 3 个百分点，其余省级区域降低 1 个百分点。2006 年全国彻底取消农业税。

二、财政体制和行政管理[16]

（一）财政体制

取消乡镇统筹费后，原来由统筹费开支的乡村两级九年义务教育、计划生育、优抚、民兵训练支出、中小学危房改造资金由各级政府财政预算安排；对涉及农民负担的各种收费项目进行全面清理后，地方政府和部门无权设立涉及农民负担的行政事业性收费、政府性基金和集资项目。《关于做好农村综合改革工作有关问题的通知》（国发〔2006〕34 号）中要求，财政新增教育、卫生、文化等经费以国家基本建设资金的增量都主要用于农村，并增加政府土地收益用于农村的比例；有条件的地方要继续推进"省直管县"财政管理体制和"乡财县管乡用"财政管理方式改革；同时通过建立和完善农村"一事一议"公益事业财政奖补政策，逐步形成"以政府投入为引导、农民积极筹资投劳、社会力量广泛参与"的多元化投入体系。

（二）乡镇行政管理

提出通过"转变政府职能、精简机构、压缩财政供养人员、调整支出结构等途径"，来应对税费改革后出现的县乡政府收入减少问题[17]。主要强化乡镇政府的以下职能：稳定农村基本经营制度，维护农民的主体地位和权益，组织农村基础设施建设，完善农业社会化服务体系；加快农村社会事业发展，为农民提供更多的公共服务；加强社会管理，开展农村扶贫和社会救助，化解农村社会矛盾，保持农村社会稳定；推动农村民主政治建设和村民自治，提高农民的民主法制意识。在农村义务教育改革方面，建立和完善"政府投入办学、各级责任明确、财政分级负担、经费稳定增长的农村义务教育经费保障机制"。[18]

---

[16] 参见：《关于进行农村税费改革试点工作的通知》（中发〔2000〕7 号）；《关于全面推进农村税费改革试点工作的意见》（国发〔2003〕12 号）；《关于做好 2004 年深化农村税费改革试点工作的通知》（国发〔2004〕21 号）；《关于深化农村义务教育经费保障机制改革的通知》（国发〔2005〕43 号）；《关于做好农村综合改革工作有关问题的通知》（国发〔2006〕34 号）。

[17] 《关于进行农村税费改革试点工作的通知》（中发〔2000〕7 号）。

[18] 《关于做好农村综合改革工作有关问题的通知》（国发〔2006〕34 号）。

三、乡村治理:"一事一议"制度[19]

村级公益事业经费及劳务筹集方面,村级道路建设资金由村民大会民主协商解决;以农业税全部取消之前附带征收农业税附加方式征收的村提留,实行乡管村用,由乡镇经营管理部门监督管理(农业税附加随征税取消后此方式随即失效);农村卫生医疗事业逐步实行有偿服务,政府适当补助。"新农合"和"新农保"制度实施后,农民医疗保险和社会养老保险资金由农民个人、市场和政府三个渠道筹集;取消统一规定的劳动积累工和义务工,村内进行农田水利基本建设、修建村级道路、植树造林等集体生产公益事业所需劳务,实行"一事一议",由村民大会民主讨论决定。

村级民主制度建设方面,实施"一事一议"制度。"一事一议"制度是中国税费改革中关于乡村治理的重要制度建设。在《关于进行农村税费改革试点工作的通知》(中发〔2000〕7号)中,国家首次要求村一级的农田水利基本建设、修建村级公路、植树造林等集体公益事业所需的劳动,要通过"一事一议"、由村民大会讨论来决定。紧接着农业部发布了《村级范围内筹资筹劳管理暂行规定》(农经发〔2000〕5号),规定"村范围内的筹资筹劳,主要用于本村范围内农田水利基本建设、植树造林、修建村级道路等集体生产、公益事业。"(第六条),"需要向农民筹资筹劳的项目、数额等事项,由村民委员会事前提出并作预算,经村民会议讨论通过。"(第八条),"村民会议应当有本村十八周岁以上村民的过半数参加,或者有本村三分之二以上农户的代表参加,所作决定应当经到会人员的过半数通过。"(第八条),按规定,村委会通过决定后,要依次报乡镇政府及农村经营管理部门、县级农民负担监督管理部门批准和备案。2003年,《关于全面推进农村税费改革试点工作的意见》(国发〔2003〕12号)中指出,"村内'一事一议'筹资筹劳制度是农村基层民主政治建设的重要内容,必须长期坚持。"2007年1月,国务院办公厅转发农业部制定的《村民"一事一议"筹资筹劳管理办法》(国办发〔2007〕4号),这表明"一事一议"已经作为一种农村基

---

[19] 参见:《关于进行农村税费改革试点工作的通知》(中发〔2000〕7号);《村级范围内筹资筹劳管理暂行规定》(农经发〔2000〕5号);《关于全面推进农村税费改革试点工作的意见》(国发〔2003〕12号);《关于做好2004年深化农村税费改革试点工作的通知》(国发〔2004〕21号);《关于做好农村综合改革工作有关问题的通知》(国发〔2006〕34号);《村民"一事一议"筹资筹劳管理办法》(国办发〔2007〕4号);《关于开展村级公益事业"一事一议"财政奖补试点工作的通知》(国农改〔2008〕2号);《关于村级公益事业"一事一议"中央财政奖补事项的通知》(财预〔2009〕5号);《关于扩大村级公益事业建设"一事一议"财政奖补试点的通知》(国农改〔2009〕3号);《村级公益事业建设"一事一议"财政奖补项目管理暂行办法》(财农改〔2011〕3号)。

层治理的正式制度被固定下来。

根据《村民"一事一议"筹资筹劳管理办法》,筹资筹劳是指"为兴办村民直接受益的集体生产生活等公益事业,按照本办法规定经民主程序确定的村民出资出劳的行为",遵循"村民自愿、直接受益、量力而行、民主决策、合理限额"的基本原则。适应范围包括"村内农田水利基本建设、道路修建、植树造林、农业综合开发有关的土地治理项目和村民认为需要兴办的集体生产生活等其他公益事业项目"。在程序上,筹资筹劳事项可由村民委员会提出,也可由1/10以上的村民或1/5以上的村民代表联名提出,然后召开村民会议(18周岁以上村民过半数参加或有2/3以上农户的代表参加)或村民代表会议(2/3以上农户的村民代表参加)讨论决定,方案需报乡镇人民政府初审和县级人民政府农民负担监督管理部门复审批准后实施。在各级政府部门职责划分方面,农业部负责对全国工作进行监督管理,县级以上地方政府农民负担监督管理部门、乡镇人民政府负责所辖区域的监督管理。同时,政府可以通过项目补助、以奖代补等办法对村民筹资筹劳项目予以支持。

上述分析可以看出,"一事一议"制度本质上就是为了解决农村公共产品治理面临的问题。与税费改革之前相比,村级公共产品治理的基本制度没有改变,不同之处在于,通过建立"一事一议"制度,改变了原有制度框架下的强制性规则,而采用更加民主的方式来进行决策和管理,是对原有制度的一个有效补充,但并没有改变村一级公共产品制度外供给为主的本质。正因为如此,"一事一议"制度实施以后,其设计缺陷仍然饱受质疑,实施效果也并不理想。很多学者认为,"一事一议"存在严重的制度缺陷,从而导致在实践中遇到很多困难,很多地方由于条件限制,导致公共项目难以实施,村级公益事业建设投入不但不能满足需求,建设投入总体上还呈现出下降趋势。徐小军和郭琴(2008)就认为,"一事一议"将公共产品和准公共产品混为一谈,把所有具有公共属性的产品都纳入"一事一议",全部由村民自己负担,这明显违背了公共财政理论[20]。赵晓峰(2009)认为,"一事一议"政策设计的根本目标是"在后税费时代为农民提供必需的村落范围的农村公共品",但从效果来看,它从实施初期就体现出了"难以化解的实践悖论"[21]。据2004年国家统计局农调队对全国

---

[20] 徐小军、郭琴:《农村"一事一议":历史形成、制度缺陷及完善制度思考》,载《云南行政学院学报》,2008(3)。

[21] 赵晓峰:《论"一事一议"政策的合理性及推进策略——基于政策实践悖论的反思》,载《中共宁波市委党校学报》,2009(6)。

6.8万农村住户的调查,通过"一事一议"筹资的费用人均为1.6元,比2003年下降了12.9%[22]。2004年,全国开展"一事一议"筹资的村只占总数的18%[23]。一项有针对性的调查显示,高达73.2%的被调查者认为"一事一议"无法运行,村级公益事业的"筹资"基本处于停滞状态(王振宇、钱莲琳,2008)[24]。

总体来看,"一事一议"制度在实践中还存在很多问题,主要体现在以下几个方面(徐小军、郭琴,2008;赵杰等,2008;许莉、邱长溶、李大垒,2009;胡鸣铎、牟永福,2010)[25]:

一是组织成本高。农村居民居住分散,尤其是在一些边远山区,要集中起来开会非常困难,再加上当前农村劳动力流动性很强,青壮年、受教育水平较高的成年人等有议事能力的居民大多外出务工,因此很难按现有规定召集村民召开村民大会或村民代表会议。

二是足额筹资筹劳难度大。在仅靠村民自己筹资筹劳的情况下,如果部分村民由于各种原因不愿或无法缴纳,很可能引起其他村民的不满,从而影响项目的实施。同时,外出务工人员缴纳款项也存在困难,并且在禁止以资代劳的情况下,他们也难以提供所需的劳动。

三是如果监督机制缺位,很容易造成利益集团操纵决策。传统的村落主要基于血缘关系建立,这很容易导致近亲之间形成利益团体,操控投票结果。

四是容易进一步拉大村级公共服务的地区差异。一些经济实力强、农民收入水平高的地区或村庄,集资对生活带来的消极影响较小,容易实施。而对那些村民生活仍存在很大困难的村庄,显然很难通过集体集资的方式来供应公共产品,尤其是对一些耗资规模较大的工程项目,更是望而止步。因此,完全依靠村民自己筹资筹劳负责村级公共产品供应,地区与地区之

---

[22] 同上,赵晓峰(2009)。

[23] 赵杰、黄维健、王惠平、吴孔凡、石义霞:《"一事一议"筹资筹劳的总体情况、存在问题和完善政策的建议》,国务院农村综合改革办公室网站,2008-06-20,http://zgb.mof.gov.cn/zhengwuxinxi/diaochayanjiu/200806/t20080620_47410.html。

[24] 王振宇、钱莲琳:《理性看待取消农业税后农村的新情况新问题》,载《经济研究参考》,2008(43)。

[25] 参见:同前,徐小军、郭琴(2008);同前,赵杰、黄维健 等(2008);许莉、邱长溶、李大垒:《村级公共产品供给的"一事一议"制度困境与重构》,载《现代经济探讨》,2009(11);胡鸣铎、牟永福:《农村集体公益事业的"一事一议"制度探讨——从村民参与的角度》,载《理论探讨》,2010(4)。

间、村与村之间的公共产品供给水平将进一步不平衡。

面对资金缺口难题,政策上已开始试图通过财政奖补的方式来解决。2008年1月,财政部下发《关于村级公益事业"一事一议"中央财政奖补事项的通知》(财预〔2009〕5号),确定了对财政奖补的办法,试图解决村级公共产品供给资金困难的问题。"政府对农民通过'一事一议'筹资筹劳开展村级公益事业建设按照三分之一的比例予以补助,所需政府补助资金由地方财政承担三分之二,中央财政通过奖补的方式承担政府补助资金的三分之一,并考虑地方财政困难程度调整确定各地奖补系数。"2008年2月,国务院农村综合改革工作小组、财政部、农业部下发《关于开展村级公益事业"一事一议"财政奖补试点工作的通知》(国农改〔2008〕2号),认为"村级公益事业与农民生产生活直接相关,受益面广,具有较强的公益性,属于准公共产品,政府、村集体经济组织和农民都有建设的责任。"因而政府有必要给予一定的财政奖补,并对奖补范围作了规定,主要包括"以村民一事一议筹资筹劳为基础、目前支农资金没有覆盖的村内水渠(灌溉区支渠以下的斗渠、毛渠)、堰塘、桥涵、机电井、小型提灌或排灌站等小型水利设施,村内道路(行政村到自然村或居民点)和环卫设施、植树造林等村级公益事业建设。"

奖补措施首先在黑龙江、河北、云南三省开展。2009年,江苏、内蒙古、湖南、安徽、贵州、重庆、宁夏七省区在全省(区)开始试点,湖北、广西、甘肃、福建、山西、陕西、江西七省局部地区开始试点[26]。2010年,浙江、福建、湖北、广西、甘肃、山西、陕西、江西、山东、辽宁、四川等11个省份在全省(区)进行试点,新疆、海南、河南、吉林、青海、西藏等6个省份进行局部试点[27]。至此,已有22个省区进行试点,6个省区进行局部试点。2011年,财政部印发《村级公益事业建设"一事一议"财政奖补项目管理暂行办法》(财农改〔2011〕3号),对财政奖补的申请、管理、兑付等方面进行了详细规定。

实施财政奖补政策,对缓解村级公益事业建设资金缺口有一定效果,同时公共财政也开始在一定程度上覆盖到村级公共产品的供给。一些发达地区在实践中开始按村民筹资酬劳总额的100%进行补贴(如海南省、厦

---

[26] 《关于扩大村级公益事业建设"一事一议"财政奖补试点的通知》(国农改〔2009〕3号)。

[27] 《关于做好2010年扩大村级公益事业建设"一事一议"财政奖补试点工作的通知》(国农改〔2010〕1号)。

门市)[28]。但是"一事一议"制度实践中面临的其他难题,仍然没有有效的办法予以解决,尤其是会议召集难这一根本问题,如果连"议事"这一最初环节都难以有效开展,无疑意味着村级公共产品供给必将长期处于严重不足的状态。

第三节 农村税费改革对农村公共产品治理的影响

农村税费改革对农村经济、社会和政治等方面产生了重要影响,税费改革后,乡镇财政、村级组织收入、村庄治理等各方面都发生了变化,从而对农村公共产品治理产生了深远影响。

一、对农村公共产品供给模式的影响

农村税费改革以前,通过征收农牧业税、农业特产税、屠宰税、"三提五统"、集资、摊派和收费等各种税费作为乡镇财政和村级组织的收入,这成为农村公共产品供给所需资金的主要来源。由于公共财政没有完全覆盖广大农村地区尤其村级区域,因而农村公共供给所需资金最终都转嫁到农民身上,从而农村公共产品供给主要以制度外供给为主,所需的物质和劳动成本都由农户自己负担。

农村税费改革之后,乡镇财政和村级财务收入大幅缩减,上级转移支付占乡镇财政和村级财务收入的比重明显增加,农村公共产品供给由制度外供给为主转化为由制度内供给为主,上级政府对乡镇和村级组织的控制力也有所强化(王宾、赵阳,2006;刘建平 等,2006;刘浩森 等,2007;宁静 等,2007;续竞秦 等,2009;胡鸣铎、牟永福,2010)[29]。税费改革之后,村级基本公共产品供给采用"一事一议"制度,但正如前面分析的那样,"一

---

[28] 参见财政部:《"一事一议"财政奖补显成效》,财政部网站-全国财政新闻联播,2011-09-02,http://www.mof.gov.cn/xinwenlianbo/quanguocaizhengxinxilianbo/201109/t20110901_591329.html。

[29] 王宾、赵阳:《农村税费改革对中西部乡镇财力影响的实证研究——基于4省8县抽样调查数据的分析》,载《管理世界》,2006(11);刘建平、何建军、刘文高:《农村公共品供给能力下降的现象及对策分析——基于湖北省部分地区的调查》,载《中国行政管理》,2006(5);刘浩森、张林秀、罗斯高、白罗文:《税费改革对乡镇财政状况的影响分析——全国5省50个乡镇的实证研究报告》,载《管理世界》,2007(5);宁静、陆慧琼、付羽:《农村税费改革对中国基层政府职能行使的影响——对湖南省H市乡镇财政的实证研究》,载《河北学刊》,2007(5);续竞秦、罗仁福、张林秀:《税费改革对村级财务状况的影响——对全国100个村的跟踪调查》,载《中国软科学》,2009(11);胡鸣铎、牟永福:《取消农业税后农村公共物品供给的变化及其对策——以河北省农村贫困地区乡镇为例》,载《河北学刊》,2010(4)。

事一议"制度在实际实施中遇到很多困难,很多村庄实际上很难通过"一事一议"筹资筹劳的方式自行解决公共产品供给所需的资源,随着改革的深入,国家也开始通过财政奖补政策来提高村级财力。这也表明,以减轻农民负担为直接目的的农村税费改革,导致村级公共产品自主供给的作用有所下降,供给主体由税费改革之前的农民自助支配下的社群供给转变为政府主导下的社群供给,但依赖社群供给的基本事实仍没有发生根本性改变。

因此,农村税费改革使中国农村公共产品的供给模式发生了一定的变化,由税费改革之前的农民自助支配下的社群治理模式转变为政府主导下的社群治理模式,但农村公共产品供给模式在本质上并没有发生转变,中国农村村一级公共产品仍然以社群治理模式为主。

二、对公共产品治理资源筹集的影响

事实上,农村税费改革对资金筹集方式带来的变化,正是农村公共产品治理模式发生改变的关键原因。农村税费改革之前,农村公共产品治理所需的资源主要依靠乡镇财政收入、村级组织规范性收入以及其他非规范性收入(包括各种集资、摊派、收费以及劳动)三部分,且非规范性收入占总公共收入的比重很大(表5-2),在农村公共产品供给中发挥着重要作用;乡镇财政收入主要来源于归属地方的税收收入(乡级财政收入),据对全国50个乡镇的跟踪调查,2000年人均乡级财政收入占人均财政总收入的55%左右,其中人均农业税和农业特产税合计约占20%,人均上级财政补助占45%左右(如果除去乡镇税收收入上解的部分,实际来源于上级财政的净补助很少)[30](表5-3);村财务收入则主要来源于村自营收入,而村自营收入又主要来源于向农户征收的提留款。根据对全国100个村的跟踪调查,2000年人均村财务总收入中,村自营收入占94%以上,而村提留收入部分占比达到了39.1%(表5-4)。这充分表明,税费改革之前,农村公共产品供给所需资源的绝大部分都来源于农村居民,来自于上级政府的公共财政补助很少,农村公共产品治理所需资源主要由农户或居民自己负担。

---

[30] 2000年乡镇财政对县级财政的上解收入部分为人均34元,县级财政对乡镇财政的补助收入部分为人均58元,来自上级的净补助收入仅为24元,2004乡镇财政对县级财政的上解收入部分为人均93元,县级财政对乡镇财政的补助收入部分为人均84元,来自上级的净补助收入为−9元。参见刘浩淼、张林秀、罗斯高、白罗文:《税费改革对乡镇财政状况的影响分析》,载《管理世界》,2007(5),表5。

表 5-3　农村税费改革前后乡镇财政收入结构

收入项目		2004 年		2000 年	
		人均值	占总收入的比重（%）	人均值	占总收入的比重（%）
上级财政补助		84.0	56.0	58.0	45.1
乡级财政收入（已扣除上解部分）	增值税	10.0	6.7	13.0	10.1
	营业税	21.0	14.0	9.0	7.0
	企业所得税	3.0	2.0	4.0	3.1
	个人所得税	3.0	2.0	5.0	3.9
	农业税	14.0	9.3	15.0	11.7
	农林特产税	0.0	0.0	10.0	7.8
	耕地占用税	1.0	0.7	0.5	0.4
	其他收入	14.0	9.3	14.2	11.0
	合计	66.0	44.0	70.7	54.9
乡镇财政总收入		150	100.0	128.7	100.0

注：表中数据基于全国 50 个乡镇的调查获取，乡级财政收入已按农村居民消费价格指数调整为 2004 年可比值；其他收入包括专项收入、城市维护建设税、契税等。

数据来源：根据刘浩淼、张林秀、罗斯高、白罗文（2007，表 3 和表 5）提供数据整理。参见刘浩淼、张林秀、罗斯高、白罗文：《税费改革对乡镇财政状况的影响分析——全国 5 省 50 个乡镇的实证研究报告》，载《管理世界》，2007（5）。

表 5-4 农村税费改革前后我国村级财务收入结构

收入项目		2000 年		2004 年		2007 年	
		人均值	占总收入比重(%)	人均值	占总收入比重(%)	人均值	占总收入比重(%)
上级财政补助		4.8	5.7	19	22.4	24.7	28.5
村自营收入	村提留	33.1	39.1	0.2	0.2	0.0	0.0
	农业税附加	0.0	0.0	5.2	6.1	0.0	0.0
	土地承包费	8.7	10.3	12.8	15.1	13.3	15.4
	村办企业上缴	8.0	9.4	8.3	9.8	0.1	0.1
	征地补偿	15.6	18.4	17.8	21.0	13.4	15.5
	出售村资产	1.9	2.2	6.8	8.0	14	16.2
	计划生育罚款	0.3	0.4	0.1	0.1	1.0	1.2
	其他收入	12.3	14.5	1.7	2.0	20.1	23.2
	合计	79.9	94.3	65.9	77.6	61.9	71.5
村级财务总收入		84.7	100.0	84.9	100.0	86.6	100.0

注：表中数据基于对全国 100 个村的调查获取，并按农村居民消费价格指数调整为 2007 年可比值。

数据来源：根据续竞奏、罗仁福、张林秀(2009，表 1 和表 2)提供的数据整理。参见续竞奏、罗仁福、张林秀：《税费改革对村级财务状况的影响——对全国 100 个村的跟踪调查》，载《中国软科学》，2009(11)。

农村税费改革之后,由于取消了农业税、农业特产税、"三提五统"、各种不规范的集资、摊派和收费等税费,因此农村公共产品治理所需资源的来源结构发生了变化,主要由乡镇财政收入、村级财务收入和按"一事一议"筹资筹劳制度筹集的资金和劳务以及对应的财政奖补三大部分构成。正如前面所分析的那样,由于"一事一议"筹资筹劳制度实施中存在的问题,目前来看,这一部分资源在农村公共产品治理中所发挥的作用极其有限。税费改革之后,乡镇财政收入中来自上级财政补助的收入部分明显扩大。以2004年为例,这一比重达到了56%(表5-3);村级财务收入结构表现出同样的趋势,2004年上级财政补助收入占村财务总收入的比重达到22.4%,2007年达到28.5%,而2000年这一比重仅为5.7%,村自营收入所占比重则明显下滑(表5-4)。这表明,税费改革之后,乡镇财政收入和村自营收入下降,导致乡镇政府和村级组织供给农村公共产品的能力下降,与此同时,来自上级政府的财政补助收入大幅提升,公共财政在农村公共产品供给中发挥着越来越重要的作用,上级政府通过政策、行政指导和财政转移支付对乡镇和村级组织的控制力也越来越强。

综上所述,农村税费改革之前,农村公共产品供给所需资源几乎全由农户或农村居民自己负担,来自上级政府的财政补助极少。农村税费改革之后,乡镇本级财政收入、村级自营收入出现明显下降,导致乡镇政府和村级组织自身进行公共产品生产和供给的能力降低,而来自上级政府的财政补助所占比重逐渐加大,公共财政成为农村公共产品供给所需资金的重要来源。

三、对公共产品治理决策机制的影响

农村税费改革之前,农村公共产品治理的决策完全按照自上而下的方式制定,农村居民只能被动接受和执行政府的决定,在行政体系中乡镇一级政府行为也主要限于执行上级政府的指令和政策。尽管村级组织在法律上被赋予自治权力,村级公共事务决策原则上由村民代表大会决定,由村委会负责执行。然而在实际运作中,由于受各方面因素影响,村民代表大会很少召开,村级公共事务基本由村党委和村委会办理,实际上的村级事务决策就变为由村干部自行制定并强制实施。因此,在农村税费改革之前,村民基本没有参与公共产品治理的决策制定,进而农村居民本身的实际需求难以在决策方案中得到真实反映。

农村税费改革之后,村级公共事务开始采用"一事一议"制度,村级公益事业按照"村民自愿、直接受益、量力而行、民主决策、合理限额"的原则

进行决策,农民或农户可以根据实际需求和承受能力决定公共产品的供给,这在一定程度上能提高农村居民的参与度和决策的有效性。由于仍然没有克服村民大会或村民代表大会难以召开、资金足额筹集难度大等制度缺陷,使得"一事一议"制度在实践中的效果并不理想。尽管如此,随着财政奖补政策的实施以及农村综合改革的进一步推进,"一事一议"制度也得到了进一步改进和完善。显然,"一事一议"制度的实施,至少表明政府十分重视通过加强农村基层民主制度建设,来提高农村居民参与农村公共产品决策的民主参与度,从而有利于农村居民的真实需求在决策中得到有效反映,也有利于对公共资源的使用进行有效管理和监督。

由此可见,农村税费改革对农村公共产品治理的决策制定也产生了一定的影响,尤其是"一事一议"制度的实施,使得农民或农户在一定程度上可以参与到村级公共产品治理的决策之中,这意味着原来乡镇和村干部主导公共决策甚至公共产品供给的模式正在逐渐退出历史舞台。尽管当前"一事一议"制度还存在很多缺陷,但至少表明政府正在积极探索提高农村公共产品治理决策的民主性。

第四节 农村税费改革后中国农村公共产品治理面临的困境

在前面的分析中,已经指出当前中国农村公共产品治理存在的一些主要问题,无论是治理模式单一、供需矛盾,抑或民主决策机制的缺位,都是长期存在且尚未有效解决的难题。事实上,正如王振宇和钱莲琳(2008)所指出的那样,在中央与地方的相互博弈中,改革和问题总是循环往复,问题的存在促使改革,改革会产生新问题,然后又不得不推动新一轮改革[31]。农村税费改革亦是如此,新时期中国农村公共产品治理也面临着一些新的困境。

一、财力减弱导致基层组织供给能力下降

农村税费改革最直接的结果,就是乡镇政府和村级组织财力的显著下降,从而导致其公共产品的供给能力减弱。根据中国科学院农业政策研究

---

[31] 王振宇、钱莲琳:《理性看待取消农业税后农村的新情况新问题》,载《经济研究参考》,2008(43)。

中心 2005 年对全国随机选取的 50 个乡镇展开的一项调查显示[32]，尽管税费改革之后，乡镇一级地方税收收入有所上升，但扣除上解收入部分以后，实际归属本级的税收收入较税费改革之前还有略微下降，再加上预算外收入和自筹收入的下降，使乡镇财政收入明显减少。这表明，尽管上级政府加大了对乡镇的财政转移支付，但仍不足以弥补改革所带来的资金缺口。与此相对应的，是乡镇财政支出也出现明显下滑，政府债务水平显著上升（表 5-5）[33]。刘建平、何建军和刘文高（2006）、胡鸣铎和牟永福（2010）等对部分地区乡镇的个案调查也得到了类似的结论[34]。

表 5-5　2000 年和 2004 年乡镇财政的总体情况　　单位：元/人

项　　目	2004 年		2000 年	
	人均值	占总收入的比重(%)	人均值	占总收入的比重(%)
乡镇财政总收入	182	100.0	211	100.0
地方税收收入	129		95	
乡财政收入	66		70	
上解收入部分	93		34	
补助收入部分	84		58	
乡镇财政可支配收入	119	65.4	119	56.4
预算外总收入	53	29.1	55	26.1
自筹收入	10	5.5	37	17.5
	人均值	占总支出的比重(%)	人均值	占总支出的比重(%)
乡镇财政总支出	185	100.0	204	100.0
预算内支出	126	68.1	142	69.6
预算外支出	59	31.9	62	30.4
债务	290		236	

注：表中数据基于对全国 50 个乡镇的调查获取，乡级财政收入已按农村居民消费价格指数调整为 2004 年可比值；乡镇财政总收入＝乡镇财政可支配收入＋预算外总收入＋自筹收入；乡镇财政可支配收入＝地方税收收入－上解收入部分＋补助收入部分；乡镇财政总支出＝预算内支出＋预算外支出；

资料来源：根据刘浩淼、张林秀、罗斯高和白罗文(2007，表 7)修改。

---

[32]　刘浩淼、张林秀、罗斯高、白罗文：《税费改革对乡镇财政状况的影响分析——全国 5 省 50 个乡镇的实证研究报告》，载《管理世界》，2007(5)。

[33]　开展这项调查时，样本乡镇都取消了农业特产税，农业税还未取消，可想而知，农业税取消后，乡镇本级财政实力将进一步下降。

[34]　刘建平、何建军、刘文高：《农村公共品供给能力下降的现象及对策分析——基于湖北省部分地区的调查》，载《中国行政管理》，2006(5)；胡鸣铎，牟永福：《取消农业税后农村公共物品供给的变化及其对策——以河北省农村贫困地区乡镇为例》，载《河北学刊》，2010(4)。

农村税费改革对村级组织财力也带来了一定的负面影响。中国科学院农业政策研究中心 2005 年和 2008 年对全国 100 个村的跟踪调查显示[35],与农村税费改革之前相比,税费改革后村级财务总收入在政府财政补助的支撑下没有出现下滑,但增长幅度并不大,而村自营收入则出现显著的下滑趋势,增加的上级补助还不能完全弥补税费改革带来的资金缺口。在村级财务支出方面,总支出水平有明显上升,这主要得益于公共投资和还债支出的增长,运转支出呈现明显的下滑趋势;公共投资支出中,借债投资支出上升相对较快,用于还债的支出也大幅增加,这表明村级组织总支出的上升很大程度上靠举债来支撑(表 5-6)。

综上所述,在税费改革之后,农村基层政府和村组织自身财力有明显下降,尽管公共财政加大了对乡镇政府和村组织的财政补助,但仍不足以弥补税费改革所带来的资金缺口。由于受自身财力下降的影响,农村基层组织直接用于公共产品供给的支出也有所下滑,乡镇和村组织公共产品供给能力都有所减弱。再加上事权与财权的不匹配[36],农村税费改革后财政实力进一步困难的基层政府公共产品供给能力和意愿都进一步减弱。显然,对于公共产品供需矛盾十分突出的中国农村来说,随着需求的进一步扩大,农村公共产品供给也将面临更大的压力,势必需要通过拓展公共资源筹集渠道来提高基层组织的供给能力。

二、村民个人理性导致集体行动能力减弱

农村税费改革后的村级公益事业,要求按照"一事一议"筹资筹劳的方式进行决策。前面的分析已经表明,"一事一议"制度要有效实施非常困难,其中两个重要原因就是村民委员会或村民代表大会难以召开和自筹资金难以满足较大项目的资金需求。而事实上,即使这些困难都可以克服,在缺乏有效约束机制的情况下,完全由村民参与决策的机制还会产生另一个决策困境——奥尔森困境,即由于村民的个人理性行为,最终会导致集体合作的失败[37]。

---

[35] 续竞秦、罗仁福、张林秀:《税费改革对村级财务状况的影响——对全国 100 个村的跟踪调查》,载《中国软科学》,2009(11)。

[36] 有调查显示,县乡财政的最大问题是"事权大而财权、财力小",认为极不匹配的比重高达 68.3%,认可基本匹配及难以判定的仅占了 14.3%和 17.4%。参见王振宇、钱连琳:《理性看待取消农业税后农村的新情况新问题》,载《经济研究参考》,2008(43)。

[37] 下面只进行简要的分析,在本书第六章中将构建静态博弈模型进行解析。

表 5-6 农村税费改革前后农村村级财务收支情况

单位：元/人

项目	2000年			2004年			2007年		
	人均值	占总收入比重(%)		人均值	占总收入比重(%)		人均值	占总收入比重(%)	
村级财务总收入	84.7	100.0		84.9	100.0		86.6	100.0	
上级财政补助	4.8	5.7		19.0	22.4		24.7	28.5	
村自营收入	79.9	94.3		65.9	77.6		61.9	71.5	
	人均值	占总支出比重(%)		人均值	占总支出比重(%)		人均值	占总支出比重(%)	
村级财务总支出	84.6	100.0		100.5	100.0		113.6	100.0	
运转支出	48.1	56.9		42.4	42.2		43.0	37.9	
工资和补贴	15.9	18.8		15.2	15.1		16.4	14.4	
行政办公费	9.9	11.7		7.0	7.0		9.4	8.3	
公共设施维护支出	11.0	13.0		8.2	8.2		6.3	5.5	
福利保障支出	4.2	5.0		6.5	6.5		3.6	3.2	
其他支出	7.1	8.4		5.5	5.5		7.3	6.4	
公共投资支出	24.4	28.8		43.8	43.6		49.5	43.6	
现金投资支出	15.2	18.0		16.0	15.9		25.7	22.6	
借债投资支出	9.2	10.9		27.8	27.7		23.8	21.0	
还债	12.1	14.3		14.3	14.2		21.1	18.6	

注：表中数据基于对全国 100 个村的调查表获取，并按农村居民消费价格指数调整为 2007 年可比值。

数据来源：根据竞续竞秦、罗仁福、张林秀（2009，表 1 和表 7）修改。

曼瑟尔·奥尔森在《集体行动的逻辑》一书中指出："除非一个集团中人数很少，或者除非存在强制或其他特殊手段以使个人按照他们的共同利益行事，有理性的、寻求自我利益的个人不会采取行动以实现他们共同的或集团的利益。换句话说，即使一个大集团中的所有个人都是有理性的和寻求自我利益的，而且作为一个集团，他们采取行动实现他们共同的利益或目标后都能获益，他们仍然不会自愿地采取行动以实现他们共同的或集团的利益。"[38]事实上，"一事一议"制度下的村庄公益事业，面临着同样的集体合作困境。村民在个人利益最大化的驱动下，常常采取不合作的态度对村庄公益项目投反对票，以致方案最终难以通过。假设P_i和C_i分别表示第i个村民获得的收益和需付出的成本，那么村民会尽可能地最大化净收益NP_i（$NP_i = P_i - C_i$），如果$NP_i < 0$，村民就会拒绝出资。

在现实中，某个公益项目往往不能满足所有村民所获得的净收益都达到自己的预期或者至少不小于零，如果一部分村民因净收益很小甚至小于零而拒绝出资，那么其他一些村民尤其是那些对项目抱着"无所谓"态度的村民或企图"搭便车"的机会主义者，也很可能以"大家出我才出""那些人都没出，我为什么要出"为由而拒绝出资，从而最终导致集体合作失败和集体非理性。陈潭和刘建义（2010，2011）基于此逻辑的实证研究证明此类现象的存在性，甚至认为"集体行动困境已经成为村庄公共物品集体供给的常态"[39]。

三、制度缺陷导致农村公共产品供给结构失衡

中国农村公共产品供给失衡体现在总量失衡和结构失衡两个方面[40]。总量失衡体现出农村公共产品的供需缺口，这主要是由于供给资金短缺和供给主体缺位等原因造成的。与总量失衡相比，结构失衡更直接反映了当前中国农村公共产品供给的制度性缺陷。马晓河和方松海（2005）、许陵（2006）等指出，中国农村公共产品供给的结构失衡主要体现在以下几个方面[41]：一是热衷于提供一些见效更快，更易体现政绩的公

---

[38] 曼瑟尔·奥尔森：《集体行动的逻辑》，陈郁等译，2页，上海，上海三联书店，1995。

[39] 陈潭、刘建义：《集体行动、利益博弈与村庄公共治理——岳村公共物品的供给困境及其实践逻辑》，载《公共管理学报》，2010（3）；陈潭、刘建义：《农村公共服务的自主供给困境及其治理路径》，载《南京农业大学学报（社会科学版）》，2011（3）。

[40] 关于总量失衡问题，在前面已经进行了深入分析。参见本书第四章。

[41] 马晓河、方松海：《我国农村公共品的供给现状、问题与对策》，载《农业经济问题》，2005（4）；许陵：《关于我国现阶段农村公共产品供给研究》，载《经济研究参考》，2006（23）。

共产品(如各类达标升级活动、小康工程等),而疏于提供见效较慢、期限较长的公共产品(如社会保障、环境保护等);二是热衷于投资新建公共项目,而不愿投资维修存量公共项目。这一点在村一级公共支出中也有所体现,村级财务支出中,公共投资资产显著上升且所占比重很大,而公共设施维护支出明显下降且所占比重很小(表5-6);三是热衷于供给看得见的"硬"公共产品(如水利设施、交通道路、电力设施等),而疏于提供"软"公共产品(如农技推广等);四是热衷于提供一些非生产性公共产品(如"七站八所"等事业单位提供的服务),而疏于提供较难显现"政绩"效果而又对农村和农业发展有所裨益的公共产品。

导致农村公共产品供给结构性失衡的主要原因,是政府主导的公共产品供给体制下,政府供给偏好与农村居民需求偏好的不一致。在自上而下的决策机制主导下,由于政府官员热衷于"政绩"效果突出的公共项目,导致部分公共产品供给较为充裕甚至出现供给过剩,一些难以使"政绩"立竿见影的公共产品供给出现短缺,而这类公共产品往往正是农村居民所需要的。一项针对"十县百村"的实证调查研究(2010年8月—2011年7月)就显示(表5-7),居民认为政府意愿和农村居民需求意愿不一致的比重非常高,考虑排序后的完全不一致的比重高达63.89%,且被调查的农户认为,政府资金应主要用于乡村交通、社会保障和水利灌溉等公共产品建设项目[42]。而现有制度下,村一级道路建设、水利设施建设等公益事业,主要按"一事一议"筹资筹劳制度通过集体自助的方式来供给。

表5-7 农村公共产品建设意愿和一致性统计

公共产品假设一致性	不考虑排序的一致性		考虑排序后的一致性	
	人次	比重(%)	人次	比重(%)
完全不一致	440	24.94	1127	63.89
有一个选项一致	758	42.97	449	25.45
有两个选项一致	509	28.85	168	9.52
完全一致	57	3.23	20	1.13
合计	1764	100	1764	100

---

[42] 卫龙宝、伍骏骞、施晟:《农村公共品建设意愿一致性研究——基于我国"十县百村"的实证分析》,载《经济理论与经济管理》,2012(1)。

续表

政府资金使用的农户意愿	第一项		第一、二、三项合计	
	农户数	比重(%)	农户数	比重(%)
(1) 水利灌溉设施	553	29.75	830	16.89
(2) 人畜饮水设施	171	9.20	448	9.11
(3) 乡村交通设施	431	23.18	904	18.39
(4) 电力通信设施	39	2.10	194	3.95
(5) 排水排污及环境治理工程	90	4.84	311	6.33
(6) 农业技术推广及培训	99	5.33	379	7.71
(7) 农产品买卖市场及信息服务	69	3.71	271	5.51
(8) 自然灾害防治及存在规划	72	3.87	276	5.62
(9) 教育文化娱乐设施	87	4.68	437	8.89
(10) 社会保障	248	13.34	865	17.60
合计	1859	100	4915	100

资料来源：根据卫龙宝、伍骏骞和施晟(2012,表2和表3)整理。

由此可见，政府供给偏好和农村居民需求偏好不一致，是导致农村公共产品供给结构失衡的关键原因，而归根结底，这是由于现阶段农村公共产品治理制度不完善导致的困境。现阶段的农村公共产品治理制度，存在需求表达机制缺位、供给主体责权划分不清、监督和调节机制不完善等问题，从而导致政府主导下的农村公共产品供给不能满足农村居民的实际需求。

第六章 国内外农村公共产品治理经验与创新

无论是国外发达国家和发展中国家,还是国内的一些地区,在农村公共产品治理制度和模式上都取得了一些成功经验。本章首先分析国外(包括发达国家和发展中国家)典型国家农村公共产品治理的经验特征,然后分析国内一些典型地区的实践探索和创新,为中国农村公共产品治理制度的构建和完善提供经验参考。

第一节 发达国家农村公共产品治理经验分析

发达国家经过长期探索,已经形成了一套完善的农村公共产品治理体系,为中国农村公共产品治理提供了宝贵经验。下面主要对美国、日本、韩国以及欧盟及其主要成员国农村公共产品治理进行介绍和分析。

一、美国、日本、韩国农村公共产品治理经验

(一)美国农村公共产品治理主要经验

美国已经形成了由政府、私人或社会组织和农村社区构成的高度发达的综合性农村公共产品治理体系,在各级政府的促进下,最大限度地发挥了政府、市场和社群多元治理结构的作用。

在美国公共产品治理体系中,政府发挥着重要作用,不仅对农村基础设施、环境保护、社区发展等公共领域进行直接投资,还通过提供贷款和担保来让私人组织参与农村公共产品供给。以美国农业部2011财年实施的项目为例,通过实施在农村住房、公共事业、商业合作三大领域的若干项目,来完善农村公共基础设施建设,主要表现在:在农村地区创造工作机会、建设现代化的供水系统和医院、支持新能源系统建设和能源保护、改善居民住房、提供可靠的电网、改善教育、建设互联网设施等方面[1]。与此

---

[1] USDA, *USDA Rural Development 2011 Progress Report*. Washington: USDA, 2011a, pp.5. 重点项目共计创造约44万个工作机会。同上, USDA(2011a), p.6。

同时,还通过贷款、担保、补贴等方式促进私人投资,2011年一共安排近290亿美元用于促进私人投资,其中的28.6%是有利直接贷款,64.8%用于给私人借贷者的贷款担保,6.6%用于补贴。通过农村公共事业项目,提供了近600个补贴项目和超过800个贷款项目用于帮助小型社区安装和改善供水系统、垃圾处理、电网改造和宽带建设[2]。此外,USDA还为农村社区提供技术援助和培训补贴以确保新装系统能被合理使用,2011年用于该方面基础设施的建设资金超过70亿美元[3]。农村发展基金还安排额外7.21亿美元的社区设施建设项目,用于建设和升级学校、图书馆、儿童设施、医院、辅助生活设施、社区中心以及在全国建设消防、警察和救助站[4]。

表6-1给出了美国农业部(USDA)2009—2011三年中有关农村公共产品供给的主要行动和成果[5]。从这些行动中可以看出,美国农村公共产品供给中,不但政府通过各类项目对道路、水利、社区设施、互联网、电力、农贸市场建设、学校建设、医疗卫生、水处理、废物处理等公共基础设施进行大规模直接投资,还十分注重让有关各方参与到行动之中。例如,在环境保护方面,通过补贴、承诺等方式调动农民、农牧场主和私人土地主的积极性,让他们参与其中,并实施资源保护计划;再例如,通过合同协商、贷款、担保等方式最大化私人投资,发挥私人组织的作用。美国农业部在农民教育和培训、农业科技研发和管理创新方面做出了很多努力,例如实施新农民培训计划,为下一代农民提供教育、培训及初始资本援助,还努力协调各区域进行合作解决共同面临的问题。美国政府还十分重视加强农产品消费者和农民之间的直接互动,以最大可能地缩小二者之间的距离,减少流通环节,从而尽可能地提高农民收入(黄云生、路征,2009)[6]。

---

[2] 美国农村网络基础设施十分发达,据统计,2011年接通网络和网络用于农场经营的农场比重分别已经达到了62%和37%。张胜军、路征、邓翔:《我国农产品电子商务平台建设的评价及建议》,载《农村经济》,2011(10)。

[3] 同上,USDA(2011a),p.5。

[4] 同上,USDA(2011a),p.6。

[5] 根据美国农业部的成果报告阐述整理,见:USDA, *USDA Accomplishments* 2009-2011. Washington: USDA, 2011b。

[6] 黄云生、路征:《"增值农业"发展模式:国外经验及启示》,载《乡镇经济》,2009(3)。

表 6-1 美国农业部(USDA)农村公共产品供给的主要行动及成果(2009—2011)

领域	主要行动及成果
农业发展服务	**为农民提供强有力的安全网**:及时对影响农民的自然灾害作出反应;农作物保险计划为 50 万个农场 2.644 亿英亩农地提供保险;USDA 为超过 32.5 万遭受自然灾害的农民支付了大约 162 亿美元的保险;帮助了超过 25 万农民抗旱和抵御其他自然灾害,提供援助超过 34 亿美元;帮助农民融资,为家庭式农户共计提供了约 145 亿美元贷款;协助农户消除动植物疾病。 **合理化援助,节约资金**:通过与为农民提供保险的私人重新协商合同,节约 40 亿美元资金;简化公共农作物政策(Common Crop Policy)。 **通过更好地研究和预测技术提供竞争力**:USDA 科学家团队为农民提供抗旱、防盐化等方面农业新技术进展;USDA 支持的研究已经突破一些动植物的遗传密码;协调利益相关者,平衡各方利益。 **帮助下一代美国农民**:为年轻一代农民提供资金支持,40%的 FSA 农业贷款提供给刚起步的农民;设立专门联系新农民的办公室,已为 15000 名新农民提供了教育和培训支持。 **增强消费者与农民的联系**:通过 KYF(Know Your Farmer)和 KYF(Know Your Food)计划促进消费者和农民之间的联系;通过农贸市场促进项目(Farmers Market Promotion Program)、社区设施项目(Community Facilities Program)等建设农贸市场,农贸市场增加 54%。
农村资源环境保护	**景观保护**:保护、恢复和改善敏感的野生物种栖息地;设施计划为候鸟提供远离被污染沼泽地的安全栖息地;与各种合作伙伴一起在美国东南部恢复跨公共和私有土地的长叶松生态系统。 **保护私人土地上的自然资源**:促使一些私人土地进入保护方案,与超过 50 万农民合作实施净化空气、饮用水和防止土壤流失方面的保护(对参与从事这项工作的农民提供补贴);通过一系列自愿保护计划,促进土地所有者进行水质、土质、农田野生动物栖息地的改善和保护;使约 12 万农场超过 800 万亩私人土地加入土地休耕计划(Conservation Reserve Program);与私人土地主合作安装降低排放的装置。 **森林保护**:提出了一个针对 1.93 亿亩森林的新的规划制定规则以提升相关计划管理水平;通过清除危险物(如林下灌木丛和其他易燃植物)降低了 9600 个社区的火灾风险;加快国家森林恢复和管理步伐,帮助私人土地主管理私人林地;退役超过 3000 多公里道路,恢复超过 6000 公里的河流生物栖息地;与利益相关者一起制定草案规则用于保护科罗拉多州对于生态弹性和休闲非常重要的无道路区域;为其他栖息地受到威胁的生物提供了超过 500 个重要栖息地。 **发展户外休闲**:USDA 管理的国家森林和草原每年为超过 1.7 亿游客提供休闲场所,这为当地社区提供了 22.5 万个工作机会并贡献了 150 亿美元的经济价值;支持 25 个州公共计划,它们将开放 2400 万亩私有土地用于狩猎、钓鱼和其他户外休闲活动;促使超过 72 万亩私人土地进行鸭、野鸡、鹌鹑和其他鸟类栖息地保护;在部门建立了关于户外休闲的联邦内部委员会,促进联邦土地用于户外休闲。 **新保护措施-监管确定性和生态系统市场**:实施艾草鸟和小松鸡保护计划,与农民合作进行保护这些稀有鸟类的栖息地(向农民保证即使鸟被列入濒危动物名单,他们也仍然可以继续经营他们的土地);牧场主们实施了一个放牧制度,130 万亩牧场增加了为筑巢鸟设施的隐藏物,他们还开展了一个活动有望使他们土地上的艾草鸟数量增加 8%—10%;USDA 正在为农民、农牧场主和土地所有者制定一个温室气体排放指南,这个工具将对来自保护、土地管理和植树等活动的温室气体减排和碳封存进行评估,并使农民从他们有利于环境的工作中获得收益。

续表

领域	主要行动及成果
食物营养	改善全国学校的饮食健康和饮食环境,提供安全的食物;通过营养援助对抗饥饿。
涉农科研	加强农业科研系统建设;USDA 科学家和研究资金支持农民生产安全丰富的食物;USDA 科学家和大学合作研究动植物遗传基因,并建立重要动植物资料库;监控农业生产,帮助农民定价,提供市场信息;组织经济学家收集和分析政策制定者为保持农村社区繁荣所需要的数据,并对公众开放;建立区域研究中心研究利用草、木和农业废料发展生物燃料产业。
农村经济以及社区发展	**商业和社区发展**:提供超过 1.2 万项补贴和贷款支持 5000 多个农村小商业企业发展,这创造了 26.6 万个工作机会;利用 14 亿美元政府资金带动提供 70 亿美元贷款和补贴,用以帮助农村企业壮大、成长和创新;投资 6250 个重点社区设施项目,包括教育设施 736 个、图书馆 433 个、医疗设施 581 个和公共安全设施 2800 个,受惠农村居民近 2900 万;帮助来自 2.1 万个社区的 45.6 万家庭购买房屋。 **重点基础设施**:向近 700 万农村居民、36.4 万企业和 3.2 万个社区设施投资提供新宽带服务或更新宽带服务;通过扩大卫生保健、教育和文化资源领域,创造了 2.5 万个工作机会;帮助超过 2500 万农村居民和企业更新电力基础设施,此外还投资新能源、智能网格技术和空气质量改进技术;投资 5100 个进行水处理及废水处理的社区基础设施项目,从而帮助维护了 1800 万农村居民的健康,并创造了 13.5 万个工作机会;向 1440 个学校和 3925 个医疗机构提供远程学习和远程医疗投资,改善农村医疗卫生和教育。 **促进形成新的经济发展策略**:促进农村地区使用区域资产进行合作和提高生产率,通过可持续发展社区的伙伴关系支持其他联邦机构的工作;帮助农村社区企业融资,和小企业管理机构共同举办区域圆桌会议,改革行政管理以促进社区发展金融机构发展等;协助白宫农村委员会制定农村经济发展战略确保联邦继续对农村社区进行投资;努力帮助贫困地区发展。

注:表中所指的农民包括农、牧场主。
资料来源:根据 USDA(2011b)整理。

美国农业部所做的努力,虽然只是联邦政府的行动,但足以体现出政府在农村公共产品治理中的重要作用。事实上,这只是政府参与公共产品治理的一个缩影。美国采用联邦制,联邦法律规定了联邦政府、州以及州以下的各级政府在公共产品治理中都有相应的责任和义务。一般来讲,大型全国性项目由联邦政府或州政府负责,而一些受益范围在本辖区内的公共产品由地方政府负责,一些小规模的公共产品则由社区、社群组织、合作社、农场主等主体负责治理。除了提供优质的公共服务以外,还积极鼓励和支持私人企业(包括私有农场)、农村社区、非营利组织、农业合作社等各种形式的组织参与其中,从而形成了政府、市场、社群以及其他非政府组织有机结合的农村公共产品治理结构。

(二) 日本农村公共产品治理主要经验

日本对农业的支持和保护力度很大,政府通过各种渠道对农业的投资甚至高过农业总产值很多倍,这些投资主要用于农村基础设施、土地改良、动植物防疫、抵御灾害、科研推广、环境保护等领域(廖红丰、尹效良,2006)[7],这足以说明日本政府在农村公共产品治理中的主导作用。日本政府每年都预算大规模的财政资金,以补贴或奖励金的形式用于公用事业和一般事业的发展。据统计,从1960年到2000年,日本政府农林水产业预算年均增长超过15%(匡远配、汪三贵,2005)[8]。

日本政府还十分注重法律和制度建设,在农业和农村发展方面也不例外,先后颁布了一系列关于农村和农业发展的法律法规,它们为农村公共产品治理提供了基本的法律和制度框架。例如,从20世纪50年代开始,先后颁布了《农业法》《农业机械促进法》《农业基本法》《农业现代化资金助成法》《农业协同组合法》《土壤污染制止法》《食物、农业、农村基本法》《食物、农业、农村基本规划》《持续农业法》《农村振兴法》《区域农业开发法》等法律法规(易棉阳,2010)[9]。

和其他发达国家一样,日本政府也十分注重与相关利益者的合作,并通过各种途径调动农协组织和农民的积极性。在日本,99%的农户都参与了农协组织,农协为农民提供事业指导、资料信息、公共设施、金融保险服务等各类服务,政府也积极通过与农协合作共同为农户提供公共服务(易棉阳,2010)[10]。日本也十分重视农业多功能性,强调农业对于环境类公共产品供给的作用,因此政府也积极透过对农业的支持来治理农村公共产品(林家荣,2005)[11]。

上述事实表明,日本农村公共产品治理中,政府和农协这样的社群组织发挥着重要作用,政府主要通过制度框架建设、项目投资、发展公共事业来为农村提供基本的公共产品,社群组织(如农协)则为其成员农户提供

---

[7] 廖红丰、尹效良:《农村公共产品供给的国际经验借鉴与对策建议》,载《现代经济探讨》,2006(2)。

[8] 匡远配、汪三贵:《日本农村公共产品供给特点及对我国的启示》,载《日本研究》,2005(4)。

[9] 易棉阳:《农村公共物品供给的日德经验与借鉴》,载《湖南工业大学学报(社会科学版)》,2010(4)。

[10] 同前,易棉阳(2010)。

[11] 林家荣:《WTO新回合谈判有关农业多功能性之争议》,载《2005水稻农业多样性机能研讨会会议论文》,55-60页,2005年5月25日,台湾·台中。

相应的公共产品,同时政府还和社群组织保持着紧密联系,合作为农户提供公共产品。

(三) 韩国农村公共产品治理主要经验

韩国农业和农村在近半个世纪里取得了突破性的发展,农村经济和社会发展水平显著提升,这主要得益于实施"新村运动"和推广农民合作组织(农业协同组合,简称农协)这两大动力(王玲、兰庆高、于丽红,2008)[12]。

韩国于 1970 年开始实施"新村运动",其中心任务就是发展农村公用事业(吴自聪、王彩波,2008;张要杰,2010)[13],在公共产品治理方面形成了宝贵的经验。在法律和制度建设方面,在充分考虑各级政府实际情况的基础上,韩国制定了一个公共服务的国家标准(OECD,2007)[14],并明确了村、面(乡镇)、郡(县)、道(省)和中央政府的职责和义务。同时,还成立了专门管理"新村运动"的各级协调委员会,并且有明确的分工。例如中央协商会主要负责制定政策方针、资金援助和为地方性项目计划提供指导,而道协调会主要协调各部门工作和项目资源分配,郡协调会主要具体推进和指挥项目实施,面协调会(面新村运动促进会)则负责协调和指挥本区域的具体活动(张要杰,2010)[15]。在重点任务方面,"新村运动"主要致力农村生产基础设施、增加收入、环境改造、农村教育等方面的建设和提升(表 6-2)[16]。

韩国"新村运动"中,政府资金在农村公共基础设施建设中起着重要作用。据统计,从 1972 年到 1982 年,投资总额累计达到 52443 亿韩元,早期资金主要来源于村庄集资(含贷款),后期政府直接投资比重较大。在使用领域上,早期主要用于生产基础设施建设,后期主要用于农民增收,同时用于环境改造的资金一直保持着较高比重(表 6-3)[17]。到"新村运动"

---

[12] 王玲、兰庆高、于丽红:《借鉴国外经验完善中国农村公共产品供给》,载《世界农业》,2008(6)。

[13] 吴自聪、王彩波《农村公共产品供给制度创新与国际经验借鉴——以韩国新村运动为例》,载《东北亚论坛》,2008(1);张要杰:《韩国"新车运动"中农村公共产品供给的经验研究》,载《科技·经济·社会》,2010(2)。

[14] OECD, " Setting Standards for Local Public Goods Provision: Challenges for Regional Development", *Draft Synthesis of Symposium*, held by Territorial Development Policy Committee of OECD, Rome, Italy, June 20, 2007.

[15] 同前,张要杰(2010)。

[16] 尹保云:《韩国的现代化——一个儒教国家的道路》,222-231 页,北京,东方出版社,1995。

[17] 同上,尹保云(1995),225 页。

表 6-2　韩国"新村运动"的主要任务

	主要任务	具体任务
前期实验："新村培养工程"(1970年)	村庄改造	政府向村庄提供水泥,用于村庄改造,参考改造项目包括:在周围的山上植树造林、拓宽连接村庄和主要公路的道路、修整村庄附近的河岸、建设粪肥库、修理灌溉水塘、清理村庄道路和沟渠、修建公共水井、建立公共洗衣设施、控制鼠害等10个领域。水泥具体的使用和安排由村民通过民主程序决定。
正式行动："新村运动"(1971年起)	农村启蒙	培养和改善村民的精神面貌,例如增加居民信心和积极性,培养合作和勤奋意识。
	社会发展	主要包括三方面内容:改善环境、修建供水系统、改造排污系统、修建公共澡堂、会议室、公用水井和洗衣房等;改建和维修住房;扩建电网、通信网,配置公用电话。
	经济发展	主要包括两方面内容:农村基础设施项目,如改扩建道路,包括村庄间和连接主干公路的道路以及通往农场的道路(以便进行机械化耕作),修建水利设施,包括小水坝、水塘、排灌渠等;农民增收项目,例如发展养殖业、推广经济作物种植、发展专业化生产区(包括主粮区、水果蔬菜区、饲养区和经济作物区)、合作耕种、建立"新村工厂"等。

资料来源:根据尹保云(1995,222-231页)的阐述整理。

10周年,韩国在乡村共建成 3.595 万座运动会馆,新建和扩建乡村公路 8.4 万公里(扩建 4 万公里),新铺自来水管道 4440 公里,实现了"村村通汽车,户户喝上自来水,家家通电,村村有运动会馆"的局面(张要杰,2010)[18]。

韩国政府还在全国大力建设和推广农民合作组织,依靠血缘或亲缘关系形成的自然村落和农业协同会等农民组织,在农村公共产品治理中发挥着重要作用。这些组织主要为农民提供信息、金融、培训等服务,并组织农民筹工筹劳参与公共基础设施建设。例如,政府规定,如果基础村要得到政府的援助,就必须兴办自助公共事业(张要杰,2010)[19]。而《农协法》(1984)则以法律的形式明确规定农协组织以农产品流通、金融保险、农民福利等公共服务为主要功能(吴自聪、王彩波,2008)[20]。农协还办有自己

---

[18]　同前,张要杰(2010)。
[19]　同前,张要杰(2010)。
[20]　同前,吴自聪、王彩波(2008)。

表 6-3 "新村运动"投融资结构(1972—1982)

年份	投资总额(亿韩元)	资金来源结构(%)			资金使用结构(%)				
		政府投资	村庄集资(含贷款)	其他	生产基础设施	增加收入	环境改造	教育或农村启蒙	城市新村项目
1972	316	11.3	86.6	2.1	—	—	—	—	—
1973	961	17.8	80.0	2.2	64.3	6.1	28.7	0.8	—
1974	1328	23.1	74.4	2.5	42.5	25.4	21.7	2.4	8.0
1975	2959	42.1	57.3	0.6	21.5	63.4	10.3	1.6	3.2
1976	3227	27.3	70.5	2.2	27.9	47.8	20.9	1.8	1.6
1977	4665	29.6	69.7	0.7	29.1	39.1	23.6	2.2	5.9
1978	6342	20.3	76.9	0.1	20.6	38.3	38.5	2.0	0.6
1979	7582	56.1	43.3	0.6	20.9	43.1	32.0	1.0	3.0
1980	9368	—	—	—	—	—	—	—	—
1981	7029	59.2	40.2	0.6	15.0	49.9	28.0	2.9	4.3
1982	8666	48.3	34.4	17.3	22.0	43.3	24.5	4.1	6.1

来源:HOHA,ROK. Saemaul Undong(1972–1982),转引自尹保云(1995,第225页,表[8,1]),此处有略微改动。

的金融机构,接受农民储蓄并为农业生产提供融资,同时还为农民提供农业生产的相关物质,如化肥、农药、建材等(闫春香、侯立白,2011)[21]。由此可见,社群治理模式在韩国"新村运动"和农村公共产品治理中发挥着十分重要的作用。

二、欧盟主要成员国农村公共产品治理经验

欧盟农村整体发展水平较高,各成员国农村地区交通、水利、电力等基础设施、教育体系和基本的社会保障体系都十分完善,这与欧盟及其成员国在制度完善和资金投入方面的努力是密不可分的。欧共体以及欧盟成立以后,通过实施共同的区域政策和农业政策,以及建立农业指导与保证基金、地区发展基金、社会基金等措施,为农村基础设施建设、农村就业及培训、信息网络建设、基本社会保障等公共产品提供政策支持,并且在实施中,引入了很多非政府组织和私人机构参与进来[22]。虽然欧共体和欧盟成立以后,相关政策开始趋于一致,但各国在农村公共产品治理上仍然体现出不同的特点,下面首先简要分析一下德国、英国和西班牙农村公共产品治理的经验,然后重点介绍欧盟基于农业多功能性进行的农村环境类公共产品的治理经验[23]。

(一)德国农村公共产品治理主要经验[24]

在德国,政府在农村公共产品中一直发挥着重要的作用,德国联邦《基本法》中,从法律层面明确了各级政府供给公共产品的责任和财政支出结构,并遵循自治原则,地方性的社会管理和公共服务领域都有地方性自治政府负责,例如农村道路、桥梁、水利等基础设施建设、学校建设和管理等,并且这些公共产品供给的资金主要来自于财政。德国还先后出台了《动物保护纲要》(1998)、《土地保护法》(1999)、《生态农业法》(2003)等法案,以为农村环境保护提供法律制度基础。

---

[21] 闫春香、侯立白:《亚洲4国农村公共产品供给经验分析及对我国的启示》,载《安徽农学通报》,2011(9)。

[22] 在ENRD(European Network for Rural Development)的一份调研报告,可以清楚地发现,部分项目由非政府组织(NGO)、支付代理(Paying agency)、私人部门(Private Sector)以及它们和政府组成的混合体(Mix of Members)执行。参见 ENRD, *Thematic Working Group 3 Public Goods and Public Intervention: Final Report*. Brussels: European Network for Rural Development,2010,p. 62-70.

[23] 本节部分成果已发表,参见:张义方、路征、邓翔:《欧盟农村公共产品治理经验及启示》,载《经济体制改革》,2013(3)。

[24] 此部分主要参考了以下文献:陈家刚:《德国地方治理中的公共品供给——以德国莱茵——法尔茨州A县为例的分析》,载《经济社会体制比较》,2006(1);杨瑞梅:《德国地方政府供给乡村公共物品的经验和启示》,载《海南大学学报(人文社会科学版)》,2006(3)。

不过,这并不意味着政府是公共产品的唯一供给者。事实上,多元供给主体是德国农村公共产品供给的主要特点,政府将部分社会服务项目委托给非政府组织、企业或私人进行管理,例如将垃圾处理、饮用水供应等委托给符合条件的私人组织,政府负责监督和审查管理。

值得一提的是,在德国农村公共产品治理中,公民参与度非常高,这得益于其民主的地方治理结构。德国行政结构主要由联邦政府、州政府和地方政府构成,在地方政府下,还有县、非县属市和镇以及村,并且都遵循自治原则,各级行政理事会和行政官员都由民主选举产生,这无疑为公共产品的供给和管理提供了广泛的民众参与基础(易棉阳,2010)[25]。

此外,农业合作经济组织在农村公共产品供给中也发挥着重要作用。德国的农业协会按照"自助、自负责任和自我管理"三个基本原则建立,主要为农民和农业企业提供信息、技术等相关服务,会员(需交纳会费)可以获得免费服务,同时也为非会员提供价格低廉的咨询服务。农业协会的另一个职责是向政府提供建议,以促进政策以及相关法规更加合理,农业协会也会得到各级政府的部分资助[26]。

(二) 西班牙和英国农村公共产品治理主要经验

西班牙农业人口大约有110万人,占全国总人口的2.7%,国家行政管理机构由中央、自治区(大区)、市三级政府构成,而农业农村管理服务体系主要由政府农业行政管理机构、公共服务机构和农民组织三部分构成,且各类管理结构权责划分明确。

行政管理机构主要致力于促进农业现代化、提高产品质量、扶持农业合作社发展、开展技术宣传和农民培训以及制定相关规范性政策纲领等。各级行政管理机构职责方面,中央政府主要协调、完善和制定总体农业农村发展的政策方向,并制定相关法律法规;大区政府主要负责提供针对所管辖区的公共服务,以及制定法定或中央赋予权力框架下的相关政策和地方性法律法规;市级政府提供针对辖区的公共服务和执行相关政策;政府公共服务机构不具备行政职能,主要承担权限内的公共服务,如从事农业农村发展相关的基础性研究和应用研究,并推广相关科技成果,为农民和

---

[25] 易棉阳:《农村公共物品供给的日德经验与借鉴》,载《湖南工业大学学报(社会科学版)》,2010(4)。

[26] 财政部农业司:《德国农业可持续情况报告》,财政部农业司网站-"政务信息-他山之石",2008-06-20,http://nys.mof.gov.cn/zhengfuxinxi/tszs/。

农业合作社提供相关信息和技术服务,等等[27];农业协会和农业合作社负责为所属成员提供相关的信息、咨询、培训、技术等服务,农业协会主要为农民和农场主提供服务,会员需缴纳会费,农业合作社按公司式模式管理,且按照民主原则,管委会由社员投票选举产生。截至2008年,西班牙全国有近4000个农业合作社,社员近100万人[28]。

西班牙农村公共产品治理主要体现出以下特点[29]:一是各级政府和各类服务机构权责分工明确,这一点从其管理服务体系可以明显看出;二是政府为农村基础设施建设和公益事业发展提供充足的资金支持,除了欧盟层面关于农业和农村发展的资金外,本国各级政府也预算必要的财政资金用于农村基础设施建设和公益事业发展,政府还安排部分资金用于农业保险;三是公共产品供给机制健全,对公共产品的使用和管理权责都进行了明确规定,对项目建设的模式、管理和监督也十分科学;四是十分重视发展农业组织,政府制定了针对农业协会和农业合作社的相关优惠(如对合作社按低于一般企业的税率征收所得税)、补贴政策(如为农业协会拨款)和扶持政策(如提供专项培训资金对合作社及其社员进行培训),从而农业组织可以供应和管理一些会员或社员需要的公共产品。

英国农村发展政策的制定按"自下而上"的原则进行(OECD,2007[30];龙花楼、胡智超、邹健,2010)[31],这充分体现了英国农村公共产品治理中对各地区和各基层单元实际情况的重视,从而有效地满足了地方实际需求,也促进了农村社区的快速发展。英国先后颁布了《斯科特报告》(1942)、《乡村供水和污水处理法》(1944)、《农业法》(1947,后多次修订)、《河流环境保护法》(1948)、《国家农村耕地和道路法》(1949)、《国家

---

[27] 西班牙的政府公共服务机构不具备行政职能,相当于我国的事业单位,且具有一定的经营性质,运作经费 部分由政府划拨,但工作人员属于公务员。参见财政部农业司:《西班牙农村公共财政体系建设》,财政部农业司网站-"政务信息-他山之石",2008-06-20,http://nys.mof.gov.cn/zhengfuxinxi/tszs/。

[28] 此部分主要参考财政部农业司:《西班牙农村公共财政体系建设》和《西班牙农业管理服务体系建设报告》,财政部农业司网站-"政务信息-他山之石",2008年6月20日,http://nys.mof.gov.cn/zhengfuxinxi/tszs/。

[29] 此部分主要参考财政部农业司:《西班牙农业管理服务体系建设报告》以及《西班牙农业合作社考察情况及启示》,财政部农业司网站-"政务信息-他山之石",2008-06-20,http://nys.mof.gov.cn/zhengfuxinxi/tszs/。

[30] OECD, "Setting Standards for Local Public Goods Provision: Challenges for Regional Development", *Draft Synthesis of Symposium*, Held by Territorial Development Policy Committee of OECD, June 20th, 2007 in Rome, Italy.

[31] 龙花楼、胡智超、邹健:《英国乡村发展政策演变及启示》,载《地理研究》,2010(8)。

公园和享用乡村法》(1949)、《野生动植物和农村法》(1981)、《规划与强制性购买法》(2004)等法案,对管理制度及机构设置、农村土地权属、土地使用及管理、自然景观和人文景观保护、农村环境治理等方面都做了明确的规定(贵州省农业委员会,2005[32];龙花楼、胡智超、邹健,2010[33])。例如,依据《国家公园和享用乡村法》设立了"国家公园委员会",主要负责乡村景观保护、指定国家公园和地方自然风景区以及协助地方政府工作。该法案修订后(1968),还设立了"乡村委员会",负责乡村基础设施建设和保护乡村景观。20世纪70年代开始,英国还实施了中心村建设策略,主要目的在于加强乡村地区人口的集中,为了提高乡村公共服务设施的利用率,政府亦出台了一系列措施用于促进这类设施向中心村集中(财政部农业司《公共财政覆盖农村问题研究》课题组,2004)[34]。

事实上,英国在公共产品治理领域一个重要的特色,就是利用公益信托基金制度来保护和管理生态环境类公共产品。公益信托(Charitable Trust)的含义很广,它又称慈善信托,是指出于公共利益的目的,为使社会公众或者一定范围内的社会公众受益而设立的信托。根据《中华人民共和国信托法》的定义,为了救济贫困,救助灾民,扶助残疾人,发展教育、科技、文化、艺术、体育事业,发展医疗卫生事业,发展环境保护事业,维护生态环境和发展其他社会公益事业等公益目的而设立的信托称为公益信托。英国首创公益信托基金制度并将其应用于生态环境领域,起到了很好的效果,目前已在很多国家被广泛应用。因此,英国发源的这一类公益信托,后来也被专门称为环境信托,在生态环境保护领域发挥着重要作用(关于环境信托,将在第四小节单独分析)。

(三) 部分欧盟国家公共服务供给实践和改革

欧盟国家在政府公共服务供给标准及其相关的参与、激励、服务能力等方面进行了很多实践和改革(表6-4)[35]:

在公共服务标准制定方面,英国经历了以自上而下为主到自下而上为主的演进,这意味着将更多地考虑下一级政府面临的实际情况,从而不同区域和不同层级政府公共服务标准存在差异,而不是实施统一的标准。挪

---

[32] 贵州省农业委员会:《英国农业可持续发展考察报告》,载贵州农业信息网,2005-12-01,http://www.qagri.gov.cn/Html/2005-12-1/2_5615_2005-12-1_15014.html。

[33] 同前,龙花楼、胡智超、邹健(2010)。

[34] 财政部农业司"公共财政覆盖农村问题研究"课题组:《公共财政覆盖农村问题研究报告》,载《农业经济问题》,2004(7)。

[35] 同前,OECD(2007)。

威也正在向自下而上的决策制定机制改革,意大利和挪威通过法规来规定最低标准,赋予了地方政府更多的弹性,也保证了必要的公共服务供给质量。

表 6-4 部分欧盟国家公共服务供给实践和改革

	供给标准	参与方式	激励方法	能力建设
英国	从自上而下转变为自下而上的制定标准	分散化公共服务供给决策	对达到目标的地方政府进行额外补贴	为服务能力建设提供初始资金支持;提供"汲水注资"(Pump-priming Grants)
意大利	宪法规定主要公共服务的最低标准	让有关各方都参与到标准制定中来	量化目标,对表现好的区域进行额外补贴	中央政府提供技术、资金等方面的帮助用于地方政府公共服务能力建设;帮助地方政府制定决策
挪威	中央政府通过法律和规章设立最低标准		建立信息系统,为地方政府和中央政府及议会提供政府公共服务的情况,供地方政府用于改进管理和供中央政府和议会进行监督;无奖惩机制。	
丹麦	实施新的改革(倾向于实施自下而上的标准)			中央政府向地方政府提供公共产品量化指标计算、选取等方面的技术性帮助

来源:根据 OECD(2007)的阐述整理。

在参与方式上,各国都尽量让利益各方参与到公共服务标准决策之中,他们也允许地方社群基于比较优势参与到公共服务之中。例如意大利针对南方地区的区域政策战略中,就包括教育、儿童及老人照顾、水服务和废弃物管理等方面的 11 个指标,这些指标都是由各级相关部门共同选取和确定的。而英国 2004 年实施的区域协定(Local Area Agreement,LAA),也是通过中央和相应地方政府共同制定标准,并且标准只针对某些对地方非常重要的服务,而不制定针对所有具体部门的标准。由此可见,大多数国家倾向于根据地方政府实际情况制定差异化的公共服务标准,并尽可能让相关利益各方参与其中。因此在农村地区,当地政府拥有更多的自主权来根据自身条件制定适宜的公共服务标准,私人组织、社群组织等非政府组织也更能发挥自身优势来参与公共产品的治理。

在公共服务标准的实施过程中,激励机制和提升自身能力也发挥着重要作用,这有利于各级政府提供更加优质的公共产品。根据新的方案,意大利安排了 30 亿欧元用于对南部地区进行奖励,如果来自南部某个地区在 2013 年达到了相应的目标,就可以获得应得的金额,如果没有达到目标,其对应的金额将被安排到其他表现更好的地区;英国 2000 年实施的地方公共服务协议(Local Public Service Agreements,LPSA)中实施总金额达 10 亿英镑的资金补贴计划,三年以后,根据地方政府实现目标情况确定应获得的补贴额度。在 2004 年实施的 LPSA 中,没有具体的补贴奖励计划,而是根据地方政府公共资金使用情况和资金筹集情况来确定;挪威则是通过建立完善的信息系统,提供各级政府公共服务的进展和情况,地方政府利用这些信息来改进管理,而中央政府和议会则利用这些信息来进行监督,挪威还致力于建设更加有效的报告系统。

在地方政府服务能力建设方面,英国为地方政府服务能力建设提供资金支持,同时为地方政府项目创新投资提供汲水式注资(Pump-priming Grants)[36]。意大利和丹麦中央政府则通过提供技术或资金援助来帮助地方政府提高公共服务的能力。

三、欧盟农村环境类公共产品治理主要经验

近年来,欧盟尤其注重农业和农村环境的治理,在以共同农业政策为主的政策体系中,农村环境类公共产品越来越受到重视。库柏、哈特和鲍多克(Cooper, Hart & Baldock, 2009)以及 ENRD(2010;2011)的研究表明[37],农村地区的很多公共产品都与农业有关,其中最重要的就是农村环境,例如农业景观、生物多样性、水质、土壤功能、气候稳定、空气质量、洪水及火灾防护、食品安全、动植物福利和健康等,这些都是农业部门提供的环境类公共产品。他们通过分析认为,这些与农业密切相关的环境类公共产品存在供给不足,这也致使它们成为公共政策重点关注对象,而欧盟通过共同农业政策(Common Agriculture Policy,CAP)进行干预就是一个典型案例。

---

[36] 即在必要的时候通过注资来帮助地方政府提高自身服务能力。

[37] T. Cooper, K. Hart and D. Baldock, "Provision of Public Goods Through Agriculture in the European Union", *Report Prepared for DG Agriculture and Rural Development*, London: Institute for European Environmental Policy, 2009; ENRD, *Thematic Working Group 3 Public Goods and Public Intervention: Final Report*. Brussels: European Network for Rural Development, 2010; ENRD, "Public Goods and Rural Development", *EU Rural Review*, 2011(7).

的确,从欧盟公共农业政策的改革和变化趋势来看,该政策越来越关注环境问题。在 CAP《欧盟农村发展政策 2007—2013》(第二支柱)中,就明确阐述了欧盟支持农业是环境和农村功能类公共产品生产者的观点[38],欧盟委员会在一个未来共同农业政策的交流会中也指出:"农业和林业在生产公共产品中发挥着关键作用,尤其是在景观、农田生物多样性、气候稳定性等环境和抵御洪水、干旱和火灾等自然灾害方面。同时,许多农业实践对环境都产生了潜在的压力,导致土壤流失、水短缺和污染以及野生动物栖息地和生物多样性损失"[39]。显然,未来欧盟针对公共产品的支付(如奖励在环境方面作出努力的农业)将得到进一步加强(Landgrebe,2011)[40]。事实上,现有的欧盟农业及农村发展相关政策体系中,已有很多是直接关于农村环境类公共产品的治理的政策措施,还有一些措施间接作用于农村环境类公共产品供给或带来积极影响(表 6-5)。

表 6-5 欧盟关于农村环境公共产品供给的政策措施

直接作用于公共产品供给	CAP-农村发展:农业环境措施(轴 2)	农业环境(214) 非生产性投资(216)
	CAP-交叉遵守-GAEC 标准	GAEC 标准中专门针对保护景观特色,保护栖息地,保护土壤功能,保护水质的措施
	CAP-理事会条例 73/2009 第 68 条	专门针对"对环境保护十分重要的特殊农业类型"[Art. 68(1)(a)(i)]和"产生额外农业环境效益的特殊农业活动"[Art. 68(1)(a)(v)]的扶持
	CAP-交叉遵守	理事会条例 73/2009 第 68 条规定的永久牧场必要条件
	LIFE+项目	农业相关项目
	结构基金	与土地和景观保护有关的环境保护项目(code 1312)

---

[38] European Communities, *The EU Rural Development Policy* 2007—2013. Luxembourg: Office for Official Publications of the European Communities, 2006, p. 5.

[39] European Commission, "The CAP towards 2020: Meeting the Food, Natural Resource and Territorial Challenges of the Future", *European Commission COM*(2010) 672 *final*, 2010, p. 5.

[40] 加强公共产品的正外部性支付是 2013 年后欧盟共同农业政策改革的重点之一。见 R. Landgrebe, "Agricultural and Rural Development Policy in the EU and Germany: Recent Developments and Perspectives", *Presentations on* 2011 *Chinesisch-Deutscher DDG-Fortbildungskurs zu Nachhaltiger Entwicklung und Umweltmanagement*, Berlin, March 28, 2011, p. 9. http://ecologic.eu/4055

续表

部分作用于公共产品供给	CAP-农村发展	咨询与培训措施(111,114,115);农村现代化(121);基础设施发展(125);LFA(Less Favoured Area)支付(211,212);"Natura 2000"生态保护网计划(213);农村遗产保护和升级(323);培训与信息(331)。
非直接作用但对公共产品供给有积极影响	CAP-农村发展	农产品增值(123);多样化(311);鼓励旅游活动(313)。
	CAP-脱钩直接支付补贴和交叉遵守GAEC标准	对稳定农民收入的支付 GAEC标准中针对避免侵蚀不必要的植被或指定最低放牧率的行动
	CAP-理事会条例73/2009第68条	专门扶持解决影响农民在经济脆弱或环境敏感地区从事奶制品、牛肉、羊肉、稻米等部门生产的缺陷[Art.68(1)(b)]

注:CAP-共同农业政策(Common Agricultural Policy);GAEC-良好农业和环境条件(Good Agricultural and Environmental Conditions,理事会条例73/2009第6条及附件三),要求成员国必须根据该框架和自身条件确定国家和地区针对良好的农业和环境条件的最低要求;交叉遵守(Cross Compliance)机制将直接支付和环境、食品安全、动植物保护、GAEC等基本要求相关联,要求成员国加强执行力度,要求农民必须遵守相关规定,并明确相应的法律责任;脱钩直接支付(Decoupled Direct Payment),即与生产和产品脱钩的直接支付补贴。

资料来源:根据Cooper,Hart & Baldock(2009,p.88)修改。

在共同农业政策的农村发展部分,规定了直接作用于环境类公共产品的强制性政策措施。在已执行的项目(2007—2013年)中,欧盟27国近300万个农场受到农业环境支付补贴的支持,项目预算金额达到340亿欧元,占农村发展总预算金额的23%,占整个共同农业政策预算的12%,这些资金主要用于农村自然环境保护、生物多样性保护以及文化景观保护等领域[41]。如果农民接受脱钩直接支付补贴,那么他们还必须遵守"良好农业和环境条件"(Good Agriculture and Environmental Conditions,GAEC)的相关标准,必须达到规定的"良好的农业和环境条件"的最低要求。

GAEC在土壤流失、土壤有机质、土壤结构、最低保护水平、水保护和管理等方面都制定了强制性标准和选择性标准(表6-6)。与此同时,很多成员国自己还制定了额外标准,例如:法国设置了在种植地里沿水道、植物篱、斜坡保留生态带的最小比例,如果想获得补贴,就必须满足相应比例要求;西班牙和意大利对清除树木设立了限制;英国则不允许清除干石墙[42]。这些标准提供了一个制度性规则,体现了对欧盟农村生态环境保

---

[41] 同前,Cooper,Hart & Baldock(2009),p.89。

[42] 同前,Cooper,Hart & Baldock(2009),p.94。

护这一公共产品的重视。在共同农业政策理事会条例 73/2009 第 68 条中,还要求对一些与环境有关的特殊农业类型和活动进行补贴,并交叉遵守保护永久性牧场的相关标准。

表 6-6 良好的农业和环境条件

内　　容	强制性标准	选择性标准
土壤流失:通过采取适当措施保护土壤	最低土壤覆盖面	保留梯田
	反映地域特征的最低限度土地管理	
土壤有机质:通过采取适当措施保持土壤有机质	耕地碎秸管理	轮作标准
土壤结构:通过采取适当措施保护土壤结构		机器合理管理
最低维护水平:确保最低维护水平,避免生境恶化	保留景观特征,包括在适宜的情况下,保持树篱、池塘、水沟、树木排列有序或错落有致,相互隔开	最低家畜饲养量和/或合适的管理体制
		成立和/或保留生境
	避免农业用地出现有害蔬菜种类	禁止根除橄榄树
	保护永久农场	保持橄榄园林及藤蔓生长良好
水保护与管理:防止水污染及径流,管理用水	沿流域建立缓冲带	
	用水灌溉授权,符合授权程序	

资料来源:Landgrebe(2011,p.19)。

欧盟 LIFE+环境项目中,也安排了一些针对农村生态的项目。从 1992 年 LIFE 项目实施以来,有 11% 的项目与农业有关,LIFE+项目实施了一些与农业环境相关的措施,例如实施生物多样性行动计划(Biodiversity Action Plans,BAPs)等。据统计,2007—2009 年三年中,LIFE+项目实际行动拨款(Action Grants)总额为 641.27 亿欧元,其中用于自然和土壤(Nature & Soil,包括自然和生物多样性及森林和土壤)领域的达到 355.89 亿欧元,约占 55.5%,其他还有相当一部分用于空气、水和绿色经济领域[43]。除了欧盟筹资,一些成员国也通过各种渠道筹集力量用于保护生物多样性和景观,例如法国鸟类保护协会在 2006 年提出了五年国家计划以促进农场生物多样性,一些奥地利旅行社群组织中的农民自愿接受农业景观服务方面

---

[43] SEC,"Mid-term Review of the LIFE+ Regulation", *Commission Staff Working Paper* 1120 *final*,*COM*(2010) 516 *final*,2010,p.4.

的地方性补贴,等等[44]。

四、英国环境类公共产品治理经验:环境信托

英国首创公益信托基金制度并将其应用于生态环境治理,引起了国际社会的广泛关注。后来,采用公益信托基金制度进行生态环境治理的形式被专门称为环境信托。环境信托目前已在美国、日本、加拿大、荷兰、马来西亚、韩国、新西兰、澳大利亚、中国台湾等全球各国和地区广泛应用[45]。环境信托可以定义为:"由国民发起,借由成立公益信托或公益法人,以购买、接受捐赠或签订契约的方式进行土地取得,以保存土地及自然、人为环境,或者借由资金的给付,奖励自然或人为环境研究调查或维护工作之进行,而达到自然或人为环境保育之目的者"[46],其委托人可以是地主、会员和组织成员,受托人是致力于环境保护的公益组织,受益人是社会大众(林秋芳,2005)[47]。

环境信托制度最早起源于英国。在工业革命之后,英国工业经济快速发展,大量的土地用于建设工厂,并开始大规模开采自然资源,自然环境和历史遗迹都遭到了严重破坏,由此产生了一些抗议过度开发行为和倡导保护的组织和团体。1895年,著名的国民信托组织成立,开始向民间募款购买一些受到威胁的土地、乡村及建筑物等。1907年英国颁布了《国民信托法》(National Trust Act),明确国民信托成立的目的在于"促进永久保护",永久保护的对象主要是对国家有益处的土地、拥有优美景观的公有地或出租地、历史古迹,以及那些与自然景观、特殊的地理特征、动植物生存有关的土地。到1994年,国民信托组织拥有的土地超过20万公顷,会员超过200万人,是英国规模最大的环境信托组织[48]。

除国民信托组织之外,类似的环境信托组织在英国还有很多。例如,苏

---

[44] 同前,Cooper,Hart & Baldock(2009),p.95-96。此外,在公共农业政策中还有一些部分或间接作用农村环境类公共产品治理的政策措施,此处不再详述,参见 Cooper,Hart & Baldock(2009),第五章。

[45] 公益信托(Charitable Trust),又称慈善信托,是指出于公共利益的目的,为使社会公众或者一定范围内的社会公众受益而设立的信托。根据《中华人民共和国信托法》的定义,为了救济贫困,救助灾民,扶助残疾人,发展教育、科技、文化、艺术、体育事业,发展医疗卫生事业,发展环境保护事业,维护生态环境和发展其他社会公益事业等公益目的而设立的信托称为公益信托。

[46] 李秋静:《以国民环境信托进行自然保育之制度探讨》,东华大学自然资源管理研究所硕士论文,1997,台湾·花莲。

[47] 林秋芳:《环境信托理念应用于台湾私有林地经营管理之研究——以龙崎乡为例》,成功大学都市计划研究所硕士学位论文,2-15页,2005,台湾·台南。

[48] 李秋静:《保育与发展之均衡策略——英国国民环境信托简介》,载《台湾经济研究月刊》,1998(5),第33页。

格兰国民信托(The National Trust for Scotland)、皇家鸟类保护(Royal Society for the Protection of Bird)、野生生物信托(Wildlife Trust)等。德威尔和霍奇(Dewyer & Hodge,1996)将这类环境保护组织通称为 CARTs(Conservation, Amenity and Recreation Trusts)[49],可以综合理解为环境信托,它们的主要目的是:自然保护与环境改善;维持环境的舒适以提供民众游憩;美化风景,保护自然遗产;以及拥有或长期经营管理自然及人类文化遗产。

环境信托组织属于非营利性团体,它们可以接受捐赠或者以购买的方式获得土地,进而达到保护环境的目的。据统计,英国具有 CARTs 目的的组织成员已超过500万人,1990年,所有 CARTs 组织拥有土地超过1300万英亩,资本额比英国自然保护委员会(Nature Conservancy Council)和乡村委员会(Countryside Commissions)给英格兰、威尔士和苏格兰支出的总和还要高出50%[50]。

毫无疑问,环境信托组织在英国农村环境类公共产品治理中发挥着重要作用,它调动和汇集了强大社会力量参与到农村环境类公共产品的治理之中,并且以一种固定的制度形式在全球得到广泛应用。

第二节　发展中国家农村公共产品治理经验分析

下面以印度和泰国为典型代表,对发展中国家农村公共产品治理经验进行总结和分析。在印度和泰国,农业在国民经济中都占有十分重要的地位,并且超过一半的人口都居住在农村地区,加上整体经济实力落后,因此农村公共产品供给严重不足。为了解决农村公共产品的供需矛盾,印度和泰国也形成了一些独特的治理经验。

一、印度农村公共产品治理经验

印度是一个由村庄构成的国家,约有69%的人生活在村庄之中,并且50%以上的村庄社会经济发展条件都十分差,这为印度农村经济社会发展以及公共产品治理带来了很大的挑战[51]。印度独立以后,政府就十分重

---

[49]　J. C. Dywer and I. D. Hodge, *Countryside in Trust*: *Land Management by Conservation, Recreation, and Amenity Organizations*. Chichester: John Wiley and Sons, 1996.

[50]　同前,林秋芳(2005);许世雨:《第三部门对于环境信托之参与及展望》,载《2011年台湾公共行政与公共事务系所联合会年会暨国际学术研讨会 D1 场次论文集》,台北:台湾公共行政与公共事务系所联合会,2011。

[51]　数据来源:The Associated Chambers of Commerce and Industry of India, *Rural Development in India*: *State Level Experiences*. New Delhi: ASSOCHAM'S Study, January 2012;以及印度国家门户网:http://india.gov.in/sectors/rural/index.php。

视农村经济社会发展,专设农村发展部(Ministry of Rural Development),并制定农村发展规划。印度农村发展规划主要由以下五个方面构成[52]：在农村地区提供基本的公共基础设施,例如学校、卫生设施、道路、饮用水、电力等；提升农村地区农业生产率；提供诸如卫生、教育等社会经济发展方面的公共服务；通过提供生产资源(信用支持和补贴)帮助生活在贫困线以下的家庭和自助组(Self Help Groups)。

20世纪90年代以来,印度在农村经济社会发展的治理制度方面进行了大胆探索,尤其是将一种叫作潘查亚特的制度(Panchayati Raj Institutions,PRIs)赋予宪法地位,由此正式成为专门负责基层农村事务的行政管理部门。

1992年,印度第73号宪法修正案首次潘查亚特制度明确为邦以下的一级自治政府,成为印度民主分权发展(Decentralized Development)的一个里程碑(Planning Commission,2001)[53]。73号宪法修正案规定,人口大于200万的邦必须建立村级(Village Level)、中级(Intermediate Level)和区级(District Level)三级潘查亚特作为农村地方政府机构,且每级机构的席位都由直接选举产生,同时将农林牧渔业、土地改良、土保持、小型灌溉、各种通行设施(道路、桥梁、渡口、水路等)、教育(包括小学和中学教育、技能培训、职业教育等)、医疗卫生、社会福利、扶贫等29项任务下放给潘查亚特管理(表6-7)。在实践中,各级潘查亚特的职能有所不同,村级潘查亚特主要负责各种产业(大农业)和灌溉、医疗、道路等公共设施的管理,以及具体执行相关项目,而中级和区级潘查亚特主要起监督和协调作用(丁开杰、刘合光,2006)[54]。由此可见,印度农村公共产品主要由潘查亚特进行治理。到2001年,全国共有村级潘查亚特232278个,中级潘查亚特5905个,区级潘查亚特499个,它们由292万选举出来的代表管理,其中1/3的代表为女性(Planning Commission,2001)[55]。

---

[52] 参见印度国家门户网：http://india.gov.in/sectors/rural/index.php。农村发展部下设农村发展局(Department of Rural Development)、土地资源局(Department of Land Resources)、饮用水和环境卫生局(Department of Drinking Water and Sanitation)3个部门,各部门职责明确分工。参见 Ministry of Rural Development, *MRD Annual Report* 2010-2011. New Delhi: Ministry of Rural Development, Government of India, 2011, p. XXXI.

[53] Planning Commission, *Report of the Task Force on Panchayati Raj Institutions* (*PRIs*). New Delhi: Planning Commission, Government of India, December 2001, p. 1.

[54] 丁开杰、刘合光：《印度农村公共产品供给机制研究》,载《当代亚太》,2006(6)。

[55] 同前,Planning Commission(2001),p. 5。

表 6-7 印度各级潘查亚特的规模和主要职能

	规模 （2001 年）	主 要 职 能
村级潘查亚特	232278 个	• 制定年度计划，制定和实施年度预算 • 促进农业、园艺、畜牧、家禽、奶制品、渔业、纺织等发展 • 农村供水和卫生 • 分配住房地点 • 执行各种中央支持的项目 • 提高成人识字率、确保义务教育阶段的入学率和出勤率 • 监督农村公共医疗中心的运行，监督公共分配系统
中级潘查亚特	5905 个	• 制定年度计划和强化村潘查亚特的计划，制定年度预算 • 促进农业、畜牧业、林业发展 • 维护灌溉系统 • 农村供水和卫生 • 建设和维护共公道路和通信 • 监督村潘查亚特对各种项目的政策和执行情况 • 促进医疗、家庭福利、妇女和儿童事业的发展
区级潘查亚特	499 个	• 制定年度计划和强化下级潘查亚特的计划 • 建设和维护道路、住房和桥梁，建设农村供水设施 • 协调各种在下级潘查亚特执行的活动和项目 • 流域发展和荒地开发 • 维护医院和诊所 • 监督公共分配系统

宪法修正案附件 11 规定的 29 个下放给潘查亚特治理的项目：

(1) 农业包括农业技术推广
(2) 土地改良、土地改革实施、土地整理和水土保持
(3) 小型灌溉、水资源管理和流域开发
(4) 畜牧业、乳业和家禽业
(5) 渔业
(6) 社会林业和农场林业
(7) 小型林产品
(8) 小规模产业包括食品加工业
(9) 土布、村庄和山寨产业
(10) 农村住房
(11) 饮用水
(12) 燃料和饲料
(13) 道路、涵洞、桥、渡口、水路和其他通行设施
(14) 农村供电包括配电
(15) 非传统能源供应
(16) 扶贫计划
(17) 教育包括小学和中学
(18) 技能培训和职业教育
(19) 审计和非正式教育
(20) 图书馆
(21) 文化活动
(22) 市场和集市
(23) 健康和卫生包括医院、初级保健中心和药房
(24) 家庭福利
(25) 妇女和儿童发展
(26) 社会福利包括残疾人和智障人福利
(27) 弱势群体福利
(28) 公共分配系统
(29) 社区资产维护

资料来源：根据 Planning Commission(2001,p.5 & p.94)、丁开杰、刘合光(2006)的论述修改。

综上所述，印度农村经济社会发展的行政管理机构自下而上为：村级潘查亚特→中级潘查亚特→区级潘查亚特→邦农村发展部→国家农村发展部，各级政府职责划分明确。由于印度农村公共产品治理的决策过程是自下而上的分权化决策机制，因此农村民众的参与度极高，从而能够有效地反映农民对农村公共产品的需求（丁开杰、刘合光，2006；温俊萍，2008）[56]。

在资金来源方面，政府资金发挥着主要作用，各级政府每年都要提供大量的项目资金用于农村公共基础设施建设和教育、医疗卫生、就业保障等公共事业，例如印度"十五"计划规划农村发展项目资金达7677亿卢比，2005—2006年的资金达到2488亿卢比（其中就业保障项目600亿卢比）。除政府资金以外，来自国内外银行的信贷资金、私人投资、社区融资、非政府组织和志愿者捐资也发挥着重要作用，例如世界银行、亚洲开发银行都为印度农村地区建设提供贷款支持，一些小型社区项目由村级潘查亚特自己负责，政府也通过税收优惠等政策鼓励私人企业投资建设公共基础设施或投资于农村发展银行、农村电力公司等为农村服务的企业（温俊萍，2008）[57]。

此外，由于印度有很多以部落形式存在的居民，这些居民主要生活在农村地区和森林中，因此印度政府还于1999年设立了部落事务部（Ministry of Tribal Affairs），主要负责促进部落地区经济社会发展（贾娅玲，2007）[58]。部落事务部制对部落地区的公共产品供给作出了很多努力，例如实施部落辅助计划，以推动部落民就业，制定部落地区资源开发原则，避免破坏部落民的生存环境，实施"加强低素质地区表列部落女孩教育""补贴致力于提高表列部落福利的志愿组织""脆弱部落发展"以及研究部落文化等计划（丁开杰、刘合光，2006）[59]。

总的来看，印度公共产品治理的最大特点是自下而上的民主决策机制，这样更好地表达了居民的对公共产品的真正需求，同时各级政府责任相对明确，并充分发挥基层组织的作用。但是，公共产品治理模式仍然是以政府为主导，计划性和集中供给仍比较强（丁开杰、刘合光，2006）[60]。

---

[56] 同前，丁开杰、刘合光（2006）；温俊萍：《印度乡村公共品供给机制研究：公共治理的视角》，载《南亚研究季刊》，2008(1)。

[57] 同前，温俊萍（2008）。

[58] 一般被认为，印度部落民和表列部落就是印度的少数民族，因此该部门主要任务即负责印度少数民族相关事务的管理。见贾娅玲：《印度少数民族政策及其对我国的启示》，载《湖北民族学院学报（哲社版）》，2007(2)。

[59] Ministry of Tribal Affairs, *MRD Annual Report* 2010—2011. New Delhi: Ministry of Tribal Affairs, Government of India, 2011.

[60] 同前，丁开杰、刘合光（2006）。

二、泰国：社群和政府主导的农村公共产品治理

为了解决农村公共产品的供需矛盾，泰国通过不断地努力探索，在农村公共产品供给和管理方面取得了宝贵经验[61]。泰国的行政管理层级由中央政府、府（Changway）、郡（Amphoe）、次郡（Tambon）和行政村（Muban）五级组成，其中前三级为政府机构，中央设立农业和合作部，各郡也设立相应的农业和合作社管理部门，其主要职责包括提高农业生产效率、研究和发展相关基础设施、鼓励农业生产者自力更生、发展和推广农业技术等，次郡和行政村由当地人民推选的代表进行管理。泰国的行政村主要基于居民之间的联合和社会关系形成，并有正式的管理机构和领导层，管委会每月召开会议讨论公共事务，村民通常通过集体决策的方式来处理公共事务（Shigetomi，2006）[62]。显然，这种基层行政管理结构十分有利于利用自愿形成的社群组织来供给和管理公共产品。事实上，泰国正是通过发展农村社群经济，有力地促进了农村地区发展和缓解了农村公共产品供给矛盾。

（一）泰国的社群经济发展的主要特点

泰国十分重视社群经济的发展，这突出体现在政府的相关政策之中。例如，泰国第九个国民经济和社会发展规划中，就强调发挥社群管理自己经济和社会发展的能力，加强社群管理周转资金和小额信贷计划的能力，支持社群企业发展，建立社群信息中心，以及加强社群组织之间的联系，同时也鼓励社群发展教育，制定社群计划，并期望社群在管理自然资源、环境保护方面发挥更大的作用。在泰国，大部分社群发展总体规划都体现出基于自力更生（Self-reliance）和充分（Sufficiency）的适足经济（Sufficient Economy）原则[63]。当前，泰国已经在社群经济发展方面积累了丰富的经

---

[61] 本部分成果已发表，参见：路征、张义方、邓翔：《基于社群经济的农村公共产品供给：泰国经验分析》，载《东南亚研究》，2013(6)。

[62] S. Shigetomi, Organizational Capability of Local Societies in Rural Development："A Comparative Study of Microfinance Organizations in Thailand and the Philippines", *IDE Discussion Paper*, 2006, No. 47, Chiba, Japan: Institute of Developing Economics(IDE), JETRO, p. 10-12.

[63] 自力更生包括：用本地材料取代外地材料、用本地人取代外地人才、用本地智慧创收取代运用不熟悉的技术、依靠本地资源或资金取代向外借贷、动手操作取代等待政府帮助和强调同时建立经济资本和社会资本。充分即要求社群选择生产适销对路的产品，着眼于减少开支而不是增加收入，并确保生产能够满足家庭消费。见 W. Worakul, *Community-based Microfinance: An Empowering Approach towards Poverty Alleviation and Community Self-Reliance*. Bangkok: UNDP, 2006, p. 5-8；适足经济理论是泰国国王普密蓬在1997年金融危机后提出的经济理念，它包括适度、合理和有内在的免疫力三个基本原则，适度，即一切行为适可而止，合理，即表明行为带来的广泛影响，免疫力是指自身应具备对抗风险的能力。见萨阁林·倪永新：《"适足经济理论"：泰国可持续发展的新路线》，载《银行家》，2007(5)。

验,主要体现在(表6-8)[64]:

第一,坚持可持续替代生计发展模式(Sustainable Alternative Livelihood Development,SALD)。SALD 的主要内涵是将人的利益和自然环境的可持续利用结合在一起,通过在参与式和社群可接受的步伐下发展,培养社群自我发展能力,最终使社群在没有进一步援助的情况下仍能继续发展。SALD 由泰国著名的非营利性基金——皇太后基金(MFLF)执行,并强调"地方性所有权",即让当地人民成为合资企业的所有者而不是合同农民或雇用工。实践中,SALD 被分解为 3 个阶段:短期——在 10 天到 150 天内快速提高当地社群的合法收入;中期——发展可行的以市场为基础的营生替代方式和提升价值链;长期,使人们变得能自力更生、尊重环境和能够应付全球化的压力。目前,SALD 模式已在缅甸、印度尼西亚、阿富汗等国家得到推广。

表 6-8　泰国社群经济发展的主要经验

领域	主 要 经 验
社群可持续发展	SALD 模式: ● 目的:将人的利益和自然环境的可持续利用结合在一起,通过在参与式和社区可接受之步伐下发展,最终使社区在没有进一步援助的情况下仍能继续发展。 ● 3 个重点:健康——保证健康,维持劳动能力;营生——获得安全的食物,然后逐渐开始从事多元化的、具有较高创收机会的价值活动;教育——开启未来机遇和结束贫困恶性循环。 ● 3 个阶段:短期——在 10 天到 150 天内快速提高当地社区的合法收入;中期——发展可行的以市场为基础的营生替代方式和提升价值链;长期——使人们变得能自力更生(Self-reliance)、尊重环境和能够应付全球化的压力。 ● 执行和关键:由非营利基金皇太后基金(Mae Fah Luang Foundation,MFLF)执行,关键点在于地方性所有权,即让当地人民成为合资企业的所有者而不是合同农民或雇工。 ● 国际发展:SALD 模式已开始被缅甸、印度尼西亚、阿富汗等国家采用。

[64] 详细参见:TICA, *Thailand's Best Practices and Lessons Learned in Development*. Bangkok, Thailand: Thailand International Development Cooperation Agency (TICA), Ministry of Foreign Affairs, 2010, p. 40-55.

续表

领域	主 要 经 验
地方和社群生产	OTOP 模式： • 内涵：OTOP 是泰国借鉴日本"一村一品"（OVOP）模式发展而来，意在每个次郡（Tambon）发展至少一种本地特色产品或特色旅游目的地，它是通过鼓励公共部门和私人部门合作来加快发展百姓经济（Grass-root Economy）的一种手段。OTOP 计划是一个支持泰国次郡本地制造产品的一个地方性创业激励措施。 • OTOP 的两个关键要素是企业家和基于当地材料和技能打造的优质产品。首先是寻找和记录合格的 OTOP 生产者，分为社群企业、社群一级的独资企业和中小企业生产者三类。然后是生产选择，OTOP 产品反映地方传统知识，并且产品生产应采用当地传承下来的技能和使用当地原材料，旅游目的地也包括在内。 • 管理结构：国家 OTOP 委员会→府 OTOP 委员会→郡 OTOP 委员会→次郡 OTOP 委员会。 • 主要特征：政府负责项目宣传、为销售 OTOP 产品提供广告预算、组织营销活动、通过互联网站为生产者、采购者和消费者创建消息交易系统，政府也为 OTOP 企业提供资金支持和优惠利率贷款。 • 主要成就：经济绩效方面，在 22762 个村庄创造了工作，超过 123 万会员和从业人员，企业数量从 2001 年的 7000 家增加到 2006 年 37840 家，销售收入从 2002 年的 1670 万泰铢增加到 2006 年的 6780 万泰铢，加强了基础设施和通信，提高了业务技能水平；改善了产品质量和标准；社会绩效方面，激发了更大的社会参与，从而使得社区更加强大，OTOP 生产使用当地老人传统的当地知识，从而赋予他们在社区中新的重要性和价值，OTOP 降低了人们离开村庄寻找工作的动机，从而使家人生活在一起，并且为孩子提供了一个更加稳定的家庭环境。
社群微型金融	发展微型金融市场： • 政府支持：泰国政府长期支持社区微型金融市场发展，最近实施的计划是"百万泰铢村基金"，即向全国 7000 个村每村捐赠 100 万泰铢作为周转资金，用于向穷人放贷。其他政府计划还有建立扶贫基金和经济激励基金，以及为自助团体（Self-Help Groups）提供贷款。 • 捐助机构和非政府机构（NGOs）建立或支持：例如，储蓄组（Savings Groups）、信用联合组（Credit-union Groups）、肥料和粮食银行（Fertilizer and Grain Banks）、社区储蓄组（Community savings groups）等。 • 管理经验：社群发展局（Community Development Department）负责向地方社群讲解社群微型金融的理念，最重要的是使当地会员相信微型金融能够为他们和他们的社区更好的服务，五个管理原则，即信任、诚恳、奉献、责任和同情。 • 典型治理结构（以 Klong Pia Savings Group 为例）：管理委员会由代表 10 个村的 41 个成员组成（每村 2 至 5 人），并设委员会主席、审计委员会、顾问委员会、秘书和会计。管理委员会管理本储蓄组，制定政策和规定，并确保成员遵守。村级委员会提供关乎政策和本组发展、接受存款、偿还贷款和贷款请求等信息。管理委员会每月至少召开一次会议，会议在 10 个村轮流召开，以确保村民能够充分了解组织的活动。会员资格对所有人开放，会员缴纳很少的会员费并获得存折。储蓄组基于开放、参与、放权和透明四个原则治理。

注：SALD-Sustainable Alternative Livelihood Development，即可持续替代生计发展模式；OVOP-One Village One Product，即"一村一品"；OTOP-One Tambon One Product，即"一郡（次郡）一品"。

来源：根据 TICA（2010，p.40-p.55）相关叙述整理。

第二，借鉴日本"一村一品"发展经验，实施 OTOP（One Tambon One Product）计划，支持生产地方特色产品的生产者。OTOP 意指在每个次郡发展至少一种本地特色产品或特色旅游目的地，它是通过鼓励公共部门和私人部门合作来加快基层经济（Grass-root Economy）发展的一种手段。OTOP 的两个关键要素是企业家和基于当地材料和技能打造的优质产品。在具体实施中，首先寻找和记录合格的 OTOP 生产者，包括社群企业、社群一级的独资企业和中小企业生产者三类。然后进行生产选择，OTOP 产品必须反映地方传统知识，并且产品生产应采用当地传承下来的技能和使用当地原材料。在此计划中，从中央到次郡的各级政府，都设有 OTOP 管理委员会，其中地方政府扮演着"催化剂"角色，中央政府则发挥着核心作用（Natsuda et al. ,2011）[65]。政府负责宣传、为销售 OTOP 产品提供广告预算、组织营销活动、通过互联网站为生产者、采购者和消费者创建消息交易系统，政府也为 OTOP 企业提供资金支持和优惠利率贷款。值得注意的是，旅游业是 OTOP 的产品之一，泰国政府鼓励农村地区发展有特色的旅游产品，包括生态旅游、文化旅游等，例如泰国曾实施"村庄旅游项目"，专门研究和调查有利于村民利益且能保存其文化价值的旅游模式（Rattanasuwongchai,1998）[66]。

第三，积极发展社群微型金融。充分发挥政府、非政府组织和社群自身的力量，建立和发展各类微型金融机构，为当地农民提供储蓄、贷款等金融服务。微型金融机构在泰国十分普遍，政府和非政府组织都建立了各种各样的微型金融机构，其中最普遍的就是储蓄组（Savings Group）。储蓄组接受会员存款（会员存款是团体资金的主要来源）并向会员提供贷款，会员以略高于商业银行存款利率的形式分享利润。据统计，泰国储蓄组平均会员人数约 80 人，储蓄团体在 1990 年代晚期已经覆盖了全国 20% 的村民。由于泰国农村基层行政机构采用民主自治形式，在村一级，村民的紧密联系加上完善的集体决策制度，使得行政村有能力组织当地居民和管理一些当地组织，当外部机构实施一个项目时，村民理所当然地认为 Muban 将是项目的管理者，所以村一级的组织比那些跨村组织在泰国更容易成功

---

[65] K. Natsuda, K. Igusa, A. Wiboonpongse, A. Cheamuangphan, S. Shingkharat and J. Thoburn, "One Village One Product-Rural Development Strategy in Asia: the Case of OTOP in Thailand", *RCAPS Working Paper*, 2011, No. 11-3, Beppu, Japan: Ritumeikan Center for Asia Pacific Studies（RCAPS）, Risumeikan Asia Pacific University.

[66] N. Rattanasuwongchai, *Rural Tourism: The Impact on Rural Communities* Ⅱ. *Thailand, Extension Bulletin*. Taipei: Food & Fertilizer Technology Center（FFTC）, 1998, p. 7.

(Shigetomi,2006)[67]。以 Klong Pia Savings Group 为例,官方将其成功的原因归为四点:根据以往经验进行不断的管理系统改进、分权化管理、社区愿景(自力更生的愿景)、社会资本(通过增强村内及村间的互助来强大社群)和出色的领导团体(TICA,2010)[68]。因此,泰国农村绝大多数的微型金融机构都是村民自助建立、民主管理的储蓄团体,且均基于开放、参与、放权和透明4个原则进行治理。

第四,农业合作社在泰国农业和农村发展中也起着十分重要的作用。早在20世纪早期,农业合作社就开始在泰国出现,1916年,泰国政府成立了第一个以农民为主的信用合作社,其目的是向重债农民提供贷款。1948年,泰国政府制定了《合作社法案》,合作社的形式和业务开始出现多样化发展趋势。当前,泰国农业合作社的经营范围已涉及借贷、储蓄、农产品营销、生产材料采购等多个领域。泰国农业合作社体系由地区初级合作社、府级合作社联盟和国家一级合作社联合会组成,初级合作社由个人会员组成,并作为更高一级合作社联盟的会员,合作社的管理机构由会员大会选举产生。泰国政府出台了各项措施鼓励和监督合作社发展,包括成立合作社注册办公室、合作社促进局和合作社审计局对合作社进行监管,并通过成立合作社发展基金、农业和农业合作社银行等金融组织以及通过税收优惠来促进合作社发展。到2006年1月,泰国共有初级农业合作社4137个,会员总数达到595万余人(汤汇,2007)[69]。

(二)社群和政府主导的农村公共产品治理

在泰国,农村基础设施、基础教育、健康卫生等公共产品主要由中央政府负责供应和管理,并且管理和财政都十分集中,较低层级的地方政府和社群发挥着微不足道的作用(Fan et al.,2004)[70]。交通、电力能源、通信、水利等公共基础设施领域的规划、管理和服务,政府和国有企业都发挥着核心作用,不过政府也积极鼓励私立机构和非政府组织参与其中,它们作用正在变强(NESDB & WR,2008)[71]。在农村教育方面,泰国实行12年免费教育,国家统一按学生人头拨付教育经费,对义务教育阶段的私立

---

[67] 同前,Shigetomi(2006),pp.7。

[68] 同前,TICA(2010),p.54。

[69] 汤汇:《泰国农业合作社现状及其对我国的启示》,载《安徽农学通报》,2007(21)。

[70] S. Fan, S. Jitsuchon and N. Methakunnavut, "The Importance of Public Investment for Reducing Rural Poverty in Middle-income Countries: the Case of Thailand", *DSGD Discussion Paper*, 2004, No.7, Washington: International Food and Policy Research Institute, p.12-19.

[71] NESDB and WB, "Thailand Infrastructure Annual Report 2008", *Word Bank Report*, 2008, No.47156, Washington: The World Bank, p.8-12.

学校、寺院学校,政府对学生学费、必要的设备费甚至教师的部分工资也进行补助,以确保义务教育的公平性(彭运锋,2008)[72]。同时,泰国政府还与高校合作,在农村社群开展非正规高等教育,例如建立社群学习中心、对社群领导人进行职业培训、提供开放式网络教育等(蓝建,2007)[73]。在农村医疗卫生方面,主要采用健康卡制度,农民按规定的费用购买健康卡,政府则补助相应金额,府管理委员会负责统筹管理资金[74]。

除了上述一些重要的公共产品由政府主导外,基于农村社群经济的快速发展,泰国很多其他农村公共产品都通过社群型组织来供给和管理。主要体现在以下4个方面:

第一,通过社群型自助组织提供公共产品。泰国建立了大量的农业合作社、储蓄团体、信用联合团体、肥料和粮食银行、社群储蓄团体等自助型社群组织。这些社群组织主要为成员提供信息、金融、生产资料、教育培训、技术推广等服务,从而极大地调动了社会各界的力量,大大降低了政府供给和管理农村公共产品的压力。

第二,在农村环境保护保护方面,泰国也引进了社群管理机制。针对森林保护,提出用社群林业理念来鼓励社群保护邻近的森林(TICA,2010)[75]。1991年,泰国政府成立了社群林业管理办公室,并制定了相关规划来推动社群森林保护,该办公室将地方社群和非政府组织纳入到工作之中,有11400个村庄参与到社群森林管理,其中一半以上已经正式在政府注册社群林业组织,涵盖面积达到总森林面积的1.2%。当前,政府也正在努力推动社群林业法案的制定和实施。

第三,在农村废弃物处理方面,与德国政府合作实施基于社群的废物管理(CBM)模式(TICA,2010)[76]。这一管理模式包括6个步骤:①社群成员可以出售自己的垃圾,由废物回收银行或废物市场来回收可循环材料;②有机废弃物制作成堆肥;③政府不再提供免费的公共垃圾桶,每个家庭自己购买和清洁自己的垃圾箱;④家庭在政府规定的收集日期将垃圾箱放在外边;⑤(由废物处理站)对垃圾进行分类回收或进行堆肥处理;

---

[72] 彭运锋:《泰国基础教育现状》,载《基础教育研究》,2008(5)。

[73] 蓝建:《泰国农村的非正规高等教育》,载《中国教育报》,2007-04-09。

[74] 居民以家庭为单位购买,一户一卡,超过5人的家庭需再购一卡,50岁以上和12岁以下的人员享受免费医疗。参见李燕凌、曾福生、匡远配:《农村公共品供给管理国际经验借鉴》,载《世界农业》,2007(9)。

[75] TICA, *Thailand's Best Practices and Lessons Learned in Development*. Bangkok, Thailand: Thailand International Development Cooperation Agency(TICA), Ministry of Foreign Affairs, 2010, p.79.

[76] 同前,TICA(2010),p.86-89。

⑥政府制定和实施垃圾收集费政策,并告知社群成员垃圾管理是每个人的义务,缴纳收集费亦是该义务的一部分。CBM 系统已经在实践中取得了显著效果,并降低了政府的负担。为了促进 CBM 系统的应用,政府还通过废物回收银行在学校和社群组织开展竞赛,并对获奖学校或社群进行嘉奖。在新能源生产方面,泰国能源部替代能源发展和效率局于 2004 年实施了"社群生物柴油研究、开发和应用"项目(TICA,2010)[77],致力于在社群建立生物柴油生产系统、将生物柴油应用于车辆、研究对经济和环境的影响以及对当地人民进行教育、咨询和培训,家庭户数不少于 20 户且有用于生物柴油生产原材料的社群,均可向替代能源发展和效率局申请建立生物柴油生产系统。

第四,在生物技术应用方面,也通过将其应用于社群产品,促进社群自足经济发展。泰国是一个农业国家,超过一半的人口从事农业生产,近 40% 的国土面积是农田,并是亚洲最大的粮食出口国之一(TICA, 2010)[78]。因此,泰国历来十分重视应用科学技术来提高农业生产水平。泰国国家农业和合作部管理和资助着一大批公共和民间农业科研机构,以大力促进农业技术创新,这已经成为泰国农业和农村发展的一个专长之一。近年来,泰国政府开始促进生物技术在农业种植上的应用。例如在 2003 年,泰国内阁组建了"国家生物技术政策委员会",组织相关机构研究制定生物技术政策;2004 年年底,出台了"泰国国家生物技术政策框架(2004—2011)",其六大目标之一就是通过为社群生产的产品建立质量和安全系统、建立"当地生物资源地图"、促进社群学习相关生产和应用知识等措施,以保护和有效使用对当地社群十分重要的生物资源,从而使生物技术成为社群自足经济的关键因素。

综上所述,泰国农村公共基础设施(包括交通、水利、教育、医疗卫生等)以及农业生产技术研究和推广都主要由政府负责供给和管理,但在其他一些领域,例如一般的农村公共事务、垃圾处理、部分环境治理、信息服务、金融服务等领域,以行政村为核心的社群和以农民为主体的合作社发挥着重要作用。同时,在具体公共产品的具体管理中,也重视引进私人组织和非政府组织参与其中。由此可见,泰国农村公共产品治理呈现出"以政府和社群为主、以市场为辅"的特征。

(三)泰国农村公共产品供给制度的缺陷

理论研究与实践经验都表明,农村地区的可持续发展依赖于各种地方

---

[77] 同前,TICA(2010),p.90。
[78] 同前,TICA(2010),p.7。

性公共产品的供给,而与中央政府相比,地方政府在供给和管理地方性公共产品方面更具比较优势(Gramzow,2009)[79]。虽然泰国"以政府和社群为主、以市场为辅"的农村公共产品供给体系,既充分发挥了政府管理基础设施、农业技术研究等大型、技术型公共项目的优势,又体现了自治型社群组织在村级公共产品供给中能有效提高民主参与度的特点。但是,泰国农村公共产品供给体系中的政府主要是指中央政府,更具比较优势的地方政府在农村公共产品供给和管理中的作用十分有限。所以,地方政府作用的弱化,已成为泰国当前农村公共产品供给制度的重要缺陷,而造成这一缺陷的制度基础,正是泰国高度集权的财政管理体制。

1992年泰国"五月事件"以后,伴随着宪政政治制度的推进,分权化改革也被提上日程。1999年,泰国通过了分权计划和程序法案(Decentralisation Plan and Process Act),并于次年成立了国家分权委员会,致力于在10年内完成分权化改革。按照设定的财政分权改革进度,到2001年,地方政府支出要占到全国预算的20%,到2006年提高到35%,以期通过逐步提高地方政府的财政实力来提升其提供公共产品和服务的能力,并将交通基础设施建设和维护、污染治理、环境保护、教育、宗教和文化事业等领域界定地方政府的强制性服务,将农业合作组织建设和发展、全国性公共产品维护、水力设施等领域界定为选择性服务(Juntopas & Naruchaikusol,2011)[80]。这表明,分权化改革的最终目标,是强化地方政府在公共产品供给中的作用。2007年,"2007宪法"又提出在未来两年内进一步强化地方权力。到2010年,245项中的185项公共服务转移给了约8300个地方各级政府,主要包括基础设施建设和维护、社会和生活质量发展、经济与商业发展、自然资源与环境保护、安全与防灾以及文化艺术事业发展等六大类公共服务(Na Chiangma,2012)[81]。

---

[79] A. Gramzow, *Rural Development as Provision of Local Public Goods: Theory and Evidence from Poland*. Halle (Saale): Leibniz-Institut für Agrarentwicklung in Mittel-und Osteuropa (IAMO), 2009, p. 11.

[80] M. Juntopas and S. Naruchaikusol, *Thailand: Lessons for Rural Water Supply-Assessing Progress towards Sustainable Service Delivery*. Hague, Netherlands: IRC International Water and Sanitation Centre & Bangkok, Thailand: Stockholm Environment Institute, Asia Centre, 2011, p. 11-13.

[81] C. Na Chiangma, "Dynamic Management of Human Resource and Organization Development in Uncertain Time: A Case of Local Authorities in Thailand", *The 13th International Conference on Human Resource Development Research and Practice across Europe*, Universidade Lusiada de Famalicao, Portugal, 23-25 May, 2012, p. 7.

虽然通过1999—2009年的分权化改革,使得大部分公共服务的权责下放给了地方政府。但在很多因素的制约下,地方政府最终仍没有转变成为一个关键角色。2011年,地方政府收入只占全国政府总收入的26.14%,法律规定属于地方的税收只有少数几个难以产生持续稳定收入的项目,地方财力实际上十分有限。正是由于财力不足的制约,导致地方政府缺乏提高优质公共服务(尤其是选择性服务)的主动性和积极性。同时,国家也还没有建立起一个有效的机制来确保地方政府为当地居民提供最基本的公共服务(Na Chiangma,2012)[82]。

综上所述,尽管泰国政府一直致力于提高地方政府的权力和财力,使其在地方性公共产品治理中能发挥更大的作用,但受分权化改革进度缓慢和地方财力不足的影响,泰国地方政府在农村公共产品治理中发挥的作用仍然十分有限,起核心作用的仍是中央政府和农村居民自主管理的社群组织。

(四)泰国农村公共产品供给的经验小结

尽管泰国农村公共产品供给制度仍然存在一些不足,但上述分析表明,泰国在农村公共产品治理方面积累的丰富实践经验,尤其是通过大力发展社群经济,让农村社群组织发挥主导作用,为发展中国家农村公共产品治理提供了很有价值的经验。

第一,社群组织发挥着主导作用。泰国十分重视社群经济的发展,它已成为泰国农村地区发展的一大特色。通过发挥农村自助组织、农业合作社等社群组织的作用,提升了农村居民自我发展能力以及供给和管理公共产品的能力。由于泰国农村的社群组织都是基于民主自治原则和社会资本建立,因此它们能切实根据成员的需求,来供给和管理部分公共产品和服务,尤其是社群公用设施、公共信息(尤其是农产品市场信息)、农业生产资料、社群公用事务等公共产品。

第二,政府尤其是中央政府扮演着重要角色。从前面的分析可以看出,除了社群组织的主导作用外,泰国政府尤其是中央政府也在农村公共产品供给和管理中扮演着重要角色。泰国对农村和农业各级行政部门的职责都作了明确的规定,不过受限于目前高度集权的财政管理体制,农村公共基础设施建设、基础教育、公共卫生事业、环境保护、农业技术研发和推广等公共产品主要由中央政府承担,地方政府主要发挥组织和协调作用。

---

[82] 同上,Na Chiangma(2012),p.8。

第三,重视农村公共产品供给和管理中的民主参与性。泰国在农村都建立起了较为有效的民主管理体制,基层行政管理机构和社群组织的管理人员大都由民主选举产生,这使居民既可以通过畅通的渠道提出自己的需求,同时也能直接参与到关乎自己切身利益的公共产品管理之中。显然,这种决策结构大大提升了公共产品供给的有效性。

第四,引入私人组织和非政府组织的力量。泰国十分重视吸引私人组织(如私人企业)和非政府组织(如执行可持续替代生计模式的非营利性基金,在社群林业发展中将地方社群和非政府组织纳入统一的管理框架,等等)参与到农村公共产品供给和管理之中,并通常通过资金扶持、贷款担保、税收优惠等措施进行鼓励,这在一定程度上减轻了政府负担,尤其是财政实力薄弱的农村地区,私人组织和非政府组织的作用显得更加重要。

第三节 国内农村公共产品治理的探索创新

二元经济结构下,中国农村公共产品的供给与管理矛盾日益突出,公共产品供给短缺、供给体系不完善已成为中国农村地区发展的重要障碍。为解决农村公共产品的供给困境,近年来,国内部分地区在农村公共产品供给方面进行了一些探索和创新,并取得了显著效果,主要包括以上海和江苏为典型代表的"三个集中"供给模式、以湖南常德为典型代表的"镇村同治"模式和以四川成都为典型代表的"村级公共产品分类供给模式"[83]。

一、"三个集中"供给模式

(一)"三个集中"的含义

"三个集中"是中国在区域经济发展实践经验中总结出来的发展战略,其思想最早可追溯到邓小平关于新兴城镇和农业发展的相关论述,后经上海、江苏和成都等地区的探索实践,最终形成了"三个集中"发展思想,其核心理念是"工业向园区集中、土地向规模经营集中、农民向城镇集中",从而实现城乡统筹发展(李春城,2006;财政部财政科学研究所课题

---

[83] 本部分内成果已发表,参见:张义方、路征、邓翔:《我国农村公共产品供给模式的实践创新分析》,载《农村经济》,2014(4)。

组,2008)[84]。工业向园区集中,有利于形成产业集群,节约土地资源,提高基础设施的投资和使用效率;土地向规模经营集中,有利于实现土地资源的规模效应,转变农业生产方式,从而提高农民收入;而农民向城镇集中,可以促进城镇化发展,让农民也享受到城镇较为完善的基础设施和公共服务,从而提高农民的生活水平。"三个集中"的3个层面是相互联系、相互促进的统一体,并充分体现出规模经济效应,同时也可以实现公共产品城乡统筹供给,一定程度上能有效提高农村公共产品的供给水平。

(二)上海实践

上海最早于20世纪80年代开始探索通过"三个集中"模式来加快农村地区发展(表6-9)。1993年,这一策略被确定为全市指导农村城镇化的

表6-9 我国"三个集中"发展战略的主要实践经验

地区	实 践 经 验
上海	• 20世纪80年代开始探索"三个集中"模式:耕地向种田能手集中、工业向园区集中、居民向城镇集中。1993年确定为全市指导农村城镇化的基本方针。 • 2003年提出在郊区实施"三个集中"战略("人口向城镇集中、产业向园区集中、土地向规模经营集中")。2004年,实施《关于切实推进"三个集中"加快上海郊区发展的规划纲要》,提出鼓励农民直接进入城镇,调整规模小、布局散、占地多、环境差的自然村落,形成居住社区、中心村和农村居民点3种不同类型的居民新村。
江苏	• 2001年前后开始探索"农民集中居住"。基层政府尝试将一些人口较少的自然村进行撤并,集中到大村或集中建设公寓型农民小区。最初由江阴市(无锡下辖县级市)新桥镇提出并实践,后在江苏省推广。 • 无锡:2001年,新桥镇率先启动"农村三集中"(土地向规模经营集中、企业向工业区集中、农民住宅向镇区集中)战略。2005年无锡市出台《关于推进农村"三个集中"的意见》(锡委办发〔2005〕35号),在全市农村大力推进"三个集中"(农业向适度规模经营和现代都市农业规划区集中、乡镇工业向开发园区和工业集中区集中、农民向城镇和农村新型社区集中)。 • 苏州:"三集中"(农民向社区集中、工业向园区集中、农业向规模经营集中)、"三置换"(农民将集体资产所有权、土地经营承包权、宅基地及住房置换成股份合作社股权、城镇保障和住房)、"三大合作社"(社区股份合作社、土地股份合作社和农民专业合作社)。

---

[84] 李春城:《在全市推进"三个集中"工作会议上的讲话》,载《成都政报》,2006(6);财政部财政科学研究所课题组:《从绩效出发确保农村公共产品高效供给》,载《经济研究参考》,2008(38)。

续表

地区	实 践 经 验
成都	• 2003年双流县开始实施"三个集中"战略(最初表述为：工业向园区集中、农民向城镇集中、土地向业主集中)，后来在成都市范围内推广。 • 农民向城镇集中实施梯度引导，中心城区率先实现城乡一体化，在郊区城镇引导农民向城镇居住，在郊区农村引导农民向农村新型社区集中，此外还鼓励农民离土离乡举家向城镇迁移。 • 在不具备实施"三个集中"的偏远地区，实施"三大工程"(农业产业化经营工程、农村发展环境建设工程、农村扶贫开发工程)。

来源：根据相关文献和报道整理。

基本方针。2003年，上海提出在郊区实施"三个集中"战略(人口向城镇集中、产业向园区集中、土地向规模经营集中)。2004年，实施《关于切实推进"三个集中"加快上海郊区发展的规划纲要》，通过多种措施鼓励农民进入城镇居住，并调整规模小、布局散和环境差的自然村落，建设由居住社区、中心村和农村居民点3种类型构成的居民新村。

（三）江苏实践

江苏苏南地区"三个集中"探索成效十分显著。以最早开始实施"三集中"的江阴市新桥镇为例，到2006年底，该镇超过65%的农民集中到镇区进行居住，累计节约土地近2000亩，这不但使农村居民可以开始享受城镇优越的公共产品，还节约了大量的土地(刘涛、姜海，2005)[85]。苏州通过实施"三集中"(农民向社区集中、工业向园区集中、农业向规模经营集中)、"三置换"(农民将集体资产所有权、土地经营承包权、宅基地及住房置换成股份合作社股权、城镇保障和住房)和发展"三大合作社"(社区股份合作社、土地股份合作社和农民专业合作社)，促进了资源在城乡之间的自由流动和合理配置。据统计，到2010年，苏州全市2.1万个自然村规划调整为2517个农村居民点，超过33%的农民已经迁入860个集中居住点，超过90%的村建立了垃圾无公害处理体系，区域集中供水入户率超过95%，在村民集中居住区，超市、银行、学校、医疗卫生机构、一站式服务大厅一应俱全，并且设立了集行政办事、商贸服务等8项功能于一体的农村社区服务中心，覆盖率达到88%(刘慧，2010[86]；过建春，2010[87])。

---

[85] 刘涛、姜海：《新桥镇"三个集中"六年功成》，载《中国土地》，2007(6)。

[86] 刘慧：《"三置换三集中"驱动苏州城乡一体化》，载《中国经济时报》，2010-04-12。

[87] 过建春：《我国发达地区城乡一体化发展的经验和启示》，载《第69次中国改革国际论坛"城乡一体化：趋势与挑战"会议论文集》，2010年8月7—8日，中国·海口。

(四)成都实践

成都在推进"农民向城镇集中"的过程中,通过3个层次进行梯度引导。在中心城区率先实现城乡一体化,到2006年底,五城区共建成农民集中居住区17个,城市化率达到93.6%;在郊区城镇引导农民向城镇居住,在郊区农村引导农民向农村新型社区集中,让农民搬进现代公寓式或别墅式新居。此外,还通过建立跨区域转移农民住房保障制度、土地承包经营权经济补偿制度、社会保障制度等措施,鼓励农民离土离乡举家向城镇迁;在不具备实施"三个集中"的远郊贫困农村,实施农业产业化经营工程、农村发展环境建设工程和农村扶贫开发工程三大工程,以推进农业发展、公共基础设施建设和农村公共事业发展,提高农民生活水平(中共成都市委政策研究室,2007)[88]。2006年底,规划了558个农村新型社区、167个农民新居工程和若干中心村聚居点,全市近27万农民住进了城镇和农村新型社区(陈伟,2008)[89]。

"三个集中"思路中通过各种措施引导农民集中居住的办法,可以实现城乡统筹供应和管理公共产品,这无疑是农村公共产品供给和管理的一个崭新思路。政府可以通过各种措施,并动员社会力量,加强集中居住区的交通、水利、能源等公共基础设施建设,发展教育、医疗卫生、社会保障等社会事业,为农村居民提供完善的公共产品,同时也有利于处理农村废弃物、集约使用土地资源和保护农村生态环境。

二、常德经验:镇村同治

2008年,湖南常德市出台了《关于推进镇村同治的实施意见》,正式将"镇村同治"的思想应用于实践之中。镇村同治是指"按照城乡一体化的要求,以乡镇政府所在地集镇和周边行政村为主要对象,以公共产品建设和环境卫生治理为主要内容,涵盖了生产发展、生活富裕、生态良好等方面的整体性建设。"(曹儒国,2008)[90]。其基本内容可以概括为"五个同步",即"区域规划同步,实行小城镇与行政村一并规划;环境同步整治,实现环境卫生整治向生态文明新社区的跨越;产业同步发展,实现城乡产业的对接和融合;设施同步建设,形成城市与农村互动参与基础设施建设的

---

[88] 中共成都市委政策研究室:《深入推进以"三个集中"为核心的城乡一体化》,载《中国发展》,2007(2)。

[89] 陈伟:《"三个集中"集聚成都科学发展新能量》,载《成都日报》,2008-11-11。

[90] 曹儒国:《科学有序推进镇村同治——较不发达地区城乡统筹发展的思考》,载《常德日报》,2008-09-01。

局面；文明同步创建，推动农民生活方式、思想观念和自身素质的转化升级，形成良好社会风气。"（唐湘岳、朱欣然，2008）[91]。

为了有效推进"镇村同治"工作，常德市还实施了"镇村同治示范区"建设。按照要求，2008年启动并完成镇村同治示范片的环境整治，2009年启动主要交通干线、旅游区和水源保护区所在乡镇的环境整治，2010年完成所有乡镇所在地的环境整治。

在管理结构方面，各部门进行了明确分工。由常德市新农村建设办负责总体工作，并下设镇村同治小组，负责全市镇村同治工作的组织协调、督促指导和考核验收，同时要求各区县（市）、乡镇也要成立相应机构。关联部门中，规划部门负责指导镇村同治范围内乡镇、村庄规划的编制并监督实施；国土部门负责落实镇村同治范围内的建设用地审批及土地开发整理；城管部门负责指导集镇综合管理和执法；建设部门负责指导镇村规划区内的宜居住宅建设和小城镇建设；城市部门负责综合指导小城镇建设；交通部门负责落实管理范围内的公路建设；水利部门负责农村水利与饮水安全建设；环保、农业、畜牧水产部门负责农村面源污染治理。

从"镇村同治"的思路和内涵可以看出，其核心在于通过同步推进城镇和村庄的公共基础设施建设和环境治理，而不是将城镇和乡村分割开进行治理，从而达到城镇和乡村一体化发展的目的。尽管"镇村同治"的同步治理思路颇有新意，但在本质上仍然是一种城市化政策，"镇村同治示范区"也类似于新型农村社区，它以镇村同治的小城镇为中心，向上推动城市发展，向下带动中心村庄和中心社区发展，主要目的仍是在于让农民集中居住在一个公共基础设施完善、环境优越的同治区域，集中解决农村公共产品建设问题（曹儒国，2008）[92]，这与"三个集中"统筹城乡发展的核心思想显然是一致的。

三、成都经验：基层民主治理和公共产品分类供给

在前面的分析中，已介绍了成都"三个集中"实践经验，这里主要分析成都在农村基层治理方式上的改革和创新。自2007年被确定为"全国统筹城乡综合配套改革试验区"，成都市开始在乡村治理方面进行了深入改革。2008年11月出台《关于深化城乡统筹进一步提高村级公共服务和社会管理水平的意见（试行）》（成委发〔2008〕37号），随即开始启动改革，逐

---

[91] 唐湘岳、朱欣然：《湖南常德市镇村同治建设新农村》，载《光明日报》，2008-09-16。
[92] 同前，曹儒国（2008）。

步加强了基层民主自治制度,在村级公共服务和社会管理上基本形成了"自下而上"的民主决策体系。成都市基层治理的制度创新主要有以下几方面(表6-10):

表6-10 成都市基层治理的制度创新

	主 要 内 容
"村民议事会"制度	• 2009年,成都市各区县市开展了村级公共服务和社会管理改革的工作,全面推行村民议事会,构建起以党支部为领导核心、村委会为执行主体、议事会为决策监督机构,责权明晰、相互制衡的新型村级治理机制。 • 议事会成员由选举产生,每个村议事会成员不少于21人,其中村组干部不超过50%,每个村民小组应有两个以上村民议事会成员名额。 • 村民议事会成员或10名以上年满18周岁的村民联名,可以向村民议事会或村民小组议事会提出议题。 • 村民委员会作为村级自治事务的执行机构,负责执行村民(代表)会议、村民议事会的决定,承接政府委托的公共服务和社会管理职能。
农村公共产品分类供给制度	• 提出了"公益性服务政府承担、福利性服务社会承担适度补贴、经营性服务探索市场化供给"的村级公共服务和社会管理分类供给机制。 • 村级公共服务和社会管理分为文体、教育、医疗卫生、就业和社会保障、农村基础设施和环境建设、农业生产服务、社会管理等七大类59项。 • 对各项供给服务的内容、供给主体、供给方式等作出进一步规定,明确区分政府、市场、社会在公共服务和社会管理供给中的责任,形成了"政府主导、市场参与、社会协同"的农村公共服务多元供给机制。
经费保障制度	• 市、县两级财政每年向全市范围内建制村和涉农社区提供不低于20万元的村级公共服务与社会管理专项资金,其中近郊区(县)财政按市与区(县)5:5的比例安排,远郊县(市)财政按市与县(市)按7:3的比例安排。以2008年为基数,各级政府每年新增的公共事业和公共设施建设政府性投资主要用于农村公共事业和公共设施建设,直至城乡公共服务基本达到均等化。 • 乡镇村组代理会计中心为村(涉农社区)开设专用账户,实行专账核算、专款专用,明确规定专项资金不得用于生产经营活动。同时引入社会力量,允许经村民(代表)会议决定,可以按专项资金标准方法7倍杠杆率向城投公司融资。 • 鼓励民间资金投入村级公共服务和社会管理项目,各级政府根据服务的质量和管理的效果,可视情况给予配套资金支持。 • 对于一些基础设施、公共服务设施较为落后的村庄,加大对基础设施条件差的农村社区公共服务设施一次性投入。

资料来源:根据清华大学社会学系课题组(2011)以及相关政策文件整理。

(一)"村民议事会"制度

2010年,成都市发布了《成都市村民议事会组织规则(试行)》、《成都市村民议事会议事导则(试行)》、《成都市村民委员会工作导则(试行)》和《加强和完善村党组织对村民议事会领导的试行办法》[93],正式确立了"村民议事会"制度。中国村级自治主体由村党委、村民委员会和村民代表大会构成,但由于各种原因,村民代表大会很少召开,因此实际上村级事务由村党委、村民委员会办理,本质上就是村干部自行决策,村民基本没有参与决策。而在村民议事会制度下,村民议事会成为了常设决策机构,村民委员会执行议事会的决策。

议事会成员由民主选举产生,且村组干部不能超过50%,村民委员会是决策执行机构,并对议事会负责。以村民议事会制度为基础,进而形成较为完善的基层民主管理机制。在实践中,它主要有3个步骤[94]:首先是民主议定项目,通过走访摸底、问卷调查、投票记分等方法,由村民集体决定项目内容和实施次序;然后是民主监督项目,村民议事会或监事会定期对项目的实施和经费的使用进行监督和管理;最后是民主评议项目,通过"三评"(一评是否达到合同要求,二评村民是否满意,三评如何改进提高)对项目实施进行评估。民主管理制度的建立,使得村民民主参与性明显提高,保证了广泛的民意基础,也形成了较为有效的农村公共产品需求表达机制和"自下而上"的民主决策体系。

(二) 农村公共产品分类供给制度

成都市提出了"公益性服务政府承担、福利性服务社会承担适度补贴、经营性服务探索市场化供给"的村级公共服务和社会管理分类供给机制,政府主要负责基本的公益性公共服务和社会管理,村级自治组织负责自治组织内部的服务和管理,并依托市场主体开展以市场化方式供给的村级公共服务和社会管理,引导和规范社会组织开展公共服务和社会管理。

分类供给机制将农村公共服务和社会管理分为文体类、教育类、医疗卫生类、就业社会保障类、农村基础设施和环境建设类、农业生产服务类和社会管理类,每一类又进一步被划分为59个具体项目,每个项目均确定了

---

[93] 成都市委组织部:"关于印发《成都市村民议事会组织规则(试行)》、《成都市村民议事会议事导则(试行)》、《成都市村民委员会工作导则(试行)》和《加强和完善村党组织对村民议事会领导的试行办法》的通知"(成组通〔2010〕18号)。

[94] 清华大学社会学系课题组:《村级公共服务与社会管理相互促进的成都模式》,成都统筹城乡发展综合配套改革专题研究之三,2011-01-29,财新网: http://economy.caixin.com/2011-01-29/100222474.html。

供给主体。例如,教育类、医疗卫生类、就业社会保障类公共产品以政府供给为主,农村基础设施和环境建设类下的道路建设及维护、水利设施建设及维护、农村垃圾和污水集中处理和农村邮政以政府供给为主;而农村水、电、气、通信、互联网等基础设施建设及维护、农村沼气池建设、农村客运以市场供给为主,村内园林绿化则以村自治组织为主,等等(表6-11)。通过区分农村公共产品分类和各类产品的供给主体,城市农村基本形成由"政府主导、市场参与、社会协同"的农村公共产品多元供给制度。

表 6-11 成都市村级公共产品分类及供给主体

类别		具 体 项 目	供 给 主 体
文体类	1	广播电视村村通	政府为主
	2	电影放映服务	政府为主
	3	报刊图书阅览服务	政府为主
	4	文化活动	村自治组织为主
	5	农民体育健身	村自治组织为主
	6	文艺演出和展览服务	市场为主
教育类	7	农村义务教育	政府为主
	8	农村高中阶段教育	政府为主
	9	农村学前教育	市场为主
	10	农村职业教育	政府为主
	11	农村特殊教育	政府为主
	12	农村成人教育	市场为主
医疗卫生类	13	农村居民基本医疗保险	政府为主
	14	农村医疗救助	政府为主
	15	农村基本医疗卫生服务	政府为主
	16	卫生防疫	政府为主
	17	农村药品配送和监管	政府为主
	18	农村妇幼保健	政府为主
	19	农村计划生育	政府为主
就业社会保障类	20	农村社会养老保险	政府为主
	21	农村最低生活保障	政府为主
	22	农村五保供养	政府为主
	23	农村受灾群众救助	政府为主
	24	农村优抚	政府为主
	25	农村社会福利和慈善	政府为主
	26	农村老龄服务	政府为主
	27	农村残疾服务	政府为主
	28	农村就业服务	市场为主
	29	农村就业援助	政府为主

续表

类别		具体项目	供给主体
农村基础设施和环境建设类	30	农村道路建设及维护	政府为主
	31	农村水利设施建设及维护	政府为主
	32	农村水、电、气、通信、互联网等基础设施建设及维护	市场为主
	33	农村沼气池建设	市场为主
	34	农村垃圾和污水集中处理	政府为主
	35	农村客运	市场为主
	36	农村邮政	政府为主
	37	村内园林绿化	村自治组织为主
农业生产服务类	38	农业科技推广	政府为主
	39	动植物疫病防控	政府为主
	40	农产品流通	市场为主
	41	农用生产资料供应	市场为主
	42	农业信息化	市场为主
	43	种养业良种服务	市场为主
	44	农业资源和生态保护	政府为主
	45	农村扶贫开发	政府为主
	46	农村防灾减灾	政府为主
	47	农村金融服务	市场为主
社会管理类	48	农村法律援助	政府为主
	49	农村法律服务	市场为主
	50	纠纷调解	村自治组织为主
	51	农村警务	政府为主
	52	农村治保	村自治组织为主
	53	代办村民事务	村自治组织为主
	54	政策宣传	村自治组织为主
	55	环境卫生管理	村自治组织为主
	56	农村土地和规划管理	政府为主
	57	农村建构筑物建设管理	政府为主
	58	农村食品安全防控	政府为主
	59	农村安全生产监督管理	政府为主

资料来源:中共成都市委、成都市人民政府《关于深化城乡统筹进一步提高村级公共服务和社会管理水平的意见(试行)》(成委发[2008]37号),2008年11月。

(三)经费保障制度

为保障相关制度的顺利运行,成都市还建立了较为完善经费保障制度。根据《成都市公共服务和公共管理村级专项资金管理暂行办法》(成统筹[2009]59号),设立村级公共服务与社会管理专项资金,资金的使用由村(居)民(代表)会议决策决定,市、县两级财政每年提供给专项资金的最低标准（20万元），同时允许经村民（代表）会议决定，可以按专项资金标准方法7倍杠杆率向城投公司融资。此外也鼓励民间资金投入村级公共服务和社会管理项目，根据服务的质量和管理的效果，政府可视情况给予配套资金支持。《关于深化城乡统筹进一步提高村级公共服务和社会管理水平的意见（试行）》（成委发〔2008〕37号）还要求，"村级公共服务和社会管理投入的增长幅度要高于同期财政经常性收入增长幅度。以2008年为基数，各级政府每年新增的公共事业和公共设施建设政府性投资主要用于农村公共事业和公共设施建设，直至城乡公共服务基本达到均等化"，为了兑现这一承诺，2011年开始，成都市将专项资金最低标准已提高为25万元[95]。

成都村级公共服务和社会管理改革已经取得了显著成效。据统计，2009年度村民议事会组建比率达到了10%，村民对自治制度建设的满意度达到85.7%，对村两委、村民议事会、村民监事会在村级公共服务和社会管理中的作用的满意度达到85%（清华大学社会学系课题组，2011）[96]。到2010年9月，共有2048个行政村和701个涉农社区按照要求组建了村民议事会和村民小组议事会（陈红太，2011）[97]。成都市村级公共服务和社会管理改革还被评为2009年中国全面小康十大民生决策。

成都市对农村基层治理制度的改革和实践，为我国改革和完善基层民主治理结构提供了宝贵经验，尤其是基层民主管理制度的建立，让村民参与到公共服务的决策之中，能够切实反映村民对公共产品的需求。事实上，前面对国外农村基层治理的分析就可以发现，无论是发达国家还是发展中国家，都十分重视公共产品治理过程中的居民参与性，让当地居民提出切实需求并进行民主决策，从而解决农村公共产品供需矛盾。显然，成都的实践经验，从中国现行政治、经济和社会管理制度框架下来看，具有很强的创新性和突破性[98]。

---

[95] 谢佳君：《兑现改革承诺2011年村级公共服务和社会管理经费调整——从每村最低20万元增加到最低25万元》，载《成都商报》，2011-05-09。

[96] 清华大学社会学系课题组：《村级公共服务与社会管理相互促进的成都模式》，成都统筹城乡发展综合配套改革专题研究之三，2011-01-29，财新网：http://economy.caixin.com/2011-01-29/100222474.html。

[97] 陈红太：《成都市新型村级治理机制调研报告》，成都统筹城乡发展综合配套改革专题研究之五，2011-01-28，财新网：http://economy.caixin.com/2011-01-28/100222343.html。

[98] 在本书第七章，还将专门针对村民议事会制度进行分析。

第四节　经验总结和启示

本章对一些发达国家(美国、日本、韩国和欧盟及其主要成员国)、发展中国家(印度和泰国)以及我国部分地区农村公共产品治理经验进行了总结,这些经验对农村公共产品治理体系的构建具有很重要的借鉴意义。对于国外农村公共产品治理的经验和启示,总结起来主要有以下几点:

(1)权责明晰的行政管理结构。权责划分明晰的管理结构,有利于各级行政管理部门发挥各自的优势参与农村公共产品治理。从前面的分析可以看出,各国都倾向于采取分权化管理模式,将很多权力下放到地方政府或基层行政管理机构,各级政府除负责所辖地区基本公共服务之外,中央政府主要制定总体发展策略和方向,并通过投资、财政转移支付等方式进行支持;而以自治为基础的地方政府则除负责所辖地区基本公共服务之外,还执行、分配和管理中央政府的项目和资金,基层一级政府主要进行项目和任务的具体实施,并提供信息反馈。

(2)政府仍然发挥着关键作用。无论是发达国家还是发展中国家,政府在农村公共产品治理中都发挥着关键作用,尤其是在公共基础设施建设、基础教育、公共卫生事业发展、环境保护、农业技术研发和推广等领域,政府都通过很多发展项目(或进行直接项目投资,或以补贴、税收优惠等措施鼓励个人和私人机构参与,或通过财政转移支付支持下级行政机构,或建立主导建立各种发展基金),对农村公共产品供应提供资金和政策支持。

(3)社群治理的作用愈发突出。分析表明,国外发达国家和发展中国家都十分重视农村社群和农业合作社的发展,都基于民主自治原则和社会资本建立,因而能基于成员的实际需求提供部分公共产品,尤其在部分社群基础设施、公共信息(尤其是农产品市场信息)、农业生产资料、生态环境保护和治理、微型金融等方面发挥着越来越重要的作用。

(4)高效的需求表达机制。可以发现,大多数国家农村都建立起了十分完善的民主管理体制,基层行政管理机构、农村社群类组织(包括农业合作社)管理人员大都由民主选举产生,并且建立起了自下而上的决策机制,这种决策结构无疑能充分反映居民对公共产品的切实需求。

(5)开始重视农业多功能性。以欧盟、日本为代表的发达国家,已经开始重视农业多功能性,欧盟并且已经明确农业作为农村环境、食品安全等公共产品的生产者的地位,并制定了相关政策鼓励农业或农场参与到环境类公共产品的治理之中,以促进农村环境的保护。

（6）发挥私人组织和非政府组织的力量。各国都十分重视吸引私人组织和非政府组织参与到农村公共产品供给之中,并通常通过资金扶持、贷款担保、税收优惠等措施进行鼓励,这无疑能够减轻政府负担,尤其是财政实力薄弱的地区,私人组织和非政府组织的作用更加明显。值得一提的是,发源于英国的环境信托这一创新制度已经被广泛应用于世界各地环境类公共产品的治理之中。

（7）注重法制保障。发达国家都十分注重法制建设,前面的分析表明,如英国、日本等发达国家都出台了各类有关农村公共产品治理的法案,这些法案不但明确各级政府的权责关系,还为相关公共产品的供给提供了制度保障。

国内部分地区也在农村公共产品治理方面进行了积极探索和创新,并取得了宝贵的经验。"三个集中"和镇村同治模式在本质上具有相似性,其共同特征是通过引导农村居民集中居住在城镇、新型社区或集中居住点,从而实现农村公共产品的城乡统筹供给,让农民享受与城镇居民同等的公共产品和公共服务,最终实现城乡公共服务水平均等化。成都在农村基层民主治理方面进行了制度层面的创新,基本建立起了基层公共产品和服务的民主治理体制和分类供给机制,让农村居民参与到公共产品和公共服务的治理之中,更能有效反映当地居民的真实需求,其最终目标亦是追求城乡公共服务水平的均等化。"三个集中"、镇村同治和成都模式为中国农村公共产品治理探索了一些新的方式和路径,但仍然处于探索实践阶段。如果要推广到更广的地区甚至是全国,这些探索性或实验性的治理模式还需要进一步改革和完善,需要提炼和总结出具有普遍适应性且被制度化、常规化的治理模式,并进一步赋予其法律地位。

第七章 农村公共产品治理制度创新效果分析:以成都村民议事会为例

成都于2007年6月确定为全国统筹城乡综合配套改革试验区,随即开始在农村产权、基层治理等重点领域推进改革,产生了系列创新成果。其中,"村民议事会"制度作为农村基层治理的一项创新制度,在提高农村公共决策有效性和农村公共产品治理水平方面发挥了重要作用。本章基于典型村落的调研,对"村民议事会"制度的效果进行深入考察[1]。

第一节 调研对象与总体评价

为考察村民议事会制度对农村基层治理产生的效果,课题组选择了经济整体发展水平、村民议事会制度实施状况等方面存在较显著差异的4个村作为调研对象,其中包括"村民议事会"的发源地瓦窑村。

一、调研地选择与调研方法

通过查阅、搜集资料和信息,在成都4个不同区县选择了4个村(社区)作为调研地,4个村(社区)在经济整体发展水平和"村民议事会"制度实施状况方面存在较显著的差异。

(1)双流县瓦窑村[2]:辖区面积3.71平方公里。该村近年来致力于打造田园风光示范村,产业结构以农业和服务业相结合的乡村旅游为主,近年来通过招商引资引入了多个产业项目,基础设施较完善,村民收入水

---

[1] 本章部分内容已发表。参见路征、鲜永一、张义方:《村民视角下村级公共服务制度创新的效果分析——以成都市村民议事会制度为例》,载《农业现代化研究》,2016(1)。

[2] 天府新区成立后,更名为"天府新区兴隆街道瓦窑村"。

平较高[3]。瓦窑村同时也是成都"村民议事会"制度的发源地,因而新制度的运行基础和态势都相对较好。

(2)成华区红花堰社区:该社区系2001年成立的城市社区,辖区面积约0.5平方公里。原来的老村已经废弃,村民被分散安置在城市小区内,总体经济发展水平较高,村民议事会逐渐转型为社区居民议事会。在农村村庄向城市社区转型、"农民"向"市民"转型的过程中,议事会发挥了十分积极的作用。

(3)龙泉驿区青台山村:辖区面积4.97平方公里。该村地理位置优越,以发展优质葡萄种植和服务业为主,居民多从事农业、建筑业和服务业工作。青台山村的经济发展情况与"村民议事会"制度的实施都相对平稳。

(4)温江区笼堰村:辖区面积0.85平方公里。该村地理位置相对较偏远,特色支柱性产业尚未形成,居民收入水平相对较低,少数民族流动人口多(以彝族为主),村庄管理面临着复杂的社会结构。村民议事会在解决复杂社会管理问题方面起到了关键作用。

2013年2月—6月期间,课题组深入到上述4个村(社区)进行了调查,2016年8月,对4个村(社区)进行了回访,主要了解典型个案情况。调查采用多种方法相结合的方式,具体包括:

(1)问卷调查。采用半结构式问卷进行调查,在问卷设计上,重点关注村民自身特征(如年龄、受教育程度、政治关注度、获取村内信息的渠道)、村民对议事会的知晓度、村民对村民议事会运行的效果评价等。同时,考虑到农村居民对专业术语的理解程度,问题选项中尽量使用简洁易懂的语言(如"摆龙门阵"、"水分"等本地通俗语言)或替代语言来反映(例如,利用村民观看新闻的频率来反映其对政治事务的关心程度)。此次调查共发放问卷1200份,收回有效问卷933份,有效率77.75%。其中,瓦窑村收回有效问卷291份,青台山村收回有效问卷259份,红花堰社区收回有效问卷108份,笼堰村收回有效问卷275份。

(2)实地考察。在调研过程中,仔细走访各个调查点,区分不同村落的经济产业类型,观察农业条件以及基础设施状况,摸清了村民议事会的实施环境,为分析其在不同条件下的实施效果提供依据。

(3)典型个案。在走访调研期间,与村(社区)委会成员、议事会成员

---

[3] 2013年村民人均收入14078元,参见《瓦窑村(社区)基本概况》,2014-08-28(2017-8-20), http://jcpt.chengdu.gov.cn/tianfuxinqu/wayaocun/detail.html?url=/tianfuxinqu/wayaocun/30010101/4611207_detail.html。

以及村民进行深入交谈,了解"村民议事会"制度实施情况以及其为本村公共事务管理带来的效果,并收集到一些典型个案。

调查结果显示,在村民自身特性方面(表 7-1),97%以上的被调查村民年龄在 20 岁以上,这表明样本主要来自于具有独立判断能力的成年人;被调查村民中,受教育水平相对偏低,初中及以下文化程度的村民占比超过 86%,而高中及以上文化程度的村民不足 14%;大多数村民都较为关心政事,约 67%的村民经常观看新闻联播,21.44%的村民"偶尔看新闻",只有 11.58%的村民"几乎不看新闻";而在村务信息获取方面,则主要通过村民之间的日常交流、村干部上门或电话通知和村公告栏三种渠道。

表 7-1 村民特征的描述性统计

类别	选项	比重
年龄	20 岁以下	2.68%
	20~29 岁	11.25%
	30~39 岁	24.44%
	40~49 岁	24.97%
	50~59 岁	17.36%
	60 岁以上	19.29%
受教育程度	小学及以下	45.55%
	初中	41.37%
	高中	12.33%
	大学及以上	0.75%
政治关注度(问题:您看新闻联播吗?)	天天看新闻	41.91%
	两三天看一次新闻	25.08%
	偶尔看新闻	21.44%
	几乎不看新闻	11.58%
信息获取渠道(问题:您主要通过什么渠道了解村里的信息?(多选))	摆龙门阵(村民之间的日常交流)	485 人次
	村里广播	134 人次
	村公告栏	273 人次
	村干部上门或电话通知	357 人次
	村里开会	149 人次
	其他	14 人次

二、调研地新制度实施概况[4]

(1)瓦窑村:瓦窑村共有 11 个村民小组,议事会成员从各村民小组中选拔,每组约 2 人,共 24 人。各村民小组采取无记名投票方式,选出 5

---

[4] 本部分数据为调研时期统计数据。

至7位德高望重、公道持平的议事员,成立村民小组议事会,讨论各组的事宜并形成议案。从各个组的议事员中,再选举20余名组成瓦窑村议事会,商议村级事务,并交付村"两委"执行。议事员在实施过程中为干部评分,并向村民公布。该村议事会充分考虑了本村村民的意见,但该村也有不少外来流动人口,对流动人口参与性和利益保护的重视程度相对不够。

(2) 红花堰社区:由于是城市社区,村民议事会在落实中已转型为社区居民议事会。社区内有21名居民代表,分工较细,其中社区协商议事会有11名成员,社区居务监督小组有11名成员,理财小组有10名成员。居民小组长实行记分考核制,基础分为100分。各项工作以分值量化,根据完成情况进行加分和扣分。

(3) 青台山村:青台山村共有20个村民小组,采用小组负责制,每组设1—2名议事员,共23人。议事员文化水平均在初中以上,包括2名本科生和6名高中生,并有5名党员。管理者平均年龄40岁,多为年轻人。该村议事会在沟通宣传方面做得较好,但对村内产业和村民生活的关注略显不足。

(4) 笼堰村:笼堰村共有3个村民小组。一组9名议事员,平均年龄50岁,包括3名共产党员。其中4人小学文化,4人初中文化,1人高中文化;二组11名议事员,平均年龄52岁,包括2名共产党员。其中6人小学文化,5人初中文化;三组12名议事员,平均年龄39岁,包括6名共产党员。其中2人小学文化,7人初中文化,1人大专文化。议事员中,9人在监事会任职,8人在村委会任职,5人在村级党组织任职(有1人任多职)。该村创立了"特聘"制度,议事会在村民票选的基础上,特聘少量引进企业的高水平职工和在名牌大学深造过的人才作为议事会成员。

三、村民对村民议事会制度的总体评价

村民议事会制度已在成都全市范围内普遍落实,并取得了较好的效果,实施后的多项跟踪调查都反映出居民对该项制度的高度认可。截至2010年9月,共有2048个行政村和701个涉农社区按照要求组建了村民议事会和村民小组议事会(陈红太,2011)[5]。2009年度,村民议事会组建比率达到了10%,村民对自治制度建设的满意度达到85.7%,对村两委、村民议事会、村民监事会在村级公共服务和社会管理中的作用的满意度达

---

[5] 陈红太:《成都市新型村级治理机制调研报告》,成都统筹城乡发展综合配套改革专题研究之五,2011-01-28,财新网:http://economy.caixin.com/2011-01-28/100222343.html。

到了 85%(清华大学社会学系课题组,2011)[6]。据国家统计局成都调查队发布的《2010 年成都市新型村级治理机制建设情况第三方调查报告》,针对 20 个区县 6001 户家庭的调查结果表明,受访群众对村民议事会组建、选举和运行的总体知晓率高达 95.98%,对议事会决定的公正性及议事会工作的总体满意度达到 95.06%(颜婧,2011)[7];另据成都市社会科学院的一项跟踪调查,村民认为议事会对村民意见具有代表性、认为议事会真正决定了村级公共事务的比例和对已经实施的公共服务总体满意度,分别由 2010 年的 76.2%、50.4% 和 61.2% 上升到 2011 年的 84.1%、57.6% 和 66.2%(成都市社会科学院"成都市村级公共服务和社会管理运行状况调查"课题组,2010;陈艺,2012)[8];四川大学成都科学发展研究院的调查结果也表明,村民对议事会的满意度达到 88.9%,且有 62% 的人认为村级公共事务应该由村民议事会决定(罗中枢,2010)[9]。这些调查分析表明,村民议事会作为村级公共事务民主决策的组织机构,得到了村民较广泛的认可。

本课题组的调查结果也反映出类似情形。在村民对村民议事会制度的总体评价方面(表 7-2),结果显示:对村民议事会制度的知晓率约为 77%,但仍有 23% 左右的村民不知道村民议事会制度,这说明在制度宣传和推广上有待进一步加强;约有 76% 的村民认为议事会成员的选举过程"很公平"和"比较公平";在对村民议事会制度实施效果的评价方面,75.7% 的村民认为效果较好,通过这个制度解决了一些以前不能妥善解决的实际问题,但仍有 1/4 的村民认为效果并不理想,而在定量评价上,平均评分也达到了 83.3 分。

综上所述,其他调查结果与本课题组调查结果都表明,村民对村民议事会的实施总体上较为满意,大多数村民表示该制度的实施在解决村级公共事务上发挥着积极作用,在议事会成员的选举过程中也体现出较好的公平性,但仍有较大比例的村民认为该制度的总体效果较差。

---

[6] 清华大学社会学系课题组:《村级公共服务与社会管理相互促进的成都模式》,成都统筹城乡发展综合配套改革专题研究之三,2011-01-29,财新网:http://economy.caixin.com/2011-01-29/100222474.html。

[7] 颜婧:《村民议事会满意度 95%》,载《四川日报》,2011-02-10。

[8] 成都市社会科学院"成都市村级公共服务和社会管理运行状况调查"课题组:《成都市村级公共服务和社会管理运行状况调查报告》,成都,成都市社会科学院,2010;陈艺:《村级治理机制创新的实验探索——四川省成都市"村民议事会"调查》,载《农村经济》,2012(10)。

[9] 罗中枢:《成都市村级公共服务和社会管理调研报告》,成都,四川大学成都科学发展研究院,2010。

表 7-2　村民对村民议事会制度的总体评价

类别	选项	比重
制度知晓率	知道	76.74%
	不知道	23.26%
公平性评价(问题：议事会成员的选举过程公平吗?)	很公平,大部分村民都能参与到选举过程	42.60%
	比较公平,有点"水分",但总体较好	33.38%
	一般,选举时只考虑了部分人的意见	20.39%
	不公平,选举过程不透明	3.63%
效果定性评价(问题：您觉得这个政策的效果怎么样?)	很有效,帮我们解决了很多的实际问题	41.48%
	还不错,感觉比以前好一些了	34.22%
	一般,有没有这个政策都感觉差不多	16.34%
	较差,政策实施过程中受到一些其他因素(包括人为因素)的影响,效果不好	7.96%
效果定量评价(百分制评分)	采用基于百分制的主观评分,共有 472 个知道村民议事会制度的村民对其实施效果进行了评分,平均分为 83.33 分,最高分 100 分,最低分 0 分,标准差 13.5。	

注：公平性评价、效果定性评价和定量评价 3 个问题只要求知晓村民议事会制度的村民回答。

第二节　积极效果：3 个村落的个案证据

村民议事会成立后,在管理各村村级公共事务方面发挥了积极作用。尤其是在瓦窑村、红花堰社区和笼堰村 3 个村(社区),曾分别面临着土地流转矛盾、农村村庄向城市社区转型过程中的社区治理难题和流动人口管理问题,通过村民议事会,这些村级公共事务都得到了有效解决。

一、瓦窑村：妥善解决土地流转矛盾

在成都被确定为全国统筹城乡综合配套改革试验区后,随即开始开展农村产权制度改革试点工作,瓦窑村就是 2008 年初确定的首批试点村之一。为开展产权制度改革,该村面临的首要任务是对房屋、宅基地、土地承包面积等的摸底和确权,而这一过程中涌现出的许多困难和矛盾,导致在原有决策机制下形成的方案很难取得村民的认同。

为解决这一问题,该村决定由每个村民小组通过无记名投票的方式,以 10—15 户为一个单位,推举 1 名代表组成村民小组议事会,讨论形成村民小组的决策议案。然后再从村民小组议事委员会中选举 20 余名组成村议事委员会,商议村级决策事务和形成村级决议。通过这一方式选出的议事员,都是一些德高望重、政治觉悟高、深受村民信任的村民,且村干部不

能担任议事员,只作为召集人。这样,村级决策就很容易取得村民的认可和信服(魏开明、黄舒,2009;王渊、祝楚华,2011)[10]。2008年3月,瓦窑村正式成立村民议事会,成为村级自治事务的民主议事和决策机构,村"两委"开始转变为村民议事会决策决议的执行机构,这就形成了村民议事会制度的早期雏形[11]。

瓦窑村成立村民议事会的初衷是推进农村产权制度改革,因而这一制度在该村土地流转过程中发挥了关键作用,在村委会动员、企业宣传都收效甚微时,议事会的作用就逐渐凸显出来。议事员通过深入了解村民诉求,分析其拒绝征地的原因后,发现村民最大的顾虑是怕失去土地的经营权或使用权,同时也担心收益无法得到有效保障。于是,该村首先开展确权颁证,在村民获得使用权、经营权等证书后,村民对失去相关权利的顾虑开始消除,土地出租还是自己经营的权利,保留在了村民手中,提高了居民参与土地流转的积极性。

在随后的具体项目落实中,议事会又充当了谈判代理者的角色。例如,在该村"玫瑰天堂""锦绣城"等乡村旅游项目开发中,投资企业担心土地承包权期限问题,而村民则担心土地承包经营权丢失问题。后来,村民在议事员的提议下,以按手印的方式,决议将土地承包经营权期限由30年改为"长久不变",促成了合同的顺利签订。在次年参与土地流转村民顺利拿到土地出租收入后,村民对议事会的信任度得到了进一步提升。期间,议事会受村民委托与租地企业谈判,政府只做服务和协调工作。

议事会在合约谈判中也有效保护了土地流转双方的利益。例如,在租金方面,确定每亩地年租金为1000斤大米的市场价值,大米单价则由租地企业负责人和议事员共同考察市场价格后确定(褚朝新、涂重航,2011)[12]。显然,该村土地出租采用的是一种市场化程度很高的租金定价方法,土地出租租金随大米市场价格的波动而波动,这对流转双方都形成了利益保护。

上述个案分析可以看出,在瓦窑村土地流转过程中,村民议事会在村民诉求收集和表达、确权中矛盾化解、最终方案形成等环节以及承担代理

---

[10] 魏开明、黄舒:《成都率先试水农村土地承包权"长久不变"》,载《中国经济时报》,2009-07-27;王渊、祝楚华:《瓦窑村村民议事会今年已形成23个决议 村民的事自己说了算 议事会作用超预期》,载《成都商报》,2011-07-14。

[11] 该村一个名为牟洪忠的议事员曾表示,议事会一开始"叫议会,负责人叫议长。后来上面的领导说不能这么叫,这是西方的叫法,于是改叫议事会",参见褚朝新、涂重航:《瓦窑村民 我的地我做主》,载《新京报》,2011-03-06。

[12] 褚朝新、涂重航:《瓦窑村民 我的地我做主》,载《新京报》,2011-03-06。

谈判任务和土地流转双方利益保护等方面都发挥了关键作用,有力地促进了该村土地流转,这说明新的基层民主决策制度在村级公共事务决策中具有较高的有效性。

二、红花堰社区:显著改善社会秩序

与瓦窑村不同,红花堰社区在由村改社区向城市社区转型的过程中,面临的突出问题是社会治安、村民传统意识和习惯的调整等社会治理难题。议事会成立以后,在解决社会治安问题、改善社会秩序方面发挥了重要作用。

(一)解决社会治安问题

在红花堰村转变为城市社区的过程中,采取了异地集中安置的策略,安置小区位于成都市北部城郊结合处,靠近地铁一号线的终点站。该区域外来务工人员数量多、流动性高,曾长期存在偷盗、抢劫、非法营运车辆等社会治安问题。社区居民表示,在2006年该村搬迁后的很长一段时间内,盗抢问题十分严重,家用电器被盗、妇女首饰被抢等事件时有发生,引发了居民的严重恐慌和忧虑。而当时上级管理部门正忙于处理"征地换社保"、补偿款发放等搬迁遗留问题,对这类事件也是心有余而力不足。

议事会成立以后,经过多次讨论,决定采用"门禁"制度,聘请青壮年居民担任小区保安,并且督促村委会申请专项资金,完善小区数字化门禁系统、监控系统、户主卡等防盗设施。还与村委会协同开展防盗宣传,最终有效控制了盗抢问题,9个集中安置小区的治安秩序回归正常。在调研组进入该社区居委会所在的紫荆小区调研时,小区保安就进行了详细询问、登记后才放行,说明该社区门禁管理措施一直处于规范运行状态。

(二)促进文明素质提升

调研中了解到,尽管原村民过上"城里人"生活已经多年,但许多居民仍然保留着一些原来的农村生活方式和习惯。例如,部分居民破坏小区绿化带,在绿化区域内种植蔬菜;在小区内放养大型犬,曾出现咬伤路人事件;在家养鸡,打鸣声严重影响了邻居休息;邻里间吵架甚至打架也时有发生;等等。

面对这些从"村民"向"市民"转变过程中的问题,居委会曾采取"精神文明建设"宣传等措施,但对于文化程度普遍不高的村民来说,这类举措的效果并不明显。后来,居委会提请议事会讨论解决措施,经过分析讨论后,最终制定了"养鸡不得超过五只""公共绿地不得破坏,新开垦的散地自主种植"及"大狗不准放养,小狗不准乱拉"等契合实际、获得居民支持的"新好居民公约",有效推动了"村民"向"市民"的转变。

此外,原红花堰村转为城市社区后,原来村里的中青壮年大多就近务工并留在安置小区内居住,因此议事会成员通常较为年轻,对村内事务管理十分积极,组织执行能力也更强,再加上小区中居民联系紧密,与农村村民议事会相比,集中安置后的社区居民议事会在集中讨论决策和信息传递方面更加方便,工作效率也相对较高。

以上分析可以发现,议事会有效提高了村民或居民对公共事务的参与性,对完善基层社会治理、促进社会转型的作用十分显著。尤其是在推进新型城镇化和新农村建设的背景下,"村民"变"市民"、农村居民分散居住变集中居住等现象变得较为普遍,这一转变过程为基层公共服务供给和管理带来了新的挑战、产生了新的需求,这都需要当地居民更多地参与到公共事务的决策中来,而议事会制度体现出的高效需求表达机制、民主决策和参与机制,使其在类似社会转型中可以发挥非常积极的作用,有利于提高基层社会治理水平。

三、笼堰村:解决流动人口管理难题

笼堰村自 1992 年以来逐渐成为外来少数民族群众的聚居地,其中尤其以彝族流动人口居多。到 2012 年底,聚居于该村的彝族流动人口达到了 324 人,并且近几年仍然在快速增加。由于传统风俗和生活习惯的差异,外来彝族务工人员和本村其他居民关系较差。调研中,该村分管村内治安工作的村干部表示,彝族人"租住本村住房后,常常不经房东允许,擅自改装房屋并邀请数十余名同族人共同居住,屋内卫生环境极差"。同时,还有部分彝族人因文化水平低、汉语差而难以找到正当工作,进而采用偷盗来维持生计。由于缺乏归属感,聚居该村的彝族人也更喜欢拉帮结派,在与本村居民有口角时,时常出现打架斗殴现象,治安问题日益凸显。而本村房东有时也故意提高对彝族人员的房租,使本村村民与外来彝族人的关系更加紧张。

在"村民议事会"成立前,该村村委会难以找到有效解决这些问题的办法,只能直接要求本村房主不要租房给外来彝族人。而事实上,该村出租房屋的村民几乎都已不在本村居住,他们并不会受相关问题的影响,通常以"要挣钱养家""不然你给我介绍客人"等理由拒绝村委会的要求。在这一情况下,既有措施已经难以发挥效果,相关问题在外来彝族人口不断增加的过程中变得越发难以解决。

2008 年初成立村民议事会后,为改善彝族流动人口的管理问题,笼堰

村首创了"特聘"制度,除在本村村民中选出的议事员外,还特聘一批文化素质较高、责任心强、组织能力佳的彝族代表为议事员。由这些彝族议事员负责该村彝族流动人口的相关管理事宜,协调诸如租房、彝族小孩教育等问题,并与其他议事员一起,调解彝族人员和本村其他居民间因房租、水电分配及风俗习惯等产生的争端。调研中该村某村干部表示,彝族议事员让彝族人群获得了话语权,在实施这些措施后,外来彝族人表示很高兴有人"替他们说话",也非常配合彝族议事员的工作,遇到问题也愿意向议事会求助。该村干部解释,这"就像是少数民族自治,我们就是发挥议事会的作用,让村里的彝族自治。"

2009年,这种为解决外来彝族人口管理问题而发明的"特聘"制度,发展为再选聘一批有特殊才干和能力的人担任议事员。除彝族代表外,拥有该村户籍的大学生、招商引资引进企业的管理层或骨干员工、政府官员也在特聘之列。调研时该村的9位特聘议事员中,就包括清华大学毕业生、成都市国土规划处公务员以及该村某药厂厂长等。

此外,调研中还了解到,在实施"村民议事会"制度后,笼堰村村民议事会解决的第一起典型公共问题就是村内干道路灯的维修。当时该村路灯失修多年,夜晚发生过数起交通事故,村民对此早有怨言。而当地政府部门考虑到笼堰村不久后可能会搬迁,因此一直没有批准该村修缮路灯的资金申请。村民向新成立不久的议事会求助,议事会广泛搜集民意并进行讨论后形成决议,成功要求村委会从本村财政资金中划拨专款修缮路灯。正是这一决策,让该村村民对村民议事会产生了高度信任感。

在本个案中,笼堰村通过特聘一定数量彝族同胞为议事员,有效解决了彝族流动人口的管理难题。同时根据自身发展特点,还特聘了一些企业骨干、专业人才作为议事员。这表明,村民议事会制度为基层民主管理留有较大创新空间,各村可以根据面临的实际问题,在议事员的选择和配备上进行改进,这成为村民议事会制度的一个重要特点。

第三节 实施过程中体现出的主要问题

尽管成都市推行的村民议事会制度作用显著,但在实施过程中也体现出一些问题,主要体现在议事会职责范围的明确程度、发展进程中议事会的职能转变、外来人口的参与及利益保护以及村民和议事员的意识与能力民等4个方面。

一、村民议事会的职责范围界定

根据《成都市村民议事会组织规则(试行)》规定,村民议事会"是指受村民会议委托,在其授权范围内行使村级自治事务决策权、监督权、议事权,讨论决定村级日常事务、监督村民委员会工作的常设议事决策机构。"[13]这说明,村民议事会的职责和议事范围都来自于村民会议的授权,且"对村民议事会的授权,由村民会议讨论决定。村民会议讨论决定授权事项时,应明确对村民议事会的授权范围,并形成书面决议,或写入村民自治章程。"[14]但是,并不是村民会议可以把所有的村级事务都授权给村民议事会,"《中华人民共和国村民委员会组织法》规定的应由村民(代表)会议讨论决定的事项,应召开村民(代表)会议讨论决定。村民(代表)会议有权撤销、变更村民议事会不适当的决定。"[15]"村民小组议事会的职责,由村民小组会议决定。"[16]同时,在《成都市村民议事会议事导则(试行)》也明确规定,"提交村民议事会、村民小组议事会的议题应符合现行法律法规、属于村民自治范围。"[17]在《中华人民共和国村民委员会组织法》中,也明确规定涉及村民利益的9个方面事项,必须由村民会议讨论决定(表7-3),因此村民会议不能将这些事项授权给村民议事会或村民代表会议。

表 7-3 经村民会议讨论决定方可办理的事项

序号	事项
1	本村享受误工补贴的人员及补贴标准
2	从村集体经济所得收益的使用
3	本村公益事业的兴办和筹资筹劳方案及建设承包方案
4	土地承包经营方案
5	村集体经济项目的立项、承包方案
6	宅基地的使用方案
7	征地补偿费的使用、分配方案
8	以借贷、租赁或者其他方式处分村集体财产
9	村民会议认为应当由村民会议讨论决定的涉及村民利益的其他事项

资料来源:《中华人民共和国村民委员会组织法》(2010年10月28日第十一届全国人民代表大会常务委员会第十七次会议修订)。

---

[13]《成都市村民议事会组织规则(试行)》第二条。
[14]《成都市村民议事会组织规则(试行)》第五条。
[15]《成都市村民议事会组织规则(试行)》第六条。
[16]《成都市村民议事会组织规则(试行)》第七条。
[17]《成都市村民议事会议事导则(试行)》第十六条。

可以看出,相关制度文件对村民议事会的职责范围进行了总体上的限制,其最大职责范围是除《中华人民共和国村民委员会组织法》规定必须经村民(代表)会议讨论决定事项之外的其他村民会议职责范围,且村民(代表)会议有权撤销和变更不合适的决定。在具体范围上,将主动权留给了村民(代表)会议。这一制度设计,既充分保障了村民议事会在《中华人民共和国村民委员会组织法》等法律框架下合法运行,也将职责范围的确定权全部留给了村民。但是,具体来看,村民议事会职责范围的界定也存在一些有必要进行完善之处:

第一,缺乏具体授权范围的指导性意见。一般来讲,农村居民尤其偏远落后村落居民的知识文化水平相对较低,对如何确保村民议事会在有效发挥作用的同时又能维护自身利益缺乏充分理解和思考。大多数村民可能并不清楚哪些事项可以授权、哪些应该充分授权以及哪些应该谨慎授权,因而在村民通过村民会议确定授权范围时,就可能导致授权过度或授权不足,在授权过程中也更容易受到个别村民或村干部观点的影响,这些都会在一定程度上影响村民议事会作用的有效性。针对这一问题,可进一步给出指导意见供村民参考。在明确可授权事项的基础上,将全部可授权事项分为建议授权事项和可选授权事项两类。其中,建议授权事项是指那些理应充分授权的事项,如果不授权或授权不足,就会导致议事会的作用无法充分体现;而可选授权事项是指那些可授权但需根据实际情况斟酌授权程度的事项。这样,就能在全域范围内确保村民议事会基本职责范围一致,从而使议事会的基本职能都得到有效发挥,同时也给各村留有足够的可选空间。

第二,村内小组议事会之间可能存在职责范围不统一。如前所述,村民议事会相关制度文件规定,村民小组议事会的职责由村民小组会议自行决定。在这种情况下,就有很大可能导致在一个村内,各村民小组议事会的职责范围大小不一,从而影响到全村的议事和决策进程,降低决策效率。例如,若某个村级事务前期需要各村民小组先进行讨论并作出决策,在授权范围不一致的情况下,一部分村民小组可以直接由小组议事会进行决策,而另一部分村民小组村民议事会又无权进行议事和决策,需要召开小组村民会议开会讨论。因此,一旦个别小组短期内无法召开小组会议进行议事和决策,就可能导致全村的决策程序长期延后甚至中止。针对这一问题,也可参照上一点建议,将基本授权范围进行统一规定,村民小组会议自行可决定的授权事项,其作用范围需仅限于在该小组组内。

第三,村民议事会和村民代表会议之间的职能重叠。根据《中华人民共和国村民委员会组织法》的相关规定,"人数较多或者居住分散的村,可以设立村民代表会议,讨论决定村民会议授权的事项。"[18]显然,与村民议事会一样,村民代表会议的职责范围也来自于村民会议的授权。在这种情况下,如果村民议事会和村民代表会议同时存在且职责范围不明确,就可能导致职能重叠。调查发现,在成都的很多村,村民议事会和村民代表会议都同时存在并运行,极有可能导致职责划分不清,使得某些事项不知道该由议事会议事和决策,还是该由村民代表会议议事和决策。此外,一个村内多个决策机构的存在,也可能造成意见不统一,从而降低了村民议事会参与决策的效率。官方调查也发现,个别村确实存在"两委"班子、村民议事会、村民(代表)会议意见不统一的情况[19]。这些现象的存在,充分说明明确村级各决策机构的职责范围很有必要。

二、发展过程中议事会的职能调整

在中国推进城镇化和新农村建设进程中,农村村庄转变为城市/城镇社区、农村分散居住转变为集中居住等现象日益凸显。而对于成都市来说,城镇化已经由加速期进入成熟期,城镇化水平高,农村村庄转变为城市/城镇社区的趋势尤其普遍[20]。在这个过程中,新农村形态将逐渐取代传统农村形态成为主要形态,这将为农村基层管理提出新的要求。因此,在农村发展过程中,村民议事会的职能也需要随之发生转变。

以个案分析中的红花堰社区为例,该社区就经历了从传统农村村庄向城市社区的转型过程,原来的老村逐渐转型为城市区域,原来的村民分散安置在各小区内,村级事务管理和议事会参与管理时就面临着更加复杂的问题,要求议事会的职能也随之做出调整。城市化后村民所居住的小区都较大,很多小区居民都不是原红花堰村的村民。这样,在处理转型过程中的遗留问题时,议事会将不得不承担起协调原村民与小区其他居民之间的关系等责任。而在完全城市化后,"村民议事会"是按现有组织形式继续存在还是由新的组织形式来替代,或是完全按照城市社区的管理方式进行管理,都是值得考虑和研究的问题。

类似问题在推进新农村建设中也普遍存在。建设农民集中居住区是

---

[18] 《中华人民共和国村民委员会组织法》第二十五条。

[19] 佚名:《如何提高村民议事会成员议事能力的调查与思考》,载《武侯区委权力公开网》,2014-12-31(2017-08-27): http://www.whgov.com.cn/ShowNews.asp?id=51866。

[20] 根据《成都市新型城镇化规划(2015—2020年)》,2014年成都市城镇化率为70.4%,预计到2020年,全市常住人口城镇化率将达到77%,常住人口规模达1650万人。

新农村建设的核心内容,在形成农民集中居住区后,农民的生产生活环境都发生了变化,卫生环境、服务设施、邻里关系协调、文化及精神文明建设等公共产品的供给与管理都将出现新的需求,这都要求村民议事会的职责范围和组成形式等进行适当的调整。当然,与农村村庄转变为城市/城镇社区相比,农民集中居住对议事会职能的影响要小得多,可以通过适当调整职责范围及其履行方式来满足村民新的公共产品需求。

三、流动人口的参与及利益保护

由于在产业发展、就业机会等方面的优势,经济发达区域体现出极强的人口集聚能力,区域内的流动人口规模往往也较大。以成都市为例,2016年常住人口1591.76万人,户籍人口1398.93万人,流动人口达到631.66万人[21]。由于城镇化水平的不断提高,成都市域内很多村开始出现大量的流动人口,流动人口管理开始逐渐成为很多村公共事务管理面临的新课题。例如个案分析中的笼堰村,外来彝族流动人口的管理问题一度成为该村的管理难题。

此外,即使在同一个镇域内,当地人口也可能存在跨村居住的情况。课题组在调研瓦窑村时就发现,在瓦窑村长期居住的除本村人之外,还有很多来自同镇的宝塘村村民,这些宝塘村村民因本村拆迁而来到邻近的瓦窑村租房居住。在瓦窑村与村民交流时就很明显地体会到,瓦窑村本村村民对该村议事会的评价都很积极正面,而外来租住的宝塘村村民对瓦窑村议事会的评价就较为负面,对瓦窑村的相关公共服务也不够满意。

上述现象说明,在外来人口和流动人口规模较大的背景下,村级公共事务管理必须妥善处理好本村村民与外来人员的关系,有必要提高外来人口和流动人口的参与性并保护其利益,从而提高村级公共治理水平。当然,成都市村民议事会的制度设计为解决这一问题提供了创新空间,笼堰村采用的议事员"特聘"制度也为类似村提供了一个较好的经验范本,可以让外来人口和流动人口更好地参与本村公共事务管理,也能更好地保护其相关利益。

四、村民及议事员的意识与能力

比较而言,农村居民思想观念较落后,文化素质水平也较低,政治思想

---

[21] 成都市统计局:《成都市统计局关于2016年成都市主要人口数据的公告》,2017-04-10: http://www.chdstats.gov.cn/htm/detail_51267.html。

觉悟、民主参与意识、理解和判断能力等方面都较为欠缺。意识与能力的欠缺,使得很多村民不能准确理解议事会的作用以及作出的相关决策,一些好的决策,也可能因为村民理解不到位而导致实施困难。例如,调研中瓦窑村所在镇某政府干部就提到,当初政府花很大力气为瓦窑村引进投资项目,但村民们不能理解项目的价值,村民"担心被骗钱,坚决反对,差点让项目流产"。直到几年以后,招商引资项目让瓦窑村成为远近闻名的富裕村,村民们才逐渐认同,开始拥护引进的投资项目。此外,调研中还发现,当问到关于村务或者政治时事时,有些村民给出了"我字都不识几个,不知道""这是队长们的事,我们管不着"等回答。这说明,受自身文化素质的影响,农村村民的政治意识、民主意识还较欠缺,对一般性村级公共事务的关心程度也不高。

对于村民议事会来说,议事员的思想意识和素质显得更加重要,直接影响着议事会议事、决策的效率和质量。一些调查表明,村民议事会议事员结构还不够合理、素质不高且参差不齐、议事和决策能力不足、责任意识不强等问题还较为突出,议事员"不想议事""不会议事"的现象还较普遍。以成都市青白江区为例,该区 111 个村和涉农社区全部建立了村民议事会,议事员共有 3299 名,平均年龄 45.5 岁。从议事员结构可以看出(表 7-4),青年人和初中及以上学历人占比都较低,老龄化、低学历特征明显。受自身思想观念和文化素质的影响,一些议事员对村级事务的关心程度低,责任意识不强,对相关政策以及议事员本身的权利、义务和职责也不够了解,不知道如何参与村级事务决策和管理,主动性和积极性都较为欠

表 7-4 成都市青白江区村民议事会议事员结构

类 别	构 成	人数(人)	占比(%)
年龄结构	55 岁以上	989	30.0
	35—55 岁	2279	69.1
	35 岁以下	31	0.9
学历结构	小学及以下	1010	30.6
	初中及以上	2289	69.4
性别结构	男性	2143	65.4
	女性	1132	34.6

注:原性别数据存在缺失,学历结构划分也较粗略;数据来源:数字四川:《关于加强村民议事会成员队伍建设的思考》,载《四川新闻网》,2016-07-25(2017-08-27):http://digital.newssc.org/system/20160725/000256001.html。

缺(佚名,2014[22];数字四川,2016[23])。

总而言之,村民和议事员的思想意识和文化素质水平还偏低,使其对村民议事会的作用理解不到位,对国家政策、议事会议事和决策的方式缺乏了解,议事员参与村级事务决策和管理的能力不足,不利于村民议事会作用的有效发挥。因此,必须在教育培训、政策宣传、议事员构成上加大力度或进行改进。

第四节　村民特征对制度实施效果的影响分析

由于村民自身的特性会直接影响他们对村级公共事务管理的关心程度和理解程度,进而影响其对村民议事会这一制度的知晓度和满意度。因此,下面将通过构建计量分析模型,来分析村民自身特性是否会对其评价村民议事会制度产生影响。

一、变量选择

因变量包括村民议事会知晓度和村民对村民议事会实施效果的定量评价。村民议事会知晓度为二值变量(知道=1,不知道=0);村民对村民议事会的定量评价为百分制评分,共有472个知道村民议事会制度的村民对其实施效果进行了评分,平均分为83.33分,最高分100分,最低分0分,标准差13.5。

自变量包括年龄(age)、文化水平(edu)、政治关注度(pol)。年龄分为6个层次区间,按区间分别赋值1—6,值越大表明年龄越大;文化水平用受教育水平反映,分为4个层次区间,按区间赋值1—4,值越大表明文化水平越高;政治关注度分为4个层次,按观看新闻的频繁程度赋值1—4,值越大表明政治关注度或对村级公共事务的关注度越高。

所有数据均来自课题组于2013年2月—6月期间到前述4个村(社区)实施的问卷调查。调查共发放问卷1200份,收回有效问卷933份,有效率77.75%。

---

[22]　佚名:《如何提高村民议事会成员议事能力的调查与思考》,载《武侯区委权力公开网》,2014-12-31:http://www.whgov.com.cn/ShowNews.asp?id=51866。

[23]　数字四川:《关于加强村民议事会成员队伍建设的思考》,载《四川新闻网》,2016-07-25:http://digital.newssc.org/system/20160725/000256001.html。

二、模型设定

首先,考察村民年龄、文化程度和政治关注度对村民议事会制度知晓度是否存在显著影响。由于"是否知道村民议事会制度"为0—1二值变量(知道=1,不知道=0),因而采用LOGIT二值响应模型进行分析,基本模型形式设定为:

$$P(y=1|age,edu,pol) = \varphi(c + \alpha_1 age + \alpha_2 edu + \alpha_3 pol) + u \quad (7\text{-}1)$$

其中,y表示被调研村民是否知道村民议事会制度的条件概率,age、edu和pol分别表示被调研村民的年龄、文化水平和政治关注度。

其次,考察年龄、文化程度和政治关注度对村民定量评价村民议事会制度是否存在显著影响。因变量为村民对村民议事会制度实施的评分,考虑到异方差问题,采用对数模型进行估计,模型设定为:

$$\ln(score) = c + \alpha_1 \ln(age) + \alpha_2 \ln(edu) + \alpha_3 \ln(pol) + u \quad (7\text{-}2)$$

其中,$score$为知道村民议事会制度的村民对该制度实施效果的定量评分,其他指标的含义与模型(7-1)相同。

三、实证结果与分析

利用STATA11.0对上述模型进行估计。由于模型(7-1)估计结果没有直接给出模型中的参数φ,因而估计得到的系数只能判断变量的影响方向,不能比较变量的影响程度,也不能分析自变量引起的边际效应。为比较年龄、文化程度和政治关注度对村民选择概率带来的边际影响,需要进一步计算边际效应。模型估计采用了LOGIT、LOGISTIC两种具体模型表达形式并计算了边际效应(表7-5)。其中,LOGIT报告系数,通过正负号可以判断影响方向,系数大小没有实际意义;LOGISTIC报告比值比(Odds Ratio,即OR值),如果OR值大于1,表示该自变量对因变量有正向影响,OR值小于1则表示有负向影响(王济川、郭志刚,2011)[24]。因此,通过边际效应可以看出自变量对因变量的影响程度。

从估计结果(表7-5)可以看出,被调研村民的文化程度和政治关注度对其是否知道村民议事会制度有显著影响。在其他因素不变的情况下,文化程度越高,知晓村民议事会制度的概率越大,且文化程度每提高一个层次,知晓村民议事会制度的概率会提高5.3%;政治关注度越高,知晓村民

---

[24] 王济川、郭志刚:《Logistic回归模型——方法与应用》,94-95页,北京,高等教育出版社,2001。

议事会制度的概率也越大,且政治关注度每提高一个水平,知晓村民议事会制度的概率提高13.3%。

表7-5 LOGIT与LOGISTIC模型估计结果

变量	LOGIT模型		LOGISTIC模型		Z值	概率	边际效应
	系数	标准误	OR值	标准误			
常数	-1.602***	0.504			-3.18	0.001	
年龄	-0.018	0.074	0.982	0.072	-0.25	0.803	-0.003
文化程度	0.342**	0.153	1.408**	0.215	2.24	0.025	0.053
政治关注度	0.851***	0.084	2.342***	0.197	10.13	0.000	0.133

注:四次迭代后收敛;Pseudo $R^2=0.15$,LR=152.01;***、**分别表示在1%和5%的置信水平下通过显著性检验。

此外,估计结果表明村民年龄结构对村民议事会制度知晓率没有显著影响。这说明,村民议事会知晓率的高低与村民自身的文化水平和是否关心政事有关,文化水平和政治兴趣较高的村民,通常也对村级公共事务管理越关心。因此,农村地区居民的文化程度和政治关注度相对较低,是导致村民议事会知晓率不理想的一个重要原因。当然,村民对新制度的知晓率,可能还与信息的有效传播有关。调查发现(表7-1),大多数村民获取本村事务信息的渠道是通过村民之间的交流和村干部主动通知,因而在对新制度的宣传和推广上,需要强化信息传递的有效性,让村民更快更有效地掌握本村民主制度建设和村级公共事务的相关信息。

对模型(7-2)进行OLS稳健回归的结果见表7-6。可以看出,被调研村民的年龄、文化程度和政治关注度对其评价议事会制度都有显著的正向影响。在其他因素不变的情况下,年龄越大,对村民议事会制度的评价越高,且年龄层次每提高1%,对村民议事会制度的评分将提高8.4%;文化程度越高,对村民议事会制度的评价越高,且文化层次每提高1%,对村民

表7-6 对数模型稳健回归结果

变量	系数	标准误	T值	P值
常数	4.182***	0.048	86.40	0.000
年龄	0.084***	0.023	3.72	0.000
文化程度	0.051**	0.024	2.13	0.033
政治关注度	0.083***	0.021	4.02	0.000

注:$R^2=0.058$;F统计量=10.84;***、**分别表示在1%和5%的置信水平下通过显著性检验。

议事会制度的评分会提高 5.1%；政治关注度越高,对村民议事会制度的评价也越高,政治关注度每提高 1%,对村民议事会制度的评分会提高 8.3%。同时可以发现,村民年龄、政治关注度和文化水平对其评价议事会制度的影响力度依次递减。这充分表明,影响村民对村民议事会满意度的因素除了制度本身科学性以及其他外部因素外,还与本地村民的个人特征显著相关。文化程度和政治关注度较高的人群,往往能够更理性地判断制度改进带来的积极影响,从而愿意对新制度给予更高的赞许；而文化程度和政治关注度较低的人不能很好地理解新制度并对其缺乏信任感,导致满意度较低；年龄较大的村民或因感受到了不同经济社会发展阶段下的生活环境,更多地倾向于从历史角度进行比较,他们对这种过去没有的制度改进也愿意给予更高的评价。而较年轻的人群,更喜欢进行农村与城市之间甚至国家与国家之间的横向比较,他们对这一制度改进的评价显得较为谨慎。

综上所述,村民文化水平和政治关注度对村民是否知晓村民议事会制度有显著影响,文化水平较高、越关心政事的村民更了解新制度,这也说明他们也更加关心本村公共事务；村民年龄、文化水平和政治关注度对其评价新制度有显著的正向影响,文化程度和政治关注度较高的人群,往往能更理性地判断制度改进带来的积极影响,从而愿意对新制度给予更高的评价。

第五节　总结性评论

本章基于对成都市 4 个典型村的调查,对成都市村民议事会制度的运行效果、存在的突出问题以及村民个体特征对议事会制度运行的影响进行了深入研究。总体来看,村民议事会制度是对原有基层民主治理制度的一个改进,对解决原有治理制度的一些缺陷,尤其对解决村级公共决策"行政化"、村民(代表)会议作用弱化等问题效果显著。该制度通过提高村级公共事务决策的有效性和村民对村级公共事务的参与性,有效提高了村级公共产品的治理水平。调研结论也反映出,成都市村民议事会制度运行较好,解决了很多原来难以解决的问题,村民对议事会的总体满意度较高。同时,村民议事会制度还为具体管理中的方式、方法创新提供了空间。个案分析中,笼堰村采用"特聘"议事员的方式,将与当地村民文化差异较大的彝族流动人口管理问题纳入了议事会的职责范围,为类似村加强流动人口管理提供了经验。当然,这样处理方式同样可以应用于其他具体的村级事务管理。例如,对于引进投资企业主体较多的村,吸收投资主体相关人员参与议事和决策,可以有效促进投资主体与本村的利益协调和共同发展;而"特聘"一些知识文化水平高、专业能力强的人员进入议事会,也能为本村的发展提供重要帮助。

当然,村民议事会制度存在的一些问题也应该引起重视。基于对议事会运行态势的考察,分析认为,议事会职责范围界定问题、发展过程中议事会职能调整问题、流动人口的参与及利益保护问题以及村民及议事员的意识和能力问题是现阶段亟须关注的几个重点问题。在议事会职责范围界定方面,现有制度将议事会的具体职责范围界定任务完全交给了村民,由村民(代表)会议通过授权的方式来确定。受客观条件的限制,这种方式很可能导致村民议事会的职责范围"混乱",主要表现为可能出现的授权过度或不足、村与村之间差异大、村内组与组之间不统一、村"两委"、村民(代表)会议、议事会多个决策机构并存下的职能重叠以及意见冲突等方面。研究建议议事会职责范围应尽量实现基础职责统一,将全部可授权事项分为建议授权事项和可选授权事项,前者应保持村与村之间、村内组与组之间的统一,后者根据实际情况自主授权,同时应该确保村"两委"、村民(代表)会议和村民议事会之间的权利义务清晰界定,这样才能形成合力,避免意见冲突;在职能调整方面,基于我国城镇化、新农村建设大背景,村庄转型为城市/城镇社区、农民分散居住转型为集中居住、产业型村庄流动人口多等现象较为普遍,建议对涉及这些问题的村民议事会职能进行适当调整。

比较而言,上述问题虽然对村民议事会的运行效果有重要影响,但毕竟只是制度设计本身存在的不足,可以通过适当的制度改进或调整来克服。而对于村民及议事员的意识和能力问题,则是农村居民整体文化素质偏低造成的客观制约因素,需要较长期的宣传、教育和培训才能缓解。实证分析结果也证实,村民文化水平和政治关注度对村民是否知晓村民议事会制度有显著影响,文化水平较高、越关心政事的村民更了解新制度,表明村民也更加关心本村公共事务。村民年龄、文化水平和政治关注度对其评价新制度有显著的正向影响,文化程度和政治关注度较高的人群,往往能更理性地判断制度改进带来的积极影响,从而愿意对新制度给予更高的评价。这间接证明,参与意识、民主意识、议事能力、决策能力等村民及议事员自身的素质和能力水平,是议事会制度能否有效发挥预期作用的基本条件,也是村民能否认可和支持村民议事会的基本条件。要解决村民及议事员的意识和能力问题,只有通过加强教育来实现,这是一个长期解决路径。

在短期内，则可以通过加强宣传、培训来让村民更多地了解议事会制度的作用和好处，让议事员更准确地理解自己的职责以及履行职责的方式。此外，还必须优化信息渠道，提高信息传递的有效性。调研发现，村民之间的日常交流和村干部上门或电话通知是村民获知本村信息的主要渠道。但日常交流方式在信息传递过程中容易出现信息数量和质量的损失，而村干部上门或电话通知又增加了沟通成本，从而造成村民不能及时、准确地掌握本村信息。因此，应加强利用手机短信、广播、公告栏等直接传递方式，构建多元化的信息传递渠道，确保信息传递的有效性和准确性。

第八章 农村公共产品治理模式分类及有效性分析

前文对农村公共产品治理理论与实践的分析表明,经典的公共产品治理模式类型划分仍存在一些不足,一是经典的社群治理模式只强调非正式规则,二是尚未考虑非政府组织的作用。同时,农村税费改革后中国农村公共产品治理也面临着新的环境。因此,本章基于前文研究,首先对公共产品治理模式进行重新分类,然后结合现阶段中国农村经济社会发展的阶段和条件,分析各类治理模式的有效性条件及适应范围。

第一节 农村公共产品治理模式类型划分

对社群经济理论与国内外农村公共产品治理实践经验的分析可以看出,市场、政府、社群和非政府组织都可以主导或参与农村公共产品治理,其中,市场治理模式和政府治理模式在经典的治理模式划分中已十分准确。但在社群治理模式的讨论中主要限于非正式规则,较少讨论正式规则,同时,还对非政府组织的作用重视不够。而对社群经济的分析已表明,致力于推动社群发展的组织总体上可归类为社群组织(CBO)和非政府组织(NGO)两类,虽然它们都属于第三部门组织,且广义上社群组织也是一种非政府组织,但考虑到社群组织为组织内成员提供服务,非政府组织为组织外人员提供服务,因此本书从一开始就将他们区别开来表述。

社群组织是基于社群成员的强烈社会互动而形成的组织,虽然它可能是非正式组织(基于非正式规则运行),也可能是正式组织(基于正式规则运行),但实践中主要以受法律认可的正式组织为主,非正式组织能发挥的作用十分有限,且潜在风险难以得到有效监督和控制。因此,经典的社群治理模式仅限于讨论非正式规则是不够完善的,有必要强调正式规则的重要性。事实上,国内的很多基于社群机制来治理农村公共产品的实践,也多是基于正式的社群组织,例如合作社、村民自治组织、农业专业协会,等等。

非政府组织是基于利他主义思想和志愿机制,为组织外人员提供服务的组织,其本质就是志愿为社会提供公共产品,且在当今社会中,非政府组织在各个领域都发挥着越来越重要的作用。非政府组织在提供公共产品时,受益对象可能是社群,也可能是非社群性的目标群体。如果在提供公共产品时非政府组织发挥着主导作用,那么它将仍然基于志愿机制来实现其目的,如前文提到的环保类、慈善类非政府组织,在环境、社会救助等领域都可以独立提供一些公共产品。当然,非政府组织也可以通过与其他组织合作,作为外部力量有限参与农村公共产品治理[1]。

综上所述,根据治理主体的不同,最终可以将公共产品治理模式划分为市场治理模式、政府治理模式、社群治理模式(或 CBO 治理模式)和 NGO 治理模式 4 种,且将社群治理模式的运行机制(交易前提)拓展到正式规则(见表 8-1)。需要指出的是,对治理和农村公共产品治理的概念辨析已阐明,"治理"本身就更强调采用一种多元主体参与的结构,参与主体独立或合作来实现治理目标。所以,这里所指的治理主体,即是指参与主体中起主导作用的组织,治理模式即意味着治理主体独立发挥作用或发挥主导作用。

表 8-1　农村公共产品治理模式划分

	市场治理模式	政府治理模式	社群治理模式	NGO 治理模式
交易方式	正式合约	强制力	社会控制系统	利他主义
交易前提	价格机制	规则/条例/标准	社会接近性/信任/共同价值观/正式或非正式规则	志愿机制
治理主体	营利性组织	政府	正式或非正式社群组织(CBO)	非政府组织(NGO)
需求表达机制	自由交换	政府主动识别或利用其对社会开放的渠道	自愿合作和广泛的民主参与	NGO 主动识别或利用其对社会开放的渠道
受益对象	目标市场消费者	辖区内目标公众	组织内成员	组织外目标群体
受益对象参与决策的程度	完全参与	参与度较低	参与度高	参与度较低

资料来源:作者根据分析提炼。

---

[1] 对于非政府组织参与农村公共产品治理的具体路径,将在本章第 5 节详细分析。

因此,市场治理模式就是基于价格机制,由营利性组织独立进行或主导公共产品供给和管理的一种公共产品治理模式;政府治理模式就是基于相应规则/条例/标准,由政府组织独立进行或主导公共产品供给和管理的一种公共产品治理模式;社群治理模式即是基于社群自身、基于社会资本、法律法规等建立的正式或非正式规则,由社群组织独立进行或主导公共产品供给和管理的一种公共产品治理模式;而 NGO 治理模式,就是基于志愿机制,由非政府组织独立进行或主导公共产品供给和管理的一种公共产品治理模式。接下来,将对各类公共产品治理模式的有效性条件和大致适应范围分别进行分析。

第二节 市场治理模式的有效性分析

市场治理模式,也叫私人治理模式,是指基于市场机制(价格机制)来生产、供给和管理公共产品的治理模式[2]。市场机制通过供求双方的自由互动来决定产品的交换价格和交换数量,从而解决"生产什么""如何生产"和"为谁生产"这三大经济问题[3]。因此,如果公共产品治理完全基于市场机制来进行,那么消费者必然要通过支付费用购买产品,而生产者通过收取费用来获得收益。也就是说,不付费的消费者就不能消费这种公共产品,市场通过消费者和生产者的互动来决定公共产品的交易价格和交易数量。

一、市场治理模式的有效性条件

哈罗德·德姆塞茨(Harold Demsetz,1970)认为,如果能够将非购买者排除在公共产品的使用之外,那么私人生产者就能有效提供公共产品,并且对于一种公共产品,通过支付不同的价格(价格歧视)亦能实现竞争性均衡[4]。理查德·D.奥斯特(Richard D. Auster,1977)用标准的数量分析支持了哈罗德·德姆塞茨(1970)的观点[5]。奥斯特的研究表明,在完全

---

[2] 关于市场治理、政府治理和社群治理三种模式的相关理论,本书在前面进行了详细分析,此处不再赘述。详细参见本书第二章第二节和第三节。

[3] 保罗·萨缪尔森、威廉·诺德豪斯:《经济学》(第 18 版),萧琛主译,23-24 页,北京,人民邮电出版社,2008。

[4] H. Demsetz, "The Private Production of Public Goods", *Journal of Law and Economics*, 13 (1970), 293-306.

[5] R. D. Auster, "Private Markets in Public Goods (Or Qualities)", *Quarterly Journal of Economics*, 91(1977), 419-430.

信息(Perfect Information)假设下,完全竞争和不完全竞争都无法实现公共产品的最优供给,但是如果去掉完全信息假定,长期均衡下竞争性公共产品生产能够实现最优供给。奥斯特认为,公共产品的价格具有博弈的内在潜质,因为消费本身就有隐藏其消费偏好的动机,而完全信息假定消除了消费者隐藏偏好的可能性。如果消费者信息不能免费获得或难以完全掌握所有消费偏好(不完全信息),那么生产者就无法与每个消费者进行谈判并确定价格,而只能将消费者划分为不同类型,再针对不同的类型制定出不同的价格,消费者则根据自己的偏好选择合适的生产者购买产品[6]。奥斯特证明,在这种情况下,长期均衡中公共产品竞争性生产能够实现最优供给。

肯尼斯·戈尔丁(Kenneth D. Goldin, 1977)认为,产品可能在没有任何排他性约束下对每个人进行平等的分配,但也可以通过排除一些人来进行有选择性的分配,这样在消费上就存在着"平等进入"(Equal Access)和"选择性进入"(Selective Access)两种分配系统。戈尔丁指出,没有哪种商品或服务是天生的公共产品、准公共产品或外部性产品,他分析了几乎所有的传统公共产品理论划分出的纯公共产品和准公共产品类别的商品或服务,都表明排他性技术不但存在而且已被频繁使用,只是排他性技术的水平有高有低(即有效性高低)[7]。因此,问题的重点就不在于将产品分为何种类型的产品,而是在于"平等进入"和"选择性进入"两种分配系统之间作出选择。也就是说,任何传统理论所指的各类公共产品,排他性技术都是存在的,因此到底使用"平等进入"还是"选择性进入",要看一定条件下哪种系统更为有效率。一般来讲,如果排他性技术水平很高或有效,就可以采用"选择性进入"进行分配,如果排他性技术很低或无效,就选择"平等进入"进行分配。

以上分析表明,公共产品通过市场治理模式来供给和管理的有效性条件就是存在一种有效的排他性技术,可以将"搭便车者"排除在外,这样公共产品就可以基于市场机制来进行有效供给。排他性技术不是唯一的,常见的就是通过向消费者收费来排除非购买者,例如收费产品或 Spite 类的准公共产品(乡村集中居住区的康复娱乐实施、乡村收费道路和桥梁等),

---

[6] 奥斯特认为,在博弈中,谁首先行动十分重要,在产品定价中,生产者往往会先采取行动制定价格,然后消费者在不同的生产者中进行选择(同前,Auster,1977,p.425),显然,这种假设是符合现实的。

[7] K. D. Goldin, "Equal access vs. Selective access: A Critique of Public Goods Theory", *Public Choice*, 29(1977), 53 – 71.

都能够通过收费来有效排除一些"搭便车者",从而可以基于市场机制进行治理。另一种更一般化的排他性技术就是通过明晰的产权界定将公共产品产权私有化,这是产权经济学家的核心观点。如果公共产品能够通过界定产权进行私有化,那么私有化后这类产品就可以基于市场机制来治理,如科斯的灯塔案例中,私人从国王手中购得灯塔的产权,这样灯塔就私有化然后基于市场机制来治理。

二、市场治理的适应范围

理论分析和现实实践都表明,通过市场机制来治理公共产品同样具有可行性。只要存在一个有效的排他性技术,将"搭便车者"或非购买者排除在公共产品的消费之外,生产者就能够有效地生产和供应公共产品。市场治理的最大好处无疑是效率上的优势,因为竞争性市场机制可以使生产者较为准确地掌握消费者的偏好,从而生产和供应消费者切实需要的产品,并且有效的分散化机制也可以阻止勾结行为。市场治理模式还可以减轻政府的负担,从而使政府可以将有限的公共资源用到最需要的地方和领域。尽管如此,在面临突出的自然垄断、外部性等问题时,市场机制也难以反映资源或产品的真正稀缺性,而当排他性技术低效或无效时,市场也无法在公共领域发挥作用。从这个角度上讲,在中国农村公共产品治理中,尤其是在农村税费改革后基层组织的供给能力明显减弱、尚待完善的"一事一议"制度下村庄公共产品供给作用有限的情况下,通过市场来治理部分农村公共产品确实是一个有效的补充。

在理论上,排他性技术水平是能否运用市场治理模式的核心条件,但在实践中,它却不是选择市场治理与否的唯一标准。也就是说,有些公共产品虽然存在有效的排他性技术来排除"搭便车者",但基于对公平性或其他社会、政治因素的考虑,在实践中仍可能选择政府治理模式或社群治理模式。例如,林挺进(2009)就认为[8],公共教育、公共卫生等具有福利性质的公共物品,核心标准还应是其公平性,"政府作为公共权力的主要载体有义务向社会公平地提供此类公共服务",而不是进行"市场化"。同时他认为,公共服务的"市场化"策略是对市场机制的误用,公共服务的公平与效率是两个不同层面的问题[9],市场机制是用来解决效率性

---

[8] 林挺进:《试论市场机制在公共服务领域的适应性》,载《现代管理科学》,2009(3)。
[9] 公平性问题是指"政府是否公平地提供(支付)公共服务",效率性问题是指"政府如何有效地使用有限的公共资源"。同前,林挺进(2009)。

问题而不能用以解决公平性问题,公平性问题是"政府的公共责任范畴,也就是政府必须做到、做好的"事务,效率反映的是政府的能力,政府责任应是在确保公平的前提下尽量提高效率,而不是通过牺牲公平来提升效率。

综上所述,市场机制参与新时期中国农村公共产品治理具有可行性,作为基层组织和政府供给能力不足下农村公共产品供给的补充,能在缓解农村公共产品供需矛盾、提升农村公共产品供给效率中发挥重要作用。但正如前面分析中所指出的那样,需要综合考虑农村公共产品供给的效率、公平、福利等问题,对于一些有利于农村居民社会福利和消费公平性提升的公共产品,即使市场治理体现出更高的效率,也不能盲目的采用市场化策略。幸运的是,单一模式独立地进行公共产品治理并没有被普遍使用,实践中通常将多种治理模式结合在一起,"市场+政府""市场+社群"甚至"市场+政府+社群"等多方协作的方式愈加受到重视[10]。

第三节　政府治理模式的有效性分析

政府治理模式,是指基于相应规则/条例/标准,由政府组织独立进行或主导公共产品供给和管理的一种公共产品治理模式。根据福利经济学的观点,外部性和公共产品导致的市场失灵可以通过政府干预来进行纠正,这构成了政府治理公共产品的理论基础[11]。

一、政府治理的有效性条件

市场机制发挥最优作用需要在一些严格的假设条件下才能实现,而垄断、信息不对称、外部性、公共产品现象的存在,往往导致市场出现失灵。福利经济学认为,在个人利益驱使下,公共产品的固有特性决定了没有生产者愿意提供公共产品,除非生产者能够得到足够的补偿,因而政府可以通过征税或补贴的方式来供给公共产品。

林达尔(Erik Lindahl,1919)最早论证了公共产品生产和供给可以达

---

[10]　事实上,治理这一概念本身就强调多元主体独立或合作解决各种社会和经济问题,农村公共产品治理亦是一样,因此在构建治理体系时,不能完全将市场、政府、社群等主体完全割裂开来处理(参见本书第二章第一节关于治理和农村公共产品治理的界定)。

[11]　参见本书第二章的理论分析,此处不再赘述。

到均衡状态(这个均衡后被称为林达尔均衡)[12]。林达尔均衡表明,每个消费者消费同样数量的公共产品,但每个消费者都按照自己的意愿价格购买公共产品,所有消费者支付的总和最终等于公共产品的总成本,从而最终公共产品的供求达到竞争性均衡状态。因此,如果政府可以和每个消费者通过讨价还价的方式来达成合意的价格,每个个体消费者都按照自己的意愿向政府支付费用(从另一个侧面来讲,就是政府根据消费者的偏好和意愿征收税收然后生产和供给公共产品),公共产品的供给就能达到最优状态。庇古(Pigou,1932)认为,由于外部性的存在,公共产品会因为无从补偿的服务损害而导致私人净产品和社会净产品的背离,这种背离无法通过修改双方的契约关系来解决(即无法通过市场来解决),但可以用一些鼓励或限制来消除,最明显的鼓励和限制政策莫过于"给予奖金和征税"[13],这个后来被学界称为"庇古补贴"和"庇古税"的政策方案成了政府治理公共产品的理论源泉。萨缪尔森(Samuelson,1955,1969)给出了公共产品供给一般均衡下的最优供给条件(即所有家庭消费私人产品和公共产品的边际替代率之和与公共产品和私人产品供给的边际转换率相等)[14],进而表明,如果能够掌握消费者的偏好,政府就可以通过一次性征税来调节初始资源配置,并获得所需数量对应的资金,然后用于生产和提供公共产品或为生产厂商提供足够的补贴以使他们愿意足量提供所需的公共产品。

马斯格雷夫(Musgrave,1939)分析认为,只要能够理性地制定经济计划,政府同样可以以最小的成本来生产和供给产品[15]。马斯格雷夫指出,自愿交换(Voluntary Exchange)的一些假设尤其是竞争定价(Competitive Pricing)假设并不现实,因而用自愿交换理论来解释现实中的政府公共收支过程是难以接受的,而税收正义(Tax Justice)又严格依赖于竞争性定价这个前提,由此林达尔(Erik Lindahl,1919)精心设计的税收方案实际上也是不正义的(Unjustified)。马斯格雷夫认为,用经济计划(Economic Planning)来分析和解释公共经济收支行为是一个更为合适的模型。与涵

---

[12] E. Lindahl (1919), Translated from German by E. Henderson (1958), "Just Taxation-A Positive Solution", in R. Musgrave and A. Peacock eds. , *Classics in the Theory of Public Finance*. London: Palgrave Macmillan,1958,168-176.

[13] A·C·庇古:《福利经济学》,朱泱、张胜纪、吴良健译,206页,北京,商务印书馆,2006。(原版:A. C. Pigou, *The Economics of Welfare (Forth Edition)*. London: Macmillan and Co. ,1932.)

[14] 见本书第二章第二节,式2-6。

[15] R. A. Musgrave,"The Voluntary Exchange Theory of Public Economy", *Quarterly Journal of Economics*,53(1939),213-237.

盖一切经济活动的社会主义经济计划不同,马斯格雷夫所指的经济计划问题分为两个方面,即需求满足的选择和这个需求满足的执行,需求满足的执行(Execution of Want Satisfaction)中,私人企业所遵循的最小成本原则在经济计划中同样适用。"如果公共经济遵循理性计划模型的标准,它就能以最小成本进行那些私人企业才具有供给效率优势的产品和服务的生产。"[16]马斯格雷夫指出,要在公共与私人之间作出选择和决策并不容易,需要综合考虑公共支出和私人支出的相对重要性,而且要制定出理性的计划和决策还必须满足两个前提条件:一是社会价值尺度必须给定;二是收支行动导致的需求满足变动必须是可知的。只有在已知的社会价值尺度并能充分掌握社会需求变动状况的条件下,才能作出理性的计划决策。

不过,马斯格雷夫(Musgrave,1939)和萨缪尔森(Samuelson,1954)所指的政府公共收支主要是针对中央政府而言,即通过一个高度集中的方式来进行公共产品治理。萨缪尔森(Samuelson,1954)指出,"没有分散的定价体系可能最优地决定这些集体消费的水平。必须使用其他一些'投票'或'信号显示'方式。……当然,可以设想理想化的投票和信息显示制度。市场交易失败无法否认以下事实:如果知识足够完备,最优决策通常是可以通过搜索所有可能状态并根据预设的伦理福利函数实现的。"[17]蒂布特(Tiebout,1956)认为[18],斯格雷夫和萨缪尔森的分析只适用于中央公共收支问题,而不适用于地方支出。大多数公共产品都是地方性产品并由地方政府供给和管理,地方层面的公共产品支出比国家层面的公共产品支出更能反映人们的偏好,而居民可以通过"用脚投票"的方式,最终达成均衡和实现公共产品的最优供给。蒂布特进而认为,促进居民流动和提升消费者选民(Consumer-voter)的知识水平有利于优化政府支出的分配,而在地方政府是否应该有一个固定的公共收入支出模式问题上,他认为大都市采用固定的收支模式或许不太可能,但对于农村或郊区,固定的收入支出模式更为适合。

上述分析可以看出,无论是基于哪种角度进行的分析,都需要充分地掌握消费者或社会公众的实际偏好,这是实现有效供给的关键。在林达尔

---

[16] 同前,Musgrave(1939),p.232。

[17] P. A. Samuelson, "The Pure Theory of Public Expenditure", *Review of Economics and Statistics*,36(1954),387-389.

[18] C. M. Tiebout, "A Pure Theory of Local Expenditure", *Journal of Political Economy*, 64(1956),416-424.需要注意的是,蒂布特"用脚投票"模型是公共选择理论的重要内容,成为社群治理的重要理论源泉,此处加以分析是因为蒂布特模型同样适用于分析地方政府进行公共产品治理。

模型中,通过与每个消费者互动,从而将每个消费者的真实偏好反映在决策中。而萨缪尔森的理论中,需要知道社会福利函数和消费者偏好,马斯格雷夫的理论也要求掌握社会价值尺度和社会需求的变化。这无疑表明,只有在充分掌握居民和社会偏好的情况下,政府才能通过征税或补贴等方式实现公共产品的最优供给。当然,如果政府的确通过各种途径有效掌握了居民和社会的偏好,并据此制定出理性的税收、补贴和计划等政策措施,那么决定政府治理有效性的另一个侧面,就是这些政策措施能否得到有效执行,公务员的素质、政府组织机构及其协调性、制度合理性等都是影响政府执行力的主要因素(姜佳英,2012)[19]。

然而,有效掌握居民和社会的偏好,对于政府来说是非常困难的,尤其是当居民偏好高度异质的情况下,政府就很难根据居民的不同偏好来精准匹配和供给公共产品,而如果居民偏好的同质性程度较高,政府掌握居民需求偏好就较为容易,供给和管理公共产品将更具可行性和有效性。事实上,在萨缪尔森的公共产品最优供给理论中,一个关键假定就是家庭是同质家庭。

因此,综合来看,政府治理模式的有效性条件,直接地表达就是必须有效掌握居民和社会的偏好,而其背后隐含的条件,实际上是要求居民和社会的偏好具有较高程度的同质性。同质性程度越高,政府就能更好、更有效地掌握居民需求偏好。所以,诸如国防、消防这些全国性或地方性纯公共产品,由于居民的偏好几乎是完全同质的,所以由政府来治理就具有有效性。

二、政府治理的适应范围

想要准确掌握社会偏好的具体信息,在实践中几乎是不可能的。正因为如此,很多研究者认为政府治理公共产品的效率值得怀疑,政府治理公共产品的效率不及私人组织或一些社会组织,并且政府的干预还会对私人组织和社会组织进行公共产品供给产生"挤出效应"[20]。总结起来,政府治理的缺点主要有:偏好显示机制不能全面反映社会偏好,政府难以掌握消费者和生产者的偏好;政府采取行动的成本往往较大;容易导致游说和寻租行为,出现腐败问题;同时,由政府包揽公共产品供给,也会增加政府

---

[19] 姜佳英:《新公共管理视域下政府执行力提升研究》,载《北京航空航天大学学报(社会科学版)》,2012(2)。

[20] 具体论述参见本书第二章第三节。

的财政负担。

尽管如此,正如前面所指出的那样,基于公平性、社会福利等因素的考虑,政府进行公共产品治理是应尽的义务和责任(林挺进,2009)[21],现代政府的责任和主要目的就是为社会提供充足合意的公共产品,"政府应当站在中介的立场为所有社会成员提供普遍的、无差别的、优质高效的公共服务"(黄立华,2009)[22]。即使是如产权经济学和公共选择理论提出用某种带有法律强制力的制度来治理公共产品,在民主社会中,这种强制力也是国家义不容辞的义务(Aoki & Hayami,2001)[23]。更何况,如果市场治理的有效性条件——排他性技术水平很低时,市场也难以进行治理,对于一些规模较大、知识水平要求高的公共产品,那些能力有限的社区或社群也无能为力,这时就需要政府进行干预。因此政府治理也有其优势所在,例如当不合作产生低效率时,政府可以通过法律和制度手段促使强制合作,政府也有权通过建立制度、规则、标准等来引导和监督公共产品的交易,在市场失效而社群治理又无力时进行公共产品投资,并且能够进行区域间协调以确保公平性。

对于中国农村的实际情况,公共产品最优供给的条件是很难满足的,政府充分掌握农村居民的偏好并不现实,而农民对土地的依赖性也决定了难以通过自由迁徙来促进公共产品最优供给的实现。正如蒂布特所指出的那样,在农村地区,需要一个较为固定的公共支出来供给公共产品。事实上在农村很多公共设施和服务中,政府的管制和干预通常也更具优势(Gramzow,2009)[24]。实际上,完全可以根据各地方本地的实际情况,选择一个"兼顾效率与公平的公共产品次优供给模式",由地方政府和基层政府供应部分地方性公共产品,中央政府则供给全国性公共产品并基于公平性原则资助地方性公共产品(熊巍,2002)[25]。因此,政府在中国农村公共产品治理中理应发挥应有的作用和承担应尽的责任,而且还可以通过制

---

[21] 林挺进:《试论市场机制在公共服务领域的适应性》,载《现代管理科学》,2009(3)。

[22] 黄立华:《论农村公共产品供给中的政府责任》,载《吉林大学社会科学学报》,2009(4)。

[23] M. Aoki and Y. Hayami, "Introduction: Communities and Markets in Economic Development", in M. Aoki and Y. Hayami eds., *Communities and Markets in Economic Development*. Oxford: Oxford University Press, 2001, p. XVI. 转引自: A. Gramzow, *Rural Development as Provision of Local Public Goods: Theory and Evidence from Poland*. Halle (Saale): Leibniz-Institut für Agrarentwicklung in Mittel- und Osteuropa (IAMO), 2009, p. 53.

[24] 同前,Gramzow(2009),p. 53。

[25] 熊巍:《我国农村公共产品供给分析与模式选择》,载《中国农村经济》,2002(7)。

定和实施有效的政策及制度,来充分调动市场、社群以及非政府组织的力量参与到农村公共产品的治理之中。

综上所述,政府治理模式的适应范围,应主要基于居民需求偏好的同质性程度和社会公平性和福利性要求来确定,诸如国防、公共安全等需求偏好同质性高的纯公共产品,以及教育、医疗卫生、基本生存生活保障等虽可由市场承担但关系着社会公平性和福利性要求的准公共产品,都属于政府治理模式的适应范围。

第四节 社群治理模式的有效性分析

社群治理模式是指由社群组织来供应和管理公共产品的治理模式。社群组织为组织成员提供服务,因其基于受益者民主参与并采取集体行动这一优势而很受经济学家推崇。中国当前农村公共产品尤其是村级公共产品的治理,村民自治组织等社群组织都发挥着重要作用。下面将首先构建模型探讨农村公共产品治理中的集体选择问题,然后分析社群治理模式的适应性[26]。

一、社会资本与农村公共产品治理

关于社群的含义,在前面的分析中已进行了深入讨论,并强调了社会资本的关键作用,这里再给出一个被普遍认可的精炼阐述。麦克米伦和查韦斯(McMillan & Chavis,1986)在总结不同研究者对社群(Community)的理解和阐述的基础上,认为社群的概念应该融汇4个条件,即定义必须准确清晰、必须具体(每个部分必须是可识别的)、必须反映这一术语隐含的温暖和亲密以及必须体现发展的动态性和持续性。由此,社群的定义需要包含会员关系(归属感)、影响(会员与所在团体之间的互动)、增强(整合和满足需求)和情感共享(价值观、信念、历史、空间、经验等方面的共享和认同)4个要素。据此,社群意识(Sense of Community)被定义为:"成员获得归属、成员之间和成员与所属团体之间彼此重视的一种意识和通过彼此承诺一起满足成员需求的一种共享信念。"[27]所以,社群组织进而可以定义为基于上述社群意识而形成的组织,社群组织由受益群体自愿建立,通

---

[26] 本节部分内容已发表,见张义方:《零税赋下社会资本对我国农村公共产品的供给分析》,载《软科学》,2009(5)。

[27] D. W. McMillan and D. M. Chavis, "Sense of Community: A Definition and Theory", Journal of Community Psychology, 14(1986), 6-23.

过集体行动来满足组织内成员的需求,中国农村地区的村民自治组织、村民议事会、各种农业协会和农业合作社等组织,都属于社群组织。鲍里斯(Bowles,2004)指出,"与政府和市场不同,社群能有效地培育和利用人们用于管理共同活动的激励措施",例如,信任、团结、互惠、信誉、个人荣誉、尊重以及报答,等等[28]。正因为社群组织建立在互信和共享的基础上并通过民主的集体决策来采取行动,所以在个人理性的假设下社群组织容易遭遇如"囚徒困境""集体行动困境"等集体不合作或集体行动失败。因而彼此之间的信任、团结、互惠和观念等共识程度越高,就越能提高集体行动的效率,而基于这类因素的另一个概念,就是所谓的"社会资本"(Social Capital)。

社会资本的概念最初由经济学中的"资本"概念演变而来,后来其涉及领域逐渐被扩大到政治学、社会学等不同学科[29]。美国经济学家詹姆斯·S.科尔曼(James S. Coleman)是第一个在理论上对社会资本给予了全面而具体界定的学者。在其所著《社会理论的基础》一书中,科尔曼指出:"通常,人们期望最充分地使用个人资源,社会关系因此而出现。这些社会关系不仅被视为社会结构的组成部分,而且是一种个人资源。"[30]他从功能上定义了社会资本,认为"社会资本的定义由其功能而来,它不是某种单独的实体,而是具有各种形式的不同实体。其共同特征有两个:它们由构成社会结构的各个要素所组成;它们为结构内部的个人行动提供便利。和其他形式的资本一样,社会资本是生产性的,是否拥有社会资本,决定了人们是否可能实现某些既定目标。"[31]科尔曼认为,社会资本的表现形式主要有义务与期望、信息网络、规范与有效惩罚、权威关系、多功能社会组织,等等。

真正使社会资本的概念引起广泛关注的是哈佛大学社会学教授罗伯特·D.帕特南(Robert D. Putnam)。在《使民主运转起来——现代意大利的公民传统》(1993)一书中,帕特南将社会资本理解为"社会组织的特征,

---

[28] S. Bowles, *Microeconomics: Behavior, Institutions and Evolution*. Princeton: Princeton University Press, 2004, p. 489-490.

[29] 关于"社会资本"这一定义的来源,详细参见詹姆斯·S.科尔曼著,邓方译:《社会理论的基础(上、下)》,351-354页,北京,社会科学文献出版社,1999。

[30] 同前,詹姆斯·S.科尔曼(1999),351页。

[31] 同前,詹姆斯·S.科尔曼(1999),354页。

诸如信任、规范以及网络,它们能够通过促进合作行为来提高社会的效率。"[32]它促进了自发的合作,而信任则是社会资本必不可少的部分,"在一个共同体中,信任的水平越高,合作的可能性就越大。"[33]帕特南(1993)认为,像其他的资本一样,社会资本是生产性的,它使得实现某种无它就不可能实现的目的成为可能。此外,同科尔曼的观点一样,他也认为社会资本具有公共物品特征。后来,帕特南在给中译本(2001)作的序中,将社会资本定义为:"普通公平的民间参与网络,以及体现在这种约定中的互惠和信任的规范。"[34]大量的理论与经验研究都表明,"社会资本的数量和质量对社会的健康和公民的福祉关系极大。"[35]

纳哈皮特和戈沙尔(Nahapiet & Ghoshal,1998)将社会资本划分为3个维度:一是结构(Structural Dimension),代表个体与个体之间的一种整体联系形态(即谁与谁联系、如何联系),包括网络节点(Network Ties,指系统中个体之间的连接节点,通过这些节点的延伸构成网络)、网络构态(Network Configuration,即个体之间互动的密度、连接强度和层级关系等)和组织专属性(Appropriable Organization,即是否为特定目的、特定群体而建立);二是认知(Cognitive Dimension),指个体达成一致理解的资源,包括共享价值观、共同愿景、共同语言、共同的符号、共同的历史背景、共同的文化习惯等;三是关系(Relational Dimension),即个体与个体之间的联系方式,如信任、规范、责任、身份认同、尊重、友谊等[36]。结构直接影响进入条件(Condition of Accessibility),认知影响可进入性(Accessibility)和联合能力,而关系则可以通过多种方式对交换和联合产生影响。

通过分析以上几位西方社会学家的观点可以发现,尽管对于社会资本的表述有所不同,但其基本的意义和指向是相同的,都把社会资本定义为一种存在于社会结构中的个人资源,它为结构内的行动者提供服务以满足成员需求,包括规范、信任、共同的认知等形式。因而社会资本主要具有以下3个特征:第一,社会资本具有公共物品的性质,一旦形成就只能存诸于两个以上的人中间。这也决定了社会资本的不可转让性,尽管它是一种

---

[32] 罗伯特·D.帕特南:《使民主运转起来——现代意大利的公民传统》,王列、赖海榕译,195页,南昌,江西人民出版社,2001。原版:R. D. Putnam, *Making Democracy Work: Civic Traditions in Modern Italy*. Princeton: Princeton University Press,1993.

[33] 同前,罗伯特·D.帕特南(2001)200页。

[34] 同前,罗伯特·D.帕特南(中译本,2001),中译本序。

[35] 同前,罗伯特·D.帕特南(中译本,2001),中译本序。

[36] J. Nahapiet and S. Ghoshal, "Social Capital, Intellectual Capital and the Organization Advantage", *Academy of Management Review*, 23(1998),242-266.

具有使用价值的资源,但它难以被轻易地交换;第二,社会资本能培养信任,降低交易成本,是沟通个人和制度的中介。它能通过个人行为实现个人理性与社会理性的和谐,通过制度解决集体行为的困境来维持共同体的稳定和行动的相对一致性,从而明确共同体的认识感,提高共同体内部个人或制度的行为效率;第三,社会资本是一种社会网络。只有网络中的社会成员才可以相互使用网络中的资源,而网络外的成员不能得到这种好处。一旦某个成员脱离了网络,那么它原有的社会资本就会受到损害。

上述分析表明,社会资本水平的数量和质量成为制约社群治理模式有效发挥作用的关键因素。一般来讲,农村集体行动效率低的根本原因在于行动的成本过高,而造成行动成本高的主要原因就是乡村社会资本的流失。张青(2005)指出:"一个村庄的社会资本存量越大,村内的信任水平就越高,村庄的自组织能力也就越强,在这种村子里村民具有很强的集体行动能力,在面临公共物品供给问题时,更容易产生一致的行动,作为一个整体与政府进行博弈。"[37]周春生和汪杰贵(2011)认为:"我国大部分农村地区体现为乡村社会信任、乡村社会规范与乡村社会网络的乡村社会资本日益流失。"[38]农民之间的信任度降低,导致农民缺乏合作精神,这会使动员成本上升;信任危机和社会网络狭窄不利于农民需求表达,这会增加集体行动的直接资源成本和激励成本;而信任有利于促进农村合作和生产,而有效的社会规范可以促进团结互助和乡村文明水平的提升,信任危机与社会规范失效会增加集体行动的监督成本。方文龙和黄志坚(2011)指出:"以信任、互惠规范和关系网络等形式存在的社会资本,……有利于农村合作组织的发展和新农村管理民主的实现。"[39]因此,重塑和提高乡村社会资本存量能大大提高农村集体行动效率,从而提高农村公共产品供给效率、农村合作组织的发展和村民自治运作绩效(张青,2005;黄剑宇,2007;方文龙、黄志坚,2009;陈潭、刘建义,2011;周春生、汪杰贵,2011)[40]。

---

[37] 张青:《社会资本与我国农村公共物品供给》,载《兰州学刊》,2005(6)。

[38] 周春生、汪杰贵:《乡村社会资本与农村公共服务农民自主供给效率——基于集体行动视角的研究》,载《浙江大学学报(人文社会科学版)》,2011(11)。

[39] 方文龙、黄志坚:《社会主义和谐农村建设与社会资本作用研究》,载《农业经济》,2010(1)。

[40] 张青:《社会资本与我国农村公共物品供给》,载《兰州学刊》,2005(6);黄剑宇:《社会资本视角下的农村公共产品供给》,载《内蒙古农业大学学报(社会科学版)》,2007(3);方文龙、黄志坚:《社会主义和谐农村建设与社会资本作用研究》,载《农业经济》,2010(1);陈潭、刘建义:《农村公共服务的自主供给困境及其治理路径》,载《南京农业大学学报(社会科学版)》,2011(3);周春生、汪杰贵:《乡村社会资本与农村公共服务农民自主供给效率——基于集体行动视角的研究》,载《浙江大学学报(人文社会科学版)》,2011(11)。

二、社会资本对社群治理的影响:一个数理解析

下面通过数量模型来证明农村税费改革后社会资本对农村公共产品社群治理的影响和重要性。依据上述对社会资本的分析,在尊重广大农民需求意愿的基础上,把公共产品所覆盖区域的农民作为社会资本的网络成员,并给出以下 4 个假定:

假设①:在农村某区域,公共产品的供给有 n 个供给主体,同时也是需求主体。因此,具有公共产品属性的社会资本可以在很大程度上充分传递信息。

假设②:各社会成员供给的社会资本总量等于整个网络中的社会资本总供给量。社会资本的总量越大,各个成员从中的受益也就越大。

假设③:每个社会成员都是理性的经济人,追求效用最大化,且能够从完全满足自身的生产、生活需要以及从提高生活质量出发,通过协商来积极建设公共产品。

假设④:每个社会成员的效用函数为 $u_i(x_i, S)$。其中 x_i 为第 i 个成员私人产品消费的资本数量;S 为网络中总社会资本总量 $S = \sum_{i=1}^{n} s_i$,s_i 为第 i 个成员的公共产品社会资本供给量;且 $\partial U_i / \partial X_i > 0, \partial U_i / \partial S > 0$。

(一)模型 I:纳什均衡解

把农民用于私人物品 x_i 消费的价格设为 p_1,为享用社会资本总量 S 所提供的公共产品所付出代价的价格为 p_2。在存在农业税费的条件下,公共产品的价格用政府征收的税金表示。在零税赋条件下,可以用社会资本资金所使用的机会成本,如利息等表示。同时令 M_i 为第 i 个成员的纯收入。那么,在给定其他 $n-1$ 个成员贡献程度的情况下,第 i 个成员将依据如下模型选择自己最优供给战略 (x_i, s_i):

$$\text{Max} U_i(x_i, S), i = 1, 2, \cdots, n \\ \text{s.t.} M_i = p_1 x_i + p_2 s_i \tag{8-1}$$

构造拉格朗日函数:

$$L_i = U_i(x_i, S) + \lambda(M_i - p_1 x_i - p_2 s_i) \tag{8-2}$$

则可得到最优化的一阶条件为:

$$\frac{\partial U_i}{\partial S} - \lambda p_2 = 0 \tag{8-3}$$

$$\frac{\partial U_i}{\partial X_i} - \lambda p_1 = 0 \tag{8-4}$$

由式(8-3)、式(8-4)可得,

$$\frac{\partial U_i/\partial S}{\partial U_i/\partial X_i} = \frac{p_2}{p_1} \tag{8-5}$$

式(8-5)表示在预算约束下,网络中第 i 个成员要达到效用最大的前提是:获得社会资本总量所提供的公共产品边际效用同用于私人产品消费边际效用之比等于这两种产品的价格之比。通过这个均衡条件,可以得到社会资本供给的纳什均衡:

$$S^* = (s_1^*, \cdots, s_i^*, \cdots, s_n^*), S^* = \sum_{i=1}^n s_i^* \tag{8-6}$$

从式(8-6)可以得到以下推论:

推论1:提供公共产品的社会资本总量将由各个成员依据其纳什均衡供给规模所愿意作出的供给水平决定。

(二) 模型Ⅱ:帕累托最优解

由于社会资本属于网络中各个社会成员共同的公共资源,因此,应该考虑社会资本供给中的总体福利水平。假定同上,采取简单的总体福利效用线性函数:$W = \theta_1 u_1 + \cdots + \theta_i u_i + \cdots \theta_n u_n$,$\theta$ 为第 i 个成员依据其作出的供给水平所确定的权重。总体预算约束为:

$$\sum_{i=1}^n M_i = p_1 \sum_{i=1}^n x_i + p_2 S \tag{8-7}$$

用同样的拉格朗日函数法,解得此最优化问题的一阶条件为:

$$\sum_{i=1}^n \theta_i \frac{\partial U_i}{\partial S} - \lambda p_2 = 0 \tag{8-8}$$

$$\theta_i \frac{\partial U_i}{\partial X_i} - \lambda p_1 = 0 \tag{8-9}$$

综合式(8-8)和式(8-9),消去 θ 和 λ,得到实现帕累托最优的均衡条件:

$$\sum_{i=1}^n \frac{\partial U_i/\partial S}{\partial U_i/\partial X_i} = \frac{p_2}{p_1} \tag{8-10}$$

式(8-10)表示在预算约束下,网络中所有社会成员获得社会资本总量所提供的公共产品边际效用同用于私人产品消费边际效用之比的和等于这两种产品的价格之比时,网络中所有社会成员的总体福利水平将达到最大化。

将式(8-10)进行分解,可得:

$$\frac{\partial U_i/\partial S}{\partial U_i/\partial X_i} + \sum_{j \neq i}^n \frac{\partial U_j/\partial S}{\partial U_j/\partial X_j} = \frac{p_2}{p_1} \tag{8-11}$$

由此,得出以下推论:

推论 2:在社会资本供给公共产品的决策过程中,成员之间从集体角度出发,通过协商,使帕累托条件下的供给均衡水平大于纳什均衡条件下的供给均衡水平。

(三) 模型Ⅲ:Dixit—Oslon 扩展模型

引入交易成本和组织效率对 Dixit—Oslon 模型进行扩展。假定如下:

①网络中,有 n 个社会成员是该公共产品的供给主体和需求主体。

②该公共产品的生产成本为 C,每个成员的预期收益为 V,提供该产品的临界成员数为 m,即 $mV-C \geqslant 0$,$(m-1)V-C<0$,且 $m \neq n$。

③某个成员与其他成员协商的交易成本为 TC,概率为 P;不参与时受到的惩罚为 S。

假如有除 A 成员以外的 $n-1$ 个成员中有 $m-1$ 个或 $k>m$ 个参与协商,则可以提供公共产品。每个人可以获得的概率为:

$$C_{n-1}^{k-1} P^{k-1} (1-P)^{(n-1)-(k-1)} \quad (8-12)$$

则该成员参与时,获得的预期收益为:

$$E(\pi_1) = \sum_{k=m}^{n} C_{n-1}^{k-1} P^{k-1} (1-P)^{(n-1)-(k-1)} \left(v - \frac{c}{k} - Tc \right) P^{k-1} (1-P)^{(n-1)-(k-1)} \quad (8-13)$$

而该成员不参与时,获得的预期收益(搭便车行为)为:

$$E(\pi_2) = \sum_{k=m}^{n} C_{n-1}^{k} P^{k} (1-P)^{(n-1)-k} v - S \quad (8-14)$$

当进行社会资本供给决策时,他会选择混合策略,混合策略的均衡条件为 $E(\pi_1) = E(\pi_2)$。因此,对式(8-13)和式(8-14)整理,可以得到:

$$C_{n-1}^{m-1} P^{m-1} (1-P)^{(n-1)-(m-1)} v - \sum_{k=m}^{n} C_{n-1}^{k-1} P^{k-1} (1-P)^{(n-1)-(k-1)} \frac{c}{k} = Tc - S \quad (8-15)$$

根据式(8-15)可以看出,如果交易成本大于惩罚成本,"搭便车"行为不可避免。因此,令 $S-TC$ 为组织效率,可以得出以下推论:

推论 2:社会资本网络中组织效率越高,越能惩罚"搭便车"行为,越能节约交易成本。

上面的分析表明,基于社会资本而建立起来的社群中,每个成员都会在一定约束条件下,根据对方的选择而确定自己的供给决策,因而必须重视社会成员之间信任互惠关系以及社会责任、奖罚机制等方面的建设和维护,提高农村社会资本存量和质量,从而才能有效发挥社群治理模式的优势。这意味着,完善基本制度建设是非常重要的:第一,建立共识整合机制。加快农村民主进程,积极发展农村各类民间组织,激活民间组织的能量,使一个村或一个乡镇范围内多数人产生结成利益共同体的愿望和冲动,使公共选择所要求(期望)的合作成为可能;第二,建立需求表达机制。充分调动农民的自主性和创造性,增强自身谈判力量,表达和维护自己正当而合理的利益诉求,以增加农民对公共产品偏好显露的真实性;第三,建立有效监督机制。进一步完善村务公开和民主议事制度,让农民群众真正享有知情权、参与权、管理权和监督权,增加公共资源使用的透明度,提高公共资源使用效率。

三、社群治理模式的适应范围

在理论分析中我们也曾指出,尽管社群最初被视为是与市场相互对立和排斥的范围,那些崇拜自由市场经济体系的人对其并不在意,但越来越多的研究表明,它实际上是市场的一个有效补充,并且是市场发展的一个重要基础。速水佑次郎(Hayami,2004)就曾指出:"市场是通过基于价格信号的竞争来协调追逐利益的个体的组织,国家是通过政府命令来强制人们调整资源配置的组织,而社群是通过紧密的个人关系和相互信任来引导成员进行自愿合作的组织。"[41] 由于信息不对称等因素的影响,当存在技术性排他或合同不完善且难以执行时,市场治理就难以发挥作用,政府治理也面临着类似的问题,不完善的公共选择机制可能导致寻租和疏于应尽义务(Petrick,2007)[42]。而非政府、非营利性的社会组织能够发挥的作用又十分有限,这时社群治理模式(CBO治理模式)就能够在现代经济很多部门发挥其应有的作用,可以解决市场和政府都无能为力的一些问题。社群治理有很多优点,例如它通过正式或非正式的制度来监督成员,有利于强化问责机制,可以有效地获得局部的、私人的和分散的信息,从而有效掌握成员的偏好,能够培育和利用基于社会资本的传统激励制度,等等。

价值判断和数理分析表明,社会资本水平是制约社群组织有效治理农村公共产品的关键因素,当然这并不是唯一因素,例如社群规模、社群网络

---

[41] Y. Hayami," Communities and Markets for Rural Development under Globalization: A Perspective from Villages in Asia",*Keynote Address Delivered at the Florence Conference of the European Association of Agricultural Economics*,Florence,September 8-11,2004.

[42] M. Petrick,"Why and How Should the Government Finance Public Goods in Rural Areas? A Review of Arguments", in P. M. Schmitz and F. Kuhlmann eds. , *Good Governance in der Agrar- und Ernährungswirtschaft*. Münster-Hiltrup:Landwirtschaftsverlag,2007,271-281.

节点与节点之间的距离(如基于自然村落形成的社群中村民与村民之间的地理距离)等因素都会影响集体行动的有效性。社群规模越大,要采取一致行动越困难,节点与节点越远,可能因为客观存在的困难影响集体行动的一致性。尽管如此,正如纳哈皮特和戈沙尔(Nahapiet & Ghoshal,1998)指出的那样,社会资本通过很多方式影响个体之间交换和联合的条件[43],因而一定程度上,它也能对社群规模和节点距离产生影响,例如共同的价值观、认同感、信任感、对本群体利益的保护意识等社会资本形式,会促使成员将规模控制在可接受的范围之内,而责任感、惩戒机制、规范等可以弱化节点距离带来的影响。事实上,很多理论和实证研究都表明,社会资本对于我国农村居民生产生活都十分重要,它在乡村治理中也发挥着强大作用(林聚任、刘翠霞,2005;苗月霞,2005,2007;赵泉民、李怡,2007;汪小勤、汪红梅,2007;徐姗娜,2009)[44]。尤其是中国乡村社会资本的退化,已经使村落公共事务治理成为中国政治经济中的一个难题,因而急需重振村落共同体来提升治理水平(张敏,2010)[45]。

农村税费改革后,基层政府组织供给能力不足,社会组织覆盖的范围和能力较为狭窄和薄弱,追求利益最大化的私人营利性组织进行治理又难以实现公共产品供给的公平性和福利性要求,因而高水平社会资本下的社群治理成为农村公共产品供给和管理的一个有效补充。随着村民委员会、村民代表大会等制度的完善以及各种农业合作社、农业协会等农村社会组织的发展壮大,社群治理模式具备有利的发展基础。不过,全面取消农业税后,中国村级公共产品治理采用"一事一议"筹资筹劳制度,资金和劳务的筹集不再具有强制性,而是基于自愿合作的方式来实现,使一直依靠制度外供给的农村公共产品供给体制发生诱致性变迁。但由于公共产品偏好的显示和相应的约束机制不够完善,村民往往因追求个人利益最大化而

---

[43] J. Nahapiet and S. Ghoshal," Social Capital, Intellectual Capital and the Organization Advantage",*Academy of Management Review*,23(1998),242-266.

[44] 苗月霞:《中国农村社会资本状况及其对村民自治运作绩效的影响》,载《社会主义研究》,2005(1);苗月霞:《农村家族势力与村民自治运作绩效的社会资本研究》,载《广西社会科学》,2007(2);林聚任、刘翠霞:《山东农村社会资本状况调查》,载《开放时代》,2005(4);赵泉民、李怡:《关系网络与中国乡村社会的合作经济——基于社会资本视角》,载《农业经济问题》,2007(8);汪小勤、汪红梅:《我国农村社会资本变迁的经济分析》,载《东南学术(人文社会科学版)》,2007(12);徐姗娜:《民间信仰与乡村治理——一个社会资本的分析框架》,载《东南学术》,2009(5)。

[45] 张敏:《找回村落共同体:转型中国村落公共事务的治理——评〈难以产出的村落政治〉和〈Accountability Without Democracy〉》,载《中国农村研究》,2010(下卷)。

在集体行动中采取不合作态度[46],这导致农村集体行动效率低下,难以在"一事一议"制度下实现农村公共产品的有效供给,"集体行动困境已经成为村庄公共物品集体供给的常态"(陈潭、刘建义,2010;2011)[47]。因此,还需要努力提升乡村社会资本的存量和质量,提升社群治理的有效性。

第五节 NGO 治理模式的有效性分析

一、NGO 治理农村公共产品的 3 种路径

非政府组织的本质就是为社会提供公共产品,它可以在农村公共产品治理中发挥重要作用[48]。但是,非政府组织的服务对象可能是一个社群,也可能不是一个社群,此外非政府组织也可能在某类公共产品治理过程中,仅仅是参与者的角色而不是主导力量。这样,非政府组织治理公共产品时就可能存在 3 个路径:

(一)路径 I

在服务对象是社群的情形下,非政府组织在治理农村公共产品时,会或多或少地利用社群所拥有的正式或非正式规则来发挥作用。NGO 主导型社群经济中,NGO 的服务对象就是社群。通过这一路径发挥公共产品治理作用的模式一定程度上体现了社群治理的基本特征,也可借助社群机制来实现其目标。因此,在这种路径下,实际上非政府组织与社群组织是一种以非政府组织为主导的合作关系,社群成员在一定程度上可以参与决策和管理。

(二)路径 II

服务对象不是一个标准的社群,例如慈善机构采用一般分散支持的方式帮助患有某类疾病的患者,这些患者虽然是有共同遭遇和期待的群体,但患者之间并没有形成强烈的社会互动来为实现他们的共同利益而努力。在这种情形下,非政府组织提供和管理公共产品的过程中,不依赖于正式或非正式社群组织来实现,而是直接根据目标群体的需求志愿提供公共产

---

[46] 前文已经指出,由于村民个人利益最大化的倾向,容易导致集体合作失败。见本书第五章第四节。

[47] 陈潭、刘建义:《集体行动、利益博弈与村庄公共治理——岳村公共物品的供给困境及其实践逻辑》,载《公共管理学报》,2010(3);陈潭、刘建义:《农村公共服务的自主供给困境及其治理路径》,载《南京农业大学学报(社会科学版)》,2011(3)。

[48] 本书第三章已经指出,社群组织在理论上也是一种非政府组织,但考虑到服务对象的差异,本书将其单独列出以与一般的非政府组织区分开来。

品。通过这一路径发挥公共产品治理作用的模式,尽管非政府组织内部成员具有强烈的互动关系,但其服务对象并不是一个社群,因而对于受益群体来说,民主参与公共产品治理的程度很低。

(三)路径Ⅲ

非政府组织作为参与者配合其他组织进行农村公共产品治理,这时市场、政府、社群等其他主体发挥着主导作用,从类型划分上,应归纳在其他类型的治理模式之中。

综上所述,基于对第三部门组织的划分和社群经济的分析,本书将非政府组织通过路径Ⅰ和路径Ⅱ进行农村公共产品治理的模式统称为 NGO 治理模式。

二、NGO 治理模式的有效性条件

近年来,非政府组织在经济社会发展中发挥着越来越重要的作用。由于它介于政府与市场之间,且不以营利为目的,"其本身兼具市场的弹性和效率,以及政府部门的公平性和可预测性等多重优点,同时它又可避免追求最大利润与科层组织僵化的内在缺失。"[49]同时,非政府组织能通过很多方面促进善治(Good Governance),例如进行政策分析和拥护,管理和监督国家绩效和公务员的行动和行为,构建社会资本和促进公民认同和表达其价值、信仰、公民规范和民主实践,动员群众更充分地参与政治和公共事务,开展改善自己和其他社群福利的工作,等等(Ghaus-Pasha,2005)[50]。这些特点无疑决定了非政府组织在公共产品治理中能够扮演重要角色,它不仅可以扮演监督者的角色,同时也是一个实际行动者,通过独立或与政府合作,"提供政府无力或无意愿提供的公共服务,或是提供政府成效不彰的公共服务。"[51]

显然,非政府组织存在的主要目的就是为社会提供公共产品,并促进实现更好的治理效果。非政府组织通常利用个人和企业捐赠、政府补贴、基金运作等融资手段,为社会公众提供免费的公共产品,有效弥补市场、政府和社群难以覆盖的环境保护、社会保障等领域的公共产品供给和管理。

---

[49] 江明修:《全球治理趋势下非营利组织的发展与前瞻》,2010 非营利组织的发展与前沿研讨会会议论文,"中华救助总会""国家图书馆",2010 年 4 月。

[50] A. Ghaus-Pasha,"Role of Civil Society Organizations in Governance",*The 6th Global Forum on Reinventing Government Towards Participatory and Transparent Governance*,Seoul,Republic of Korea,May 24-27,2005.

[51] 同前,江明修(2010)。

非政府组织不仅可以自己独立从事公共产品治理（例如前文提到的环境信托基金），还可以通过和政府合作开展公共产品治理。比斯利和加塔克（Besley & Ghatak,1999）通过理论模型并结合实例分析显示，如果政府和NGO在互补性任务（Complementary Tasks）中拥有比较优势时，以及当NGO和政府的目标更一致时，他们之间的合作可能性更大，当公共资金的边际成本很高或公共部门投入产出效率相对较低时，纯NGO供给将更加普遍[52]。

由于非政府组织的受益群体是组织外的人员，所以在制定公共产品项目决策制定中，不能像基于受益人群建立起来的社群组织那样通过民主集体决策方式来进行。因此，与政府治理一样，非政府组织参与公共产品治理也受能否充分获取受益群体的偏好和组织执行力的约束。此外，由于非政府组织的资金筹集主要靠社会捐赠，资金来源稳定性较差，因而也容易遭受资金约束。值得一提的是，由于非政府组织大都较为专业化，且这类组织都具有崇高的目标宗旨并时刻接受着资金捐助者的监督，因此非政府组织更加期望合理利用其有限的资源。在这种情况下，非政府组织也更加有动力在实施公益项目之前进行深入调研，由此它们能相对更为准确地掌握相关领域公共产品供给状况与服务对象的需求偏好。

正如前面所分析的那样，非政府组织不但拥有市场所具有的组织灵活性和行动效率优势，还拥有政府所具有的关注公平性和社会福利发展等优点，并且与政府相比，非政府组织也更能够和愿意通过充分的调研来掌握公共需求，这种兼顾效率与公平的特征，使其在农村公共产品治理能够发挥重要作用。但其关键的制约因素在于非政府组织的供给能力，这里的能力是指综合能力，包括收集服务对象需求偏好的能力、资金筹集能力、管理和执行能力、所供给产品是否匹配受益对象的真实需求，等等。

三、NGO治理模式的适应范围

无论是在发达国家还是在发展中国家，非政府组织参与农村公共产品治理都十分普遍。例如，首先在英国出现后来在全世界范围内被广泛使用的环境信托基金、泰国皇太后基金在农村地区实施的可持续替代生计发展计划以及各类动植物保护组织实施的动植物保护、生物多样性保护行动

---

[52] T. Besley and M. Ghatak, "Public-Private Partnerships for the Provision of Public Goods: Theory and an Application to NGOs", *LSE-STICERD Research Paper*, No. DEDPS17, Suntory and Toyota International Centre for Economics and Related Disciplines, London School of Economics and Political Science, 1999.

等,都取得了良好的效果[53]。

在国内,也有一些非政府组织持续或间断地提供农村紧缺公共产品,例如在农村医疗卫生方面,一些志愿者组织进行医疗卫生知识普及与培训、协助和监督农村公共卫生服务体系建设、参与突发公共医疗卫生事件救助等(张勤快、朱国华、高洁,2009)[54],而环保组织则在提高公民环保意识、开展生态保护和污染防治项目、参与环保公共政策制定、倡导绿色生活方式等方面发挥着重要作用(李俊瑛,2006)[55]。非政府组织还参与到了农村乡村公路的建设当中,以贵州威宁县石门坎乡为例(常伟、陈晓辉、苏振华,2009),"如果让当地政府来修路,1公里不会少于8万—10万元,而由民间扶贫机构和当地民众合作修路,只用7万元就修成了长达26公里的公路,并且公路竣工的那一天,同时也诞生了若干支义务护路队。"[56]

综上所述,非政府组织已经从不同途径参与到了中国农村公共产品治理之中,尤其是在环境保护、公共卫生、教育、扶贫、就业等领域,非政府组织具有自己的独特优势。自然生境主要分布在农村地区,农村自然景观、动植物及栖息地保护等农村公共产品,可以由环境和动植物保护领域的保护协会、公益性基金等以社会公益为导向的非政府组织来参与治理;农村公共卫生在我国农村的供给仍然十分短缺,涉及公共卫生领域的非政府组织可参与卫生知识宣传、疾病预防、康复服务等活动,同时也可通过捐赠提供一些医疗卫生设施。农村地区尤其是西部地区面临着严峻的贫困问题,青少年发展基金会、扶贫基金会、福利基金会等非政府组织,可以通过进行教育培训、开展扶贫项目、物资和科学技术援助等方式来帮助贫困人口脱贫致富。

第六节 治理模式有效性分析总结

本章对农村公共产品治理模式进行了重新梳理划分,并分析了各类模式的有效性条件和大致适应范围。总体来看,在传统的市场治理、政府治理、社群治理(非正式规则)3种模式基础上,结合前文研究,将公共产品治理模式重新分为市场治理模式、政府治理模式、社群治理模式和NGO治理

---

[53] 见本书第六章国外农村公共产品治理经验分析部分。

[54] 勤快、朱国华、高洁:《农村医疗卫生体系建设中非政府组织研究——以安徽省阜阳市为例》,载《全国商情·经济理论研究》,2009(16)。

[55] 李俊瑛:《我国环保非政府组织的兴起及其发展》,载《环境教育》,2006(10)。

[56] 常伟、陈晓辉、苏振华:《农村公共产品的非政府供给》,载《华东理工大学学报(社会科学版)》,2009(1)。

模式 4 种,并分析了 4 种治理模式的有效性条件和大致的适应范围(见表 8-2)。

表 8-2 各类公共产品治理模式的比较

	市场治理模式	政府治理模式	社群治理模式	NGO 治理模式
交易方式	正式合约	强制力	社会控制系统	利他主义
交易前提	价格机制	规则/条例/标准	社会接近性/信任/共同价值观/正式或非正式规则	志愿机制
治理主体	营利性组织	政府组织	正式或非正式社群组织	非政府组织
需求表达机制	自由交换	政府主动识别或利用其对社会开放的渠道	自愿合作和广泛的民主参与	NGO 主动识别或利用其对社会开放的渠道
受益对象参与决策的程度	完全参与	参与度很低	参与度高	参与度较低
有效性条件	高水平的排他性技术	较高程度的需求偏好同质性	高质量的社会资本	具备综合供给能力
受益对象	具有支付能力的分散个体或目标群体	全国或辖区内目标居民	社群及成员	社群及成员(服务对象为社群);分散的个体或目标群体(服务对象为非社群)
适应范围	可利用高水平的排他性技术将"搭便车"者排除且又不具较强社会公平性和福利性要求的领域	全国或地方性纯公共产品;有较强社会公平性和福利性要求的准公共产品	具有足够高质量的社会资本进而可以达成正式或非正式自愿合作协议的社群所需的公共产品(社群规模有限)	NGO 基于自身目标和综合供给能力确定的分散个体或目标群体所需的公共产品
现阶段国内外实践中的主要表现形式	如我国农村水、电、气、通讯、互联网等基础设施建设及维护、农村金融服务、农村客运等由市场主导供给和管理的公共产品	如我国农村基础教育等由政府主导供给和管理的公共产品;"三个集中"、"村镇同治"等实践模式(政府主导,社群组织等主体参与)	如以村民自治组织(包括村民议事会制度)、合作社、农业专业协会、社群旅游组织、社群林业组织、社群金融组织等形式为社群成员提供的公共产品	如由环保组织、慈善组织、志愿者组织以及其他各种社会公益性基金会、促进会等为社会公众或目标群体提供的公共产品

资料来源:作者总结。

首先,将基于社群机制运行、社群组织作为独立或主导治理主体的模式定义为社群治理模式。这里的社群组织可以是正式的社群组织(依赖于正式的规则),也可以是非正式的社群组织(依赖于非正式规则)。正如前文分析的那样,与非正式的社群组织相比,正式的社群组织在治理公共产品时更具稳定性、规范性和有效性。从全球社群经济发展情况来看,社群组织也以正式的社群组织为主。社群组织为社群成员服务,社群成员也可以广泛参与社群组织的决策和管理,但社群治理模式要发挥有效作用,必须具备高质量的社会资本。

其次,将基于志愿机制、非政府组织作为独立或主导治理主体的模式定义为NGO治理模式。如果NGO的服务对象是社群,NGO通过与正式或非正式的社群组织合作进行农村公共产品治理,这种情况下,NGO在利用自身的利他主义思想和志愿机制的同时,还可以充分利用社群所拥有的社会资本及其正式或非正式规则来实现治理目标,社群成员也可在一定程度上参与决策和管理。如果NGO服务对象是不具有社群性质的分散个体或目标群体,服务对象参与决策和管理的程度较低,其发挥作用完全依赖于NGO自身的志愿机制和供给能力。

最后,对各类治理模式发挥作用的有效性条件和适应范围进行了分析。发现市场治理模式发挥作用的关键是存在一个高水平的排他性技术,只要有技术可以将"搭便车者"排除在外,就可以利用市场机制来实现公共产品的有效供给和管理。总体来看,收费和产权界定是两种主要的排他性技术;政府治理模式能发挥有效作用的关键在于能够有效地获得消费者的需求偏好,如果需求偏好异质性程度很高,让政府准确掌握众多消费者的需求偏好是不现实的,而如国防、消防这类纯公共产品,由于消费者的偏好同质性较高,政府治理就能发挥有效作用。事实上,萨缪尔森的公共产品最优供给模型,就假定家庭是同质的。同时,诸如农村教育、卫生等公共产品,由于必须考虑社会公平性和福利性问题,因而即使可以通过其他治理模式来实现,也必须作为政府治理模式的重点范围;对于社群治理模式,本书利用博弈论模式进行了数理解释,证明了社会资本对于社群治理的重要性。前文已指出,社群本身就依赖于强烈的社会互动,因而高质量的社会资本是社群治理模式有效发挥作用的关键条件;NGO治理模式基于志愿机制来供给和管理公共产品,受益对象可能是社群(NGO起主导作用),也可能是非社群(即分散的个体或目标群体),在这一模式下,受益对象参与决策和管理的程度较低,能否发挥有效作用主要取决于NGO的综合供给能力。

第九章　中国农村公共产品协同治理及机制保障

至此,本书已对农村公共产品的定义、类型、理论基础以及治理模式等理论问题和中国农村公共产品治理制度的历史和现状、存在的主要问题、农村税费改革对农村公共产品治理的影响以及国内外农村公共产品治理的经验等现实问题进行了深入研究。本章基于这些研究结论,构建中国农村公共产品治理体系以及相关的机制保障。

第一节　组织与组织的关系

农村公共产品治理主体有市场、政府、社群、NGO 4 种,且任何单一主体都无法独立承担农村公共产品的供给和管理,必须发挥各治理主体的优势和特点,共同解决中国农村公共产品治理问题。因此,组织之间的关系应该达到何种程度,是科学构建农村公共产品治理体系的关键。

一、组织间关系的层级

按照组织整合程度,组织间关系层级的划分主要有 3 种观点:一是"五分法",将组织之间的关系按整合程度划分为 Informal、Cooperative、Coordinated、Collaborative 和 Partnerships 或 Integration 5 个层次(如:Hogue,1994;Cigler,2001;Szircom et al.,2002)[1];二是"四分法",按整合程度划分为 Networking、Coordination、Cooperation、Collaboration 4 个层次

---

[1] T. Hogue, *Community Based Collaboration: Community Wellness Multiplied*. Oregon: Centre for Community Leadership, Oregon State University, 1994; B. Cigler, "Multiorganizational, Multisector and Multicommunity Organizations: Setting the Research Agenda", in Myrna P. Mandell ed., *Getting Results Through Collaboration: Networks and Network Structures for Public Policy and Management*. Westport: Quorum Books, 2001, 71-85; T. Szircom, Z. Lasaster, J. Hyde and C. Moore, *Working Together: Integrated Governance*. Canberra: Institute for Public Administration Australia(IPAA), 2002.

(如：Himmelman，1994，2001，2002；Camarinha-Matos et al.，2006，2009)[2]；三是"三分法"，主要关注"四分法"中后三个层次的分析与运用(如：Forest，2003；台湾中山大学课题组，2010；Keast & Mandell，2011)[3]。

综合看来，无论是五分法、四分法还是三分法，Coordination、Cooperation 和 Collaboration 都是用来概括组织关系的重要环节和核心层次[4]。综合考虑这些划分方法，本书将组织整合程度划分为网化(Networking，作为初级非正式的整合形式)、合作(Cooperation)、协调(Coordination)、协同(Collaboration) 4 个层次(表 9-1)[5]。

---

[2] A. T. Himmelman，"Communities Working Collaboratively for a Change"，in Margaret Herrman ed.，*Resolving Conflict*：*Strategies for Local Government*. Washington：International City/County Management Association，1994，27-47；A. T. Himmelman，"On Coalitions and Transformation of Power Relations：Collaborative Betterment and Collaborative Empowerment"，*American Journal of Community Psychology*，29(2001)，277-284；A. T. Himmelman，*Collaboration for a Change*：*Definitions*，*Decision-making Models*，*Roles*，*and Collaboration Process Guide*. Minneapolis：Himmelman Consulting，2002；L. M. Camarinha-Matos and H. Afsarmanesh，"Collaborative Networks：Value Creation in a Knowledge Society"，in K. Wang，G. Kovacs，M. Wozny and M. Fang eds.，*Knowledge Enterprise*：*Intelligent Strategies in Product Design Manufacturing and Management*. Boston：Springer，2006，26-40；L. M. Camarinha-Matos，H. Afsarmanesh，N. Galeano and A. Molina，"Collaborative Networked Organizations – Concepts and Practice in Manufacturing Enterprise"，*Computer & Industrial Engineering*，67(2009)，46-60.

[3] C. Forest，*Empowerment Skills for Family Workers*：*A Worker Handbook*. New York：Cornell University，2003；台湾中山大学课题组(主持人：张其禄)：《强化中央行政机构横向协调机制之研究》，台湾，台湾行政主管部门研究发展考核委员会，2010；R. L. Keast and M. Mandell，"The Collaborative Push：Pushing Beyond Rhetoric and Gaining Evidence"，*Preceedings of 15th Annual Conference of the International Research Society for Public Management*(*IRSPMXV*)，Dublin，Ireland，April 11-14，2011.

[4] Coordination、Cooperation 和 Collaboration 是 3 个含义非常相近的概念。研究政府之间合作和协调的文献习惯将 Cooperation 放在前，其整合程度比 Coordination 低，而其他一些文献习惯将 Coordination 放在前，其整合程度比 Cooperation 高。事实上，在这些文献中，它们都被赋予了具体的含义，以明确每个层次中组织整合的程度。因此，本书不对 Coordination 和 Cooperation 谁先谁后的问题进行探讨，这些词的使用都基于被赋予的具体含义。

[5] 台湾学者习惯将 Cooperation 译为"合作"、Coordination 译为"协调"、Collaboration 译为"协力"，例如：李长晏、林焕笙：《中央与地方协力伙伴关系之分析——以台中县潭子段旱溪整治工程为例》，载《公共行政学报》，2009(31)；台湾中山大学课题组(主持人：张其禄)：《强化中央行政机构横向协调机制之研究》，台湾，台湾行政主管部门研究发展考核委员会，2010。大陆学者通常将 Cooperation、Coordination 和 Collaboration 都译为"合作"，再用正式、非正式等形容词来加以区分。为区别这 3 个概念，本书根据具体含义依次翻译为"合作""协作"和"协同"，"合作"作为初级、非正式的短期关系，"协作"则体现出彼此之间已成为一种正式关系并拥有必要的协调机制这一特征，而"协同"强调协力同心，体现其资源共享、责任和风险共担、完善的协调机制等特征。

表 9-1　组织间关系的层级

网　化 (Networking)	合　作 (Cooperation)	协　作 (Coordination)	协　同 (Collaboration)
互动仅限于信息交换和分享 组织间极为有限的信任水平 非正式关系	信息交换和分享 不频繁的沟通 需调整行动 保持独立性或自治性 保有资源（不共享） 保有承诺和责任（不共担） 关系持续时间短 低信任水平 通常为非正式关系	信息交换和分享 结构化交流和沟通 围绕项目的共同目标和行动 保持独立性 围绕项目的承诺履行 围绕项目的资源共享 围绕项目的责任共担 关系持续时间较长 中等信任水平 正式关系 围绕项目的协调机制	信息交换和分享 固定化交流和沟通 共同目标和行动 紧密的相互依存 部分独立性丧失 共享资源 共履承诺 共担责任 关系持续时间很长 高度信任水平 正式关系 完善的协调机制

资料来源：根据 Himmelman(2002)、Szircom et al.(2002)、Keast & Mandell(2011,Figure.1)等阐述修改。

二、网化、合作与协作

（一）网化

网化（Networking）或网络化是指组织之间进行互惠的信息交换（Himmelman,2002；Camarinha-Matos et al.,2009）[6]。这是一种非正式的组织间交流和联系，组织之间基于互惠、互信的原则共享和分享一些信息和经验，这种信息交流有助于组织完成自己的任务。网化只需要极少的时间来实现信息交换，组织之间不采取一致的策略或行动，也不与对方共享自己的专属资源。例如，农村政府医疗卫生部门和农村社区医疗卫生组织通过分享信息和经验，政府医疗卫生部门可以了解各社区健康状况和需求，以及总结社区医疗卫生组织提供服务的经验，而社区医疗卫生组织可以通过政府医疗卫生部门了解到其他社区的经验以及社会整体健康服务状况。由于网化层次的联系仅限于基本的信息交换，因此组织之间没有共

---

[6] 同前,Himmelman(2001)；同前,Camarinha-Matos et al.(2009)。

同的行动方案和行动目标。

(二) 合作

合作(Cooperation)是一种初级的组织整合形式,组织间的互动不再限于只进行信息交换,还会为实现某一个短期共同目标而调整或改变自己的行动策略。合作是一个短期行为,不需要太长的时间来磨合和实现合作之目的,组织之间通常是一种非正式的、自愿的关系(Hogue,1994;Cigler,2001)[7]。合作注重通过对话的方式达成并采取一致行动,不改变参与各组织自身的独立性和自治性(Szircom et al.,2002)[8],从而不会与对方共享各自所拥有的资源。例如,农村政府医疗卫生部门和农村社区医疗卫生组织不仅分享信息和经验,他们还可能通过对话达成一个意向,比如决定在某一天,共同为社区医疗卫生组织所在的社区居民提供健康咨询服务。

(三) 协作

协作(Coordination)是比合作整合程度更高的正式的关系,它意味着参与各方针对某些项目或事宜建立一种协调机制,这使组织间的沟通和采取行动变得更加规范化和正式化。在协作关系下,参与各方共同制定决策、融资和采取行动以实现共同目标。参与各方围绕合作项目共享资源、共担责任和风险。由于存在一个较为完善的协调机制,参与各方通常会在正式的规则下进行决策制定和开展行动。

协作关系较为稳定,关系维持的时间也较长。由于是围绕项目而建立的稳定关系,因而并不影响组织的独立性。为了强化协调机制的功能,除了本身的规则约束外,有时还可能利用更高级的外部协调者或协调工具来强化组之间的关系(台湾中山大学课题组,2010)[9]。例如,某非政府组织决定对某村公共项目的建设提供长期支持直到实现预期目标,从而该组织与村委会共同制定一个协议,在框架协议给出的规则下,共同制定该村公益项目的行动计划、预期目标、筹资方式等。在共同行动框架下,非政府组织和村委会必须按照一定的规则进行公共项目建设,他们的共同行动围绕该村拟建的公共项目而展开,为了提供行动效率,往往还可能邀请当地政府作为协调人或监督者。此外,常见的政府把公共项目通过签订合同外包(Contracting Out)给企业的形式也属于协作关系,它围绕某个项目展开互动。

---

[7] 同前,Hogue(1994);同前,Cigler(2001)。
[8] 同前,Szircom et al.(2001)。
[9] 同前,台湾中山大学课题组(2010)。

三、协同与协同治理

协同(Collaboration)关系是一种十分紧密、稳定和正式的长期关系。它通常需要全面和完善的制度性安排,因而也体现出高度的信任水平,这种关系维持时间很长,往往被用以处理复杂的社会问题(台湾中山大学课题组,2010)[10]。在协同关系下,组织通常不再是独立的行动者,为实现共同的目标,参与者必须相互紧密依存,因为对于任何一方都难以甚至无法凭自身的资源和能力来实现预期目标(Keast & Mandell,2011)[11]。由于这种紧密的相互依存关系,也决定了参与者必须共享资源并且共担风险、责任,这种关系需要建立在高度的相互信任水平之上。例如,中国农村村级公共产品治理过程中,政府和村级组织可以建立一种协同关系,中央政府制定和出台一个具有法律效率的制度性框架,来明确这种机制下如果进行共同筹资、建设和管理,这种制度是长久的甚至是永久的。事实上,正如前面分析中所指出的那样,现有的"一事一议"制度下,仅靠村级组织自身力量几乎无法实现为村民提供足量公共产品的目标,急切需要各种治理主体,在长期化、制度化的框架下,为农村居民提供所需的公共产品。

构建和使用协同关系,已经成为政府和非政府部门用来解决当代社会中棘手问题的重要策略,恺思特和曼德尔(Keast & Mandell,2011)感慨地指出:"协同的信徒已经变得如此普遍,以至于它如今是一个用来泛指任何形式的'一起工作(Working Together)'的富有弹性的术语。"[12]伴随协同关系而备受关注的,就是公共管理研究中的协同治理(Collaborative Governance)[13]。安塞尔和戈什(2008)在《理论与实践中的协同治理》一文中,将协同治理界定为:"一个或多个公共机构与非政府的利害相关人一起参与集体决策的过程,它是正式的、以达成共识为导向的和协商进行的过程,其目的是制定或执行公共政策或管理公共项目或资产。"[14]可以

---

[10] 同前,台湾中山大学课题组(2010)。

[11] 同前,Keast & Mandell(2011)。

[12] 同前,Keast & Mandell(2011)。

[13] 关于 Collaborative Governance 的来龙去脉,可参见以下文献,此处不赘述:C. Huxham,"The Challenge of Collaborative Governance",*Public Management*:*An International Journal of Research and Theory*,2(2000),337-358;C. Ansell and A. Gash,"Collaborative Governance in Theory and Practice",*Journal of Public Administration Research and Theory*,18(2008),543-571;曾冠球:《协力治理观点下公共管理者的挑战与能力建立》,载《文官制度季刊》,2012(1);蔡岚、潘华山:《合作治理——解决区域合作问题的新思路》,载《公共管理研究》(年刊),2010。

[14] 同前,Ansell & Gash(2008)。

看出,这实际上是协同关系与治理两个概念的结合,治理泛指各种政府或非政府机构通过正式的或非正式的方式管理公共事务的总和[15],而协同给出了治理的具体形式,即采用正式的、稳定的、制度化的方式来治理公共事务。此外,与协同关系接近的另一概念——伙伴关系(Partnership)也经常被使用,尤其是PPP(Public-Private Partnership,公私伙伴关系)模式在公共项目管理中得到了广泛应用,协同关系和伙伴关系含义几乎完全相近,都是一种正式的、长期的和稳定的组织间关系形式,因而协同关系和伙伴关系大致可以合并和混用(台湾中山大学课题组,2010)[16]。PPP模式实际上就是协同治理的一种形式,它只是政府部门与私人部门的协同,而协同本身还包含私人部门与其他社会组织的协同、私人部门与社群组织的协同等形式。

综上所述,组织之间的整合程度从网化、合作、协作到协同不断提高,更高层次的关系包含了下级层次所具有的所有优点,并完善了下级层次的一些不足。正因为如此,四层整合形式之间并不是非此即彼的关系,在协同关系下,网化、合作和协作关系都可以轻松实现。所以,如果组织之间在总体上建立了协同关系,它们同样可以在此框架里设置弹性规则,从而在特定条件下,组织采取与合作或协作关系层次相匹配的行动。例如,协同关系的制度化规则规定,如果某一个项目可以由单个组织完成,那么如果某个组织从事该项目,对方则不能进行干预,以保持该组织在行动中的独立性。故而,可以将协同关系视为一种规范化、制度化的关系,在一定的制度框架下,参与者采取共同决定的行动来实现预期目标。

协同关系是最高、最稳定的制度化安排,它意味着参与各方在一定的制度框架下,形成紧密的相互依存关系,从而实现单个组织难以或无法实现的目标。前面关于农村公共产品治理的分析表明,现阶段中国农村公共产品治理主体单一,这种单一性特征不是说只存在某一种治理主体,而是各种治理组织并存但彼此之间缺乏完善的制度化协调机制。毫无疑问,中国农村公共产品治理中,各种治理组织之间存在合作关系甚至是协作关系。例如在一些道路建设项目中,通过合同外包、BOT等方式引入市场力量,但这些合作通常体现出短期性、不稳定性等特征,也缺乏制度规范,项目完成后,这种关系也就宣告中止。这种短期的政府与市场的合作关系不利于农村公共产品的稳定供给和维护。

---

[15] 关于治理的讨论参见本书第二章第一节。
[16] 同前,台湾中山大学课题组(2010)。

第二节 农村公共产品协同治理模式

每一种治理模式都需要具备一定的条件才能发挥有效作用,并且各类治理模式体现出不同的优势与劣势,因此需要一个能够发挥各自优势的治理结构。结合农村税费改革后中国农村公共治理面临的困境,以及相关理论分析及实践经验,本章提出构建各治理主体之间的协同关系,来作为中国农村公共产品治理的模式,即农村公共产品协同治理模式。

一、协同治理的必要性和可行性

此前,本书已经对农村税费改革后中国农村公共产品治理中面临的主要问题和困境、国内外农村公共产品治理的经验和启示以及治理、协同治理等相关理论作了详细分析。研究表明,现阶段中国农村公共产品治理面临着治理模式单一、供需矛盾突出、民主机制缺位、法制保障不足等问题。农村税费改革也对中国农村公共治理带来明显的影响,农村税费改革以后,面临着基层组织供给能力明显减弱、制度不完善导致供给失衡、现行"一事一议"制度下村级公共产品治理集体合作能力低等难题。相关理论和农村公共产品治理的相关实践经验也告诉我们,农村公共产品治理的确需要多元治理主体的共同努力,单一治理模式难以甚至无法实现农村公共产品的有效供给和管理。

事实上,无论是理论还是实践,包括市场、社群组织和非政府组织在内的各种非政府性治理主体,正在各种公共事务管理中发挥着重要作用。公共管理学家对公共事务进行协同治理的研究和强调,PPP模式、公益信托基金、建设农村社区等形式在全球各地的应用、推广和发展,都为多元治理主体协力进行农村公共产品治理提供了理论和现实依据。正如佩特里克(Petrick,2007)所指出的那样,针对农村公共产品,"问题不在于是否由国家提供公共产品,而在于如何在不同制度安排之间进行互补,尤其是如何将政府、市场和社群的各个层面以最好的方式结合在一起。"[17]这意味着,解决农村公共产品治理的重点在于设计一种合理的制度,这种制度能够将各种治理模式以一种能密切反映当地条件和需求的方式结合在一起

---

[17] M. Petrick, "Why and How Should the Government Finance Public Goods in Rural Areas? A Review of Arguments", in P. M. Schmitz and F. Kuhlmann eds., *Good Governance in der Agrar- und Ernährungswirtschaft*. Münster-Hiltrup:Landwirtschaftsverlag,2007,271-281.

(Gramzow,2009)[18]。

前面对协同关系的分析表明,协同治理为农村公共产品治理提供了一个合理的结构和方案,即在各种农村公共产品治理主体之间建立一种协同关系,这种协同关系建立在各组织通过互动而形成的制度安排之上,能够完成单个治理主体难以甚至无法完成的农村公共产品治理任务。显然,如果能够构建协同治理理念所必须的制度安排,那么协同治理模式就能够有效解决现阶段中国农村公共产品治理存在的问题和面临的困境。

构建一种完善的制度安排并不容易,但却具有可行性。协同关系和协同治理要求的制度化规范和安排,是基于参与各方的谈判、沟通而共同形成的,例如政府与村民组织之间通过协商和沟通构建一种协同关系,以此形成的制度规范,同样具有广泛的民众基础,农村居民可以参与到这种制度的制定和选择之中。这种过程体现出对制度安排的民主决策,前面对以布坎南为代表的公共选择理论的分析中,我们曾提到其关于对规则和制度的选择问题,毫无疑问,协同治理还体现了"选择规则"和"选择制度"这一核心思想,是一个非常有效且可行的治理模式[19]。地方政府、社群、市场、非政府组织可以发挥其各自的治理优势,形成合理的制度规范,而国家层面的制度安排,只需对协同治理提供必要的法制环境和政策保障,并赋予协同治理建立起的制度安排以法律地位。

综上所述,将协同治理应用到中国农村公共产品治理当中,不但具有理论和现实基础,而且也是一个切实可行的模式,对解决中国农村公共产品治理面临的重大难题具有十分重要的意义。因此,本书使用协同治理(Collaborative Governance)来作为中国农村公共产品的治理模式。农村公共产品协同治理,是指通过在政府、市场、社群、非政府组织4种治理主体之间,建立起两方或多方的协同关系,在一个制度化的框架下治理农村公共产品的模式。

二、农村公共产品协同治理的基本形式

理论上,政府、市场、社群和非政府组织4种治理主体,可以形成若干种双边和多边协同关系,这些协同关系可以用一个立体结构模型来表示

---

[18] A. Gramzow, *Rural Development as Provision of Local Public Goods: Theory and Evidence from Poland*. Halle (Saale): Leibniz-Institut für Agrarentwicklung in Mittel-und Osteuropa (IAMO), 2009, p. 162.

[19] 参见本书第二章关于公共选择理论的论述。

(图 9-1)。农村公共产品协同治理,主要是地方政府、社群、非政府组织和市场的两方或多方协同,中央政府可以通过政策、法律的制定和实施,来为协同治理提供法律和制度保障。中央政府还可以通过税收优惠、补贴、财政转移支付等形式来为各种协同治理中的政府、私人组织、社群组织、非政府组织提供一定的支持[20]。同时,中央政府也应负责全国性农村公共产品的治理,在这个治理过程中,它同样可以引入其他组织形式并构建协同关系。在协同治理结构中,两方协同关系较为简单,协调成本较低,容易构建一致的协调机制和规范,并且在中国已经得到了广泛应用,可以作为中国农村公共产品治理的主要协同关系。而三方协同和四方协同结构较为复杂,协调成本较高,要构建完善的协调机制和制度规范较为困难。

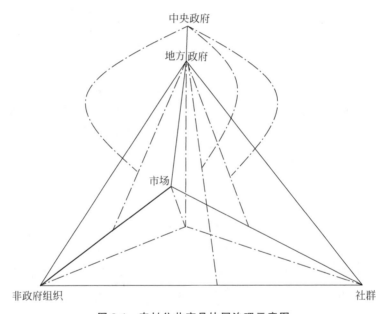

图 9-1 农村公共产品协同治理示意图

(一) 两方协同治理

两个组织构建协同关系较为容易,能够以较小的协调成本来达成一致的行动框架,两方协同也十分容易用于实践。"政府-市场""政府-社群""政府-NGO""社群-市场""社群-NGO"和"NGO-市场"6种两方协同关系中,"政府-市场""政府-社群""社群-NGO"等形式在现实中已经得到了广

---

[20] 关于中央政府与地方政府的以集权还是分权的形式来治理农村公共产品,将在接下来的主导治理模式选择标准中进行讨论。

泛应用。"政府-市场"协同治理模式是常见的两方协同关系,例如 PPP 模式就是"政府-市场"协同治理模式的常见形式之一,而诸如 TOT(转让-运营-转让)、BOT(建设-运营-转让)、DBFO(设计-建设-投资-运营)等项目融资模式则是 PPP 模式更为具体的应用形式。事实上,这些具体应用形式是比 PPP 低一层次的组织整合关系,它们属于一种协作关系层次,而 PPP 属于协同关系层次,更加正式、规范化和制度化。

发达国家十分重视应用 PPP 模式来治理公共产品。例如,英国文书局 2000 年印发的《公私伙伴关系——政府的策略》详细研究了 PPP 模式对英国公共产品治理的重要性和应用价值,认为公私伙伴关系是公共部门和私人部门给予互惠互利建立起来的长期伙伴关系,它包含很多种不同的形式,例如私有制和国有制的相互融合(即应用所有可能形式的结构延伸将私有制形式引入到国有制当中),引入私人融资模式(Private Finance Initiative)和其他制度安排(即公共部门与私人部门签订合同,向私人部门长期购买优质服务,以充分利用私人部门在融资风险管理能力等方面具有的优势),向更广的市场和其他制度形式组织售卖政府服务(即利用私人部门的专长和财力来商业化管理和开发政府资产的商业潜能),等等[21]。美国专门设有公私伙伴关系国家委员会(The National Council for Public-Private Partnerships),专门研究和分析对公私伙伴关系在满足公共产品供给中的应用,例如 2002 年起发布的关于伙伴关系的白皮书中,详细分析了公私伙伴关系在教育设施、水及水污染处理、交通、公共安全、公共公园和设施、国防建设等领域的实践[22]。

"政府-市场"协同治理模式在中国也有十分广泛的应用。例如,PPP 模式(国内学者称为公私合作制)下的 BOT、TOT 等形式在公共基础设施建设中应用广泛,并取得了显著效果。以轨道交通建设领域为例,PPP 模式取得了很多应用经验,并且还根据实际条件,出现了很多具有创新性的做法(唐兴霖、周军,2009)[23]。PPP 模式甚至被认为是除政府、市场、第

---

[21] United Kingdom for the Stationery Office, *Public Private Partnerships: The Government's Approach*. London: Her Majesty' Stationery Office, 2000, p. 10.

[22] The National Council for Public-Private Partnerships, *For the Good of the People: Using PPP to Meet America's Essential Needs-A White Paper on Partnerships*. Washington: the National Council for Public-Private Partnerships, 2002.

[23] 唐兴霖、周军:《公私合作制(PPP)可行性:以城市轨道交通为例的分析》,载《学术研究》,2009(2)。

三部门外公共产品供给的"第四条道路"(唐祥来,2005,2006)[24],更具体的 BOT 模式在农村公共产品治理中也具有很强的优势(洪必纲,2009)[25]。2012 年召开的中国共产党第十八次全国代表大会,强调要加强和创新社会治理,改进政府提供公共服务方式。对此,新一届政府于 2013 年 9 月发布《关于政府向社会力量购买服务的指导意见》(国办发〔2013〕96 号),从国家层面为公共服务领域更多地利用社会力量设定了制度框架。2014 年底,财政部、民政部和工商总局联合出台《政府购买服务管理办法(暂行)》(财综〔2014〕96 号),明确了政府购买公共服务范围、方法、程序以及相关管理机制,这意味着,国家层面引进社会力量参与公共产品供给的基本制度已经成型;2015 年 5 月,国务院发布由财政部、国家发展和改革委员会、中国人民银行联合制定《关于在公共服务领域推广政府和社会资本合作模式指导意见》(国办发〔2015〕42 号),正式在公共服务领域广泛采用政府和社会资本合作模式,随后各地开始出台具体的实施意见,PPP 模式开始在全国广泛应用。

其他类型的两方协同治理,例如"政府-社群"和"社群-NGO"在中国农村公共产品治理实际上也已被大量应用。中国农村村级公共产品治理以社群治理模式(村自治组织)为主,但是政府提供了基本制度框架("一事一议"制度、村民组织制度等),农村税费改革后,政府也专门安排了资金补贴来缓解"一事一议"筹资筹劳面临的资金缺口等困难,这充分说明,中国政府已经发现村级公共产品治理单靠村民自治组织是难以实现预期目标的,政府需要参与到治理过程之中。尽管如此,中国农村公共产品治理中,政府与社群(村民组织)的协同关系还不够完善,尤其是在制度建设、民主决策机制建设方面还没有达到协同治理的标准。"社群-NGO"也是常见的协同治理形式,如中国农业环境保护协会、中国青年志愿者协会等社会公益性组织,一直都在积极开展针对农村村镇的环境保护、教育、扶贫的公益性项目。此外,这些组织还参与到了农村乡村公路的建设当中,例如在贵州,民间扶贫机构参与乡村公路建设就显示出良好的效果(常伟、陈晓辉、苏振华,2009)[26]。"社群-市场"协同治理,可以在一些准公共产品中

---

[24] 唐祥来:《公共产品供给 PPP 模式研究》,载《中国经济问题》,2005(4);唐祥来:《公共产品供给的"第四条道路"——PPP 模式研究》,载《经济经纬》,2006(1)。本书认为,这一说法值得商榷,正如本书分析中所指出的那样,PPP 模式只是协同治理模式的一种形式。

[25] 洪必纲:《我国农村公共产品民营 BOT 供给模式研究》,载《财经理论与实践》,2009(2)。

[26] 常伟、陈晓辉、苏振华:《农村公共产品的非政府供给》,载《华东理工大学学报(社会科学版)》,2009(1)。

得到广泛应用,例如社区内的公共澡堂、建设设施等公益性产品,通过外包的方式由私人组织来经营和管理。

此处不再枚举所有两方协同治理模在中国农村公共产品治理中的应用。总而言之,两方协同治理由于参与组织少,因而构建协同关系所需的协调成本较低,应作为中国农村公共产品协同治理的主要形式,尤其"政府-市场"、"政府-社群"、"社群-NGO"等形式,在国内已经得到广泛应用并取得了宝贵的经验,应在农村公共产品治理中予以推广。"政府-市场"协同治理,可以在农村全国性公共产品和地方纯公共产品治理中发挥重要作用,"政府-社群"和"社群-NGO"协同治理形式则能对村级公共产品的供给和管理中做出重要贡献。

(二) 三方协同治理

三方协同治理具体的可行组合有"政府-社群-市场""政府-社群-NGO""政府-NGO-市场"和"社群-NGO-市场"4 种。三方协同治理结构较为复杂,需要三种不同类型的行动者达成一致协议形成协同关系,这意味着将面临较高的协调成本,要构建一致的行动机制也需要考虑更多的影响因素。尽管如此,三方协同治理同样具有很高的可行性。

"政府-社群-市场"和"政府-社群-NGO"两种治理结构在农村村级公共产品治理中能有效地发挥作用。前面已经指出,"政府-社群"治理结构在村级公共产品治理中已经有一定的应用基础,再引入市场和非政府组织的力量并不困难。例如,目前村级公共项目建设中,政府已经作为重要一方与村民组织一起进行建设,为了壮大实力,完全可以再引入其他非政府组织,解决一部分资金和技术难题。针对具体项目,也可引入市场力量,在公益项目建设过程中通过较低层次的协作关系,将项目外包给私人组织建设,项目建成后,也可以交给私人组织进行运营。例如,社区澡堂和健康设施治理中,社群和政府主要负责建设,建成后可承包给私人进行运营,运营成本由政府或社群集资对私人进行补贴。类似的运作也可以以"社群-NGO-市场"形式的协同治理结构来运作。

总之,尽管三方协同治理结构较为复杂,但仍具有可行性。在具体实践中,可以以"政府-社群""社群-NGO"的协同关系为基础,再与第三方建立较低层次的合作或协作关系,由于与第三方建立合作或协作关系所需要的协调成本较低且无需构建三方参与到长期制度规范,因而短期的三方联合治理可行性很高。多方协同治理结构,能够广泛的利用各种力量,解决大型公共项目中政府和社群难以克服的资源和能力障碍。

(三) 四方协同治理

四方协同治理结构,需要政府、市场、社群和非政府组织4个行动者共同参与,并构建一致的行动制度和规范,这将面临很高的协调成本。因此,要真正实现四方协同是十分困难的。正如前面分析的那样,可以以三方协同为基础,再与第四方建立较低层次的合作或协作关系,围绕某个具体项目实现共同目标。例如,政府、社群和非政府组织都不以索取剩余价值为目的,在保证公平上具有一致目标,因而可以基于政府、社群和NGO构建协同关系,共同承担公共项目的资金筹集、制定行动方案,然后通过更低层次的整合形式,吸纳市场力量参与建设,从而可以发挥市场机制的效率优势。

综上所述,理论与现实分析都表明,无论是政府、市场、社群还是非政府组织进行农村公共产品治理,都体现出各自的优势和劣势,因而局限在讨论依靠哪种模式来独立应对农村公共产品的治理问题,不仅有违"治理"本身蕴含的多元主体和协调、合作的理论思想,也不具有现实意义。在协同治理模式下,可以通过制度化的协调机制来充分实现优势互补,从而提高整体行动效率,解决依靠单一力量不能完成或难以实现最佳效果的治理困境。在长期稳定的协同行动中,需要明确参与各方的权利、责任和利益的分配,分配机制基于组织之间互动而达成的机制来确定。显然,在农村公共产品治理中,必然需要根据不同种类公共产品的特点,再综合考虑各种模式的优势和劣势以及其他重要因素影响,来确定谁是主导者和谁是辅助者。因此,主导者的选择问题,就是针对具体类别的农村公共产品,如何决定不同参与者之间的"主-辅"搭配问题。要解决这个问题,就需要依据一定的选择标准。

三、分类情况下主导治理者的选择标准

根据前文分析并结合其他研究成果,本书认为,在选主导治理模式时,除需考虑来自理论上的刚性约束外,还需考虑公平与效率、分权与集权(即中央政府治理还是地方政府治理)的选择问题。

(一) 刚性约束: 产品公共性

在前文分析中,已经指出了市场、政府、社群、非政府组织4类治理模式发挥有效作用的关键性条件。市场治理发挥作用的根本前提,是存在一种有效地排他性技术,将那些未支付费用、机会主义者和"搭便车者"有效地排除在公共产品的消费之外;政府治理发挥作用的根本前提,是政府是否可以通过有效的方式充分掌握公共的实际需求,这往往要求受益群体具有很高的同质性,并根据公共的实际需求制定出理性的公共产品治理决策

并有效地予以执行;非政府组织也面临着类似的约束,但 NGO 通常能够比政府更好地掌握服务对象的需求偏好,因而其更重要的约束在于其综合供给能力;社群组织由受益者自愿组成并对组织内成员或会员提供公共服务,社群组织的行动决策制定和执行以民主的方式进行(集体行动)。社群治理的有效性也受到很多因素的影响,但其根本问题在于如何提高集体行动的有效性,而影响集体行动有效性的关键因素就是社会资本水平(数量和质量),社会资本水平越高,集体行动的有效性就越高,社群治理的效果越好,反之,则难以采用社群组织来治理公共产品。

现代经济理论一致认为,如果市场能够有效发挥作用,那么通过市场机制来解决问题就是最有效的方式。综合这些条件可以发现,排他性技术是否存在并可行是选择市场还是非市场作为主导治理模式的关键,而产品消费上的排他性与竞争性程度正是划分产品类型的基本标准。库珀、哈特和鲍多克(Cooper,Hart & Baldock,2009)认为,公共产品的非排他性和非竞争性特征受它们的生物物理特征影响,不是存在与否的问题,现实中它们都可以用程度(竞争性程度和排他性程度,竞争性程度也可用消费上的拥挤性来反映,消费的人数越多,拥挤性程度越高)来加以表述,结合在一起即可用公共性(Publicness)来进行综合描述[27]。因此,可以通过产品的公共性来选择主导治理模式。

表 9-2 农村产品的"公共性"程度

低 等	中 等		高 等
私人产品	俱乐部产品	准公共产品	纯公共产品
竞争	非竞争(对小规模社群)	非竞争	非竞争
排他	排他	排他(高成本下)	非排他
竞争且排他	排他,随着使用人数的增加会出现拥挤。	有排他成本(即使技术性排他可行),因此容易出现拥挤。	技术性排他不可行,消费上非竞争性程度很高(有可能出现一定程度上的拥挤)。
例: 小麦 木材	例: 私人公园 农业合作社提供的服务 农业协会提供的服务	例: 公共可进入的农田景观 收费产品	例: 气候 高质量的空气 生物多样性

资料来源:根据 Cooper,Hart & Baldock(2009,p.4)修改[28]。

---

[27] T. Cooper, K. Hart and D. Baldock, *Provision of Public Goods Through Agriculture in the European Union*. Report Prepared for DG Agriculture and Rural Development, London: Institute for European Environmental Policy,2009,p.3.

[28] 同前,Cooper,Hart & Baldock(2009),p.3.

公共性程度极高的纯公共产品,通常无法建立有效的排他性技术,并且体现出完全的非竞争性。对于纯公共产品,由于无法通过有效的技术排除那些"搭便车"的消费者,因而无法由市场作为主导治理主体承担公共产品的供给及管理;由于其完全非竞争性特征,意味着消费人数庞大,因而社群组织的集体行动极易失败,社群组织亦无法成为纯公共产品治理的核心主体;而非政府组织,毕竟由于资金稳定性、自身规模、供给能力等因素限制,通常也无法承担消费人群如此庞大的纯公共产品。因此,政府治理无疑成为农村纯公共产品的主导治理模式,市场、非政府组织和一些本地社群组织只能作为辅助主体,参与到农村纯公共产品的治理之中[29]。

中等程度公共性的产品是农村公共产品的主要构成部分,这些产品又因消费上的拥挤性程度和排他性程度的差异而体现出公共性程度上的差异。一些准公共产品通常能够通过设置一些排他性技术,从而限制消费人群的规模,如一些农村景点、农村公共澡堂、娱乐设施等,可以通过收费等方式来作为排他性技术。因此,这类公共产品的治理在理论上可以由市场治理为主,例如让私人经营公共游泳池、私人组织经营和管理农村景点,等等。也就是说,在理论上,这些公共性程度较纯公共产品低的准公共产品,可以通过私有化来由市场治理,而无需政府直接承担公共产品的生产、供给和管理[30]。

俱乐部产品,根据其概念所体现的含义,就是采用社群治理模式[31]。这类产品的消费对俱乐部或社群成员之外的人具有排他性,而对于组织内成员的消费则具有非竞争性。由于社群组织基于受益者本身的愿望建立,并采用民主决策机制,成员可以广泛参与公共产品的供给和管理,因此能准确地反映各成员对公共产品的需求。在中国农村,存在很多正式的社群组织,例如村委会、农业合作社、农业协会,等等。村由村民构成,并建立村委会,村委会成为所有村民委托的事务执行机构,公共事务由村民大会或村民代表大会进行集体决策,进行本村公共产品的供给和管理,这里的村就形成一个社群组织,可以根据成员的意愿为成员提供公共服务。农业合作社、农业协会等组织,也发挥着类似的作用,为加入合作社或协会的农户提供其他供给主体难以提供的公共服务。故而,属于村一级的公共产品或

---

[29] 农村纯公共产品,还可以分为全国性纯公共产品和地方性纯公共产品(见本书第二章),因而在政府治理农村纯公共产品中,还存在集权与分权的问题,见第三个标准:分权与集权。

[30] 这并不意味着将政府完全置于这类公共产品的治理之外,即使是完全由市场来独立治理,政府也需要通过制定制度、法律、规范来确保这类公共产品供给的基本水平。

[31] 参见本书第二章关于俱乐部产品的定义和分析。

与农户生产生活相关的生产信息、市场销售信息服务等,就应当以社群治理为主,同时引入政府和市场的力量来提高公共产品治理水平。

(二) 效率与公平

刚性约束从理论上可为各类公共产品划定核心治理主体。基于刚性约束来确定公共产品的治理模式,拥有科学的理论基础。例如,政府治理模式的理论基础是福利经济学及其公共产品最优供给理论;新制度经济学侧重于支持市场治理模式;而公共选择理论和社群经济理论则是社群治理模式的理论基础。如果说基于刚性约束来确定公共产品治理模式体现出很强的效率性,那么问题的另一个方面,就是如何保证公平性和由谁来实现公平性。

事实上,除市场以外,政府、社群组织和非政府组织主要优势就在于,它们都不是剩余索取者(Besley & Ghatak,2006)[32],而公民社会组织(包括社群组织和其他非政府组织)本身又兼具效率和公平(江明修,2010)[33]。因此,既要考虑不同的需求,也要考虑协调发展(张林秀、罗仁福、刘承芳和 Scott Rozelle,2005)[34]。如果某些公共产品面临的公平性和福利性问题十分突出,尽管这些产品满足市场治理的基本条件,也不能以市场治理为主导,而应以社群治理、NGO 治理或政府治理为主导。

虽然社群治理兼具了效率与公平,但由于社群治理的受益人群限定为组织内的成员,并且社群规模不能太大(否则集体行动效率会很低),因而公共产品供给水平在社群之间很容易出现差距。由高收入水平成员组成的社群,其公共产品供给水平通常较高,低收入水平成员组成的社群,其公共产品供给水平通常也就较低。在社群内部,也有可能出现不平等情况。有关研究就认为,自发集体行动会使公共产品供给的不平等更加明显,因为社群内的成员也存在收入和财富的差别(Besley & Ghatak,2006)[35]。例如,村集体自助建设的灌溉设施,如果根据出资的高低,出资高的农户可以获得更多的灌溉时间,那么那些富裕的村民当然就可能因为出资高而享受数量更多的、质量更好的灌溉服务。

---

[32] T. Besley and M. Ghatak,"Public Goods and Economic Development",in Abhijit Vinayak Banerjee,Roland Bénabou and Dilip Mookherjee Eds. ,*Understanding Poverty*. Oxford:Oxford University Press,2006,285-302.

[33] 江明修:《全球治理趋势下非营利组织的发展与前瞻》,2010 非营利组织的发展与前沿研讨会会议论文,"中华救助总会""国家图书馆",2010 年 4 月。

[34] 张林秀、罗仁福、刘承芳、Scott Rozelle:《中国农村社区公共物品投资的决定因素分析》,载《经济研究》,2005(11)。

[35] 同前,Besley & Ghatak(2006)。

然而,政府在处理市场和社群组织所面临的那些公平性难题时,却具有无可比拟的优势。政府存在的主要目的,就是为社会提供公平的、优质的公共产品(林挺进,2009;黄立华,2009)[36],以及通过制度、法律等手段来保证公平性,这些都是政府应尽的责任(Aoki & Hayami,2001)[37],政府负担一些为公共产品提供资金支持的责任也是毫无争议的(Besley & Ghatak,2006)[38]。考尔(Kaul,2006)指出,与其他行动者相比,国家(State)至少扮演着4种角色[39]:第一,国家可以对各类公共产品提供支持。至少在民主国度,国家是通过选举和立法过程来整合社会偏好的一种制度,包括对不同人群的公共产品偏好进行整合和统筹反映,而其他行动者主要致力于具体问题的解决;第二,其他行动者往往无法与政府提供公共产品所需资金的能力相竞争,因为政府财力基于强制性的税收,政府的征税特权意味着它拥有可预期的收入流;第三,如果需要,政府可以通过法律和强制的规则来制定和实施其政策和承诺,而其他行动者只能在一定规则下采取行动,它们不得不依赖于国家和国家的监管权力;第四,国家机构可以更好地提供那些难以观察到的产品(例如教育质量),这类产品难以监控、核实和外包给非政府机构,因而非政府机构难以在这些产品供给中发挥作用。所以,政府在保证公共产品供给的公平性方面,拥有其他治理主体难以比拟的能力和资源,在确保公共产品治理的公平性问题上,政府能够也应该发挥主导性作用。

中国公共产品供给的公平性问题,主要体现在发达地区与落后地区之间、城镇与乡村之间的供给水平不平等。具体到农村地区,又进一步体现出相对发达地区(如东部沿海的农村地区、城市周边的农村地区)与落后地区(如西部农村地区、偏远山区)之间供给水平的不平等,以及村与村之间供给水平的不平等(社群治理无法克服的社群间差异)。例如,基于对中国农村村庄广泛调查的研究就发现,本地经济发展水平、村庄财务实力、农民和地方政府激励等对农村公共产品供给有显著影响,而这些因素的趋势和强度在不同地区存在明显的差异(张林秀、罗仁福、刘承芳和Scott

---

[36] 林挺进:《试论市场机制在公共服务领域的适应性》,载《现代管理科学》,2009(3);黄立华:《论农村公共产品供给中的政府责任》,载《吉林大学社会科学学报》,2009(4)。

[37] M. Aoki and Y. Hayami, "Introduction: Communities and markets in economic development", in M. Aoki and Y. Hayami eds., *Communities and Markets in Economic Development*. Oxford: Oxford University Press,2001,pp. XVI. 转引自:同前,Gramzow(2009),p. 53。

[38] 同前,Besley & Ghatak (2006)。

[39] I. Kaul, "Public Goods: A Positive Analysis", in Jean-Philippe Touffut ed., *Advancing Public Goods*. Massachusetts, USA: Edward Elgar Publishing Inc., 2006,16-39.

Rozelle,2005；Sato & Ding,2012)[40]。显然,通过市场、社群或非政府组织来消除这些不平等,实现公共服务水平和公共产品供给水平的均等化是不可能的。例如,当前中国农村基础教育、医疗、社保等类型的公共产品,供给总量和质量都还不足,再加上农村居民收入水平低,一旦将其市场化,社会公平问题将更加突出,甚至引起社会矛盾。对于这些公共产品,尽管可以通过市场机制来治理,但考虑到社会公平,仍应由政府作为公共产品供给和管理的核心主体。因此,对于公平性尤其重要的农村公共产品,应以政府治理为主导模式,在具体层面(例如资金筹集等)引入社会力量作为辅助。

(三) 分权与集权

针对政府治理公共产品的情况,还存在分权(Decentralization)治理和集权(Centralization)治理的选择问题。分权治理是指地方政府作为公共产品的治理主体,而集权治理则是指由中央政府作为公共产品的治理主体。马斯格雷夫(Musgrave,1939)和萨缪尔森(Samuelson,1954)所研究的政府公共收支主要是针对中央政府而言,从而建议通过一个高度集中的方式来进行公共产品治理。而蒂布特(Tiebout,1956)则认为,大多数公共产品都是地方性公共产品,地方层面的公共支出比国家层面的公共支出更能反映当地居民的偏好,并且居民可以通过"用脚投票"的方式来促成公共支出的最优化。由此,公共产品治理中的分权与集权一直备受关注,尤其是很多学者试图验证蒂布特假设的可行性,尤其是公共选择机制问题,因为"用脚投票"作为公共选择机制过于理想化。比斯利和考特(Besley & Coate,2003)设计了一个由地方居民选举代表的立法机构(Legislature)来作为公共选择机制,由此构建模型得出了十分有意义的结论:在集权体制下,地方公共支出成本共享(Sharing)会导致不同区域公民之间的利益冲突;只有当地区同质并且外溢完全的时候,集权才能生产出最优的公共产品供给水平;在地区同质的情况下,当外溢很小时,分权占优势,当外溢很大时,集权占优势;在地区异质的情况下,当外溢较小时,分权继续占优势,当外溢达到最大(完全)时,集权才占优势[41]。

---

[40] 张林秀、罗仁福、刘承芳、Scott Rozelle:《中国农村社区公共物品投资的决定因素分析》,载《经济研究》,2005(11);H. Sato and S. Ding,"Local Public Goods Provision in the Post-agricultural Tax Era in Rural China", *Global COE Hi-Stat Discussion Paper Series*, No. 222, Institute of Economic Research, Hitotsubashi University,2012.

[41] T. Besley and S. Coate,"Centralized versus Decentralized Provision of Local Public Goods: A Political Economy Approach", *Journal of Public Economics*,87(2003),2611-2637.

比斯利和考特的研究结论告诉我们,集权治理只有在地区同质且外溢完全这个非常严格的条件下才能达到最优,无论地区同质与否,在外溢较小时,分权治理都更占优势,地区同质且外溢很大时和地区异质且外溢完全时,集权治理才具有优势。然而,在现实经济中,地区之间往往存在显著的差异,无论是地理区位、经济发展水平还是人民整体素质、文化等各个方面都存在较大差异,地区同质这一条件在现实中显然难以满足。因此,在地区异质的情况下,公共产品外溢完全时,中央政府治理更为有效,当外溢较小时,地方政府治理更为有效,毫无疑问,这一结论具有非常强的现实意义。外溢完全的公共产品,即是指那些全国性的公共产品,每个地区的消费者都可以平等进入并消费这类公共产品,例如国防、全国性骨干交通网络等,这些产品存在很强的跨地区外溢效应,由地方政府治理将是无效的(Besley & Ghatak,2006)[42]。而外溢较小的公共产品,即指那些地方性公共产品,地方性公共产品只提供给地方政府辖区内的居民,因而由地方政府来治理更为有效。

总之,如果由政府作为核心治理主体的农村公共产品,中央政府只应直接承担全国性公共产品的供给和管理,对于那些地方性公共产品,应由地方政府承担。鉴于大多数农村公共产品都是地方性公共产品,因此应着重发挥地方政府在公共产品治理中的作用(即采用分权化的治理方式),中央政府可以通过财政转移支付等方式,来调整和协调地区之间的差异,尽可能地提高地区之间公平性。

四、农村公共产品的分类协同治理

对农村公共产品进行分类,并按照不同类别采用适当的治理模式,有利于提高治理效率。根据前文针对农村公共产品的分类,我们给出了现阶段中国农村主要公共产品的分类治理结构,包括主导治理者、协同治理模式(两方协同)和适宜的多方合作、协作或协同主体(表9-1)。主导治理者依据前述给出的主导治理者选择标准确定。鉴于构建多方协同关系的协调成本较高,因而仅给出可行的两方协同治理模式作为基础,部分公共产品治理可能需要且能够引入更多的治理主体,这些行动者通常更适合以合作或协作的形式参与进来,作为两方协同治理的有效补充,如果实际条件成熟,也可以构建多方协同关系。由于非政府组织往往仅关注某个特殊领域,且由于其资金来源主要依靠社会捐赠等形式,财力较弱且稳定性较差,

---

[42] 同前,Besley & Ghatak(2006)。

因此将 NGO 都作为弹性选择来处理。此外，鉴于分权与集权因素的考虑，将政府分为中央政府和地方政府。

表 9-3 我国农村主要公共产品分类治理结构

主分类	亚分类	主导治理者	协同治理模式	较适宜多方合作或协作或协同者
全国性纯公共产品	行政管理与服务	政府	——	——
	法律、制度及规范建设	中央政府	——	——
	农村基础教育	政府	政府-NGO	——
	基本社会保障	中央政府	——	市场
	全国性公共基础设施	中央政府	政府-市场	
	景观和自然生境（非使用价值）	政府	政府-社群	NGO
	野生动植物保护	政府	政府-社群	NGO
	农业科技研发及推广	政府	政府-市场	社群
	重要的历史文化遗产	中央政府	——	
	农村食品安全	政府		
地方性纯公共产品	防洪、水土保持、生存环境治理	地方政府		社群
	自然资源开发、利用和保护	地方政府		社群
	地域性特色文化遗产（非使用价值）	地方政府	政府-社群	NGO
	有效的地方治理结构	地方政府		
	地方行政管理与服务	地方政府		
	地方性公共基础设施	地方政府	政府-市场	
	农村就业和社会保障	地方政府	政府-市场	NGO
	区域品牌Ⅱ（非产业或企业集群层面）	地方政府	政府-市场	
	良好的投资营商环境	地方政府		
开放式共享资源	景观（对游览者的使用价值）	市场	市场-政府	NGO；社群
	游憩地和公园（对游览者的使用价值）	市场	市场-政府	NGO；社群
共同财产资源	地下水补给	社群	社群-政府	——
	自然生境（使用价值部分）	社群	社群-政府	NGO
	灌溉系统	社群	社群-政府	
	集体资产管理	社群	社群-市场	
俱乐部产品	区域品牌Ⅰ（产业或企业集群层面）	社群	社群-市场	
	农业生产和市场信息咨询	社群	社群-政府	市场
	村级公共基础设施建设及维护	社群	社群-政府	市场；NGO
	村级公共事务管理	社群	社群-政府	市场

续表

主分类	亚 分 类	主导治理者	协同治理模式	较适宜多方合作或协作或协同者
收费产品	文体、康复和娱乐设施	市　场	——	社群；地方政府
	自然生境(使用价值)	市　场	——	地方政府
	特殊情况下需收费的乡村公路、桥梁等	市　场	市场-政府	社群
	农村水、电、气等基础设施建设及维护	市　场	——	政府
	农村通讯、互联网等基础设施建设及维护	市　场	——	政府
	农产品运输和旅客运输服务	市　场	——	地方政府
	老年和残疾人服务中心	市　场	市场-政府	NGO
	农业生产相关职业技能培训	市　场	市场-政府	NGO
	农村金融服务	市　场	——	社群

注：指明"政府"时，表明其既包括中央政府，也包括地方政府；"——"表示不建议通过构建合作、协作或协同关系来引入其他行动者；使用价值包括伴随实际价值而产生的价值和选择价值（保有未来选择使用资源之权利所体现出的价值或所需付出的代价）；非使用价值包括存在价值（确保资源继续存在所体现出的价值或所需付出的代价）和遗赠价值（保有子孙对资源之使用权所体现出的价值或所需付出的代价）。

全国性纯公共产品是指那些外溢性很强或完全外溢、受益人群跨地区的纯公共产品，考虑到公平性原则，农村基础教育、农村基本社会保障（包括提供最基本的生活保障、医疗保障等）也归为全国性纯公共产品一类，一些重要的景观、自然生境或历史文化遗产的保护（例如国家级自然保护区等），也作为全国性纯公共产品。全国性纯公共产品的治理主要由中央政府负责，但有些类别往往不能由中央政府直接管理，而是通过地方政府来具体执行，可以由中央政府授权地方政府管理，治理经费和制度安排主要由中央政府承担（例如一些国家重点保护的生态、野生动物保护区的管理）。一些公共产品，需要中央政府和地方政府共同完成（表中以"政府"表示），例如农村基础教育和基本社会保障，其成本可以根据地方政府财力进行分配权责，不足部分由中央政府补充，以确保基础教育和社会保障在全国范围内的公平性，同时非政府组织通过志愿服务机制参与进来。中央政府尤其要承担法律和制度建设，为农村公共产品治理提供法制保障。

地方性纯公共产品的治理以地方政府为主导治理者。对于基础设施建设，可以与市场建立协同（如 PPP 模式）关系，积极发挥市场机制的效率优势。中国农村仍有较大数量的剩余劳动力,每年都有大量的劳动力外出务工,成为农村地区居民脱贫致富、提高农民收入的重要路径。本书认为,发展农村就业事业应作为地方政府公共服务的重要内容,例如建立农民外出务工服务中心,与企业、个人(如本地"包工头")或其他就业服务机构建立合作机制,成为劳动力需求者与供给者之间沟通联系的桥梁,这有利于保护外出务工农民的利益。当然,政府也可以将这类服务机构授权给非政府组织或市场主体来运营,但政府必须承担"兜底"责任。非使用价值部分的地域性特色文化遗产,例如一些少数民族地区特有的少数民族文化及相关产品,地方政府应作为主导力量,与社群一起协同进行管理和发展。地方性自然资源是自然赋予当地的天然财富,应在地方政府的主导下进行合理开发利用和保护,开发利用和保护工作涉及当地居民利益,因而可以与当地社群组织(包括村民自治组织等正式的和民族群落等非正式的社群组织)建立紧密的关系,以提高行动效率。

共同财产资源和俱乐部产品的特征,决定了社群是主导治理者,但社群组织力量相对较弱,例如中国村级公共产品,仅依靠村民筹资筹劳难以满足村级公共项目建设,因而政府应提供长期稳定的扶持政策,与社群协同治理。某些公共产品,如产业和企业集群层面的区域品牌(例如生产企业不唯一的地理标志产品),可由当地利益相关者自组团体进行保护和管理。农业生产和市场信息咨询,主要由农业生产者协会或农业合作社等类型的社群组织负责治理,协会或合作社可与地方政府进行联合,协会和合作社发挥其能充分掌握农民需求之优势,政府发挥信息收集、技术推广方面的优势,协同进行供给和管理。

开放式共享资源,例如景观和风景区(对游览者的使用价值部分)、游憩地和公园(对游览者的使用价值部分),可由政府和市场协同治理。事实上,国内几乎所有景点和风景名胜区都采用政府和市场协同的模式,但是监管不力导致景区经营者过度追逐短期利益,而忽略了风景名胜区的可持续发展,因此当地政府在监督管理中应发挥更大的作用。收费产品由于可以通过收费作为排他性技术条件,因而应由市场主导治理。部分涉及社会公平和社会福利的产品,例如农民生产技能教育和培训,政府应与市场建立长期协同关系,也可通过补贴生产者或消费者的方式进行适度支持。

上述对农村主要公共产品的治理进行了分类讨论,并给出了可行的协同治理结构。需要指出的是,协同治理模式应遵循弹性原则,由于大部分公共产品是地方性纯公共产品或准公共产品,因此不宜"一刀切"地从国家层面设计协同治理结构,应该根据本地实际情况来构建合理的协同关系。社群治理的作用需要予以更多的重视，通过完善相关机制提高社群治理的有效性，尤其是村级公共产品，适宜构建社群与政府协同的治理结构，并引入其他社会力量，来共同实现治理目标，单靠社群自助力量，难以实现农村公共产品的最优供给，这也是农村税费改革后中国农村公共产品治理面临的主要困境。总而言之，农村公共产品治理要充分发挥地方政府和社群组织的作用，适当引入市场和非政府组织的力量。

第三节　农村公共产品协同治理的机制保障

本书较全面地分析了农村公共产品治理理论、中国农村公共产品治理的历史、现状和趋势，并指出了现阶段农村公共产品治理存在的问题和面临的困境，同时也深入研究了国内外农村公共产品治理的经验和各种治理模式的有效性和适应性，最终提出了农村公共产品协同治理模式。为充分发挥协同治理的作用，进而有效解决中国农村公共产品治理面临的主要问题和困境，还需重视制度和机制的建设和完善，为农村公共产品协同治理提供必要的制度和政策保障。

一、构建农村公共产品协同治理的制度框架

事实上，本书提出的农村公共产品协同治理模式，其本身就蕴含着丰富的政策含义：

第一，农村公共产品协同治理意味着多元主体参与治理。研究表明，单一治理主体难以解决农村公共产品治理面临的问题和困境，需要政府、社群、市场、非政府组织4种组织形式的行动者共同参与到公共产品的治理之中，通过互动实现各种治理主体的优势互补。

第二，农村公共产品协同治理意味着农村公共产品的分类供给。农村公共产品可以划分多种类别，各类公共产品具有不同的特征。同时，治理主体也可以划分为不同类型且不同治理主体亦具有各自的特点和优势。因此，需要综合考虑农村公共产品和治理主体的特征，针对不同类别的农村公共产品应采用不同类型的治理结构。

第三，农村公共产品协同治理意味着整合社会各种资源。协同治理模式是通过在不同组织之间构建协同关系，协同关系是一种正式的、长期而稳定的、制度化的高级组织整合形式。为了实现共同目标，需要共同制定行动方案，并且共享信息和资源，共同履行承诺，共同承担责任和风险。因此，一旦建立协同关系，各种参与者的资源将被集中在一起进

行合理分配。

第四,农村公共产品协同治理意味着需要清晰的权责划分。协同治理涉及中央政府、地方政府、市场、社群、非政府组织等多个主体的共同参与,但各种主体又有主要着力点。例如,中央政府主要负责制度建设和全国性公共产品,地方政府主要负责地方性纯公共产品,社群组织主要负责俱乐部产品,而市场主要负责收费产品。因此,不但要明确中央政府和地方政府的财权、事权,还要明确不同公共产品治理中哪个主体发挥主导作用。

第五,农村公共产品协同治理意味着制度或规则的建设或选择。协同治理本身就是一种制度形式,它需要参与各方共同制定合意的规则和框架。同时,协同治理模式表现出多种组合形式,针对不同的农村公共产品,具体采用何种形式,需要根据实际情况进行选择。从这个角度来讲,农村公共产品协同治理不但意味着制度或规则的建设,还意味着制度或规则的选择,这也体现了新制度经济学和公共选择理论的相关观点。

综上所述,要充分发挥农村公共产品协同治理的作用,需要建设和完善相关制度和规则,中央政府应该制定协同治理的总体制度框架,在此框架下,地方政府、市场、社群、非政府组织等行动者根据实际情况,通过协商、谈判等方式构建共同行动的规则和框架。

二、优化农村公共产品供给的融资体制

公共产品的生产和供给,往往面临着资源短缺问题,这是导致中国农村公共产品供给不足的关键原因。农村税费改革后,农村基层政府和村民自治组织收入下降,导致供给能力明显减弱,而"一事一议"筹资酬劳又面临着很多困境,难以足额筹集公共项目建设所需的资源。因此,需要进一步优化和完善中国农村公共产品供给的资金筹集体制。农村公共产品协同治理模式下,公共产品供给所需资源来源渠道扩大,充分调动了社群(包括成员个体)、市场和非政府组织等社会资源。但是,农村居民收入水平低,市场主体追逐利益最大化,非政府组织资金实力有限且稳定性较差。在这种情况下,拥有稳定而可预期收入的政府,就需要在农村公共产品建设所需资源筹集中发挥重要作用,并通过各种优惠扶持政策为相关参与者创造良好的投融资环境。

第一,加大对农村基层政府的财政转移支付。分析表明,农村税费改革对农村基层政府的财政实力带来了显著影响,农村税费改革后,农村基层政府实力明显减弱,从而导致其公共产品供给能力降低。因此,上级

政府应进一步加大对农村基层政府的财政转移支付力度,提高其公共服务能力。同时,应加快农村财政体制改革,扩大公共财政的覆盖广度和深度。

第二,加大对农村社群组织的财政支持力度,培育更多的农村社群组织。农村税费改革同样给农村村民自治组织公共项目建设和公共服务能力带来了负面影响。农村税费改革后,村级公共产品供给主要由村民自治组织负责,甚至很长一段时期内公共项目建设和服务资源完全依靠村民自己筹集,导致村级公共产品供需矛盾恶化。目前,一些地方政府已开始对村民自治组织进行财政补贴,一定程度上缓解了资金困境,但仍然需要进一步加大财政扶持力度,尤其是要加大对经济实力较弱地区村民自治组织的支持力度。此外,政府还应大力扶持农业协会、农业合作社等形式的农村社群组织的发展,提高他们在专业领域(如农业生产和市场信息服务)的服务能力。此外,还应培育更多类型的农村社群组织,并发挥它们为组织成员提供公共服务的作用。

第三,通过优惠政策调动私人组织的积极性。与政府、社群组织和非政府组织不同,市场主体以追求利润最大化为目标,这意味着对于大多数公共产品来说,资金实力雄厚的大型私人企业参与积极性不高,而中小企同样面临着资金筹集难题。因此,应该制定可行的政策优惠措施,例如对参与农村公共产品项目建设的各类企业提供税收优惠或贷款利息补贴,提高其参与积极性。

第四,大力发展农村微型金融服务机构。理论与实践经验都表明,微型金融机构对促进农村经济社会发展有显著作用,它可以在农村公共产品治理中直接或间接地发挥作用。例如,为一些公共产品项目贷款,为农业生产提供融资进而提高农民收入水平,都有利于农村公共产品供给所需资金的筹集。

第五,努力提高农村居民的收入水平。由于村级公共产品治理所需资源以"一事一议"筹资酬劳的方式筹集,大部分负担最终转嫁到农民身上,进而村级公共产品供给很大程度上受农民收入水平的制约。因此,提高农村居民收入水平,有利于提高社群组织自助供给公共产品的能力。

三、完善需求表达机制及民主决策机制

需求表达机制和民主决策机制不完善是当前中国农村公共产品治理面临的主要问题之一。随着村民自治组织、农业合作社、农业协会等农村

社群组织及其制度的发展和完善,为农村居民表达需求提供了有效渠道。但是,受农民文化素质、基层公权扩展导致的漠视等因素影响,一方面农民表达自身需求的意识不足,理性和有效表达能力有限;另一方面基层组织又常常因为追求政绩或受限于财政困难而采用漠视的态度,从而使得农村居民的切实需求难以在公共政策中得到充分反映(任勤,2007)[43]。因此,需要努力通过提高农村居民自身文化素质、提高基层组织尤其是基层政府的责任感、加强实地调查研究等方式,充分掌握居民对公共产品的需求,并尽可能地体现在相关行动中。

民主决策是实现需求有效表达的关键。农村税费改革建立起的"一事一议"制度,强化了村级公共产品治理的民主决策基础,但正如前面分析中所指出的那样,现阶段"一事一议"制度在实施中面临很多困境,制度设计还需进一步完善。针对村民大会或村民代表大会召开难问题,可以推广成都创新的"村民议事会"制度,提高村民参事议事的可行性。在有条件的地区,要继续强化"三个集中"策略,农村居民居住分散是影响村民大会召开的因素之一,提高集中居住程度,有利于民主决策会议的召开,同时也有利于统筹城乡公共产品治理;针对集体行动困境,应大力提高农村社会资本水平(包括存量和质量),重振社会资本在乡村治理中的作用,尤其是充分发挥家族力量、乡村精英(包括村民组织领导人、致富带头人、受村民尊敬之人等影响力较大的人群)在促进集体行动中的作用。当然,同时也要防止这些势力形成利益团体,损害村民利益。

四、完善监督机制和惩戒机制

对于社群组织来说,民主治理机制能有效地对决策及其实施情况进行监督,也能对一些违背集体行动规则的人作出相应惩罚。但由于社群组织通常规模较小,所以也容易出现利益团体绑架民主的情况,因而需要加强政府的监督和管理,并制定相应的奖惩措施。例如,可以通过多方利益主体共建监督委员会,提高监督能力,通过对优秀组织提供一定的奖补、评优,对利益集团、腐败、违规等行为进行警告、通报或经济处罚等措施,促进各种社群组织提高治理水平。对于以市场为主导的治理结构,要充分发挥社会公众的监督能力。协同治理模式下,参与各方可共同制定监督、奖惩措施,并纳入共同行动协议中,从而弥补单一主体自我监督和奖惩机制失

---

[43] 任勤:《完善和创新农村公共产品的需求表达机制与决策机制》,载《福建论坛(人文社会科学版)》,2007(9)。

效带来的风险。监督中还应重视引入协同关系之外的组织或个人参与监督管理。例如政府与社群协同治理某个社区的环境问题，可以引进专业的非政府组织或相关社会人士参与监督和评估，避免"自己监督自己"导致的监督失灵。总之，应明确各级政府及各参与者的权利和责任，构建多方参与的监督机制和奖惩办法，并纳入协同治理的制度框架。

参 考 文 献

一、中文部分

《宏观经济研究》"农村税费改革研究"课题组:《取消农业税改征增值税——农村税费改革的思考》,载《宏观经济研究》,2003(7)。
A.C.庇古:《福利经济学》,朱泱、张胜纪、吴良健译,北京,商务印书馆,2006。
C.V.布朗、P.M.杰克逊:《公共部门经济学》(第四版),张馨主译,北京,中国人民大学出版社,2000。
E.C.萨瓦斯:《民营化与公私部门的伙伴关系》,周志忍等译,北京,中国人民大学出版社,2002。
R.科斯、A.阿尔钦、D.诺斯等著:《财产权利与制度变迁——产权学派与新制度学派译文集》,刘守英等译,上海,上海三联书店、上海人民出版社,1994。
Y.巴泽尔:《产权的经济学分析》,费方域、段毅才译,上海:上海三联书店、上海人民出版社,1997。
埃里克·弗鲁博顿、鲁道夫·芮切特:《新制度经济学——一个交易费用分析范式》,姜建强、罗长远译,上海,上海三联书店、上海人民出版社,2006。
安东尼·B.阿特金森、约瑟夫·E.斯蒂格利茨:《公共经济学》,蔡江南、许斌、邹华明译,上海,上海三联书店,1992。
白玉芹、石仲仁:《走出农村税费改革的认识误区》,载《河北日报》,2003-05-13。
保罗·萨缪尔森、威廉·诺德豪斯:《经济学》(第18版),萧琛主译,北京,人民邮电出版社,2008。
财政部财政科学研究所课题组:《从绩效出发确保农村公共产品高效供给》,载《经济研究参考》,2008(38)。
财政部农业司"公共财政覆盖农村问题研究"课题组:《公共财政覆盖农村问题研究报告》,载《农业经济问题》,2004(7)。
蔡纯一:《转型期农村公共产品供给的政策设计》,载《商业研究》,2003(11)。
蔡岚、潘华山:《合作治理——解决区域合作问题的新思路》,载《公共管理研究(年刊)》,2010。
常敏:《农村公共产品集体自愿供给的特性和影响因素分析——基于浙江省农村调研数据的实证研究》,载《国家行政学院学报》,2010(3)。
常伟、陈晓辉、苏振华:《农村公共产品的非政府供给》,载《华东理工大学学报(社会科学版)》,2009(1)。
陈栋:《区域产品的内涵及其价值》,载《光明日报(理论周刊)》,2010-01-12。
陈光焱:《论农村税费改革的定律约束和取向选择》,载《财政研究》,2002(8)。
陈红太:《成都市新型村级治理机制调研报告》,成都统筹城乡发展综合配套改革专题研究之五,2011-01-28,财新网:http://economy.caixin.com/2011-01-28/100222343.html。
陈强:《高级计量经济学及 Stata 应用》,北京,高等教育出版社,2010。
陈秋珍、John Sumelius:《国内外农业多功能性研究文献综述》,载《中国农村观察》,2007(3)。
陈潭、刘建义:《集体行动、利益博弈与村庄公共治理——岳村公共物品的供给困境及其实践逻辑》,载《公共管理学报》,2010(3)。
陈潭、刘建义:《农村公共服务的自主供给困境及其治理路径》,载《南京农业大学学报(社会科学版)》,2011(3)。
陈涛:《国际税收竞争与公共产品提供》,《税务与经济》,2003(1)。
陈先森:《亲历安徽农村税费改革(上)》,载《党史纵览》,2011(10)。
陈艺:《村级治理机制创新的实验探索——四川省成都市"村民议事会"调查》,载《农村经济》,2012(10)。
陈永新:《中国农村公共产品供给制度的创新》,载《四川大学学报(哲学社会科学版)》,2005(1)。
陈建元:《变迁的公共财理论与都市治理结构——从新古典到新制度经济学之引介》,载《地理学报》,2010(58)。
陈善翔:《建构 NPO 法制环境作为积极的文化资产保存策略》,台湾,高雄大学都市发展与建筑研究所硕士论文,2005。
成都市社会科学院"成都市村级公共服务和社会管理运行状况调查"课题组:《成都市村级公共服务和社会管理运行状况调查报告》,成都,成都市社会科学院,2010。
程又中、陈伟东:《国家与农民:公共产品供给角色与功能定位》,载《华中师范大学学报(人文社会科学版)》,2006(3)。
褚朝新、涂重航:《瓦窑村民 我的地我做主》,载《新京报》,2011-03-06。
崔宝玉、张忠根:《农村公共产品农户供给行为的影响因素分析——机遇嵌入性社会结构的理论分析框架》,载《南京农业大学学报(社会科学版)》,2009(1)。
大卫·N.海曼:《公共财政:现代理论在政策中的应用》(第六版),章彤译,北京,中国财政经济出版社,2001。
丹尼斯·C.缪勒:《公共选择理论》,杨春学等译,北京,中国社会科学出版社,1999。
邓瑶:《农业公共服务的三螺旋模型——政府、产业与农民合作社互动关系分析》,载《农村经济》,2010(4)。
邓友兴、刘青海:《我国西部地区农村公共产品供给效率实证研究——以贵州省为例》,载《新疆财经》,2010(3)。
董明涛、孙钰:《农村公共产品多元合作供给效应实证研究》,载《江西财经大学学报》,2011(3)。
段一:《公共产品边界》,载《当代财经》,2003(11)。
樊纲:《论公共收支的新规范——我国乡镇"非规范收入"若干个案的研究与思考》,载《经济研究》,1995(6)。
方文龙、黄志坚:《社会主义和谐农村建设与社会资本作用研究》,载《农业经济》,2010(1)。
丰存斌:《论农村公共物品供给体系多元化与第三部门参与》,载《福建论坛(人文社会科学版)》,2011(5)。

傅晨:《合作经济制度的传统与变迁》,载《中国合作经济》,2004(11)。
傅勇:《财政分权、政府治理与非经济性公共物品供给》,载《经济研究》,2010(8)。
高鉴国、高功敬:《中国农村公共品的社区供给:制度变迁与结构互动》,载《社会科学》,2008(3)。
高军:《从我国农村税费改革看乡镇政府公共产品的供给》,北京,中央编译出版社,2004。
高培勇:《公共经济学》,北京,中国人民大学出版社,2004。
高兴武:《论服务型政府公共产品的供给》,载《广西民族学院学报》,2006(3)。
郭庆旺、赵志耘:《"公共财政论"再质疑》,《财政研究》,1999(12)。
哈尔·R.范里安:《微观经济学:现代观点》(第七版),费方域等译,上海,格致出版社、上海三联书店、上海人民出版社,2009。
哈维·S.罗森:《财政学(第六版)》,赵志耘译,北京,中国人民大学出版社,2003。
韩淑明:《山东省潍坊市农村合作经济组织发展状况考察》,载《中国农村经济》,2008(7)。
韩长赋:《减轻农民负担必须坚持标本兼治——农村税费改革历程回顾》,载《人民论坛》,2011(6)。
何乘材:《农村公共产品、农民国民待遇与农业发展》,载《中央财经大学学报》,2002(11)。
贺雪峰:《农民负担与乡村治理——湖北黛村调查》,载《管理世界》,2000(6)。
贺雪峰:《新乡土中国》,桂林,广西师范大学出版社,2003。
洪必纲:《我国农村公共产品民营BOT供给模式研究》,载《财经理论与实践》,2009(2)。
侯江红:《农村公共产品的供求矛盾与财政支农的政策取向》,载《经济问题探索》,2002(1)。
侯石安:《财政农业投入政策研究》,北京,中国财政经济出版社,2002。
胡家勇:《公共品供给分析》,载《中南财经政法大学学报》,1996(2)。
胡鸣铎、牟永福:《农村集体公益事业的"一事一议"制度探讨——从村民参与的角度》,载《理论探讨》,2010(4)。
胡鸣铎、牟永福:《取消农业税后农村公共物品供给的变化及其对策——以河北省农村贫困地区乡镇为例》,载《河北学刊》,2010(4)。
胡拓坪:《乡镇公共产品的供求矛盾探析》,载《农业经济问题》,2001(7)。
许世雨:《第二部门对于环境信托之参与及展望》,载《2011年台湾公共行政与公共事务系所联合会年会暨国际学术研讨会D1场次论文集》,台湾,台湾公共行政与公共事务系所联合会,2011。
黄剑宇:《社会资本视角下的农村公共产品供给》,载《内蒙古农业大学学报(社会科学版)》,2007(3)。
黄立华:《论农村公共产品供给中的政府责任》,载《吉林大学社会科学学报》,2009(4)。
黄佩华:《财政改革和省级以下的财政》,载《经济社会体制比较》,1994(5)。
黄少安:《制度经济学实质上就是关于产权的经济学》,载《经济纵横》,2010(9)。
黄有光:《福利经济学》,周建明等译,北京,中国友谊出版公司,1991。
黄云生、路征:《"增值农业"发展模式:国外经验及启示》,载《乡镇经济》,2009(3)。

黄占国：《公共产品短缺是"三农"问题的主要原因》，载《甘肃农业》，2004(7)。
黄志冲：《农村公共产品供给机制创新研究》，载《现代经济探讨》，2000(10)。
加布里埃尔. A. 阿尔蒙德等著：《比较政治学：体系、过程和政策》，曹沛霖等译，上海，上海译文出版社，1987。
加雷斯·D. 迈尔斯：《公共经济学》，匡小平译，北京，中国人民大学出版社，2001。
嘉蓉梅、肖德均：《农村公共产品短缺的制度制约及对策探讨》，载《天府新论》，2004(5)。
贾康、孙洁：《农村公共产品与服务提供机制的研究》，载《管理世界》，2006(12)。
贾明德等著：《社会变迁中的治民与民治》，西安，西北大学出版社，2003。
江明修：《全球治理趋势下非营利组织的发展与前瞻》，载《2010非营利组织的发展与前沿研讨会会议论文》，台湾，"中华救助总会""国家图书馆"，2010。
江孝感、魏峰、蒋尚华：《我国财政转移支付的适度规模控制》，载《管理世界》，1999(3)。
姜佳英：《新公共管理视域下政府执行力提升研究》，载《北京航空航天大学学报(社会科学版)》，2012(2)。
杰佛瑞·布伦南、詹姆斯·M. 布坎南：《宪政经济学》，冯克利、秋风、王代、戴志梅译，北京，中国社会科学出版社，2004。
匡远配、汪三贵：《日本农村公共产品供给特点及对我国的启示》，载《日本研究》，2005(4)。
拉本德拉·贾：《现代公共经济学》，方敏等译，北京，中国青年出版社，2004。
蓝建：《泰国农村的非正规高等教育》，载《中国教育报》，2007-04-09。
李彬：《乡镇公共物品制度外供给分析》，北京，中国社会科学出版社，2004。
李秉龙、张立承、曹暕：《中国贫困地区县乡财政不平衡对农村公共物品供给影响程度研究》，载《中国农村观察》，2003(1)。
李承嘉、方怡茹、廖本全、王玉真、蓝逸之：《台湾农地功能之研究：一般民众与农民态度及空间差异的比较》，载《台湾土地研究》，2011(1)。
李承嘉、廖丽敏、陈怡婷、王玉真、蓝逸之：《多功能农业体制下的农地功能与使用方案选择》，载《台湾土地研究》，2009(2)。
李凡主编：《中国基层民主发展报告》，西安，西北大学出版社，2003。
李俊瑛：《我国环保非政府组织的兴起及其发展》，载《环境教育》，2006(10)。
李秋静：《保育与发展之均衡策略——英国国民环境信托简介》，载《台湾经济研究月刊》，1998(5)。
李秋静：《以国民环境信托进行自然保育之制度探讨》，台湾，东华大学自然资源管理研究所硕士论文，1997。
李小云、左停等主编：《中国农村情况报告》，北京，社会科学文献出版社，2004。
李燕凌、曾福生、匡远配：《农村公共品供给管理国际经验借鉴》，载《世界农业》，2007(9)。
李燕凌、曾福生：《农村公共支出效果的理论与实证研究》，载《中国农村经济》，2006(8)。
李亦亮：《产业集群与企业集群概念辨析》，载《商业时代》，2007(14)。
李英哲：《中国农村公共产品供给不足的实证分析及建议》，载《财政研究》，2009(2)。
李忠民：《人力资本——一个理论框架及其对中国一些问题的解释》，北京，经济科学出版社,1999。

廖红丰、尹效良:《农村公共产品供给的国际经验借鉴与对策建议》,载《现代经济探讨》,2006(2)。

林家荣:《WTO新回合谈判有关农业多功能性之争议》,载《2005水稻农业多样性机能研讨会会议论文》,2005年5月25日,台湾·台中。

林聚任、刘翠霞:《山东农村社会资本状况调查》,载《开放时代》,2005(4)。

林秋芳:《环境信托理念应用于台湾私有林地经营管理之研究——以龙崎乡为例》,台湾,成功大学都市计划研究所硕士学位论文,2005。

林挺进:《试论市场机制在公共服务领域的适应性》,载《现代管理科学》,2009(3)。

林万龙:《农村公共产品多元化供给模式与政策影响因素:基于实证调研的总结》,载《中国农业经济评论》,2007(3)。

林万龙:《乡村社区公共产品的制度外筹资:历史、现状及改革》,载《中国农村经济》,2002(7)。

林万龙:《中国农村公共服务供求的结构性失衡:表现及成因》,载《管理世界》,2007(9)。

林正陆:《运用国民信托从事乡村自然环境之保存与管理——以福宝生态园区为例》,台湾,台湾大学资源管理研究所硕士论文,2004。

刘兵:《公共风险与农村公共产品供给:另一个角度看农民增收》,载《农业经济问题》,2004(5)。

刘福海:《谈农村三种合作经济》,载《农业经济问题》,2000(2)。

刘复兴:《教育券制度的政治学分析——以浙江省长兴县的教育券改革为例》,载《教育发展研究》,2003(9)。

刘汉屏、刘锡田:《地方政府竞争:分权、公共物品与制度创新》,载《改革》,2003(6)。

刘浩淼、张林秀、罗斯高、白罗文:《税费改革对乡镇财政状况的影响分析——全国5省50个乡镇的实证研究报告》,载《管理世界》,2007(5)。

刘鸿渊:《农村税费改革与农村公共产品供给机制》,载《求实》,2004(2)。

刘华蓉、张滢:《我国教师队伍整体素质不断提高》,载《中国教育报》,2011-09-07。

刘建平、龚东生:《税费改革后农村公共产品供给的多中心体制探讨》,载《中国行政管理》,2005(7)。

刘建平、龚东生:《乡村公共产品供给:"一事一议"的效率与完善》,载《华东科技大学学报(社会科学版)》,2007(2)。

刘建平、何建军、刘文高:《农业税取消后农村公共品供给能力下降的现象及对策分析——基于湖北省部分地区的调查》,载《中国行政管理》,2006(5)。

刘建平、刘文高:《农村公共产品的项目式供给:基于社会资本的视角》,载《中国行政管理》,2007(1)。

刘鲁风:《安徽农村税费改革:解决"三农"问题的实践与探索》,载《中国农村经济》,2002(9)。

刘世定:《乡镇财政收入结构和运行分析》,载马戎、王汉生、邱泽奇编:《中国乡镇组织变迁研究》,北京,华夏出版社,2000。

刘嗣明、石龙:《"后农业税时代"农村公共产品供给问题的研究综述》,载《社会主义研究》,2007(3)。

刘文勇、吴显亮、乔春阳:《我国农村公共产品供给效率的实证分析》,载《贵州财经学院学报》,2008(5)。

刘霞、娄爱花:《农村公共产品供给绩效评价体系构建问题研究》,载《西安邮电学院学报》,2010(4)。

刘运峰:《农民增收过程中的政府作为》,载《财政研究》,2003(2)。

刘志广:《新制度经济学:修正还是革命》,载《学术月刊》,2011(5)。

龙花楼、胡智超、邹健:《英国乡村发展政策演变及启示》,载《地理研究》,2010(8)。

卢洪友、刘京焕:《地方性公共品供给制度创新研究》,载《中南财经政法大学学报》,2003(4)。

卢洪友:《"一品两制"的经济分析——兼论公共品成本分摊与收益分享的社会公平》,载《财经问题研究》,2004(10)。

卢鸿鹏:《农村公共产品的供给机制研究》,载《安徽农业科学》,2003(6)。

路征、邓翔、廖祖君:《社群经济:一个农村发展的新理念》,载《四川大学学报(哲学社会科学版)》,2017(1)。

路征、邓翔:《基于主导组织类型的社群经济类型划分研究》,载《中国第三部门研究》,2018(1)。

路征、李睿:《产业视角下的社群经济类型划分研究》,载《农村经济》,2017(9)。

路征、鲜永一、张义方:《村民视角下村级公共服务制度创新的效果分析——以成都市村民议事会制度为例》,载《农业现代化研究》,2016(1)。

路征、余子楠、朱海华:《社群经济视角下我国农民专业合作社融资问题研究》,载《农村经济》,2018(7)。

路征、张义方、邓翔:《基于社群经济的农村公共产品供给:泰国经验分析》,《东南亚研究》,2013(6)。

罗宾·W.鲍德威、大卫·E.威迪逊:《公共部门经济学》(第二版),邓力平主译,北京,中国人民大学出版社,2000。

罗伯特 D·帕特南:《使民主转起来——现代意大利的公民传统》,王列、赖海榕译,南昌,江西人民出版社,2001。

罗纳德·C.费雪:《州和地方财政学》,吴俊培总译,北京,中国人民大学出版社,2000。

罗伊·巴尔、约翰尼斯·林:《发展中国家城市财政学》,陈开元、杨君昌主译,北京,中国财政经济出版社,1995。

罗中枢:《成都市村级公共服务和社会管理调研报告》,成都,四川大学成都科学发展研究院,2010。

吕恒立:《试论公共产品的私人供给》,载《天津师范大学学报(社会科学版)》,2002(3)。

马宝成:《税费改革、"一事一议"与村级治理的困境》,载《中国行政管理》,2003(9)。

马广海、宋棠:《农村税费改革的社会影响——从基层国家建设角度的分析》,载《山东社会科学》,2008(12)。

马良灿:《农村社区内生性组织及其"内卷化"问题探究》,载《中国农村观察》,2012(6)。

马戎、王汉生、刘世定主编:《中国乡镇企业的发展历史与运行机制》,北京,北京大学出版社,1994。

马晓河、方松海:《我国农村公共品的供给现状、问题与对策》,载《农业经济问题》,2005(4)。

马艳:《我国农村新型合作经济组织理论探讨》,载《上海财经大学学报》,2006(5)。

曼瑟尔·奥尔森:《集体行动的逻辑》,陈郁、郭宇峰、李崇新译,上海,上海三联书店、上海人民出版社,1995。

苗月霞:《农村家族势力与村民自治运作绩效的社会资本研究》,载《广西社会科学》,2007(2)。

苗月霞:《中国农村社会资本状况及其对村民自治运作绩效的影响》,载《社会主义研究》,2005(1)。

宁静、陆慧琼、付羽:《农村税费改革对中国基层政府职能行使的影响——对湖南省H市乡镇财政的实证研究》,载《河北学刊》,2007(5)。

"农村地区公共产品筹资方式研究"课题组:《农村地区公共产品筹资:制度转型与政策建议》,载《中国农村观察》,2005(3)。

彭运锋:《泰国基础教育现状》,载《基础教育研究》,2008(5)。

秦晖:《"NGO反对WTO"的社会历史背景——全球化进程与入世后的中国第三部门》,载《探索与争鸣》,2007(5)。

秦晖:《农民中国:历史反思与现实选择》,郑州,河南人民出版社,2003。

勤快、朱国华、高洁:《农村医疗卫生体系建设中非政府组织研究——以安徽省阜阳市为例》,载《全国商情·经济理论研究》,2009(16)。

清华大学社会学系课题组:《村级公共服务与社会管理相互促进的成都模式》,成都统筹城乡发展综合配套改革专题研究之三,2011-01-29,财新网:http://economy.caixin.com/2011-01-29/100222474.html。

任勤:《完善和创新农村公共产品的需求表达机制与决策机制》,载《福建论坛(人文社会科学版)》,2007(9)。

沙新华、李呈阳:《当代中国农村公共物品供给制度变迁及走向》,载《河北学刊》,2009(1)。

上官莉娜:《深化农村税费改革的全局意义》,载《光明日报(理论版)》,2004-02-17。

沈满洪、谢慧明:《公共物品问题及其解决思路——公共物品理论文献综述》,载《浙江大学学报(人文社会科学版)》,2009(6)。

盛荣:《关于农村公共产品与服务研究现状的思考》,载《中国农业大学学报(社会科学版)》,2004(3)。

史玲:《我国农村公共产品供给主体研究》,载《中央财经大学学报》,2005(5)。

世界银行:《世界银行与民间团体的参与:2007到2009财政年度回顾(中文摘要)》,华盛顿,世界银行民间团体小组,2009。

宋安平:《湖南农村公共产品供给模式创新调查》,载《行政论坛》,2009(2)。

宋洪远、赵海:《新型农业经营主体的概念特征和制度创新》,载《新金融评论》,2014(3)。

宋洪远等:《中国乡村财政与公共管理研究》,北京,中国财政经济出版社,2004。

苏晓艳、范兆斌:《农民收入增长与农村公共产品供给机制创新》,载《管理现代化》,2004(4)。

速水佑次郎、神门善久:《发展经济学——从贫困到富裕》,李周译,北京,社会科学文献出版社,2003。

速水佑次郎:《社区、市场与国家》,载《经济研究》,1989(2)。

孙迪亮:《农民合作社参与供给农村社区公共服务的绩效与问题》,载《齐鲁学刊》,

2017(2)。

孙开:《对地方公共产品有效供给问题的规范分析》,载《财政研究》,1997(7)。

孙潭镇、朱钢:《我国乡镇制度外财政分析》,载《经济研究》,1993(9)。

孙月平、刘俊、谭军:《应用福利经济学》,北京,经济科学出版社,2004。

台湾中山大学课题组(主持人:张其禄):《强化中央行政机构横向协调机制之研究》,台湾,台湾行政主管部门研究发展考核委员会,2010。

汤汇:《泰国农业合作社现状及其对我国的启示》,《安徽农学通报》,2007(21)。

唐寿宁:《布坎南立宪经济学述评》,载王炎等编:《自由主义与当代世界(公共论丛:第6辑)》,北京,三联书店出版社,2000。

唐祥来:《公共产品供给PPP模式研究》,载《中国经济问题》,2005(4)。

唐祥来:《公共产品供给的"第四条道路"——PPP模式研究》,载《经济经纬》,2006(1)。

唐兴霖、周军:《公私合作制(PPP)可行性:以城市轨道交通为例的分析》,载《学术研究》,2009(2)。

陶勇:《农村公共产品供给与农民负担问题探索》,载《农业经济导刊》,2002(2)。

汪小勤、汪红梅:《我国农村社会资本变迁的经济分析》,载《东南学术(人文社会科学版)》,2007(12)。

王宾、赵阳:《农村税费改革对中西部乡镇财力影响的实证研究——基于4省8县抽样调查数据的分析》,载《管理世界》,2006(11)。

王国华、李克强:《农村公共产品供给与农民收入问题研究》,载《财政研究》,2003(1)。

王国华:《农村公共产品供给与农民收入问题研究》,载《中央财经大学学报》,2004(1)。

王济川、郭志刚:《Logistic回归模型——方法与应用》,北京,高等教育出版社,2001。

王俊霞、王静:《农村公共产品供给绩效评价指标体系的构建与实证性检验》,载《当代经济科学》,2008(2)。

王磊:《测度政府层级条件下公共产品最优供给规模及效率的模型与方法》,载《山东财政学院学报》,2007(4)。

王磊:《取消农业税后农村公共产品提供的思考》,载《山东工商学院学报》,2004(4)。

王礼力:《农村合作经济理论与组织变迁研究》,西北农林科技大学博士论文,2003。

王玲、兰庆高、于丽红:《借鉴国外经验完善中国农村公共产品供给》,载《世界农业》,2008(6)。

王为民、黄争鸣:《关于加大我国农村公共产品政府供给的思考》,载《经济师》,2003(10)。

王小林、郭建军:《必须大力拓宽农村公共服务的供给渠道——农村公共服务农户调查分析》,载《调研世界》,2003(3)。

王颖、孙炳耀:《中国民间组织发展概况》,载俞可平等著:《中国公民社会的兴起与治理的变迁》,北京,中国社会科学文献出版社,2002。

王颖:《中国特色农村公共产品供给体制研究》,吉林大学博士论文,2011。

王勇:《对我国农村税费制度改革的思考》,载《财政研究》,2003(2)。

王渊、祝楚华:《瓦窑村村民议事会今年已形成23个决议 村民的事自己说了算 议事会作用超预期》,载《成都商报》,2011-07-14。

王振轩、赵忠杰:《非政府组织对在全球治理架构中对公卫议题的角色与功能》,载《非政府组织学刊》,2008(4)。

王振宇、钱莲琳:《理性看待取消农业税后农村的新情况新问题》,载《经济研究参考》,2008(43)。

卫龙宝、伍骏骞、施晟:《农村公共品建设意愿一致性研究——基于我国"十县百村"的实证分析》,载《经济理论与经济管理》,2012(1)。

魏开明、黄舒:《成都率先试水农村土地承包权"长久不变"》,载《中国经济时报》,2009-07-27。

文晖、赵新平:《如何化解二元经济下农村公共产品的供求矛盾》,载《商业时代》,2005(29)。

吴朝阳、万方:《农村税费改革与农村公共产品供给体制的转变》,载《中央财经大学学报》,2004(5)。

吴传清:《区域产业集群品牌的术语、权属和商标保护模式分析》,载《经济管理》,2010(10)。

吴光芸:《社会资本:我国农村公共服务供给的一个新视角》,载《调研世界》,2006(11)。

吴菊安:《产业集群与农产品区域品牌建设》,载《农村经济》,2009(5)。

吴理财:《农村税费改革对乡镇财政的影响及其后果——以安徽省为例》,载吴敬琏主编:《比较(第4辑)》,北京,中信出版社,2002。

吴友群:《实行农村公共产品多元化供给的对策建议》,载《经济研究参考》,2008(18)。

吴自聪、王彩波:《农村公共产品供给制度创新与国际经验借鉴——以韩国新村运动为例》,载《东北亚论坛》,2008(1)。

夏曾玉、谢健:《区域品牌建设探讨——温州案例研究》,载《中国工业经济》,2003(10)。

向东梅、陈德:《我国农村新型合作经济组织创新思路和模式选择》,载《农村经济》,2006(6)。

项怀诚:《农村税费改革十周年》,载《人民论坛》,2011(6)。

肖捷:《农村税费改革:一场影响农村发展进程的改革》,载《经济日报》,2011-08-02。

肖赞军:《我国义务教育投入的"二元化"特征》,载《教育与经济》,2005(2)。

谢旭人:《功在当代利在千秋——纪念农村税费改革十周年》,载《求是》,2011(4)。

新望:《村庄发育、村庄工业的发生与发展》,北京,三联书店,2004。

熊巍:《我国农村公共产品供给分析与模式选择》,载《中国农村经济》,2002(7)。

休·史卓顿、莱昂内尔·奥查德:《公共物品、公共企业和公共选择:对政府功能的批评与反批评的理论纷争》,费朝辉等译,北京,经济科学出版社,2000。

徐崇波、梅国平:《我国农村公共产品供给绩效评价实证分析》,载《当代财经》,2010(7)。

徐崇波、梅国平:《我国农村公共产品供给绩效评价实证分析——以江西省80个县(市)为例》,载《当代经济管理》,2010(7)。

徐洁、韩莉:《加大农村公共产品供给促进二元经济结构转化——韩国新村运动对我国农村经济发展的启示》,载《北京联合大学学报》,2003(6)。

徐姗娜:《民间信仰与乡村治理——一个社会资本的分析框架》,载《东南学术》,2009(5)。

徐同顺:《中国农民组织化研究初探》,天津,天津人民出版社,2003。

徐小军、郭琴:《农村"一事一议":历史形成、制度缺陷及完善制度思考》,载《云南行政学院学报》,2008(3)。

徐小青:《中国农村公共服务》,北京,中国发展出版社,2002。

徐勇、贺雪峰主编:《杨集实验》,西安,西北大学出版社,2004。

徐勇、吴理财等:《走出"生之者寡,食之者众"的困境:县乡村治理体制反思与改革》,西安,西北大学出版社,2004。

许涤新主编:《政治经济学辞典(下)》,北京,人民出版社,1981。

许莉、邱长溶、李大垒:《村级公共产品供给的"一事一议"制度困境与重构》,载《现代经济探讨》,2009(11)。

许陵:《关于我国现阶段农村公共产品供给研究》,载《经济研究参考》,2006(23)。

续竞秦、罗仁福、张林秀:《税费改革对村级财务状况的影响——对全国100个村的跟踪调查》,载《中国软科学》,2009(11)。

鄢奋:《中国农村公共产品供给状况及特点》,载《东南学术》,2009(2)。

闫春香、侯立白:《亚洲4国农村公共产品供给经验分析及对我国的启示》,载《安徽农学通报》,2011(9)。

颜婧:《村民议事会满意度95%》,载《四川日报》,2011-02-10。

杨静、徐丹丹:《农村公共产品供给问题国外研究述评》,载《经济理论与经济管理》,2008(10)。

杨静:《统筹城乡下农村公共产品供给的理论分析》,载《经济研究参考》,2005(90)。

杨美成:《提升农村人力资本水平》,载《人民日报》,2011-12-14。

杨小凯:《产权理论与中国经济改革》,中国(海南)改革发展研究院、中国留英经济学会、中国留美经济学会主办"中国走向市场经济进程中的理论与现实问题国际研讨会"会议论文,1993年7月1日至3日,海南。

杨永忠、林明华:《农村公共产品多元主体供给的制度约束——马甲村路灯供给案例研究》载《中国工业经济》,2008(1)。

杨志勇:《公共经济学的前沿问题》,载《人民日报》,2005-03-25。

姚轶蓉:《论农村公共产品供给与政府创新》,载《理论导刊》,2005(7)。

叶文辉:《农村公共产品供给体制变革的探讨》,载《云南财贸学院学报》,2004(2)。

叶文辉:《农村公共产品供给体制的改革和制度创新》,载《财经研究》,2004(12)。

叶文辉:《农村公共产品供给制度变迁的分析》,载《中国经济史研究》,2005(3)。

叶文辉:《农村公共产品供给制度的比较分析》,载《天府新论》,2004(3)。

叶兴庆:《论农村公共产品供给体制的改革》,载《经济研究》,1997(6)。

叶子荣、刘鸿渊:《农村公共产品供给:历史、现状与重构》,载《天府新论》,2004(6)。

叶子荣、刘鸿渊:《农村公共产品供给制度:历史、现状与重构》,载《学术研究》,2005(1)。

易棉阳:《农村公共物品供给的日德经验与借鉴》,载《湖南工业大学学报(社会科学版)》,2010(4)。

鄞益奋:《网络治理:公共管理的新框架》,载《公共管理学报》,2007(1)。

尹保云:《韩国的现代化——一个儒教国家的道路》,北京,东方出版社,1995。

尹德洪:《科斯定理发展的理论述评》,载黄少安主编:《制度经济学研究(第十五辑)》,北京,经济科学出版社,2007。

于丽敏:《农村公共物品供给不足对农村经济发展的瓶颈效应分析》,载《税务与经济》,2003(5)。
于水:《我国农村公共产品供给实证研究——以江苏苏南、苏北地区若干行政村为个案》,载《南京社会科学》,2008(1)。
俞可平:《治理和善治引论》,载《马克思主义与现实》,1999(5)。
俞可平:《中国公民社会的兴起及其对治理的意义》,载俞可平等著:《中国公民社会的兴起与治理的变迁》,北京,中国社会科学文献出版社,2002。
喻后勇:《公共产品供给与农村小康建设》,载《经济师》,2004(10)。
袁义才:《公共产品的产权经济学分析》,载《江汉论坛》,2003(6)。
苑鹏:《改革以来农村合作经济组织的发展》,载《经济研究参考》,2008(31)。
约翰·利奇:《公共经济学教程》,孔晏、朱萍译,上海,上海财经大学出版社,2005。
约翰·纳什:《纳什博弈论文集》,北京,首都经济贸易大学出版社,2000。
曾春水、张玲:《公共产品的效率分析及改进对策》,载《求是》,2003(11)。
曾冠球:《协力治理观点下公共管理者的挑战与能力建立》,载《文官制度季刊》,2012(1)。
詹建芬:《公共产品短缺的政府经济学分析》,载《社会主义研究》,2005(1)。
詹姆斯·M.布坎南、戈登·塔洛克:《同意的计算——立宪民主的逻辑基础》,陈光金译,北京,中国社会科学出版社,2000。
詹姆斯·M.布坎南:《公共物品的需求与供给》,马珺译,上海,上海人民出版社,2009。
詹姆斯·M.布坎南:《立宪经济学》,载《经济学动态》,1992(4)。
詹姆斯·M.布坎南:《民主财政论》,穆怀朋译,北京,商务印书馆,1999。
詹姆斯·S.科尔曼:《社会理论的基础(上、下)》,邓方译,北京,社会科学文献出版社,1999。
詹姆斯N·罗西瑙主编:《没有政府的治理——世界政治中的秩序与变革》,张胜军、刘小林等译,南昌,江西人民出版社,2001。
张超、吴春梅:《合作社提供公共服务:一个公共经济学的解释》,载《华中农业大学学报(社会科学版)》,2014(4)。
张超:《合作社公共服务效率及其影响因素分析——基于浙江省的调查》,载《财贸研究》,2016(3)。
张红宇:《关于城乡统筹推进过程中若干问题的思考》,载《管理世界》,2005(9)。
张近虎、殷海波:《完善农村公共产品财政保障机制建立城乡一体化供给体系》,载《农村经济》,2004(2)。
张军、何寒熙:《中国农村的公共产品供给:改革后的变迁》,载《改革》,1996(5)。
张军:《乡镇财政制度缺陷与农民负担》,载《中国农村观察》,2002(4)。
张俊、付志宇:《中国农村公共品供给的历史演进:公共风险管理的思想视角》,载《贵州财经学院学报》,2010(4)。
张林秀、罗仁福、刘承芳、Scott Rozelle:《中国农村社区公共物品投资的决定因素分析》,载《经济研究》,2005(11)。
张陆彪:《农业多功能性与我国贸易谈判立场》,载《农业经济问题》,2002(6)。
张敏:《找回村落共同体:转型中国村落公共事务的治理——评〈难以产出的村落政治〉和〈Accountability Without Democracy〉》,载《中国农村研究》,2010(下卷)。
张青:《社会资本与我国农村公共物品供给》,载《兰州学刊》,2005(6)。
张胜军、路征、邓翔:《我国农产品电子商务平台建设的评价及建议》,载《农村经济》,

2011(10)。

张曙光、赵农：《决策权的配置与决策方式的变迁——关于中国农村问题的系统思考》，载《中国社会科学评论》，2002(1)。

张维然、冯士伟：《公共产品的生产效率：组织方式与影响因素分析》，载《理论导刊》，2004(11)。

张新光：《取消农业税后应注意六大问题》，载《决策》，2005(3)。

张馨：《"公共财政"与"国家财政"关系析辨》，载《财政研究》，1997(11)。

张馨：《公共财政论纲》，北京，经济科学出版社，1999。

张馨：《论公共财政》，《经济学家》，1997(1)。

张馨：《应从市场经济的基点看待公共财政问题》，载《财政研究》，1999(1)。

张要杰：《构筑税费改革后农村公共物品供给新体制》，载《中国经济时报》，2003-02-21。

张要杰：《韩国"新车运动"中农村公共产品供给的经验研究》，载《科技·经济·社会》，2010(2)。

张义方、路征、邓翔：《欧盟农村公共产品治理经验及启示》，载《经济体制改革》，2013(3)。

张义方、路征、邓翔：《我国农村公共产品供给模式的实践创新分析》，载《农村经济》，2014(4)。

张义方：《零税赋下社会资本对我国农村公共产品的供给分析》，载《软科学》，2009(5)。

张益丰、刘东：《农村微观组织架构跃迁与准公共产品供给模式创新——基于山东农村综合性合作社发展经验的实证分析》，载《中国农村观察》，2011(4)。

张召姊：《财政分权与公共产品的供给效率》，载《财会月刊》，2005(3)。

张召姊：《公共产品视角下的财政分权研究》，载《南京审计学院学报》，2005(2)。

张志英、夏丽萍、张丽宇：《我国农村基础设施建设引入民间资金的思考》，载《农村经济》，2004(3)。

赵丙奇：《农民负担与农村公共产品供给》，载《江西财经大学学报》，2002(4)。

赵杰、黄维健、王惠平、吴孔凡、石义霞：《"一事一议"筹资筹劳的总体情况、存在问题和完善政策的建议》，国务院农村综合改革办公室网站，2008-06-20：http://zgb.mof.gov.cn/zhengwuxinxi/diaochayanjiu/200806/t20080620_47410.html。

赵俊怀：《论我国地方公共产品供给民营化》，载《经济体制改革》，2003(6)。

赵农、刘小鲁：《区位性因素与公共品的最优供给》，载《经济研究》，2008(10)。

赵泉民、李怡：《关系网络与中国乡村社会的合作经济——基于社会资本视角》，载《农业经济问题》，2007(8)。

赵晓峰：《论"一事一议"政策的合理性及推进策略——基于政策实践悖论的反思》，载《中共宁波市委党校学报》，2009(6)。

赵志耘、郭庆旺：《"公共财政论"质疑》，载《财政研究》，1998(10)。

中国(海南)改革发展研究院农村转型发展研究所：《推进城乡协调发展为农民提供基本而有保障的公共产品》，载《中国农村经济》，2004(1)。

"中国地方政府间竞争研究"课题组：《中国地方政府竞争与公共物品融资》，载《财贸经济》，2002(10)。

周春生、汪杰贵：《乡村社会资本与农村公共服务农民自主供给效率——基于集体行动视角的研究》,载《浙江大学学报(人文社会科学版)》,2011(11)。

周黎安、陈烨:《中国农村税费改革的政策效果:基于双重差分模型的估计》,载《经济研究》,2005(8)。

周立新、杨抚生:《农村公共产品的供求矛盾与对策选择基点》,载《南京经济学院学报》,2002(5)。

周其仁:《农村可行学券制》,载《中国财经报》,2002-11-29。

周业安、宋紫峰:《公共品的自愿供给机制:一项实验研究》,载《经济研究》,2008(7)。

周义程、闫娟:《什么是公共产品:一个文献评述》,载《学海》,2008(1)。

朱明熙:《我国财税支农政策调整思路》,载《财政研究》,2003(2)。

祝保平:《农村税费改革试点的进展、难点与思考》,载《中国农村经济》,2001(2)。

祝丽生、郭燕:《现阶段农村公共产品供给主体多元化发展探析》,载《兰州学刊》,2006(3)。

邹江涛:《试论我国农村公共产品供给与农村税费改革》,载《当代财经》,2004(4)。

邹艳、武永义:《公共财政框架下的农村税费改革》,载《西北大学学报》,2004(11)。

二、英文部分

Abequnde A. A. The Role of Community Based Organizations in Economic Development in Nigeria: The Case of Oshogbo, Osun State, Nigeria. *International NGO Journal*, 2009, 4(5): 236-252.

Abler D. *A Synthesis of Country Reports on Jointness between Commodity and Non-Commodity Outputs in OECD Agriculture*. OECD Workshop on Multifunctionality, Paris, July 2-3, 2001.

ACHR. *Community Finance: the News from Asian and Africa*. London: International Institute for Environment and Development (IIED), 2008.

Advisory Team. *Community Based Tourism Framework (Draft)*. Nairobi: Ministry of Tourism, Republic of Kenya, 2009.

Akin J., Hutchinson P. and Strumpf K. Decentralization and Government Provision of Public Goods: the Public Health Sector in Uganda. *Journal of Development Studies*, 2005, 41: 1417-1443.

Alchian A. A. and Demsetz H. Production, Information Costs, and Economic Organization. *American Economic Review*, 1972, 62(5): 777-795.

Alchian A. A. Property Rights. In Durlauf, S. N. and Blume, L. E. (Eds.) *the New Palgrave Dictionary of Economics (Second Edition)*. the New Palgrave Dictionary of Economics Online, Palgrave Macmillan, 2008.

Andreoni J. and Payne A. A. Do Government Grants to Private Charities Crowd Out Giving or Fund-raising? *American Economic Review*, 2003, 93(3): 792-812.

Andreoni J. and Payne A. A. Is Crowding Out Due Entirely to Fundraising? Evidence from a Panel of Charities. *Journal of Pubic Economics*, 2011, 95: 334-343.

Ansell C. and Gash A. Collaborative Governance in Theory and Practice. *Journal of Public Administration Research and Theory*, 2008, 18(4): 543-571.

Aoki M. and Hayami Y. Introduction: Communities and markets in economic development. In

Aoki, M. and Hayami, Y. (eds.) *Communities and Markets in Economic Development*. Oxford: Oxford University Press, 2001.

Arnold J. E. M. *Forests and People: 25 Years of Community Forestry*. Rome: FAO, 2001.

Arnold J. E. M. *Community Forestry: Ten Years in Review*. Rome: FAO, 1992.

Atack I. Four Criteria of Development NGO Legitimacy. *World Development*, 1999, 27(5): 855-864.

Atkinson A. B. and Stiglitz J. E. *Lectures on Public Economics*. New York: McGraw-Hill Book Company, 1980.

Auster R. D. Private Markets in Public Goods (Or Qualities). *The Quarterly Journal of Economics*, 1977, 91(3): 419-430.

Babili I. H. and Wiersum F. Evolution and Diversification of Conmmunity Forestry Regimes in Babati District, Tanzania. *Small-scale Forestry*, 2013, 12(4): 539-557.

Bblomley T. and Ramadhani H. Going to Scale with Participatory Forest Management: Early Lessons from Tanzania. *International Forestry Review*, 2006, 8(1): 93-100.

Bennett J. T. and Johnson M. H. Public versus Private Provision of Collective Goods and Services: Garbage Collection Revisited. *Public Choice*, 1979, 34: 55-63.

Besley T. and Coate S. Centralized versus Decentralized Provision of Local Public Goods: A Political Economy Approach. *Journal of Public Economics*, 2003, 87: 2611-2637.

Besley T. and Ghatak M. Public Goods and Economic Development. In Abhijit Vinayak Banerjee, Roland Bénabou and Dilip Mookherjee (Eds.) *Understanding Poverty*. Oxford: Oxford University Press, 2006: 285-302.

Besley T. and Ghatak M. Public-Private Partnerships for the Provision of Public Goods: Theory and an Application to NGOs. *LSE-STICERD Research Paper*, No. DEDPS17, Suntory and Toyota International Centre for Economics and Related Disciplines, London School of Economics and Political Science, 1999.

Betancourt R. The Allocation of Publicly-Provided Goods to Rural Households in India: On Some Consequences of Caste, Religion and Democracy. *World Development*, 2000, 28(12): 2169-2182.

Boadway R. B. and Wildasin D. E. *Public Sector Economics (Second Edition)*. Boston: Little, Brown, and Company, 1984.

Bohman M., Cooper J., Mullarkey D., Normile M., Skully D., Vogel S. and Young E. *The Uses and Abuses of Multifunctionality*. Washington DC: Economic Research Service/USDA, 1999.

Boonratana R. Community-Based Tourism in Thailand: The Need and Justification for an Operational Definition. *Kasetsart Journal (Social Sciences)*, 2010, 31(2): 280-289.

Bowles S. and Gintis H. Social Capital and Community Governance. *The Economic Journal*, 2002, 112: 419-436.

Bowles S. *Microeconomics: Behavior, Institutions and Evolution*. Princeton and Oxford: Princeton University Press, 2004.

Braun J. V. Addressing the Food Crisis: Governance, Market Functioning and Investment in Public Goods. *Food Security*, 2009, 1: 9-15.

Brown C. V. and Jackson, P. M. *Public Sector Economics (Fourth Edition)*. Oxford: Wiley-

Blackwell,1991.

Brown L. Organizations for the 21st Century? Co-operatives and New Forms of Organization. *Canadian Journal of Sociology*,1997,22(1): 65-93.

Bruce D. Building a CED Movement in Canada: A Policy Framework to Scale up CED in Canada. In D. Bruce and G. Lister(eds.) *Rising Tides: Community Development,Tools, Models and Processes*. Sackville: Rural and Small Town Programme, Mount Allison University,2001: 69-82.

Buchanan J. M. An Economic Theory of Clubs. *Economica*,1965,32: 1-44.

Buchanan J. M. *Liberty, Market and State: Political Economy in the 1980s*. Brighton: Harvester Press,1986.

Buchanan J. M. *The Demand and Supply of Public Goods*. Indianapolis, IN: Liberty Fund, Inc.,1999. Originally Published: Chicago: Rand Mcnally,1968.

Camarinha-Matos L. M. and Afsarmanesh H. Collaborative Networks: Value Creation in a Knowledge Society. In Wang,K.,Kovacs G.,Wozny M. and Fang M. (eds.) *Knowledge Enterprise: Intelligent Strategies in Product Design Manufacturing and Management*. International Federation for Information Processing (IFIP), Volume 207, Boston: Springer,2006: 26-40.

Camarinha-Matos L. M.,Afsarmanesh H.,Galeano N. and Molina A. Collaborative Networked Organizations – Concepts and Practice in Manufacturing Enterprise. *Computer & Industrial Engineering*,2009,67(1): 46-60.

Casini P. and Vandewalle L. *Public Good Provision in Indian Rural Areas: the Returns to Collective Action by Self-Help Groups*. Second European Research Conference on Microfinance,June 16-18,2011,Groningen,Netherlands.

Cason T. N., Saijo T. and Yamato T. Voluntary Participation and Spite in Public Good Provision Experiments: An International Comparison. *Experimental Economics*,2002,5: 133-153.

Chaland N. and Downing R. *Profile of Community Economic Development in Canada: Results of a Survey of Community Economic Development across Canada*. Victoria: Canadian Community Economic Development Network,2003.

Chamberlain P. *Placed-Based Poverty Reduction Initiative: How Community Economic Development is Reducing Poverty in Canada and How It Could be Doing More*. Victoria: The Canadian CED Network,2008.

Charnovitz S. Nongovernmental Organizations and International Law. *American Journal of International Law*,2006,100(2): 348-372.

Chavis L. Decentralizing Development: Allocating Public Goods via Competition. *Journal of Development Economics*,2010,93(2): 264-274.

Chhibber P., Shastri S. and Sisson R. Federal Arrangements and the Provision of Public Goods in India. *Asian Survey*,2004,44(3): 339-352.

Cigler B. Multiorganizational, Multisector and Multicommunity Organizations: Setting the Research Agenda. In Myrna P. Mandell (ed.) *Getting Results Through Collaboration: Networks and Network Structures for Public Policy and Management*. Westport, CT.: Quorum Books,2001: 71-85.

Clayton A. , Oakley P. and Taylor J. Civil Society Organizations and Service Provision. *Civil Society and Social Movements Programme Paper*, No. 2, United Nations Research Institute for Social Development, Geneva, October 2000.

Coase R. H. The Lighthouse in Economics. *Journal of Law and Economics*, 1974, 17: 357-376.

Coase R. H. The Nature of the Firm. *Economica NS*, 1937, 4: 386 – 405.

Coase R. H. The Problem of Social Cost. *Journal of Law and Economics*, 1960, 3: 1-44.

Commission on Global Governance. *Our Global Neighborhood*. Oxford: Oxford University Press, 1995.

Cooper T. , Hart K. and Baldock D. Provision of Public Goods Through Agriculture in the European Union. *Report Prepared for DG Agriculture and Rural Development*, London: Institute for European Environmental Policy, 2009.

Cornes R. and Sandler T. *The Theory of Externalities, Public Goods and Club Goods (Second Edition)*. Cambridge: Cambridge University Press, 1996.

Cullis J. and Jones P. *Public Finance and Public Choice: Analytical Perspectives (Third Edition)*. London: Oxford University Press, 2009.

Dahal G. R. and Chapagain A. Community Forestry in Nepal: Decentralized Forest Governance. In Colfer C. J. P. , Dahal G. R. and Capistrano D. (eds.) *Lessons from Forest Decentralization: Money, Justice and the Quest for Good Governance in Asia-Pacific*. London: Earthscan, 2008.

Dawes R. M. and Messick, D. M. Social Dilemmas. *International Journal of Psychology*, 2000, 35(2): 111-116.

Dawes R. M. Social Dilemmas, Economic Selfinterest and Evolutionary Theory. In Brown D. R. and Smith J. E. K. (eds.) *Frontiers of Mathematical Psychology: Essays in Honor of Clyde Coombs*. New York: Springer-Verlag, 1991: 53-79.

Dawes R. M. Social Dilemmas. *Annual Review of Psychology*, 1980, 31: 169-193.

Deacon R. T. Dictatorship, Democracy and the Provision of Public Goods. *Departmental Working Paper*, Department of Economics, UC Santa Barbara, 2003.

Deacon R. T. Public Good Provision under Dictatorship and Democracy. *Public Choice*, 2009, 139: 241-262.

Demsetz H. The Private Production of Public Goods. *Journal of Law and Economics*, 1970, 13 (2): 293-306.

DeVries B. Multifunctional Agriculture in the International Context: A Review. The Land Stewardship Project, 2000, http://www. landstewardshipproject. org/mba/MFAReview. pdf.

Dywer J. C. and Hodge I. D. *Countryside in Trust: Land Management by Conservation, Recreation, and Amenity Organizations*. Chichester: John Wiley and Sons, 1996.

Enjolras B. *Community-based Economy, Market and Democracy: the Case of Norwegian Voluntary Sport Orgnisations*. Oslo: Institute for Social Research, 2001.

ENRD. *Public Goods and Public Intervention*. Brussels, Belgium: Thematic Working Group 3 Final Report, 2010.

ENRD. Public Goods and Rural Development. *EU Rural Review*, No. 7, 2011.

European Communities. *The EU Rural Development Policy* 2007-2013. Luxembourg: Office for Official Publications of the European Communities, 2006.

Fairbairn B. Constructing an Alternative Language for Co-operative Development: An Ecological Metaphor. *Coopérative et Dévelopment*, 1995, 27: 77-104.

Fan S., Jitsuchon S. and Methakunnavut N. The Importance of Public Investment for Reducing Rural Poverty in Middle-income Countries: the Case of Thailand. *DSGD Discussion Paper*, No. 7, Washington, USA: International Food and Policy Research Institute, 2004: 12-19.

FAO. *FAO Forestry Paper* 7: *Forestry for Local Community Development*. Rome: FAO, 1978.

Fields G. and Sigurdson G. *Northern Co-operatives as a Strategy for Community Change: the Case of Fort Resolute*. Winnipeg, MB: University of Manitoba Press, 1972.

Flores N. E. and Graves P. E. Optimal Public Goods Provision: Implications of Engogenizing the Labor/Lersure Choice. *Land Economics*, 2008, 84(4): 701-707.

Forest C. *Empowerment Skills for Family Workers: A Worker Handbook*. New York, USA: Cornell University, 2003.

FosterA. D. and Rosenzweig M. R. Democratization, Decentralization and the Distribution of Local Public Goods in Poor Rural Economy. *PIER Working Paper*, No. 01-056, Philadelphia: Penn Institute for Economics Research, University of Pennsylvania, 2001.

Furubotn E. G. and Richter R. *Institutions and Economic Theory: The Contribution of the New Institutional Economics (Second Edition)*. Michigan, USA: University of Michigan Press, 2005.

Gadomski A., Wicks D., Abernethy K., Lewis C. and Pearson T. (1997). Providing Preventive Services in a Rural Area Through a Public-private Partnership. *American Journal of Public Health*, 1997, 87(8): 1375-1377.

Garrett B. and de Silva J. Lessons Learned-the North Andaman Community Tourism Network. *Conference Paper of The East Asian Seas Congress* 2009, Manila, Philippines, November 23-27, 2009.

Ghaus-Pasha A. Role of Civil Society Organizations in Governance. *The 6th Global Forum on Reinventing Government Towards Participatory and Transparent Governance*, Seoul, Republic of Korea, May 24-27, 2005.

Gibson R. the Role of Co-operatives in Community Economic Development. *RDI Working Paper*, No. 2005-3, Manitoba: Rural Development Institute, Brandon University, 2005.

Gibson R., Kobluk D. and Gould L. the Role of Co-operatives in Community Economic Development. *RDI Working Paper*, No. 2005-1, Manitoba: Rural Development Institute, Brandon University, 2005.

Goldin K. D. Equal access vs. Selective access: A Critique of Public Goods Theory. *Public Choice*, 1977, 29(1): 53 – 71.

Goodwin H. and Santilli R. Community-Based Tourism: A Success? *ICRT Occasional Paper*, No. 11, 2009.

Gramzow A. Rural Development as Provision of Local Public Goods: Theory and Evidence from Poland. Halle (Saale): Leibniz-Institut für Agrarentwicklung in Mittel-und Osteuropa (IAMO), 2009.

Gunatilaka R. Rural Infrastucture Programmes for Poverty Reduction: Policy Issues from the Sri Lankan Experience. *Paper Presented at the Regional Consultation for WDR*2001 *for South Asia*, *on Poverty Reduction and Social Progress*: *New Trends and Emerging Lessons*, Rajendrapur, Bangladesh, April, 1999.

Gupta S. and Jha R. Local Public Goods in a Democracy: Theory and Evidence from Rural India. *Departmental Working Papers*, No. 2006-07, Arndt-Corden Department of Economics, Australian National University, 2006.

Hayami Y. Communities and Markets for Rural Development under Globalization: A Perspective from Villages in Asia. *Keynote Address Delivered at the Florence Conference of the European Association of Agricultural Economics*, Florence, September 8-11, 2004.

Henrichsmeyer W. and Witzke H. P. *Agrarpolitik*, *Bd. 2*: *Bewertung und Willensbildung*. Stuttgart, Ulmer: UTB, 1994.

Heutel G. Crowding Out and Crowding In of Private Donations and Government Grants. *NBER Working Paper*, No. 15004, 2009 http://www.nber.org/papers/w15004.

Himmelman A. T. (2001). On Coalitions and Transformation of Power Relations: Collaborative Betterment and Collaborative Empowerment. *American Journal of Community Psychology*, 2001, 29(2): 277-284.

Himmelman A. T. (2002). Collaboration for a Change: Definitions, Decision-making Models, Roles, and Collaboration Process Guide. Minneapolis: Himmelman Consulting, 2002. (An adapted version of: Himmelman A. T. (1994). Communities Working Collaboratively for a Change. In Margaret Herrman(ed.) Resolving Conflict: Strategies for Local Government. Washington, D. C.: International City/County Management Association, 1994: 27-47.)

Höckert E. *Sociocultural Sustainability of Rural Community-Based Tourism*: *Case Study of Local Participation in Fair Trade Coffee Trail*, *Nicaragua*. Rovaniemi: Lapland University Press, 2009.

Hogue T. *Community Based Collaboration*: *Community Wellness Multiplied*. Oregon: Centre for Community Leadership, Oregon State University, 1994.

Holcombe R. G. Explorations into Constitutional Economics (Book Review). *CATO Journal*, 1990, 9(3): 743-746.

Howard M. *Public Sector Economics for Developing Countries*. Kingston: University of the West Indies Press, 2001.

Hume D. *A Treatise of Human Nature*. London: J. Noon, 1739.

Huxham C. The Challenge of Collaborative Governance. *Public Management*: *An International Journal of Research and Theory*, 2000, 2(3): 337-358.

Hyman D. N. *Public Finance*: *A Contemporary Application of Theory to Policy* (*Seventh Edition*). Fort Worth, TX: Harcourt, 2002.

IMF and WB. *Global Monitoring Report* 2013: *Rural-Urban Dynamics and the Millennium Development Goals*. Washington, DC: The Word Bank, 2013.

Jackon D. L. The Farm as a Natural Habitat. In Jackson D. L. and Jackson L. L. (eds.) *The Farm as a Natural Habitat*: *Reconnection Food Systems with Ecosystems*. Washington, D. C.: Island Press, 2002.

Jha R. *Modern Public Economics* (*First Edition*). Ney York: Routledge, Taylor & Francis Group, 1998.

Jha R. *Modern Public Economics* (*Second Edition*). Ney York: Routledge, Taylor & Francis Group, 2010.

Johnston R. J., Swallow S. K. and Bauer D. M. Spatial Factors and Stated Preference Values for Public Goods: Considerations for Rural Land Use. *Land Economics*, 2002, 78(4): 481-500.

Jones C. *Applied Welfare Economics*. Oxford, UK: Oxford University Press, 2005.

Jones H. M. *Community-based Tourism Enterprise in Latin America: Triple Bottom Line Outcomes of 27 Projects*. Burlington: EplerWood International, 2008.

Juntopas M. and Naruchaikusol S. *Thailand: Lessons for Rural Water Supply-Assessing Progress towards Sustainable Service Delivery*. Hague, Netherlands: IRC International Water and Sanitation Centre & Bangkok, Thailand: Stockholm Environment Institute, Asia Centre, 2011.

Karlyle J. A Cooperative Economy-What Might It Look Like? *Hobart Conference: Community, Economy and the Environment: Exploring Tasmania's Future*, Hobart, Australia, October 15, 2005.

Kaul I. (2006). Public Goods: A Positive Analysis. In Jean-Philippe Touffut (ed.) *Advancing Public Goods*. Massachusetts, USA: Edward Elgar Publishing Inc., 2006: 16-39.

Keast R. L. and Mandell M. The Collaborative Push: Pushing Beyond Rhetoric and Gaining Evidence. *Preceedings of 15th Annual Conference of the International Research Society for Public Management* (*IRSPMXV*), Dublin, Ireland, April 11-14, 2011.

Ketilson L. H. and MacPherson I. *A Report on Aboriginal Co-operatives in Canada: Current Situation and Potential for Growth*. Saskatoon: Centre for the Study of Co-operatives, University of Saskatchewan, 2001.

Ketilson L. H., Fulton M., Fairbairn B. and Bold J. *Climate for Co-operative Community Development*. Saskatoon: Centre for the Study of Co-operatives, University of Saskatchewan, 1992.

Kim I. The Effects of Uncertainty on the Voluntary Private Provision of Impure Public Goods. *The Singapore Economic Review*, 2009, 54(1): 61-73.

Klaes M. Transaction Costs. In Durlauf S. N. and Blume L. E. (eds.) *The New Palgrave Dictionary of Economics* (*Second Edition*). the New Palgrave Dictionary of Economics Online, Palgrave Macmillan, 2008.

Knierim A. Agrarlandschaft – Ein wissenschaftlicher Begriff? Zu Herkunft und Verwen- dung eines Modewortes. *Berichte der Landwirtschaft*, 1994, 72: 172-194.

Kollock P. Social Dilemmas: The Anatomy of Cooperation. *Annual Review of Sociology*, 1998, 24: 183-214.

Krishnan N. Political Reservations and Rural Public Good Provision in India. *The Institute for Economic Development Working Papers Series*, No. dp-175, Boston University, 2007.

Landgrebe R. Agricultural and Rural Development Policy in the EU and Germany: Recent Developments and Perspectives. *Presentations on 2011 Chinesisch-Deutscher DDG-*

Fortbildungskurs zu Nachhaltiger Entwicklung und Umweltmanagement, Berlin, March 28, 2011. http://ecologic.eu/4055.

Leach J. *A Course in Public Economics*. Cambridge: Cambridge University Press, 2004.

LFP. *Community Forestry for Poverty Alleviation: How UK Aid Has Increased Household Incomes in Nepal's Middle Hills*. Kathmandu: Multi Stakeholder Forestry Programme, 2009.

Liang Y. Governance Mechanism of Regional Brand: A Perspective of Industrial Cluster. *Conference Proceedings of* 2009 *International Conference on Information Management, Innovation Management and Industrial Engineering*, Los Alamitos: IEEE Computer Society, 2009: 26-27.

Lindahl E. (1919), Translated from German by Henderson E. (1958). Just Taxation-A Positive Solution. In R. Musgrave and A. Peacock (eds.) *Classics in the Theory of Public Finance*, London, 1958.

Luo R., Zhang L., Huang J. and Rozelle S. Elections, Fiscal Reform and Public Goods Provision in Rural China. *Journal of Comparative Economics*, 2007, 35: 583-611.

Luxchaigul N. The Effectiveness of Sustainable Development of the Saving for Production Groups in Northeast of Thailand. *Environmental Management and Sustainable Development*, 2014, 3(1): 168-180.

Maryudi A., et al. Back to Basic: Considerations in Evaluating the Outcomes of Community Forestry. *Forest Policy and Economics*, 2012, 14(1): 1-5.

Mbungu M., et al. Procurement and Financial Procedures Manual for Use by Community-Based Organizations. *World Bank Working Paper*, No. 36378, 1999.

McMillan D. W. and Chavis George D. M. Sense of Community: A Definition and Theory. *Journal of Community Psychology*, 1986, 14(1): 6-23.

McMillan M. L. and Amoako-Tuffour J. Demands for Local Public Sector Outputs in Rural and Urban Municipalities. *American Journal of Agricultural Economics*, 1991, 73(2): 313-325.

McNutt P. Public Goods and Club Goods. In Bouckaert B. and DeGeest G. (eds.) *Encyclopedia of Law and Economics Vol. I: The History and Methodology of Law and Economics*. Cheltenham: Edward Elgar, 2000: 927-951.

MEACT. *National Tourism Stratecy* 2013-2018. Nairobi: Ministry of East Arica, Commerce and Tourism, Republic of Kenya, 2013.

Medema S. G. and Zerbe R. O. The Coase Theorem. In Bouckaert B. and DeGeest G. (eds.) *Encyclopedia of Law and Economics Vol. I: The History and Methodology of Law and Economics*. Cheltenham: Edward Elgar, 2000: 836-892.

Merlingen M. Governmentality: Towards a Foucauldian Framework for the Study of IGOs. *Cooperation and Conflict*, 2003, 38(4): 361-384.

Morgolis J. A. Comment on the Pure Theory of Public Expenditure. *Review of Economics and Statistics*, 1955, 37(4): 347-349.

MTW. *National Tourism Policy (Final Draft)*. Nairobi: Ministry of Tourism and Wildlife, Republic of Kenya, 2006.

Murphy J. W. *Community-Based Interventions: Philosophy and Action*. New York: Springer

New York, 2014.

Musgrave R. A. The Voluntary Exchange Theory of Public Economy. *Quarterly Journal of Economics*, 1939, 53: 213-237.

Myles D. D. *Public Economics*. Cambridge, UK: Cambridge University Press, 1995.

Na Chiangma C. Dynamic Management of Human Resource and Organization Development in Uncertain Time: A Case of Local Authorities in Thailand. *The 13th International Conference on Human Resource Development Research and Practice across Europe*, Universidade Lusiada de Famalicao, Portugal, May 23-25, 2012.

Nagendra H. Drivers of Reforestation in Human-Dominated Forests. *Proceedings of the National Academy of Sciences*, 2007, 104(39): 15217-15223.

Nahapiet J. and Ghoshal S. Social Capital, Intellectual Capital and the Organization Advantage. *Academy of Management Review*, 1998, 23(2): 242-266.

Natsuda K., Igusa K., Wiboonpongse A., Cheamuangphan A., Shingkharat S. and Thoburn J. One Village One Product-Rural Development Strategy in Asia: the Case of OTOP in Thailand. *RCAPS Working Paper*, No. 11-3, Beppu, Japan: Ritumeikan Center for Asia Pacific Studies(RCAPS), Risumeikan Asia Pacific University, 2011.

NESDB and WB. Thailand Infrastructure Annual Report 2008. *Word Bank Report No. 47156*, Washington: The World Bank, 2008.

Nikkhah H. A. and Redzuan M. B. The Role of NGOs in Promoting Empowerment for Sustainable Community Development. *Journal of Human Ecology*, 2010, 30(2): 85-92.

Ninacs B. Co-ops, the Social Economy and CED in Quebec. *Making Waves*, 2001, 12(1): 17-20.

Oakland W. H. Congestion, Public Goods and Welfare. *Journal of Public Economics*, 1972, 1: 339-357.

Oakland W. H. Theory of Public Goods. In Auerbach A. J. and Feldstein M. (eds.) *Handbook of Public Economics*. Amsteram: North-Holland, 1987.

OECD. Multifunctionality-The Policy Implication. *OECD Report*, Paris, France: OECD, 2003.

OECD. *Multifunctionality-Towards an Analytical Framework*. Paris: OECD Publishing, 2001a.

OECD. Setting Standards for Local Public Goods Provision: Challenges for Regional Development. *Draft Synthesis of Symposium*, held by Territorial Development Policy Committee of OECD, Rome, Italy, June 20, 2007.

OECD. *The Well-being of Nations-The Role of Human and Social Capital*. Paris: OECD Publishing, 2001b.

Ollikainen M. and Lankoski J. Mulitfunctional Agriculture: the Effect of Non-public Goods on socially Optimal Policies. *MTT Discussion Papers*, No. 1. 2005, 2005.

Omofonmwan S. I. and Odia O. The Role of Non-governmental Organizations in Community Development: Focus on Edo State-Nigeria. *Anthropologist*, 2009, 11(4): 247-254.

Ostrom E. Social Capital: A Fad or a Fundamental concept? In Dasgupta P. and Sraelding I. (eds.) *Social Capital: A Multifaceted Perspective*. Washington DC: The Work Bank, 1999: 172-214.

Ostrom E., Brondizion E. S. and Young O. R. Connectivity and the Governance of Multilevel

Social-Ecological System: The Role of Social Capital. *Annual Review of Environment and Resources*, 2009, 34: 253-278.

Parisi F. Coase Theorem. In Durlauf S. N. and Blume L. E. (eds.) *The New Palgrave Dictionary of Economics (Second Edition)*. The New Palgrave Dictionary of Economics Online, Palgrave Macmillan, 2008.

Payne A. A. Does the Government Crowd-out Private Donations? New Evidence from a Sample of Non-profit Firms. *Journal of Public Economics*, 1998, 79: 323-345.

Peacock A. *The Economic Analysis of Government and Related Themes*. Oxford: Martin Robertson, 1979.

Petrick M. and Pies I. In Search for Rules that Secure Gains from Cooperation: the Heuristic Value of Social Dilemmas for Normative Institutional Economics. *European Journal of Law and Economics*, 2007, 23: 251-271.

Petrick M. Why and How Should the Government Finance Public Goods in Rural Areas? A Review of Arguments. In Schmitz P. M. and Kuhlmann F. (eds.) *Good Governance in der Agrar- und Ernährungswirtschaft*. Münster-Hiltrup: Landwirtschaftsverlag, 2007: 271-281.

Pies I. Public Choice versus Constitutional Economics: A Methodological Interpretation of the Buchannan Research Program. *Constitutional Political Economy*, 1996, 7: 21-34.

Polborn M. K. Public Economics. *Lecture Notes*, Department of Economics, University of Illinois, 2009.

PVFP. *Practical Visionaries Field Project 2013-Theoritical Framework*. Massachusetts: Practical Visionaries Field Project (PVFP), Tufts University, 2013.

Quarter J. *Canada's Social Economy*. Toronto ON: Lorimer, 1992.

Randall A. Valuing the Outputs of Multifunctional Agriculture. *European Review of Agriculture Economics*, 2002, 29(3): 289-307.

Rattanasuwongchai N. *Rural Tourism: The Impact on Rural Communities* II-. *Thailand, Extension Bulletin*. Taipei: Food & Fertilizer Technology Center(FFTC), 1998.

Ravindranath N. H., Murali K. S. and Sudha P. Community Forestry Initiatives in Southeast Asia: A Review of Ecological Impacts. *International Journal of Environment and Sustainable Development*, 2006, 5(1): 1-11.

Rhodes R. A. W. *Understanding Governance: Policy Networks, Governance, Reflexivity and Accountability*. Buckingham: Open University Press, 1997.

Rhodes R. A. W. Understanding Governance: Ten Years On. *Organization Studies*, 2007, 28: 1243-1264.

Ritchie A. *Community-based Financial Organizations: A Solution to Access in Remote Rural Areas*. Washington (USA): the World Bank, 2007.

Ritchie A. Community-Based Financial Organizations: Access to Finance for the Poorest. In Kloeppinger-Todd R. and Sharma M. (eds.) 2020 *Focus Brief* 18: Innovations in Rural and Agriculture Finance. Washington: International Food Policy Research Institute, 2010.

Robbins D. (ed.). *Handbook of Public Sector Economics*. Paris, France: Taylor & Francis Group, 2004.

Romstad E. , Vatn A. , Rrstad P. K. and Syland V. *Multifunctional Agriculture-Implications for Policy Design*. Report No. 21/2000, Department of Economics and Social Science, Agricultural University of Norway, 2000.

Rosen H. S. *Public Finance (Seventh Edition)*. New York: The McGraw-Hill Companies, Inc. , 2005.

Samuelson P. A. Diagrammatic Exposition of a Pure Theory of Public Expenditure. *Review of Economics and Statistics*, 1955, 37: 350-356.

Samuelson P. A. The Pure Theory of Public Expenditure. *Review of Economics and Statistics*, 1954, 36: 387-389.

Sandler T. (1977). Impurity of Defense: An Application to the Economics of Alliances. *Kyklos*, 1977, 30(3): 443-460.

Sandler T. *Collective Action Theory and Applications*. Hemel Hempstead: Harvester Wheatsheaf, 1992.

Sandmo A. Public goods and the technology of consumption. *Review of Economic Studies*, 1973, 49: 517-528.

Sandmo A. Public Goods. In Durlauf S. N. and Blume L. E. (eds.) *The New Palgrave Dictionary of Economics (Second Edition)*. the New Palgrave Dictionary of Economics Online, Palgrave Macmillan, 2008.

Sato H. and Ding S. Local Public Goods Provision in the Post-agricultural Tax Era in Rural China. *Global COE Hi-Stat Discussion Paper Series*, No. 222, Tokyo, Japan: Hi-Stat, Institute of Economic Research, Hitotsubashi University, 2012.

Sato H. Public Goods Provision and Rural Governance in China. *China: An International Journal*, 2008, 6(2): 281-298.

Sato H. Public Goods Provision and Rural Governance in China: An Empirical Analysis Using the 2002 CASS CHIP Survey. *Discussion Papers Series*, No. 2006-12, Graduate School of Economics, Hitotsubashi University, 2006.

Scheinkman J. A. (2008). Social Interactions. In Durlauf, S. N. and Blume, L. E. (Eds.) *The New Palgrave Dictionary of Economics (Second Edition)*. the New Palgrave Dictionary of Economics Online, Palgrave Macmillan, 2008.

Sheely R. Community Governance, Collective Action and the Maintenance of Local Public Goods: Qualitative and Experimental Evidence from Rural Kenya. '*Better Governance for Better Health*' *Conference Paper*, California: Stanford University, April 26-27, 2010.

Sheely R. *State Authority, Community Governance and Public Goods in Rural Africa*. Part from PhD Dissertation, Department of Political Science, Yale University, 2008.

Sherraden M. S. and Ninacs W. A. Introduction: Community Economic Development and Social Work. *Journal of Community Practice*, 1998, 5(1-2): 1-9.

Shigetomi S. Organizational Capability of Local Societies in Rural Development: A Comparative Study of Microfinance Organizations in Thailand and the Philippines. *IDE Discussion Paper*, No. 47, Chiba, Japan: Institute of Developing Economies (*IDE*), JETRO, 2006.

Sikor T. , et al. *Community Forestry in Asia and the Pacific: Pathway to Inclusive Development*. Bangkok: RECOFTC, 2013.

Sim H. C. , Appanah S. and Lu W. M. *Proceedings of the Workshop Forests for Poverty Reduction: Can Community Forestry Make Money*? Bangkok: FAO Regional Office for Asia and the Pacific,2004.

Skuras D. , Meccheri, N. , Moreira, M. B. , Rosell, J. and Stathopoulou S. Entrepreneurial Human Capital Accumulation and the Growth of Rural Businesses: A Four-country Survey in Mountainous and Lagging Areas of the European Union. *Journal of Rural Studies*,2005,21: 67-79.

Smith A. An Inquiry into the Nature and Causes of the Wealth of Nations (1776). Oxford: Oxford University Press,1976.

Spann R. M. Public versus Private Provision of Governmental Services. In Borcherding, T. (ed.) *Budgets and Bureaucrats: The Sources of Government Growth*. Durham,NC: Duke University Press,1977.

Stoker G. Governance as Theory: Five Proposition. *International Social Science Journal*, 1998,50(155): 17-28.

Suriya K. An Economic Analysis of Community-based Tourism in Thailand. *Dissertation for the Achievement of Doctoral Degree in Economics*, Georg-August University of Goettingen,Goettingen,2011.

Suriya K. Impact of Community-based Tourism in a Village Economy in Thailand: An Analysis with VCGE Model. *Proceedings in the EcoMod2010 Conference*,Istanbul,2010.

Szircom T. , Lasaster Z. , Hyde J. and Moore C. *Working Together: Integrated Governance*. Institute for Public Administration Australia,National Council: NSW,2002.

The National Councilfor Public-Private Partnerships. For the Good of the People: Using PPP to Meet America's Essential Needs. *A White Paper on Partnerships*, Washington: the National Council for Public-Private Partnerships,2002.

TICA. *Thailand's Best Practices and Lessons Learned in Development*. Bangkok, Thailand: Thailand International Development Cooperation Agency (TICA), Ministry of Foreign Affairs,2010.

Tiebout C. M. A Pure Theory of Local Expenditure. *Journal of Political Economy*,1956,64: 416-424.

Toomey D. , Schulze W. D. , Thomas R. , Thorp J. S. , Tylavsky D. J. and Schuler R. E. Efficient Market Design and Public Goods, Part I: Economic Models. *International Journal of Emerging Electric Power Systems*,2010a,11(1): Art. 4.

Toomey D. , Schulze W. D. , Thomas R. , Thorp J. S. , Tylavsky D. J. and Schuler R. E. Efficient Market Design and Public Goods, Part II: Theoretical Results. *International Journal of Emerging Electric Power Systems*,2010b,11(1): Art. 5.

Tresch R. W. *Public Finance: A Normative Theory*. Pilano: Business Publications Inc. ,1981.

Tresilian D. *Poverty Alleviation and Community-based Tourism: Experiences from Central and South Asia*. Paris: UNESCO,2006.

United Kingdom for the Stationery Office. *Public Private Partnerships: The Government's Approach*. London,UK: Her Majesty' Stationery Office,2000.

USDA. *USDA Accomplishments* 2009-2011. Washington,DC: *USDA*,2011b.

USDA. *USDA Rural Development* 2011 *Progress Report*. Washington, DC: USDA, 2011a.

Van Huylenbroeck G., Vandermeulen V., Mettepenningen E. and Verspecht A. Multifunctionality of Agriculture: A Review of Definitions, Evidence and Instruments. *Living Review in Landscape Research*, 2007, 1(3): 1-38.

Vatn A. Multifunctional Agriculture: Some Consequences for International Trade Regimes. *European of Agricultural Economics*, 2002, 29 (3): 309-327.

Voigt S. Pure Eclecticism-the Tool Kit of the Constitutional Economist. *Constitutional Political Economy*, 1996, 7: 177-196.

Vugt M. V. Concerns about the Privatization of Public Goods: A Social Dilemma Analysis. *Social Psychology Quarterly*, 1997, 60(4): 355-367.

Wang Y. and Yu L. The Study on Method Choice in the Supply of Rural Public Goods. *International Journal of Business and Management*, 2010, 5(6): 195-198.

Watts R. Community Economic Development. In Canadian Plains Research Center (ed.) *The Encyclopedia of Saskatchewan: A Living Legacy*. Regina: University of Regina Press, 2005.

Wei, F. *Compendium of Best Practices in Sustainable Tourism*. New York: Department of Economic and Social Affairs, United Nations, 2014.

West E. G. Education Vouchers in Practice and Principle: A World Survey. *Human Capital Development and Operations Policy Working Papers*, the World Bank, 1996.

White G. Civil Society, Democratization and Development (I): Clearing the Analytical Ground. *Democratization*, 1994, 1(2): 375-390.

Worakul W. *Community-based Microfinance: An Empowering Approach towards Poverty Alleviation and Community Self-Reliance*. Bangkok: UNDP, 2006.

World Bank. *Issues and Options for Improving Engagement Between the World Bank and Civil Society Organizations*. Washington: The International Bank for Reconstruction and Development/The World Bank, 2005.

World Bank. *NGOs and the Bank: Incorporating FY1995 Progress Report on Cooperation between the World Bank and NGOs*. Washington: NGO Unit, the World Bank, 1996.

WTTC. *Case Study of Tourism for Tomorrow Awards* 2012-*Community Benefit Award Finalist: The Thailand Community Based Tourism-Institute (CBT-I)*. London: World Travel & Tourism Council, 2012.

Yang D. and Zhang Y. Why Does Villager Participate in Grass-root Election in Rural China? Perspective from Village Public Goods Demand. 2009 *International Conference on Management Science and Engineering*, Dec., 2009.

Zapata M. J., Hall C. M., Lindo P. and Vanderschaeghe M. Can Community-based Tourism Contribute to Development and Poverty Alleviation? Lessons from Nicaragua. *Current Issues in Tourism*, 2011, 14(8): 725-749.

Zhang X., Fan S., Zhang L. and Huang J. Local Governance and Public Goods Provision in Rural China. *Journal of Public Economics*, 2004, 88(12): 2857-2871.

Zhou L. (2004). Public Goods, Environmental Protection and the Development Paradigm in Rural China. *China & World Economy*, 2004, 12(6): 86-97.